工作文化史

中世纪卷

[美] 瓦列里·L. 加维尔　主编

王尔山　译

A CULTURAL HISTORY OF WORK
IN THE MEDIEVAL AGE

人民文学出版社

243 | 第六章　工作与流动性
　　　尼古拉斯·迪恩·布罗迪（Nicholas Dean Brodie）

277 | 第七章　工作与社会
　　　霍利·J. 格里克（Holly J. Grieco）

317 | 第八章　工作的政治文化
　　　罗伯特·布雷德（Robert Braid）

345 | 第九章　工作与休闲
　　　杰里米·戈德堡（Jeremy Goldberg）、
　　　艾玛·马丁（Emma Martin）

379　◇　注记
446　◇　延伸阅读
452　◇　索引

导 论

瓦列里·L.加维尔
(*Valerie L. Garver*)

瓦列里·L.加维尔(Valerie L. Garver),美国伊利诺伊州北伊利诺伊大学(Northern Illinois University)历史学副教授。作为加洛林时期(Carolingian[①])社会与文化史专家,就女性、童年、家庭与物质文化(尤以纺织品为主)等主题发表著述,包括《加洛林世界女性与贵族文化(Women and Aristocratic Culture in the Carolingian World)》(2009年)。

[①] 法兰克王国国王查理曼(Charlemagne,768年—814年在位)开创,存续时间为750年-887年;800年达到鼎盛期,查理曼由罗马教皇加冕为奥古斯都皇帝,后人称为神圣罗马帝国(Holy Roman Empire,800年—1806年)始皇帝,帝国完整名号迟至十三世纪中叶才见诸使用。

只要在当代流行文化作品遇到描绘中世纪（Middle Ages[①]）工作的情形，尽管这相对少见，但无论是电影、小说甚至是电视剧，典型做法都是聚焦中世纪农民面对的困苦日常、大城小镇的肮脏环境以及在前现代西方世界参与劳作是怎样的如履薄冰、险象环生。这类场景从某些方面反映了中世纪工作的文化，就只是漏掉了同期围绕劳作这事的观点、实践与期待里有过的绝大部分最令人着迷的内容。本卷主要聚焦从公元800年到1450年，欧洲各地的工作文化在这期间发生了许多变化。不过，随着新的证据涌现，加上历史学家对旧范式发起挑战，学者们也开始调整对其中许多转变的看法。近期关于中世纪劳动史的大部分研究都落在文化研究领域，或至少是从文化史的方法得出结论。举例，历史学家现在意识到，各种工作场所表现出它们独有的文化，不仅法律文化会塑造工作文化，反过来也会被工作文化影响，与此同时劳动技能的演进与传播是文化同化（acculturation）的一种形式。对中世纪欧洲各地的工作情形进行考察提供了一个机会，让人得以领略中世纪时期大多数人可能具有怎样的多样性与坚韧性，再不是仅仅看到占统治地位或宗教教会的精英群体而已，哪怕关于他们的信息在中世纪流传至今的史料里总是更多一些。由于中世纪时期各地几乎需要所有的人都来工作，因此本卷通过"工作"镜头放大中世纪文化这份丰富性，将有助于我们看得更清楚。

从我们所在的现代位置回头检视中世纪的工作概念具有一定难度，因为今人与中世纪人构想"工作"的方式各不相同。一些学者对

[①] 按本系列泛指公元500年—1500年间。

工作有过著述,其中用于分类和解释工作的手段主要以基督教世界观为基础。比如方济各会修士兼学者波拿文都拉（Bonaventure[①]）写道:工作可能是奴役性质的、必要的或是令人愉悦的。他还将各种职业分为七大类,分别是:农业;布料织造;金属、石材与木料加工;食材供给;药水与颜料调制;商人的工作;以及娱乐活动。但他这么做的主要目的是解释停下不必要的工作以遵守教会关于"安息日（Sabbath）"规定的重要性。[1]换句话说,这是一种特定的暂时放下工作的休息,跟教会要求的宗教实践有关,跟任何涉及休闲或身体健康的概念都没有关系。正如杰里米·戈德堡和艾玛·马丁在本卷第九章《工作与休闲》中所解释的,要将中世纪的"休闲（leisure）"作为工作的对立面进行讨论很可能是行不通的,因为那时人们主要从宗教教义的角度理解工作与休息的各自目的,相信工作的必要性源于亚当和夏娃在伊甸园偷吃禁果的"堕落（the Fall）"事件,作为必须承担的后果。如此一来,按教会规定在安息日休息就不是休闲方式,而是所有基督教信徒的责任。实际上,英语用于表示休闲的单词 leisure,其最早版本 *leisir* 直到十四世纪初才开始见诸文本,并且这个中古英语（Middle English[②]）名词当时更多地带有从事其他活动的"许可（license）"的含义,并不是现代意义上的休息和娱乐消遣。

身处中世纪那样一个时不时就要面临粮食供应严重匮乏情形的农业社会,工作通常属于一种谋生手段。如果本身患有疾病或体质虚弱,

[①] 又作 Bonaventura,意大利神学家、经院哲学家（1221年—1274年）。

[②] 使用时间约为 1150年—1500年间。

一旦遭遇缺乏食物就很容易导致发病率或死亡风险进一步提高。【2】对于身处社会边缘的朝不保夕者，现代社会的应对措施之一是设法组织福利救助、提供教育机会或安排技能培训等活动来帮助他们摆脱贫困，但在中世纪占主导地位的是基督教关于受苦具有救赎价值的想法，这有助于巩固当时关于穷苦人的一种观点：继续将他们视为社会一个必要组成部分，他们之所以存在，有一部分原因可以归结为这有助于激发慷慨与同情的美德。正如霍利·J.格里克在本卷第七章《工作与社会》所解释的，当时人们认为穷人的作用就是让富人的罪孽有机会得到救赎并"净化他们的财富"。最贫穷人群在社会上只占很小的一个部分。在中世纪时期，忙于种植庄稼和饲养牲口的人在总人口里占了大多数，农业劳作也因此成为最常见的工作类别，没有之一，并对人类生存具有无可争议的关键意义。但许多人种庄稼是因为他们不得不这么做，可能是他们有义务要向自己依附的贵族领主上交农业收成或提供农业劳役，也可能这就是他们用以养家糊口的唯一基本手段，并不是因为他们选择要从事这项工作，认为这高于所有的其他职业。

当然，即使在中世纪时期也有一部分人决定选择从事对他们来说具有崇高意义的职业，包括选择投身宗教隐修生活。举例，《圣本笃律则》(*Rule of St Benedict*①)作为中世纪最常见的宗教院舍管理文件强调要过一种由祈祷活动主导的生活，中世纪许多修士和修女不仅完全

---

① 又译《圣本笃会规》。源于努西亚的本笃（Benedict of Nursia，约480年—547年，又译本尼狄克），约529年创建修道院，要建成修士们自给自足的永久驻地，称为本笃会。努西亚又作 Norcia，位于意大利中部翁布里亚（Umbria）。

接受，而且认真对待作者的以下告诫："无所事事是灵魂的敌人之一。因此大家应该按时从事体力劳动或读经。"【3】不管具体是更专注学习经文和早期基督教教父的经典著作，还是忙于先做到自力更生，修士和修女都必须在自己的工作日留出时间从事以上活动。举例来说，西多会修士（Cistercians①）对待体力劳动观念的态度可能比其他宗教修会更加郑重其事；克吕尼会修士（Cluniacs②）可能更注重以他们的资助者的名义祈祷；另有一些宗教场所，比如法兰克地区（Frankish③）有不少修道院可能投入了大量人力参与制作手抄本。【4】还有一些特定的宗教院舍可能把自己的重点放在其他一些类型的工作上。法兰西北部有一部分西多会修道院就是从非正式的医院发展而来，它们所在的社区往往靠近麻风病患者，这在当时视为不治之症，病人多半集中安排在远离城镇中心的外围地区聚居。【5】比如，十三世纪，列日（Liège④）一些西多会修道院认为，为麻风病患者和其他病人提供医护服务是他们表达宗教虔敬的一种富有意义的方式。【6】不过，尽管不同的修道院在不同时间和地点有不同的侧重，"休闲"在他们的工作场所文化里一概不见踪影。

中世纪工作文化还有一个方面跟现代西方许多工作场所里的文化

---

① 由本笃会几位修士于1098年在法国东部西多（Cîteaux）村创立并因此得名，又译熙笃会，初衷是以更严格方式遵循《圣本笃律则》。因穿白色长袍，又称白袍修士。
② 源于本笃会，910年在法国中东部克吕尼（Cluny）创建并因此得名。
③ 法兰克王国第一个王朝存在于481年—751年间，称为墨洛温或梅罗文加王朝（Meroingian Dynasty），第二个王朝称为加洛林王朝。
④ 比利时东部城市，罗马人曾称为列奥蒂姆（Leodium）。

形成鲜明对比，这就是他们缺乏重视效率的意识。许多现代职业都会积极采用有利于节省时间的技巧、设备和技术，但中世纪的劳动者如果看到更高效的技术面世，不一定就会踊跃采用。正如瓦列里·L.加维尔在本卷第五章《工作、技能与技术》所介绍的，即使开发出一种可以显著提高农业产量的新型耕犁，风力磨坊也得到了优化，但这两者相继投入使用这一事实本身并没能促成中世纪欧洲各地的劳动者普遍弃用较老式或效率较低（但通常成本也较低）的技术。类似这样一种较老旧工具和做法迟迟不肯退场的现象反映的可能是固守传统方式的想法、手头资源不足的窘境或是欠缺付出金钱和心血改变劳动方式的意愿，也可能兼而有之，结果变成哪怕固执己见意味着必须放弃享受已确认可以提高的生产效率也在所不惜。与此同时，某些地方断断续续采用过某些特定技术，但在其他地方没有看到同样迹象，这说明许多人继续在非常艰难的条件下工作，并且具体情况在中世纪欧洲各地不同社会、制度和政体之间存在丰富的多样性。

︱ 问题、挑战与可能性

"工作（work）"一词在中世纪具体指的是什么？乍看上去这问题的答案可能显而易见，但如果我们先将"劳动（labor）"视为富有效率的活动的一种形式，并且这种活动的目的是要有所收获，那么中世纪时期它作为一个研究题目就会变得富有挑战性。以宗教修会成员为例，包括修士、修女、神父、主教等，他们从事的许多"富有成效的活动"，其首要目的是取悦他们信奉的上帝。那么，祈祷活动是不是工作的一种形式，尤其对那些生活在女修道院和男修道院的人来说是不是呢？毕竟祈祷就是他们的一项主要日常活动，中世纪许多基督教信徒都相信通过祈祷可以带来宗教灵修层面和/或物质层面的收获。正如尼古拉斯·迪恩·布罗迪在本卷第六章《工作与流动性》中指出，十九世纪版本的"劳动"观念对学术上关于劳动的理解产生了那么大的影响，围绕中世纪"工作"展开的许多研究一不小心就会忽略多种劳动形式，后者从文化角度看恰恰属于关键内容，比如布罗迪在第六章强调了通过信使实现的信息流动。诚然，要将劳动的文化史从它的经济中区分出来是做不到的，但只要将考察范围扩大到赚钱之外，就有机会看到在金融、税收或贸易账户记载里很少出现的、但其实同样属于中世纪的其他劳作项目，这些项目可能具有相当引人注目的形式。比如迪尔德里·杰克森和玛丽·迪阿古安诺·伊藤分别在本卷第二章《图说工作》和第三章《工作与工作场所》把士兵、作家、画家和缮写员纳入中世纪工作之列。工作者各有不同的职业、社会地位、工作场所、流动性程度、资源获取路径和技能水平。

　　的确，中世纪工作应该变得显而易见。最近几十年来，现代人渐渐将当下没有报酬的家务活和养育小孩视为一种工作，并且具有悠久、复杂的文化史。同样，研究中世纪的学者开始认真检视发生在家庭场域（domestic sphere[①]）的类似劳作，将其视为一个值得考虑的话题。

---

① 与当时主要由男性成员担当的公共场域相对。

在本卷第九章《工作与休闲》，杰里米·戈德堡和艾玛·马丁列举了中世纪传世史料出现过的一些描述方式，显示当年的作者们往往一心要把从母亲到所有女性的工作描述为"天然如此"，以便从中得出这些工作不如男性工作那么"有价值"的结论。与此同时，从中世纪留下的许多文本可以看到一种"理想"世界，在那里全社会的每一个成员都在工作。正如詹姆斯·戴维斯在本卷第一章《工作经济》指出，劳动力在中世纪属于最主要生产力，没有之一，这使有能力工作的每一个人都变得富有价值。由于技术和机械化还不能像后来几个世纪那样为中世纪欧洲带来产量上的大幅提升，这就决定了人类自己的劳动依然是我们理解中世纪工作的关键，也凸显出文化史的价值，从文化史角度进行考察有助于厘清这种劳动在社会、政治、经济和宗教等方面发挥的作用。

至于中世纪欧洲各地绝大多数人对工作有什么看法，围绕他们各自职业的文化背景是怎样的，以及他们在他们那一生当中见证劳动条件发生过怎样的变化，要了解这些内容基本上是不可能的。无论用中世纪标准还是现代标准衡量，在中世纪欧洲绝大多数人都是文盲，因此，直到十二世纪依然只有受过良好教育的少数人才有可能留下有关工作情形的只言片语。即使十三到十五世纪期间各地识字率普遍都有提高，但明确讨论工作的文本类型还是相当有限。必须等到中世纪行将结束之际才出现了包含日常示例在内的文献，看到关于个人怎样开展业务或忙于工作的具体描写。以《帕斯顿书信集》(*Paston letters*[①]) 为

[①] 该家族位于英格兰东部诺福克郡(Norfolk)，通信时间约为1422年—1509年间。

例，这是十五世纪英格兰一个乡绅家族成员之间丰富的来往书信集。[7]一位学者从中发现十五世纪诺福克当地农业实践的信息。[8]不过，尽管这些书信在字里行间多次提到这一大家子的男女成员从事商业往来和其他活动，却很少流露这些人对他们的工作有过什么想法。

考古遗迹已经成为进一步了解中世纪劳动者日常生活的一种关键手段，这在常常从现代建筑施工过程发现中世纪证据的城市看得特别明显。目前发现留下丰富信息痕迹的手工艺项目包括五金加工、纺织生产和牲口屠宰场等。[9]将书面证据与物质文化结合考察的做法，不仅为历史学家提供了对比理想与实践的机会，也让他们在考古遗迹提供了信息而书面史料没有找到对应内容时依然有机会做出新的发现。以俄罗斯城市诺夫哥罗德（Novgorod）为例，在那里进行的考古发掘工作持续带来丰硕的成果，因为这座城市在过去千百年来一直有人居住；其方位和土壤也为人造物品之保存提供了理想条件；并且，当地的考古调查工作在过去这几十年来一直没有停过。学者们因此有机会深挖比如当地陶器生产的长期发展故事，不仅可以将这些商品与同在诺夫哥罗德发现的一系列不同的家居用品进行对比，还能考察可能的替代材料，原因是诺夫哥罗德有一点跟其他大多数中世纪主要都市的遗址都不同：在那里，木制品往往有机会幸存至今，比如一只制作于十二世纪的白蜡木（ashwood）碗。[10]

由中世纪教士建立的工作理论既不同于现代观念，也不同于中世纪许多人亲历的日常。本卷多个章节均提及中世纪思想家经常用于解释社会的三分法。早在九世纪，西方宗教领袖已经构想出一种等级分明的世界，以工作、祷告与战斗这三个群体的贡献为基础来运行。尽管本卷主要关注付出劳力的人，但各章采用的"工作（work）"定义与当时的主流观念相比也有一定扩展，从而得以包括一些在当时并不会被视为工作者（worker）的人，以及在那富有影响力的"理想世界"模型之外发挥作用的群体（比如手艺人、工匠、贸易商、画家、医生）。中世纪理论家往往没有办法解释，个体工作者怎样通过多种方式，比如计件工作、临时工、销售在自家所在家庭户生产制造的商品以及从事第二职业，或是以此补贴家用，或是根本完全以此获得收入。进入中世纪后期那几百年，随着城镇发展与行业专业化双双达到相当显著的程度，前述"三分法"还变得越来越难以解释一系列不同的劳动以及诸如银行业等全新的工作领域。

说到从中世纪发展起来的新职业和工作观念，银行业和金融业提供了具体例子。在法兰克福（Frankfurt[①]），德意志国王们大力推广该市的年度博览会，包括发誓要保护所有的出席者并就通行费和关税提供特别豁免。跟许多其他城市一样，从十一世纪到十四世纪，法兰克福作为贸易中心的重要性渐渐提高。德意志人通过与意大利的商界打交道，了解到复式记账法和航运保险。不久，意大利人就来到法兰克福与犹太人一道从事货币交易。在整个中世纪时期，欧洲大部分地区都能看到犹太人出借钱款，因为他们跟基督徒或穆斯林不同，他们的宗教信仰并没有谴责高利贷；与此同时，犹太人之所以更普遍地从事金融工作，还有一个原因是由行会主导的手工业和贸易全都将他们拒之门外。在法兰克福，至少发生过三起针对犹太人的大屠杀，尽管犹

---

① 全称为美茵河畔法兰克福，加洛林王朝从九世纪在这里拥有王室城堡。

太人的人口依然维持相对稳定。总之，稳定的王室支持，大型会展，外加一批了解金融之道的从业者，共同促成当地第一批银行在1402年—1418年间陆续成立，为法兰克福在现代的金融与商业成就奠定基础。【11】与此相仿，蒙彼利埃（Montpellier①）也因为有机会跟意大利人邻居打交道而从中受益良多，从中世纪早期就开始发展成为贸易中心，并且随着当地大学和商业也在吸引外国人慕名而来，渐渐形成包括手艺工匠、商人、法律专家与附近农业劳动者在内的混合型人口。固然，跟同期的意大利和佛兰芒语通行地区（Flemish②）诸城镇相比，蒙彼利埃的银行业和货币兑换业不仅规模较小，而且不够成熟，但发展迅速，使这座城市得以跻身金融中心行列，尽管黑死病（Black Death）造成的巨大破坏一度打击了它在这方面的声誉和活动。【12】

不同时期或地区的历史学家在工作文化史相关问题上各有不同的研究方式，也会给今天的研究构成挑战。正如罗伯特·布雷德在本卷第八章《工作的政治文化》指出，即使可用证据很相似，聚焦中世纪后期英格兰的历史学家钻研劳工法规的深度也大大超过研究欧洲大陆史的同行。布雷德认为，黑死病疫情过后，卡斯蒂利亚（Castile③）和法兰西在劳工立法方面相对缺少变化，可能是造成历史学家对欧洲这两个地区的劳工法规所做研究在数量上远远落后的一个原因。若能在整个西方（the West）对此类法规进行更广泛、更深入的研究，一定可

---

① 法国南部城市，十世纪从香料进口贸易站点发展起来，1141年获特许状成为城市。
② 源于佛兰芒（Fleming），比利时两大民族之一。
③ 西班牙语 Castilla，位于西班牙半岛中部，自十世纪后期成为伯爵封地，之后变成同名王国，十五至十六世纪之交融入统一的西班牙。

以凸显中世纪后期各地政府对待工作问题的多样性和灵敏度。

有些时期比其他时期更不利于研究工作的文化。恰如读者在阅读本书之际也会注意到，研究中世纪早期工作的数量比研究中世纪最后几个世纪来得更有限。这种差异跟历史学家面对的可用资料在数量和类型上参差不齐有关。对比1000年—1450年这段时期，从中世纪早期（约500年—1000年）保存下来的文献、物品和手抄本要少得多。跟研究中世纪早期的同行相比，专注中世纪后期的学者普遍拥有更多的历史资料可以研究。而且考古发掘也为研究800年—1000年这段时期的历史学家提供了更多的证据。纺织劳作、陶器制造、五金加工和农业工作的研究常常从物质文化得到启发，增进我们对久远中世纪工作文化的了解。如果遇到传统文献多半忽略的题目，艺术与文学描绘也能带来进一步考察的机会，又或是作为插图对所在同一套书面文本提出的证据进行证实或构成对比。比如迪尔德里·杰克森在本卷第二章《图说工作》考察了中世纪时期欧洲各地流行的日历图像，以此作为探究当时日常工作生活细节的一种手段，这些细节在书面史料里要么完全看不到，要么谈得很少。但研究中世纪的历史学家有时就是不得不面对史料出现的一段又一段空白，对某些主题的讨论因此无从开始。罗伯特·布雷德在本卷第八章《工作的政治文化》指出，欧洲各地政府在十三世纪以前制定的有关工作的立法和监管少得可怜。几乎可以肯定，这类信息的增长跟欧洲更广范围的实际情况有关。从九世纪到十三世纪，由于经济活动日益增加，工人与雇主之间也有机会发生越来越多的纠纷，加上各地城市都在发展壮大，为大家提供了更多的机会，可以将他们之间的各种纠纷提交政府当局。结果之一是各地政府开始增加对工作的调控。

家庭与性别

家庭（family）是中世纪文化的核心，工作当然也要包括在这具有决定性意义的范式内。家庭户（household[①]）作为中世纪最主要的经济单位，在这里面发生过大量的消费和生产。正如我们将从本卷多个章节看到那样，家庭成员经常一起各自工作，或是以不同方式为对方的活动与生产率提供支持。例如，男性成员看上去更频繁、更努力地忙于农业劳作；但苦于这一时期的农业生产率可说是每况愈下，因此家里每一位成员都要参与，想方设法帮忙解决一家人的吃饭问题。纵观本卷涵盖的中世纪时期，自始至终，大多数家庭的基本关切焦点依然落在怎样才能确保食物可以稳定、持续地出现在自家餐桌上，因为除去少数人组成的精英群体，"粮食安全（food security）"还是稀罕事。

女性对中世纪的工作和生产做出了重大贡献，事实上近几十年来许多学者都比过去更加关注当时工作的性别化本质。大部分工作都发生在家庭场域。正如詹姆斯·戴维斯在本卷第一章《工作经济》所说，男性更有可能在离家较远的地方工作，女性更有可能在自己家里或离

---

① 以家庭成员关系为主，由居住一处共同生活的人组成。

家不远的地方工作。在中世纪的欧洲，女性参与生产的形式包括酿造麦酒（ale①）、织造布料、制作乳制品以及照料家禽等，所有这些项目都是在家里或在家附近一带进行。有人可能因此想象这些生产任务会不会赋予女性一定程度的经济与社会独立性，但对当时大多数女性而言，现实继续是必须服从男性，无论这里说的男性具体指她的丈夫、父亲还是兄弟都一样，由于法律规定这些人对她拥有监护权，他们也因此有权控制她的劳作收益。但即便如此，在中世纪这段漫长岁月里，女性参与其中一些形式的劳作的机会以及指导地位还在遭到削弱。正如瓦列里·L.加维尔在第五章《工作、技能与技术》分析，纺织工作作为一种生产形式一度实际上属于女性专有，但从十二世纪起渐渐转为由男性主导，特别是在布料生产过程逐步从乡村地区转到城市且越来越受益于新技术以后，直接变成男人也能接受的劳作项目。说到由于男性侵占越来越有利可图的商品而造成女性在经济与社会这两方面蒙受损失，啤酒酿造是另一种突出的工作实例。尽管女性麦酒酿造者（brewster②）在英格兰市场占据主导地位长达好几个世纪，但到十五世纪已全面输给男性啤酒酿造者（brewer）。另一方面，黑死病给欧洲造成如此高昂的人口流失，越来越多的女性也要走出家门，设法打工挣工资以帮补生计。【13】

玛丽·迪阿古安诺·伊藤在本卷第三章《工作与工作场所》指出当时可以看到女性积极参与的许多工作场所以及她们协助生产的产品范

---

① 又称高酒精度啤酒，在英格兰泛指除去啤酒或黑啤酒以外的所有啤酒。
② 中古英语，原指苏格兰女性麦酒酿造者。

围，包括鞋扣、围栏、方砖、烘焙食品和肥皂等。在其他一些类型的工作领域也能看到她们的身影，比如屠宰牲畜、在市场上推销商品、卖淫以及护理病人等，这里只是试举几例。有好几个领域都要求从业者先接受专门培训，但即使女性熟练掌握了某个行业的技术，经常发生的情况依然是她们不得不在该行业处于较低地位，甚至是最不起眼的边缘地位。[14]正如彼得·斯塔贝尔在本卷第四章《工作场所的文化》所说，中世纪后期，在纺织作坊工作的女性最常做的是纺纱而不是织布，因为纺纱是一项技术含量较低，因而社会地位也较低的工作。

女性在医疗护理领域担当重要职责，尽管当时她们没有机会在大学里学习医学。但中世纪有许多从医者，无论男性或女性，全都缺乏这样的正式教育。他们绝大多数人都是通过"在工作中"观察与实践的方式获取相关技能和知识。以《德拉图拉》（*Trotula*①）为标题传世的文本为我们提供了医学知识，尤其是女性健康相关医学知识传播的一个罕见例子。自十二世纪后期以来，该书一直是最受欢迎的中世纪妇科宝典，没有之一，涉及诸如化妆品、经期问题、妇科疾病与治疗、避孕、假扮处女之道、怀孕和分娩等主题。最初的文本是用拉丁文写成，到十五世纪欧洲西部多数语言都有了自己的译本在当地流传。至于《德拉图拉》提及的实用知识，这里试引一例，是一套操作说明，用于帮助分娩时未能顺利娩出胎盘的产妇，这种情况具有潜在的危险性，大意如下：

---

① 一度认为出自意大利中南部萨莱诺同名女妇科医生（Trotula of Salerno）手笔，因此以她的名字命名，另有看法认为这是三名作者的论文合集。

> 我们取一棵韭葱（leek）榨汁，与薄荷（pennyroyal）油、麝香（musk）油或琉璃苣（borage）汁混合，让我们递给对方喝下去，马上就会带出来（胎盘），也许是因为她会感到恶心作呕，这力道把它带了出来。不管怎样，这汁液本身具有如此强大的力量，足以完成娩出任务。【15】

《德拉图拉》一份十四世纪手抄本包含一幅插图，上面画了一名女治疗师，在她手上拿着一颗宝球（orb①），象征她精通有关女性健康的知识（图1.1）。为女性提供保健服务不仅仅是女性的任务；男性也会参与这些工作，但当时的禁忌之一是男性不得动手检查一名女性的阴道，意味着在中世纪大部分时间里应该是女性主导了妇科和产科护理相关工作。助产士只是这更广泛女医疗从业者群体的一员。【16】

儿童也是中世纪劳动力人口的一个重要组成部分。正如玛丽·迪阿古安诺·伊藤在本卷第三章《工作与工作场所》指出，在中世纪，人们有机会在许多工作场所遇到小朋友，他们经常在大人工作时打下手，又或是乖乖留在他们父母的工作地点附近。小朋友可以帮忙照看绵羊、用模具踩制方砖，甚至在踏车上反复踩踏，帮大人操作木制起重机。当母亲在家里或离家不远处工作，她们年幼的孩子就会跟在身边。如此接近工作现场的生活现状无疑为孩子们提供了一扇窗户，从小得以逐步了解某些特定职业所需的技能与知识，但也可以解释他们的意外

---

① 特征是球顶饰有十字架。

图 1.1 十四世纪早期女治疗师与宝球。藏于伦敦威康收藏馆（Wellcome Collection），编号 Miscellanea medica XVIII，MS.544 folio 65ʳ。

死亡人数为什么高得很明显。英格兰题为《验尸官》(*Coroners*) 的报告合集列举了其中一些死因：一名儿童在他父亲劈柴时不幸被斧头击中；一名儿童因为躲进一堆干草而不慎被一把干草叉刺死；还有一名儿童在外出取水时不幸溺水夭亡。一些小朋友从很小的年纪就离家当了学徒，通常家里已经替他承诺要给他们的匠师提供多年的服务。还有一些小朋友在富人和贵族家里当仆人。像他们这样的学徒和年轻仆人看起来很容易成为虐待对象，尤以女孩为甚。比如青少年年龄段的女仆有私生子的比例高于她们的大多数女仆同行，这进一步表明她们很容易受到伤害。【17】

在城市和乡村工作

　　从中世纪中期和后期陆续发展起来的城市，多种不同职业都在这里为城市生活的活力与扩展做出过贡献，尽管值得同时补充很重要的一点：中世纪的欧洲城市比现代城市小得多，甚至比不上欧洲以外许多同时期的城市。在公元1000年左右之前，大多数欧洲城市都很小，虽然叫"城市 (city)"而其实名不副实，但从十和十一世纪开始许多城市出现了大幅扩张。其中包括一些新的城市，它们迟至十一世纪才陆续兴建，相比之下中世纪大多数主要城市早在公元1000年以前已经存在。城市发展的历程在十二世纪得到大幅提速，城市的实体规模随居民人口增加而变得越来越大，可能只有英格兰的城市不在此列。

工作塑造了城市扩大规模的方式。居民区或享有部分自治权的市镇通常围绕特定的手工艺或职业，比如食品烘焙、制鞋、黄金工艺或织布坊等作业的选址，渐渐铺开。若是工作流程需要大量用水的行业，比如呢绒漂洗缩绒环节和谷物碾磨环节，通常选址设于通往运河或河流一带区域，确保自己享有近水楼台之便，至于那些可能对环境造成危害的工作，比如屠宰工、皮革鞣制工、染工和铁匠，通常都会安排在城市外围。说到农产品、制成品和原材料贸易，存在这些业务往往意味着所在城市一定位于河流、港口、主要道路和桥梁旁。[18]对中世纪的城市人口做估计简直难比登天，因为目前掌握的中世纪史料难得看到定量数据，这恰是做人口分析必不可少的条件。但尽管做起来很有难度，学者们还是设法提出了疫情前一些城市的近似人口规模，包括：根特（Ghent①），6—8万人；佛罗伦萨（Florence②），12万人；米兰（Milan）、那不勒斯和威尼斯（Venice），这三个城市均难以确定，但估计都超过12万人；最大的城市是巴黎（Paris），估计在5万到28万人左右。[19]玛丽·迪阿古安诺·伊藤在本卷第三章《工作与工作场所》解释了中世纪各大城市怎样随着自身规模扩大而带来新的工作机会，结果是工作场所变得日益专业化、新的行业陆续涌现。

在中世纪时期，更多的人是在乡村地区工作，超过了城市。尽管乡村的情况比市区更难跟踪研究，但从十二世纪开始，随着农场的

---

① 比利时古城之一，中世纪时期曾为佛兰德（Flanders）地区首府，与下文提到的布鲁日（Brugge）、伊普尔（Ypres）并列当地经济重镇。
② 公元前一世纪左右成为罗马的军事殖民地，中世纪时期先后有过佛罗伦萨共和国以及托斯卡纳（Tuscany）公爵封地首府等历史。

规模在欧洲西部一些地区日益扩大，尤以英格兰表现更明显，出现了在农场从事专业工作的工人。在那时饲养牲口意味着必须做出重大投入，因为这些动物通常都要留在指定区域，必须安排人手常驻现场照看。但对于类似这样发生在乡村的劳动分工，学者们在评估其结果时已经变得更加谨慎，包括同时留意乡村地区可能还存在其他一些情况，有机会削弱许多体力劳动者专注留在某一特定工作领域工作的能力。这些情况包括不确定且不断变化的受雇条件、单靠某一种特定技能谋生带来的不安全感、随之而来的只要条件许可就想拥有一点土地的动机，以及十三世纪的工作者似乎对专门分工从事某一种手工艺或行业有过一段时期的明显抵触。[20]正如彼得·斯塔贝尔在本卷第四章《工作场所的文化》写道，最迟到十三世纪，随着更大规模的农场陆续出现，推动仆人和工人的固定就业规模增长，这些人的收入通常低于临时工，但他们的职位更有保障。

　　女性为农业生产做出了贡献，许多与种植农作物和繁育动物有关的任务并没有严格按性别进行划分。男男女女都参加了许多类似的活动，如同以下两项研究的结果显示那样：其中一项考察了中世纪早期的法兰西亚（Francia①），另一项考察了中世纪晚期的英格兰。除了饲养和照料牛群，男人和女人还要从事清理杂草、收割农作物以及各种不同的田间工作。一些任务做了性别分工，比如女性一般不会用犁耕地，男人在中世纪早期一般不会织布。以中世纪后期的英格兰为例，男性主导了牲口屠宰和食品烘焙这两项工作，因为这需要资本和技术

---

① 476年—750年法兰克墨洛温王朝时期莱茵河与塞纳河之间地区。

培训，相比之下女性经常从事技术含量较低的行业，例如啤酒酿造以及用马车贩运货物，后者指的是转售自己购买的商品。[21]即便如此，正如詹姆斯·戴维斯在本卷第一章《工作经济》所说，中世纪的大多数工人还要继续参与在他们通常工作范围之外的劳作，包括临时性质的农业工作或不定期的手工艺工作，比如羊毛精梳与纺织、大麻加工①、制作篮子、编织与铺设茅草屋顶。这就是说女性和男性一样，有时也要根据实际需要而从事非典型劳作。此外，乡村工人实际承担的工作，远远超过农业本身的工作内容。

工作者与自主决定

以下这两件事，一是对中世纪体力劳动者的形象做一个粗略描绘，二是基于丰富传世证据对特定具体地点的工作者进行有针对性的研究，尽管有时有可能做到，但从现有史料看有些特定细节至今未能找到。说到中世纪为挣工资而工作的人们，又或是被强迫参与劳作的人，关于他们的可用信息目前绝大部分来自那些对他们支付工资或施加压力的人。因此，正如这一领域一位著名历史学家所说："大量证据体现的是工作者面对怎样的待遇，而不是他们作为工作者具体做了什么。"[22]有时，史料记录清楚表明工作者希望在管控工资与工作

---

① 主要用于织造船用绳索与帆等。

条件事务的政治协议和立法上看到变革。正如罗伯特·布雷德在本卷第八章《工作的政治文化》指出，发生在英格兰的"1381年农民起义（Peasants' Revolt of 1381）"不仅没有给参与起义的农业工人带来比以前更多的权利，反而激起了一些贵族的激烈反弹，他们早就巴不得有机会教训对方要安于自身地位。有一项研究的主题是从1358年夏天的扎克雷（the Jacquerie①）农民起义到现代早期1525年的德意志农民起义（German Peasants' Revolt）这将近两百年间历次起义涉及的愤怒的农民，但哪怕是这样一项研究也没有办法主要依赖这些农业工作者留下的说法，而要从编年史和文学讽刺作品的字里行间找线索。毕竟参与这些起义的大多数农民根本没有能力写下自己的情绪或经历，他们多半不识字。但其他人的叙述又往往更加侧重强调农民的愤怒具有危险和荒谬的本质，毕竟精英群体一概将这种愤怒视为非理性情绪。[23]中世纪工作的政治文化有利于精英与富裕群体，少有顾及通常被排除在参政机会之外的工作者。

  同业公会或行会（guild）的存在提供了最清楚的证明，显示工人们希望能在自己的外部环境、工资、培训和社会地位等事务获得发言权。这些组织从十二至十三世纪在欧洲大部分地区陆续发展起来，其初衷通常是为了设法适应不断扩大的经济与贸易机会，还有实际上可能变得相互竞争的各地当局，许多游走四方讨生活的手艺人、批发商和零售商不得不跟他们周旋。行会可以代表自己的成员组织这类谈判，以及帮忙为客户创造最理想的生产条件和销售条件。[24]许多行会建

---

① 因当时法国贵族习惯蔑称农民为Jacques或Jacques Bonhomme而得名，大意为乡巴佬。

起了福利救济体系，服务同在自己这一阶层的人员，有时还将救济范围扩展到外部人员，参见霍利·J.格里克在本卷第七章《工作与社会》的介绍。有些行会发展成为兄弟会式在俗教友联谊会，通常活跃在城市，也有一些社团独立在行会以外出现。类似这样的组织在当时属于工人可以选用的文化身份认同形式之一。但就像彼得·斯塔贝尔在本卷第四章《工作场所的文化》写道，在中世纪欧洲，绝大多数体力劳动者都在乡村工作，既没有组建行会，也没有挣到工资。他们默默承担了一系列必不可少的工作，努力确保自家农场或贵族领主的土地能有一个好收成。无论是行会还是当地村庄或农业耕作社区，有些工作者一直在这类组织架构以外辛勤劳作。某些特定的临时工、艺人、手艺人和商人由于必须经常出门在外，还有可能渐渐脱离诸如前述多种机构或团体的身份。尼古拉斯·迪恩·布罗迪在本卷第六章《工作与流动性》写道，很明显，中世纪很多工作者具有相当大的流动性，但尽管如此，要找到足够证据准确还原具体某一位工作者的流动经历，目前依然属于可遇不可求的罕有幸事。

也许最难以看到的还是奴隶和一贫如洗者的情况。先看中世纪早期，当时奴隶制在欧洲和地中海地区非常普遍。至少在神职人员精英圈里，从九世纪已经可以看到讨论反奴隶制的道义论据，但终究还是更实际的问题让奴隶制走到了尽头。正如詹姆斯·戴维斯在本卷第一章《工作经济》分析，恰是维持奴隶制做法所必需的强制性行动与组织方式导致奴隶制这种制度彻底消亡。进入十世纪，奴隶制开始偃旗息鼓，到十二世纪实际上已经从欧洲退场，尽管大多数的前奴隶和他们的后代依然处于被奴役地位，无论他们的劳动还是劳动成果依然继续属于他们的贵族领主。霍利·J.格里克在本卷第七章《工作与社会》概述了当时的教士通过什么方式认识"穷人"作为一个整体在社会上的地位，他们自己与其他社会成员又通过什么方式从提供慈善救济的过程得到宗教精神层面的收获，并且得出结论，认为帮助穷人有利于增进社会共同利益[①]。

跟研究现代时期的工作相比，在方法论和史料这两方面存在的各种问题给文化史学者增加了阻力，使他们难以同样充分地探索中世纪的工作，但近期一些研究已经可以展开越来越复杂的分析。历史学家一度将城镇、行会和政府的各种规定理解为当时日常实践的忠实反映，现在不会轻易那么做了，但要仔细考察中世纪手艺人、商人和体力劳动者参与"幕后"交易或违反劳工法规的程度，实际做起来依然困难重重。正如瓦列里·L.加维尔在本卷第五章《工作、技能与技术》写道，直到十五世纪，此类信息才更频繁地出现在传世史料里，列举了诸如盗窃产品配方、规避或无视行会或市民法规等案例实录。历史学家现在普遍开始相信，从过往法规看到的应该更接近城市、机构和组织的领导者以及至少是其中一部分成员信奉的理想，而不是当时的日常实践。非正式交易在小镇和乡村地带似乎都很常见，在那些地方无论任何法规都更难执行。【25】尼古拉斯·迪恩·布罗迪在第六章《工作与流动性》写道，关于中世纪欧洲工作者参与迁徙的史料绝大部分依然难以解读，这使劳动力的流动性分析变得相当棘手，并且面临一定程度的不确定性。但历史学家也采用了一些新方法，仔细分析与其他问题相关

---

① common good，又译共同善，由社群成员向全体成员提供符合特定一致利益的事物，比如公立学校和道路系统。

的史料，从而有机会比前辈学者看到更多的劳作阶层流动情形。

艺术表征提供了另一种方式，同样可以用于了解工作的文化史。随着时间推移，中世纪艺术与文学描绘劳动的方式也渐渐起了变化；但即便如此，迪尔德里·杰克森在本卷第二章《图说工作》指出，当时许多主导工作者场景描绘的常规做法都建立在悠久的传统上，有时甚至可以一路追溯到遥远的古代。若遇到没有先例可循的情形，比如直到中世纪后期才出现的手抄本泥金装饰插画师（illuminators）肖像，就会留意到新职业的标准像正在缓慢地磨合成型。中世纪留下的艺术和文学作品为历史学家提供了难以从其他途径获得的具体信息，一是描述了现已失传的中世纪工具以及工人们具体使用它们的方式；二是让后人得以见识中世纪画家和作家的幽默与戏谑，包括他们留下的很多关于人类工作行为的滑稽模仿，比如描写动物们从事人类活动的插图；还有表现中世纪许多道德家倡导的工作伦理的视觉艺术作品，这些道德家认为男人和女人有必要工作，这是亚当（Adam）与夏娃（Eve）在伊甸园偷吃禁果的后果。

｜ 黑死病与工作文化

本卷记录了工作文化史上一些关键的转折点，但也许没有什么其他事件比黑死病（1347年—1350年）疫情更能剧烈改变中世纪的社会格局，那是一场席卷欧洲（以及中东、北非乃至亚洲）的大流行疫情，欧洲人口可能因此锐减多达35%。[26]欧洲此前已经存在的问题很可能加剧了疫情的影响程度。十四世纪一开始，一场环境危机笼罩欧洲，成因包括过度种植、不幸遭遇较为不利的气候而导致生长季节缩短、洪水以及风化侵蚀等。农作物产量暴跌，包括1315年发生了一次严重的饥荒①，紧接着，1316年爆发一波疫情，可能造成多达10%的人口死亡。这些事件对城市造成了特别具有毁灭性的打击，因为城市就是疫情最容易蔓延之地。一些市政当局开始限制接纳外来移民。某些手工业行会开始限定只有匠师一级成员的儿子可以入会，同时对女儿继承父亲作为行会成员的权利提出了限制。[27]

由俗称瘟疫的事件带来的剧变造就了一大批文学与艺术作品，描写世界遭彻底颠覆的模样。这其中最著名的作品也许出自乔万尼·薄伽丘（Giovanni Boccaccio②，1313年—1375年），他在《十日谈》（*Decameron*）里不仅对瘟疫及其在佛罗伦萨留下的影响做了描述，还留下了具体的背景和故事。他描述此次瘟疫的开场白，强调了许多人纷纷逃离这座城市而导致社会与家庭的纽带遭撕裂，甚至发生父母遗弃孩子的情况。[28]但他的大部分解释都属于文学上的常规做法，在许多学者看来就像另一位意大利人加布里埃尔·德·穆西斯（Gabriele de' Mussis③，约1280年—1356年）留下的类似记录一样，是"关于那次瘟疫的一种深层思考，将瘟疫视为神的愤怒表达"。[29]事实上，

---

① 详见第七章《工作与社会》。
② 文艺复兴时期作家，来自佛罗伦萨。
③ 当时在意大利北部皮亚琴察（Piacenza）担任起草法律文件的书记员，记下了1347年黑死病刚刚蔓延到西西里（Sicily）和皮亚琴察的最初情形。

社会、家庭、公民和经济等不同层面的关系不仅挨过了那段疫症肆虐时期，而且在疫情结束以后一直存在。举例，在黑死病疫情最严重时期，博洛尼亚（Bologna①）许多家庭留在原地帮助病人和垂死者，社区、政府和其他组织以及市民团体的反应也包括参与援助、报以同情，展现出复原能力。这样一些画面也见于欧洲西部许多其他城市流传至今的法律文书、遗嘱、史书和信件。【30】

但黑死病确实给当时工作的许多方面带来了巨大转变。在疫情爆发前已经放缓的经济此时出现需求与利润双双下跌，一些地区还由于人口流失严重而导致雇主不得不提高工资以设法留住工人。【31】在一些地方出现了严重的劳动力短缺现象，工资因此得到提高。不少地方见证了劳动力成本攀升促使社会结构发生再调整，比如可以看到女性从事过去通常由男性独占的工作，其中之一是照看牲口。【32】作为应对措施，各地政府也试图管控劳动力供应，限制工作者可能拿到的报酬，甚至要把雇主有时提供的餐食包括在管控范围内。但正如罗伯特·布雷德在本卷第八章《工作的政治文化》分析，面对黑死病疫情留下的挑战，各地政府并没有拿出什么一致的应对措施。更接近实际情况的概述可能是他们多以本地早已存在的结构和做法为基础采取行动，各自为政：有些地方，比如英格兰，采用强制手段确保工作人群听从自己的安排；还有一些地方，比如普罗旺斯（Provence②）地区，

---

① 位于意大利北部，公元前190年左右成为罗马殖民地，六世纪划归拉文纳（Ravenna）总督辖区。

② 公元前六世纪初，希腊人建立殖民地。公元前二世纪后期，罗马建立行省（provincia），后来演变为地名，行省名为阿尔卑斯山那边的高卢（Gallia Transalpina）。

各社区都忙于设法吸引各种劳动者。进入后疫情时期，在英格兰，黑死病这一事件实际上加速了工作的政治文化发生一项具有长期性的转变：中世纪的精英阶层越来越多地把注意力转向工作，并且找到了管控工作的多种方法，从早期的漠不关心一举转变为中世纪临近尾声之际相对严格的监管。结果之一是出现了一种新的工作政治文化，包括认可政府的主要职能之一就是对劳动进行监管。从中世纪流传下来的一些文本对伴随政府监管与劳动力供应而来的社会变化提出过疑问。正如杰里米·戈德堡和艾玛·马丁在第九章《工作与休闲》的解释，高工资带来了更高的购买力，结果工作者也有能力更多地享受休闲，也就是非工作性质活动，这在当时引发了文化上的讨论，包括对这种购买非工作性质体验的能力表示担忧。

尽管黑死病导致人口锐减，但城市继续吸引大家前来定居，哪怕目标城市的居民数目正在下降也没有改变这一趋势。一些城市试图将某些特定职业留在传统居住区原来的位置，但在这段时期也有所改变，有时是出于政治原因，有时是出于卫生或更理想的选址考虑。不过，一定程度的行业区隔继续成为城市的组织与文化特色。[33]与此同时，尽管在黑死病疫情过后不久情况一度变得对女工也比较有利，无奈看待女性的意识形态和宗教观念还是相对维持死水一潭，女性依然从属于男性，不仅拿到的工资和利润比不上男性，而且只能在地位较低的岗位工作。由她们承担家务和育儿职责这一点倒是显示出显著的连续性，跟较早期的中世纪等各世纪相比没什么不同。[34]

如此一来，在欧洲，中世纪的工作文化史即使有过改变，还是显示出实质上的连续性。但考虑到中世纪的巨大时间跨度和丰富多样性，再加上不同史料传世的情况参差不齐，要准确描绘一种广泛而持久的趋势依然困难重重。本卷各章节介绍了从不同时间和地点体现的多样性，但没有办法提供一份全面说明。由后续更多的考古发掘工作和依然有待研究的书面文献带来的新信息，将继续调整我们对中世纪工作在历史层面的理解。接下来各章致力描绘主要进展以及连续性的大致轮廓，结合一些具有代表性的例子，希望展示文化史对探索中世纪工作这一课题具备的生命力与效用。每一章都强调了中世纪人们具有的创造力、韧性与活力，应该有助于克服流行文化里关于"中世纪是一段黑暗时期"的挥之不去的刻板印象。

第一章
工作经济

詹姆斯·戴维斯
(James Davis)

詹姆斯·戴维斯(James Davis),北爱尔兰贝尔法斯特女王大学(Queen's University Belfast)中世纪史高级讲师。以中世纪晚期英格兰的城市、经济与文化史为研究重点,已发表著作包括《中世纪市场道德:1200年—1500年英格兰市场的日常、法律与伦理(*Medieval Market Morality: Life, Law and Ethics in the English Marketplace*, 1200—1500)(2012年)。

中世纪工作经济讨论的是人们为养活自己或维持所在家庭户生计而主动或被迫做出的选择。这些选择从核心层面来看都会影响他们的物质条件与生活水平，对一些人来说这是能不能活下去的问题，对另一些人来说就变成能不能积累更多财富的问题。本章主要探讨中世纪男性和女性可以选择从事的工作，包括有偿与无偿这两类，以及他们可能投入工作的时间。假如缺了这个基础，就没有办法全面理解渗透在工作的组织、感知与伦理当中的文化因素。欧洲各地在这上下六百年里有过的经历无疑丰富多彩，因此我们接下来的讨论只能聚焦其中一些显而易见的共性，并且不会断言它们能够在这一时期所有的时空实例中具有适用性。但有一点也是显而易见的：劳动者是中世纪社会的主要生产力，没有之一，这就让人力变成宝贵的资产，从那些有工作机会可提供的雇主角度看。在中世纪的欧洲，绝大多数人都在地里工作，或是忙于采集其他形式的自然资源，并且他们的主要生产单元是小规模的核心家庭户（nuclear household）。但目前关于中世纪工作的许多证据主要还是来自规模大得多的教会或贵族领主的家庭户，又或是来自镇上的统治当局。因此，若要了解普通农村工作者的经历，不管具体指的是男性还是女性，往往不得不通过他们雇主的视角来间接进行。另一个因素进一步加剧了这层不透明感：关于工资、物价和收入的准确数字往往难以获得，因为记载工资的内容往往不够完整或只留下局部片段，难以按参与工作的个人或时间做分拆研究。

本章重点关注当时可供选择的工作，认同中世纪人们在努力养家糊口之际必须面对来自环境、经济与社会政治等不同方面的多种制约。劳动力在这一时期继续担当提高生产率的最主要手段，技术进步和机械辅助手段继续相对有限。这就意味着存在一个活跃的劳工市场,不仅随经济增长而不断发展,其形式也会有所变化,为的是应对人口和其他危机因素。举例而言,十二至十三世纪,眼看人口规模日益增长而工资与物价相对依然处于较低水平,雇主们自然就会开始琢磨怎样提高劳动力的运用强度,比如加大施肥、除草和种植等作业的范围,从而提高生产率。但在黑死病疫情过后,随着劳动力变得稀缺而导致工资水平攀升,雇主们作为生产者就不得不转为探寻减少劳动力投入的做法。结果是他们或是更多地转投农牧业,或是从自己的直辖领地(demesne①)出租一部分土地,这就提高了家庭劳动力在经济上占的比例。于是英格兰和西班牙的绵羊产量增加,勃艮第(Burgundy②)和摩泽尔河(Moselle③)沿岸(以酿酒为目的)的葡萄种植业扩大了。【1】如此一来,从劳动力成本可以看到劳动力的可用性与需求,两者均有可能随时间和地区不同而发生变化。

| 工作的选择

中世纪佃户和其他劳动者的选择"不是自由做出的,因为他们的

---

① 通常位于封地的核心位置。
② 法国中东部地区名。勃艮第人来自斯堪的纳维亚地区,一世纪左右迁到罗马帝国边境,名列罗马的外国辅助部队名单。六世纪遭法兰克人征服,936年形成勃艮第公爵封地,属于卡佩王室(Capetian dynasty,987年—1328年)。
③ 欧洲西部河流,从法国经卢森堡进入德国。

工作范围受限于所处社会环境与技术知识水平，外加土壤、地形和气候等因素。"[2]在1000年左右的欧洲，大约有90％的人主要靠陆地或海洋的出产为生，无论从哪个方向都能看到不同形式的农耕与畜牧、葡萄种植（用于酿酒）或果蔬栽培等作业存在的迹象。周边自然景观自带的资源禀赋显然主导形成了当地的工作机会，那些住在树林、森林、沼泽、河流、湿地或海岸一带的人们可能多了一种选择或手段，可以通过开发自己所处环境的特殊性来帮补家计。如果遇到当地土壤本来就不利于开展更传统形式的农业耕作，这一特点就变得格外重要。以英格兰东部为例，当时的东盎格利亚（East Anglia①）有一个地方叫布雷克兰（Breckland），尽管缺少一般认为适合耕种的土壤，却也催生了多种其他的工作选择，范围从收集燃料与建筑材料一直延伸到捕猎野禽与河岸动物。[3]若有更多的高山旱地，或是土地普遍更加贫瘠，通常就会用于放牧绵羊或山羊，从卡斯蒂利亚到英格兰北部都是这么做的。与耕种耕地或地中海地区的葡萄园相比，这种做法需要投入的密集工作量较少一些。

可供选择的工作机会也会受到具体定居点类型的影响，这些类型可能是不带教堂的小村庄（hamlet）、带教堂的小村庄（village）、小镇或城市，不一而足。到十至十一世纪，随着人们越来越多地汇聚在更具吸引力的村庄，围绕当地土地进行的工作也得到整合与分担，不仅提高了经济效率，也形成了风险缓冲。但同时也加强了领主的权威，更方便他们提高农民租种地块的租金以及附带的劳作义务。同样是在

---

① 大致相当于今天的诺福克郡与萨福克郡，由日耳曼的盎格鲁（Angle）人建立。

中世纪这段时期，城市人口可能增加了一倍，也提供了更多的非农业工作机会，但在总劳动力人口中依然占不到五分之一，并且主要集中在意大利北部和佛兰德，单这两个地区就占去了其中相当大的一个份额。即便如此，城市化进程还是对工作类型和生产组织产生了更广泛的影响，不仅发生在城镇本身，而且波及位于城市周边的贵族封地和大片的私有田产。用于供应城市市场的产品产量开始增加，信贷和资本流得到拓展，工资差异刺激劳动力发生迁移。

我们不应该假设当时村里所有男人都是在田间地头工作，已经有很多人接受聘任专门从事诸如木匠、铁匠、裁缝、面包师或啤酒酿造者等工作。很多人的工作可能不止一项，比如木匠和铁匠很可能同时保有土地，需要他们留出业余时间打理。中世纪各地经济均包括非农职业以及一定程度的贸易，即便来到集镇外面也能看到乡村工业一小片一小片地萌芽发展，相当引人注目，比如陶艺、采矿、织布以及烧制木炭，尽管具体范围可能因时间和地区不同而各有差异。后加洛林时期①，纺织工作属于农民妻子的常规副业之一，也是在八至九世纪期间，欧洲多个地方存在称为"女眷内室（gynaecea②）"的工作场所，非自由民女性就在那里完成强制性手工劳役。[4]到十三至十四世纪，在乡村一带可以选择的工作和产业从英格兰的退税情况中也能看得很清楚，比如1332年威尔特郡（Wiltshire）的行业补贴涉及40种不同的手工艺。[5]一些地区开始以特定产业重镇而闻名，比如康沃尔

---

① 加洛林时期约为750年—887年。

② 拉丁语，单数为gynaeceum，源于古希腊—罗马时期在屋舍内设立的女性专用区域。

郡（Cornwall）和德文郡（Devon）的锡矿，德比郡（Derbyshire）、达勒姆郡（Durham）和诺森伯兰郡（Northumberland）的铅矿，德意志南部的五金加工，以及佛兰德与阿拉斯（Arras[①]）的布料织造。这些产业的发展与扩张为工人们带来了新的收入来源，促进了当地的农业生产和服务业发展。与此相仿，城镇与市场网络在欧洲各地的日益发展也带来了新的机遇，尤以十二至十三世纪表现最为明显。为应对消费者不断提升的需求，更多的专业化农业区陆续形成，集中种植经济作物吸引工人们成群结队赶来找工作。"托斯卡纳部分地区从藏红花（crocuse，又译番红花）田里制作出珍贵的干藏红花柱头（saffron[②]）。法兰西东北部皮卡第（Picardy）因为大片种植用于制作蓝色染料的菘蓝（woad）而变得欣欣向荣。希腊和意大利部分地区的桑树种植园提供了蚕宝宝唯一愿意食用的叶子。"[6]

所有这些社区存在一套社会经济等级体系，以此决定谁要为谁工作。请得起大批工人的重要雇主，首推大型教会机构和富有的世俗贵族领主。这些领主控制了欧洲大部分土地；虽然这里面有些土地也会以各种条件出租给租户，但很多领主还是愿意保有且直接管理位于自家乡村封地核心位置的那片土地（称为直辖领地），只要这么做依然有利于他们的钱袋子。这需要用到各种人手，不管具体指的是全职仆人、受薪雇工、受制于奴役关系而不得不完成若干劳役要求的劳动者或根本就是奴隶身份的劳动者。但这一时期，大部分的就业机会最有可能

[①] 法国城市。四世纪以羊毛产业起家，arras 后来甚至成为英语里表示挂毯的名词。

[②] 主要用于食品加色或调味。

来自小规模土地保有户或商业组织。乡村一些家庭（包括自由和非自由这两种身份）可能保有30英亩（acre，约合12.14公顷）或更大面积的土地，单看土地面积甚至可能跟一个较低级乡绅不相上下，有能力产出一份数量可观、可供外销的盈余收成。这么大一片土地通常不可能单由这一个家庭独力打理，他们必须雇请适当数目的受薪雇工和仆人。再往下一级就到了真正的小规模土地持有农，他们在满足自家需求之后大概只能剩下很少的一点点盈余，具体数目还得看自家劳动力的实际本事。他们只有那么几英亩（不超过4公顷）土地，大有必要再兼一份副业或到别人家里当受薪雇工，想方设法帮补家计。与此相仿，手里根本没有土地的人更是不得不主要通过应聘为受薪雇工这一种方式挣钱过活，但几乎没有谁能享有正常就业待遇。他们面临的工作选择以临时性和季节性为主，往往就是为他们的邻居或一名贵族领主打工。

│ 季节性工作

农业工作多半带有季节性，周而复始的农耕节奏从拉犁耕地开始，依次转为清除杂草、定期割草一直到农作物收割与脱粒等各项作业。当时的日历插图对这些季节性活动也有体现，比如萨尔茨堡（Salzburg）圣彼得修道院（Abbey of St. Peter[①]）在加洛林王朝初期有一

---

① 本笃会修道院，建于700年左右。萨尔茨堡位于奥地利中北部，739年成为主教辖区。

份《月份纪事簿（Chronicle of the Months）》，制作时间约为818年。还有以下这段源于中世纪后期的歌词，给出了生动的具体例子：

一月 围着炉火给我的双手取暖；
二月 该拿起铁锹深翻我的田园。
三月 在这里我播下春天的种子；
四月 耳边响起小鸟歌声甜如蜜。
五月 步履轻捷如树枝上的小鸟；
六月 是时候到我的玉米地除草，
七月 我在地里挥动长柄大镰刀，
八月 来看我把玉米一个个砍倒；
九月 要换面包就得用连枷脱粒；
十月 紧接着播下红艳艳的麦子。
十一月 圣马丁节（Martynesmasse①）我用斧子宰了大肥猪；
十二月 待到圣诞节（Cristemasse）我也要喝红酒庆祝。【7】

一月是围炉取暖的月份，接着就是从二月到五月的辛苦劳作，从犁地、播种一直到悉心照料庄稼生长。犁地作业很累人，可能需要动员全家老幼一起上阵，帮忙拉犁与牵着专用于干重活的阉牛。田地必须整个儿翻耕一遍，然后施肥，至于清理杂草的工作是一直不能停的。

---

① 基督教节日，纪念图尔的圣马丁（St. Martin of Tours，316年—397年），罗马教会尊为圣徒。

图 1.1 十月日历页，见于西班牙卡斯蒂利亚女王伊莎贝拉一世（Queen Isabella[①]）的祈祷书，制作时间约为 1497 年。藏于大英图书馆（British Library），编号 Add. MS 18851, folio 6ᵛ。

---

① 1474 年—1505 年在位。

到六七月份就要收割干草且储存起来，接着收割各种谷物。十月，猪也养肥了，地里也准备好播种冬小麦（图1.1）。十一月是屠宰牲口、腌肉或熏肉的时节。其他各项任务，比如收集木材、挖掘排水沟渠、照看各种动物以及日常各种维护工作等，全年都在进行。【8】

由此可见，季节更替不仅年复一年决定着家家户户的日常工作内容，也带来了对受薪劳动力的需求波动。前文集中反映的是欧洲北部的耕作周期，但类似这样的日历其实起源于地中海地区，在那里人们更重视每年二月到四月间的葡萄收获周期。与此相仿，换到以牧场为主的地区也会看到工作的季节性带来地区性差异：在这里季节性迁徙放牧（transhumance，简称移牧）是一大特点，因为人和动物都会出于觅食的需求而随季节更替进行流动。渔业也有鱼群的季节性洄游现象作为例证，促使人们花上好几个星期的时间做深入的远征，希望顺利拿下丰厚渔获，然后分享这份收益。

每天的工作模式同样受到季节更替的影响。不断变化的日光时长很自然地就会改变工作日（working day）的时长，因为当时大多数人都是日出而作、日入而息。结果在某些地区甚至形成惯例，冬季工作的日薪通常低于夏季的水平。有些手艺人可能在入夜之后继续就着烛光工作，但这做法往往不被看好，普遍认为这不仅容易导致产品质量下降，恐怕还带有设法逃避日间监管的意图。长久以来，城镇的工作日一直由钟声决定，通过敲钟宣布每天做祷告的时间（canonical hours），由此也确定了城镇大门应该在什么时候打开、商品什么时候可以拿到市场上出售。但这意味着工作时间也会跟随季节更替而变得不规则，比如法兰西法令从十四世纪开始就试图用钟声标记一天的不同时段，更准确地定义工作日的起止时间，包括大家可以用餐的时段。在巴黎，主管官员一份发自1395年5月12日的法令规定："工作日固定在日出之时到日落之时之间，在合理的时间安排用餐。"【9】

这样一来劳动者的工作时间就会拖得很长，至于他们的实际工作效率和速度就变得很难判断。计时不精确会不会意味着劳动者可能变成以任务为导向，而不是以时间为导向？【10】另外，大多数人不会在礼拜日工作，到十二世纪后期教会也坚持认为安息日这天是留给人们上教堂的日子，不应该用于日常工作，并且他们试图通过教会法庭强化这一观念。当时似乎只有提供饮食的商贩得到许可，可以每周七天不间断地提供食物。同样，恶劣的天气也有可能把人们赶回家，比如欧洲北部滴水成冰的时节就是这样，另外还要留出主要的宗教节日（包括从节日正日前一天开始的守夜）以及举办大型展会的日子，这些日子可不是根据农业用工需求确定的。这就导致大多数的工人似乎面临以下情况：一边是一年里可能有115天左右赶上各种名目的非工作日，一边是基本的农作任务还得继续进行，停不下来。【11】

有证据表明，甚至早在十四世纪中叶出现劳工立法以前，一些乡村社区已经开始想办法规范节假日以及参加农作物收割劳作的工作者的活动。与此相仿，在城镇上，手工业行会长期以来一直从雇主而非工人的利益角度调控与工作时间和工资水平相关的事务，一般不允许满师学徒工（journeyman①）为自己的工作条件讨价还价。从十四世纪

---

① 另见第四章；与古代相比，行会的成员级别体系进一步明确为学徒（apprentice）、满师学徒工（journeyman）和具有独立创业资格的匠师（master）这三个层级，其中，满师学徒工需外出到其他城镇给其他匠师打工，直至做出足以申请匠师资格的作品。

中叶开始，时钟陆续出现在整个欧洲，到下一个世纪中叶已经在城镇取得显著地位，几乎随处可见。这进一步规范了工作日的具体分段，对那些受雇于他人的劳动者来说影响尤其明显。【12】

打工家庭户

中世纪的家庭户可能不止包含一个家庭，无论在大城小镇还是乡村地区都是消费与生产的基本经济单位。因此，同一家庭户的全体成员必须努力确保自家所在家庭户维持有效运转、欣欣向荣，否则，一旦遭遇经济不确定性或农作物歉收年份，他们能不能活下去就有可能变成现实问题。大多数的家庭户主要考虑他们自己的消费需求，不仅生产规模很小，而且严重依赖自家的劳动力，不得不以自己最基本的那点资源为基础，在他们面对的社会经济地位制约条件下开始工作。与新婚燕尔或垂垂老去的家庭（family）相比，处于生命周期中段的家庭很可能达到自身生产能力的顶点。屋舍本身以及周边那点土地通常就是他们投入工作、生产余粮、创造收入以及维护与消耗各种资源的场所。很明显，家庭劳动力在农业工作中占据主导地位，那些在自家持有土地上工作的人们实际上属于自雇性质，于是每一个家庭成员只要有能力就必须有所贡献。这对小持有农（可能拥有5—10英亩土地，约合2—4公顷）尤为重要，因为他们手上那点土地往往不够兼顾养家糊口与留出余粮以换取收入这两大目的。要在可用资源、劳动力与日常生活基本需求之间找到一个平衡点可能很有问题，说到底这一家人最起码要有饭吃，有地方住，至于改善自己的经济和社会地位或养育子女这类抱负，对当时大部分这样规模的家庭来说依然属于更高一级的目标，他们先要搞定每一天的生计。

即使是在土地成为家庭经济核心的地方，有能力做到完全自给自足的家庭户也屈指可数。人们经常需要承接不定期的农业劳作项目或手工艺工作来充实自己的收入。通常发生的情况是农业工作具有的季节性本质使非农业副业成为进一步提高劳动生产率的一种方式，结果就是小持有农很愿意在自家开展临时性质的工作，比如整理羊毛并纺成毛纱、编织篮子，又或是在户外从事钓鱼、切割泥煤（turf[①]）、制盐和大麻加工等。这些任务很少需要用到昂贵的设备或原材料，据估计，到1300年，非农业就业在乡村地区形成的收入占比已经超过10%。[13]有些人还将自己的技能进一步精进到足以胜任一种更重要的，甚至是专业化的职业，比如木工、锻造、编织、陶瓷以及编织与铺设茅草屋顶等。即使是那些拥有大量土地的大农户，我们也不能认为他们就有能力做到完全的自给自足，因为他们也必须花钱采购某些商品，比如盐或金属器具，还要挣一点现金以备上交租金和税收，以及雇用专业的体力劳动者。许多人因此都在当地范围参与从事某种形式的副业，形成名副其实的"权宜经济（economy of makeshifts）"。

在考虑可供个人选择的工作选项时，必须留意中世纪经济存在一些性别特定活动。女性在家内事务和副业这两方面对她们所在的家庭

---

① 富含植物腐殖质的泥块，可用作燃料或肥料。

户经济做出了重要贡献。但当时的父权制共识继续认定丈夫作为一家之主以及养家糊口主力的地位是无与伦比的，他要处理发生在自家家庭户以外的所有事务，还要承担赡养妻儿的责任。妻子分担的领域限定在家庭场域，比如厨房和宅旁园圃，具体工作包括照看小孩、照顾老弱家人等，考古证据也确实提示，这样一种社会期待部分反映在当时女性工作的现实里。比如前述英格兰验尸官报告记载的事故表明，女性更多的是在住宅和村庄附近工作，男性更有可能在田地、森林、磨坊和建筑工地上横遭致命事故。【14】

但这并不等于妻子完全孤立隔绝在由屋舍、园圃和小孩组成的家庭场域中，家务的范畴远远大于打扫卫生、做饭和抚养小孩，当时还有一系列其他工作性质的任务也被认为属于"女性的工作"。比如农场上的一些工作经常就会落在她们肩上，包括给牛羊挤奶、养猪和家禽、制作黄油以及将谷物制成麦芽，等等。来自法庭记录和劳工立法的证据也强调了已婚和未婚的女性可以作为临时工，担当诸如清除田间杂草、晒制干草、清理田间碎石（以免损伤器具）、农作物收割以后在地里捡拾谷穗以及各种洗洗涮涮等项目。这一点每到农作物收割时节表现得更明显，因为收割任务是如此的紧迫，看上去家家户户恨不得倾巢而出，合力在田间地头完成各种繁重体力活，如同我们在当时留下的许多画面中看见的那样（图1.2）。

妻子在家庭内部范围的劳作也有机会转变为商业活动和非农业副业，最常见的项目就是纺纱、制作黄油以及酿造麦酒。不管是已婚还是单身的女性都有可能经常前往当地市场出售自家的农产品和其他一些劳动成果。因此，在各地每周开张一次的市场上可以看到小贩们手里提着篮子，大声叫卖自家生产的家禽、黄油、鸡蛋、水果、（编织篮、席用）灯芯草、线和余粮。纺纱是一项非常常见的女性工作，由她们

图1.2 与"女性三种状态"对应的农作物收割能力，见于《年轻女性之镜》（*Speculum Viriginum*①），从上至下分别是年轻女性、寡妇与已婚妻子状态，制作时间约1300年左右。藏于德国莱茵河州立博物馆（Rheinisches Landesmuseum），编号 no. 15326，Yorck Project。

---

① 当时流行的道德说教文章，目的是为女性描述宗教隐修生活图景。作者仍待确认。又作 *Speculum Virginum*。

纺成的纱线将作为初级产品卖给织工用于织布，纺纱杆（又称绕线杆）因此成为妻子身份的标识符号。这项工作属于劳动密集型，但对普通家庭而言依然算得上有利可图，因为家庭劳动力说到底还是相对便宜。酿酒一度也被视为女性的工作，身处不同社会地位的妻子都有可能将酿造和销售麦酒这种高酒精度啤酒作为一项副业。这项盈余少则可能每年只卖那么一两次，换取一点点微薄利润，若是手头有更多资本的女性还可能以更持久的方式从事酿造工作，甚至是经营一家麦酒屋。最大量提及这类工作的内容见于各地法庭案卷，那上面列出了长长的女性名单，表面理由是她们出售的麦酒要价过高或有损健康，但更有可能是为她们这种商业活动提供某种"半许可证"，表示这不在禁止之列。

如此一来，在女性这边汇聚了一系列不同的经济活动，从有偿到无偿都有，但与此同时可供她们选择的工作存在明显的限制。据说，由约翰·波尔（John Ball[①]，约1338年—1381年）在1381年领导英格兰农民起义时提出的口号是："亚当耕地、夏娃纺纱之际，哪有什么贵族绅士？"[15]尽管波尔这么说的目的是要谴责阶级差异，但他对传统的性别分工可没有提出异议：他也认为男人就是应该在户外从事繁重的耕作工作，留下女人在家里将羊毛纺成毛纱，作为她们的家务职责一项附带内容（图1.3）。威廉·朗兰（William Langland[②]，约1332年—1387年）在十四世纪后期完成的长诗《庄稼汉皮尔斯》

---

① 英格兰教士，致力宣扬一个没有阶级的社会，1366年被逐出教会，但他继续在露天市场等地演讲，成为这次农民起义的领导人之一。

② 英格兰诗人，对克莱尔沃的伯尔纳的遁世修道主张很感兴趣。

(*Piers Plowman*[①])也将纺纱、针线活和照看儿女等事务视为女性的工作,男性主要负责在田间耕地和播种。【16】也是在英格兰,十五世纪文风幽默的《暴虐丈夫叙事民谣》(*Ballad of a Tyrannical Husband*)讲述了丈夫跟妻子互换工作的故事,似乎暗示里面那位丈夫更愿意从事平时由自己妻子承担的工作,但这是作为一个比喻的一部分出现的,目的是对女性的辛勤劳动以及她们对自家家庭户收入做出的贡献含蓄地表示认可。【17】这首民谣叙述了妻子怎样给奶牛挤奶,再把奶牛带到牧场去,回头还要制作黄油和奶酪、喂家禽、烘焙食品和酿酒、梳理羊毛并纺成毛纱、敲打亚麻(以备织布)。民谣里那位丈夫先是讥笑说这可太轻松了,她大部分时间其实都在跟街坊们聊天说八卦。他很快就被打脸,但即便如此,当时人们的确普遍认为女性的工作属于低技能、低地位以及低报酬。

一般说来,关于女性工作的历史证据很难进行量化,部分因为女性的工作往往是星星点点地分散发生,还因为女性的活动绝大部分是在私人空间里进行,难得进入法庭案卷的记载范围。很难确定当时乡村地区到底有多少女性在这种家庭户经济以外工作。对年轻的未婚女性来说,为他人当仆人可能是她生命周期的一个临时阶段,但城镇为她们提供的其他工作机会相对可说寥寥无几,女性只在守寡以后才算获得一点点选择自由。有人认为,"已婚女性很可能会发现任何一点经济独立都是以筋疲力尽为代价获得的",【18】甚至早在开始考虑要不要进一步拓展自己的工作范围以前已经深陷大量的事务。诚然,妻子

---

① 全称《庄稼汉皮尔斯的梦境》(*The Vision of Piers Plowman*)。

图 1.3 夏娃织布与亚当耕地，壁画，制作时间约 1300 年。见于圣三一教堂（Holy Trinity Church），位于英格兰白金汉郡（Buckinghamshire）布莱德洛（Bledlow）。

来源：© Rob Farrow.

通过从事其他副业挣到的现金报酬甚至有可能让她在自家这个单元内部获得一定的独立性和经济影响力，但我们不能过分强调这一点。尤其是这从当时的法律看根本不成立，因为丈夫控制了所有物质资源，包括妻子以嫁妆形式带到这桩婚姻中的所有物品以及她通过自己的劳动挣到的每一分钱。

在手艺工匠和满师学徒工领衔的家庭户，夫妻二人在工作上的整合程度与相互依赖程度似乎都要更高一些，具体水平跟他们从事的手工艺性质有关。举例而言，在整个英格兰地区，织布工的妻子多以计件工资的方式工作，而且经常为丈夫的雇主纺纱。城里的女性经常会被叫去参加家庭场域以外的工作，在那里给丈夫打下手，比如屠夫的妻子在铺子里帮忙卖熟肉或用硬动物脂肪制作蜡烛。官方规定女性不得从事某些生产制造工艺，也不能参加相关行会，但食品和饮料零售这两项除外。她们也可能得到允许，在丈夫去世后接手继续他的手艺活，一些享有部分自治权的市镇还留下惯例，规定了她们可以继续这样做的时间长度。[19]一些行会在自家的规定里也以类似方式承认丈夫可以像教学徒一样把自己的本行技能教给妻子，但也有一些行会甚至连这种做法也要禁止，表面看来是担心女性可能并不具备必要的技术知识和技能。例如，1461年，布里斯托（Bristol①）的织布工遭勒令不得让他们的妻子、女儿和女仆与作坊里的其他男性成员一起工作，但那些早在发文禁止以前就已经开始，而且仿佛这辈子都在给丈夫打

---

① 英格兰西南部城市。从十四世纪开始通过进口羊毛原料织成羊毛布料再出口，迅速成为经济重镇。

下手的妻子就不受影响。【20】事实上，当时看上去普遍的做法是许多手工艺作坊通常直接设在家宅里面，妻子可能会在那里监督学徒，从事某些生产任务，采购材料以及出售成品。这些证据再次证明打工女性对她们所在家庭户的经济需求具有适应性，可以按不同需求参与工作。因此，从最初带过来的嫁妆到后续参与各种具体的劳作和副业，妻子对维持家庭户经济正常运行具有高度重要性，早已超出一般认为的限于家庭场域范围。这对家庭具有互惠性质，突出了婚姻的相互依存本质。但尽管符合共同目标，家庭户的经济与社会权力基本结构却没有改变，性别分工继续由父权制准则定义，哪怕两人的分工实际上存在互补且有所重叠。

当时工作经济的另一个潜在贡献者群体是年轻人。当然了，非常年幼的孩子更多地是在消耗资源，并不会带来收益。小朋友即使从两三岁起就被带上参与按照性别界定的某些特定活动，但在他们再长大一点以前，他们对成人的任务进行观察与模仿本身不太可能给自家所在的家庭户经济带来多大的生产率。一般说来，小朋友从大约七岁到十二岁就能更充分地做出贡献。同样，说到小朋友，中世纪英格兰的验尸官报告合集继续显示出一种性别划分，表明年轻女孩往往担当家务杂事或帮忙带更小的小孩，年轻男孩多半负责钓鱼、收集食物和燃料，又或是放牧家禽和绵羊等较小型的动物。1348年，有一位约翰·威尔（John Wayhe）当了牧猪人，当时他十二岁，我们现在可以了解到他的这点情况是因为他在那年12月的一个早晨大概是冷得不行，爬进一名面包师的烤箱里取暖，却不幸被烧死。【21】重点是像这样岁数的男孩已经可以通过打杂挣到一点钱，比如给编织和铺盖茅草屋顶的工人打下手，又或是在农作物收割时节帮忙捆绑谷物（可以拿到相当于成年人一半的工资）。与此相仿，七岁到十二岁的女孩也会通过采摘水果和坚果、收集贝类，帮助母亲取水、生火、做饭以及照顾小孩等方式做出自己的贡献。有证据表明，在大城小镇的家庭户，小朋友也会参与某些生产制造过程，也许是帮忙制作花边或纺纱。不过，一般情况，大家只会安排小朋友做那些符合他们能力的工作，并且通常视为他们接受教育的一部分内容，以此帮助他们了解工作的多种方式。

等他们长到十三到十八岁，他们工作起来也会更接近成年人的时候，许多男性青少年都会从事农业工作，要么是在自己家，要么是去别人家当仆人，按主人吩咐工作，也有一部分人是以学徒身份开始从事手工艺和建筑工作。事实上，纵观整个欧洲，许多年轻人的人生轨迹传统上就是从他们在十七八岁到二十出头之间成为仆人开始定型，不管具体地点是在城镇还是乡村，在作坊、家里还是田间地头。就在他们的打工贡献对自家来说开始变得相当有分量的时候，他们也要离家外出工作了。不过当时很少有人指望孩子们会为赡养父母做出什么贡献，而且在我们讨论的中世纪这一时期还没有看到确切的证据，表明有人确实会把自己的一部分工资寄回家里。女性和儿童的工作任务对许多家庭户来说可能都是不可或缺的，但这些工作并不会得到直接报酬。这一点或许在配偶去世或儿子长大离开家庭户去寻找属于自己的土地与独立之际感受最为强烈，因为这时家里不得不花钱从外面找受薪雇工取代他们留下的空缺。

仆人会跟一名雇主签订短期合同，附带一份年度津贴，通常由雇主家提供餐食、饮料、衣服和住宿,正是这种生活安排定义了仆人这项工作。年度契约可能从每年的圣米迦勒节(Michaelmas①,9月29日)或圣马丁节(Martinmas,11月11日)开始。毫无疑问,仆人的工作时间很长,并且我们不应低估所有不同年龄、不同社会经济背景的仆人对整个工作经济做出的贡献。相比之下女性似乎从小小年纪就要学会适应家务工作模式,这可能跟男性往往需要经过更充分的身体发育才能参与某些农业工作有关。总体而言,仆人群体一直是中世纪时期劳动力人口的一个突出特征。《圣菲拉雷托斯的一生》(*Life of St. Philaretos*②)创作于八世纪后期,强调了主人公在帕夫拉格尼亚(Paphlagonia③)这片拜占庭(Byzantine④)土地上拥有大量的仆人(称为 *oiketai*)。【22】英格兰在1086年发表的全国土地调查清册俗称《末日审判书》(*Domesday Book*⑤),也提示存在一个人数众多且多半从外界看不到的仆人群体,主要在贵族直辖领地和家境殷实的持有农户那儿承担各种不同的任务,较后期出现的税收以及法律文件也强调了他们几乎随处可见的存在,比如英格兰在1377年—1380年的人头税或佛

---

① 基督教节日,纪念天使长米迦勒(St. Michael),又作弥额尔。
② 由传主的孙子记下他慷慨分发财富给仆人的事迹作为主要内容。
③ 位于亚洲西部小亚细亚半岛。公元前一世纪成为罗马帝国加拉太(Glatia)行省一部分,至罗马帝国于四世纪分为东西两部分,当地自成一省。
④ 又称东罗马帝国,因330年君士坦丁一世(Constantine,324年—337年在位)迁都拜占庭姆(Byzantium)并以自己名字命名为君士坦丁堡(Constantinople)而得名,存续时间为565年—1453年。
⑤ 1085年圣诞节,英王威廉"征服者"(William the Conqueror,1066年—1087年在位)下令调查并于次年汇编成册发表,因像末日审判般不得翻案而有此俗称。

罗伦萨在1427年的税收评定（*catasto*）。【23】到十四世纪，仆人的数目可能在任何一个城镇都能占到总人口的四分之一。在黑死病疫情过后，对雇主来说，与仆人签订年度合同甚至变得更具吸引力：毕竟，哪怕成本有所上升，这么做也能保证自己可以在劳动力出现短缺之际找得到帮手。

| 雇主与受薪雇工

目前看来保存最完备的记录出自当时各大教会与贵族领主体系，他们雇用了大量的技术熟练工和非技术熟练工。例如，在十二至十三世纪，农场帮工是领主们的主要劳动力之一。英格兰的仆人（*famuli*）大多签订全职合同，但时间很短（通常为时一年），报酬是现金工资，可能外加一份食物津贴，但也存在一些永久性质的封地工作人员。【24】"1290年代，克劳兰（Crowland①）教区的修士在他们位于北安普敦郡（Northamptonshire②）威灵巴勒（Wellingborough）镇的封地雇了八名拉犁耕地的农夫、两名运货车夫、三名牧羊人、一名挤奶女工和一名牧牛人。另有各种兼职仆人，比如一名牧猪人，以及每逢农作物收割时节负责收取什一税（tithe③）的人员多名，这些工人的数目约占耕种

---

① 位于英格兰东部林肯郡，村庄与教区同名。第一座修道院建于八世纪。
② 位于英格兰中东部，其边界至今基本维持《末日审判书》调查时的描述。
③ 当时教会向居民征收的一种固定比例捐税。

这片300英亩（约合121.4公顷）直辖领地所需劳动力的一半。"【25】至于其他工人就按具体任务雇请并支付相应的报酬，可能是按日或按件计酬，这些任务包括修理工具、清除杂草、定期割草、剪羊毛和农作物收割，等等。

即使是业务规模没那么大的雇主，比如家境殷实的农户、批发商、手艺人和教区长，也会花钱雇请仆人、学徒和临时工。就每个案例看来，很可能只是为某项特定任务在短期内请上一两名雇员而已，但这种小规模的活动也是聚沙成塔，也能在总就业里面占一个很高的比例。另外，无论在农业、服务业还是建筑业，哪怕是为某项特定任务而签约受雇的工人，也有可能再把任务转包出去，自己为下一级工人支付工资。这在建筑商、铁匠、木匠和茅草屋顶编织与铺盖工的活动上可以看得很清楚，他们总是按天或按短期合同工作，毕竟当年就没有几个建筑项目大到足以保证提供长达一年的就业。这些工人的工资通常比其他体力劳动者略高一点，自己负责准备所需设备，甚至还要请好帮手，但很少有人还同时拥有土地可供耕作以帮补自己这份主业收入。我们不能在雇主与受雇者之间定出过分死板的界限，诸如各种招聘市场，甚至还有招聘代理人，这些事物开始出现固然可能表明雇主与受雇者之间的区别正变得越来越大，但也要留意当时大多数的工作以及仆人的雇佣安排依然继续通过亲戚或街坊邻居之间的个人联系达成。工作本身也在近距离范围进行，通常就在雇主家里，雇主会像"准父母"那样对年轻仆人/学徒提出纪律和道德上的要求。非正式的礼物和恩惠也不少见，但这依然属于一种等级制从属关系范畴。

直到九世纪以前，受薪雇工对农业生产而言相对不算重要，但有学者认为，到十三世纪末，至少有三分之一的人口通过担当受薪雇工挣到自己大部分的生活费。[26]在欧洲各地乡村地区受雇的劳工当然是冲着货币工资而来，但相比之下在英格兰和法兰西这么做的比例似乎高于欧洲中部、南部和东部等地。在法兰西，拿较低薪水的受薪雇工在葡萄园里占了绝对多数。[27]受薪雇工主要来自较贫穷的小持有农户以及无地阶级，但我们现在对这些人知之甚少，因为他们难得见于传世史料记录中。我们因此难以确切了解，在乡村或城市人口里为挣工资而努力工作的人的比例有没有发生过什么变化，尤其是若将兼职这种工作方式也考虑在内的话，会不会造成什么影响。但还是看得出来，处于社会较底层的群体对工资的依赖程度变得越来越高。中世纪社会由较贫穷成员包揽大部分有薪工作，这些人也是一旦遭遇经济衰退、人口压力或农业歉收等意外事件就会变得最不堪一击的群体。由于实际工资在十三世纪后期陷于停滞，甚至有所下降，这些没有其他收入而全靠打工挣工资谋生的劳工不得不工作更长时间，努力维持他们所在家庭户的生活水平，但随着市场对他们这种劳动力的需求继续走低，他们并不总能如愿。相对而言，能在雇主的农地上工作一辈子的人屈指可数。实际情况恰恰相反，他们必须想办法适应人力需求的季节性波动，包括农作物收割时节提供的一大波工作机会。尤以小持有农和完全没有土地的人群为代表，这时会成为可以随时调用的剩余劳动力储备库。这些户外体力劳动者必须离家到别处工作而不得空闲，由此凸显了工作并不在家庭户范围的分离性质以及夫妻二人的不同职责。不过，寻找季节性工作机会的做法也可能意味着较贫穷人家的丈夫必须长期从家里缺席，留下女性独力照顾自己和孩子们，[28]

在拼了命要在外面找工作养家与遗弃自己的家人之间只有极细的一线之差。

并非所有人都有能力对自己从事的工作的类型或强度进行独立选择。除去维持自家所在家庭户生计这一当务之急，还存在强迫劳动的多种情况，这种工作模式交织于当时的社会政治结构中。在中世纪早期，奴隶制在欧洲西部和地中海盆地都很普遍，尽管这通常其实涉及不自由的一系列不同形式（例如 *servi* 和 *ancilla*，分别指奴隶和仆人），而不是一概而论的面积广阔的"奴隶种植园"。[29]说到底，奴隶完全属于贵族领主的财产，听从这名领主指挥。奴隶处于最低的社会底层，没有任何合法权利，也被认为毫无名誉可言。恩舍姆的阿尔弗里克（Ælfric of Eynsham①，约955年—1010年）是一名本笃会修士，他这样描述一名负责拉犁耕地的奴隶："是的，这工作很辛苦，因为我不自由。"[30]许多奴隶都会被派去从事常规的农业工作，从耕作到放牧都是男人的工作，女人可以给奶牛挤奶，而且奴隶可以买卖，地位跟牲口差不多。在加泰罗尼亚（Catalonia②）、马贡（Mâconnais③）和马其顿（Macedonia④）等地，实际情况是从十世纪开始他们当中有很多人渐渐拥有了土地，积累了货物，有了市场，有能力成家立业。[31]跟保有

---

① 恩舍姆为英格兰南部牛津郡（Oxfordshire）地名。《盎格鲁-撒克逊编年史》（*Anglo-Saxon Chronicle*）记载，571年，日耳曼萨克森（Saxon）人从当地原住民布利吞（Briton）人手里夺取四个城镇，这是其中之一。

② 位于西班牙东北部，八世纪后期成为伯爵封地，1137年通过联姻成为阿拉贡王国一部分。

③ 位于法国中东部，是勃艮第葡萄酒产区一部分，因古城马孔（Mâcon）而闻名。

④ 公元前二世纪成为罗马帝国行省，四世纪成为东罗马帝国一部分。

奴隶做法相关的强制性行政手段马上就要遭到失败，不像此前只是有人会对奴隶制做法表达道义上的疑虑这么简单。到了十一至十二世纪，奴隶制在欧洲西部大部分地区已是苟延残喘。但许多获得释放的奴隶往往落得变成小持有农的结局，与贵族领主形成一种带奴役性质的依附关系，不得不承担繁重的劳役，与先前已经存在的依附性佃农群体不相上下。从许多方面看，这甚至带来了比奴隶制还要沉重的经济负担。

这类带奴役性质的劳动者成为贵族领主们确保自家庞大直辖领地可以获得足够劳动力的最佳手段，只不过具体程度可能有所不同。比如九至十世纪在欧洲西北部地区和加泰罗尼亚一带，封地制度（法语 seigneurie；德语 Landherrshaft）兴起，带动农奴制形成。一方面，这从制度上迫使非自由民农民向贵族领主支付租金，同时承担强制性劳作义务或者说劳役；另一方面，贵族领主对这些农民提供保护，作为某种不言自明的回报。如此一来，贵族领主对农业事务的把控得到加强，得以正式指导农民的劳作。早在八世纪晚期法兰克人的帝国（Frankish Empire）、卢瓦尔河（Loire river[①]）和莱茵河（Rhine River[②]）之间地区以及意大利北部等地都能看到这一制度并不均衡的发展。以圣日耳曼德佩（Saint-Germain-des-Prés）区为例，这是修道院院长艾米诺（Abbot Irmino，约829年去世）在巴黎郊区拥有的一大片田庄，一份九世纪早期做的田庄财产清册（polyptych[③]）概述了依附

---

① 法国最长河流，从南部中央高原（Massif Central）向西北流入大西洋，长约1020公里。
② 欧洲西部河流，从瑞士阿尔卑斯山向西北流入北海，长约1230公里。
③ 在多块表面涂蜡的小木板上写成。

这里的佃户必须提供的劳动与手工服务。以下是其中一户的说明大意:

> 阿克勒博图斯（Aclebertus）和他的妻子弗洛特林迪思（Frotlindis），一名非自由民女性（*ancilla*①），二人均依附圣日耳曼，他俩有一个小孩，名叫阿克勒伯（Acleburg）……他要在（直辖领地）葡萄园耕作4阿庞（*aripennos*②）土地，支付约3默迪俄斯（*modios*③）葡萄酒作为放牧税，另需交纳1塞斯塔里乌斯（*sestarius*④）芥末、50束柳条、3只鸡、15个鸡蛋。以及一旦有需要就必须配合完成的手工劳作。【32】

与此相仿，在英格兰西部地区，最迟到1000年左右已经可以从诸如《个人权利》（*Rectitudines singlenum personarum*⑤）这样的文本中看到一名小持有农可能怎样必须先将自己四分之一的时间用在照料贵族领主的土地，然后才轮到自家。【33】根据农奴的土地持有情况以及封地领主的强制性要求，奴役性质劳役可能包括相当于每周要在领主

---

① 拉丁语，意为女仆。
② 法国旧土地面积单位，每单位约0.84—1.28英亩不等，此处4单位约合1.4—2.1公顷。
③ 源于古代谷物计量单位默迪乌斯（modius），约合8.70公升。
④ 又作sextarius，罗马古代容积单位，等于1/16默迪乌斯，约合0.55公升。
⑤ 1025年左右写成的一篇田庄管理论文，就田庄主要日常工作提出分工安排，包括将依附田庄的主要劳动者按地位从高到低细分为佃农（tenant）、茅舍农（cottager）和小持有农（peasant）这三种；小持有农的义务最重；茅舍农有自住茅舍和周围小面积土地，并因此得名。

的直辖领地工作一到三天，外加按约定在农作物收割时节帮忙的"馈赠（boon①）"天数。这可能要由家庭全体成员与家庭户户主一起承担。例如，十三世纪，在温彻斯特（Winchester②）主教的封地，非自由民佃农（villein③）承担了以下一些项目：拉犁耕地、帮工、收割农作物、赶车（运货）、牧牛、牧羊、牧猪与打铁。【34】

有学者认为"这种封建制度的总效应就是要将农奴与他们的劳动成果分隔开来"。【35】但已经有研究表明奴役性质劳役不仅在安排上具有多样性，具体难度也有区别，从繁重到轻微都能找到实例。一种负担相对较轻的农奴制形式在十二世纪的法兰西已经变得显而易见，比如《洛里斯章程》（*Statute of Lorris*④）提供了一份合同范本，与货币租金结合的就是不那么繁重的劳作义务，目的是让国王更有机会吸引人们前来新出现的村庄安家落户。【36】在托斯卡纳，同样是十二世纪，贵族领主经常将各种劳役换算为租金或实物形式，只不过继续要求对方宣誓效忠自己。与此相仿，小亚细亚半岛（Asia Minor）兰普萨科斯

---

① 或音译为布恩，原意为礼物、恩惠，由租种土地的农民赠予他们依附的领主。
② 英格兰南部城市。因水陆交通便利，从七世纪起成为威塞克斯王国都城，也是英格兰最早涌现的羊毛与布料重镇之一。
③ 或音译维兰，以钱粮加劳役等方式向领主换取土地用于自行耕作的穷苦农民。
④ 法国中北部奥尔良（Orléans）附近新兴城镇，1155年获路易十二（Louis VII，1137年—1180年在位）以领主身份授予这份特许状而建城，主要内容包括确认当地居民具有自由属性（包括提到任何人只要在此住满一年零一天即可获得这一待遇），同时废止旧时领主对辖区内农奴的大部分权利，引发法兰西多地效仿。

(Lampsakos①) 一份1219年田产调查清册（*praktikon*）表明，佃户每年要为他们的领主完成48天的劳役，但这其中有很大部分都会折算为现金支付。[37]实际上，只要人口压力和经济走势让雇主很便宜就能请到帮手，许多劳役项目就会折算为货币租金。毕竟事先约定的劳役并不总是易于管理和监督执行，有相当一部分数量可能因疾病、宗教节日以及频繁旷工而错失，其约定俗成的性质也有可能导致实际应用变得多有限制，比如这些劳役的具体时长或工人应得的食品津贴就引起过争论。在英格兰剑桥郡（Cambridgeshire）维斯贝奇（Wisbech②）发现的一份十四世纪中叶证据显示，劳役的生产率远低于从外面另外雇请工人，而且贵族领主委托的直辖领地管理者也意识到存在这一差异。[38]如果只要支付一笔工资就能请到一名具有更高生产率的受薪雇工，通过强制手段监督佃户完成劳役的做法就会变得不划算。如此一来，从贵族领主的角度看，随着商业化程度不断提高，加上劳工市场变得更有利于领主一方，这种折算带来了更大的灵活性。

贵族领主可能愿意花钱从外面请来劳动者，由他们承担看上去应该属于劳役范畴的任务，直辖领地农耕工作的工资也一直维持在低水平。但值得注意的是许多贵族领主继续沿用农作物收割时节要求农奴提供额外"馈赠"天数的传统做法，因为那时对劳动力需求的强度也会达到顶峰。在土地持有者与当时认为要在这些土地上干活的劳动者

---

① 又作 Lampsacus，位于亚洲西部小亚细亚半岛西北角战略要地。公元前七世纪希腊人建立殖民地，公元前五世纪加入雅典发起的提洛同盟（Delian League）反抗波斯人入侵，公元前334年马其顿亚历山大大帝远征至此，连同当地其他希腊城市一并从波斯人手里解放。

② 时为英格兰东部沼泽区分兰（Fenland）的贸易、行政中心。分兰今分属剑桥郡和林肯郡。

之间最终还是由市场调节达成平衡。自由的农民也一样：从意大利北部到英格兰，他们继续构成规模相当大的群体，并且他们手里那一点点田产几乎不会附带对谁的什么劳役要求，但也继续在变幻莫测的市场面前不堪一击。许多农民都是小持有农，比如1086年土地调查清册《末日审判书》时期的英格兰或地中海一带社区（paroikoia）只有很少一点土地的茅舍农（cottar①），手上没有半点余粮，迫切需要通过其他方式打工以帮补自己的收入。其中一些人的劳作还受制于不同形式的压迫性做法，比如在意大利北部、佛兰德以及拜占庭等地，通过货币与粮租相结合的某种安排，许多佃农实际上变成了计件劳动者或收益分成佃农，自己的劳动果实只能保留一半。【39】

受薪雇工获得回报的方式不止现金支付这一种，还可能包括诸如食物津贴、衣服、住宿以及其他类型的实物选项。"1307年—1308年，在科姆（Combe②）的拜克（Bec③）修道院封地，一些工人每10周得到一夸特（quarter，约合12.80千克）谷物，牧猪人每12周得到一套制服，牧牛人每14周一套制服，还有一名挤奶女工，她是每16周一套制服，但仅限在冬季时段提供。"【40】参与收割农作物的工人从每天一顿大锅饭正餐获得一定程度的补贴。至于这类实物支付选项具体怎么折算为现金工资，通常就要取决于大环境的经济状况，后者直接影响物价并因此影响货币的购买力。食物津贴为抵御通货膨胀影响提

---

① 源于苏格兰高地的写法，也是指农民以劳作换取自住茅舍与租种附近少量土地。
② 位于英格兰南部伯克郡（Berkshire）亨格福德（Hungerford）镇。
③ 位于法国北部诺曼底（Normandy）拜克埃卢安（Le Bec-Hellouin），埃卢安原为骑士，后选择隐修，1034年左右建成拜克修道院。

供了一定程度的缓冲，但一些贵族领主也会做出自保的调整，减少谷物与服装的供应数量。尽管工资从九世纪到十三世纪一直在明显提高，但由于谷物价格出现更大幅度的上涨，因此实际工资似乎一路走低。在英格兰，"以除草工作为例，每英亩（约合2.47公顷）在1340年代的成本为5便士，在第一次瘟疫过后的头二十年变成6到7便士，到1370年代和1380年代达到7又1/2便士。"【41】

城镇工作

纵观整个中世纪时期，城镇工作的比例一直在逐渐提高，但农业工作继续牢牢占据主导地位。据估计，到十一世纪，城镇居民占总人口的10%，他们在那里从事生产制造、贸易和服务等工作。其中，从事生产制造的人数可能在中世纪任何一个城镇都能占去人口的一半，余下的人可能从事贸易、服务、运输和建筑等工作。另有证据表明，相当数量的人依然更愿意留在城镇周边地从事农业耕作。比如《行业手册》（*Livre des Métiers*①）明确为1260年代巴黎101种不同行业列出规定，包括指出具体任务的分工，说明什么人可以从事这些职业以及获得学徒资格应该具备哪些条件。【42】1292年巴黎的平民税（taille）

---

① 巴黎行会第一部书面法规，由路易九世（Louis IX，1214年—1270年在位）授命编撰发布。

是一种炉灶税①，里面列出172种不同的职业。【43】从十四世纪初的自由民花名册也能看到，在诺里奇（Norwich②）存在大约60到70种职业，在约克（York）有100种。【44】由此可见，当时较大规模的城镇可能存在大约60到200种不同职业。也是在这样一些城镇上，人们有机会看到，试举几例：由盔甲匠或铸钟匠开始尝试制作奢侈品，还有从事国际贸易的富裕批发商；跟他们同在这里讨生活的还有更加常见的手艺人与小商贩，这后两者也是较小城镇的常客。但必须记住，还有更多的城镇居民做的是非技术熟练工作，比如搬运水、垃圾和建筑材料。这些工人并不指望可以得到稳定的工作，而是每天聚在指定位置，比如某个十字路口，等待拿到当天的工作。还有一些人，尤以女性为主，可能充当零售小贩，沿街兜售别人生产的商品，但如果当天没能卖出所有商品，这种活动的回报率就会变得非常低。

此外，从考古证据也突出显示了中世纪大城小镇的活动范围：食品加工是最常见的类型，但我们也能窥见木工制作、五金制品、染工、珠宝匠人、纺织工人、鞋匠与陶器制作等多个领域留下的蛛丝马迹。事实上，陶器制作就属于在十至十一世纪从农村转移到城镇的行业之一，因为大量工人聚居在城镇，这对规模日益扩大的生产大有好处。与此同时，随着手艺人像这样高度集中在一处，竞争与合作也得以展开，城镇的繁荣变得指日可待。工作日益专业化，比如处理一头牛的工作已经细分为屠宰、剥皮、（用硬动物脂肪）制作蜡烛、制成皮

---

① 按每户人家的炉灶数目征收。因豁免贵族与教士而得名，1789年法国大革命后废除。
② 英格兰东部城市，与东北部的约克以及前面提到的布里斯托同属当时最繁荣城镇。

革以及制作靴子这样一些岗位，布料行业也细分为精梳工、纺纱工、织布工、染色工、呢绒漂洗缩绒工和裁缝，等等，生产效率和质量都得到了提高。正如政治经济学家亚当·斯密（Adam Smith，1723年—1790年）所说，劳动分工让具体生产者变得更加胜任各自的特定任务，于是完成工作所需的时间也会变短。[45]即使是在乡村地区，服装和建筑行业也会成为专业人士汇聚的领域。但与此同时我们不得不存疑，关于法律文档里采用的中世纪命名法可能在多大程度上隐去了个人职业活动的多样性。毕竟，与乡村一样，生活在城镇的人们并不总是从事单单一种工作，然后由这一种工作定义自己的身份，这在涉足食品和饮料交易领域的人身上看得更明显。即使是这些人也渐渐分出了地位高低，从地位较高的酿酒商、小酒馆老板和香料商，一直排到地位卑微的零售小贩，后者提着一篮一篮的水果、鸡蛋和蔬菜沿街叫卖。目前还很难确切了解中世纪的工作者怎样分配自己的时间，以备应对主要任务、辅助活动以及家务上的需求。

如此一来，从城镇到乡村就存在一种社会和经济等级制度，此处可以尝试归纳一份基本框架。最底层是非常贫困的家庭，几乎难以维持基本生计，全靠打临时工和做一点小买卖为业，一旦赶上劳动力供应充裕时期就必然经常失业。他们在城镇里缺少经济和政治权利，而且难以组织起来，这就定型了他们的打工经历。培训和资本这两方面的要求很容易就能将单打独斗的个人排除在某些行业之外，尤以五金加工、布料或皮革精加工业表现最为明显。进入这些行业的通道往往由学徒制和行会体系把持，游离在外的个人只能凭少量的原材料和相对基本的工具进行工作。往上一级是见习技工，通常与家人一道为其他手艺工匠工作，一起挣工资。在他们之上是拥有自己的作坊或市场摊位的手艺工匠和大商贩，这些人也是行会的主要成员。至于社会经济等级的顶端位置就要留给手艺家庭户和贸易家庭户。在大多数情况下，手艺工匠和商人都会在他们自家屋舍外工作，也就是他们所在的家庭户范围，在那里安排好自己的时间。即使是没有足够资本像他们那样独立开创业务的满师学徒工，也会经常在自家用自己的工具从事实际的工作，哪怕他们用到的物料均由匠师提供，成为后来所说的外包系统（putting-out system），实际上就是把自己的劳动力出卖给别人，但城镇家庭户依然是当时最主要的生产基地和劳动组织单位，没有之一。

｜ 改变工作模式

影响工作选项的因素不仅有人口和政治条件，还有个人的社会经济地位以及他们在各自生命周期所处的阶段。若是遇上人口多、劳动力过剩、工资低以及土地稀缺时期，经济策略就会跟与此相反的人口少、劳动力短缺、工资高以及土地过剩时期大不相同。在前一种时期，生活水平很低，很多家庭可能找不到足够的土地或工作，难以维持生计。到了后一种时期，情况刚好倒过来，但较高的死亡率也确实不利于他们的孩子顺利长大。

随着欧洲人口在十二至十三世纪日益增长，小持有农和无地者的数量也在上升，其深远影响是形成数量巨大的受薪劳工储备，不仅为贵族领主经营农业带来灵活性，也为更多农民生产者和独立手工作坊带来灵活性。与此同时，惠及雇主的灵活性往往意味着打工者面临低收入和恶劣的就业条件，这可能在1270年代达到新低点。那是一段就业不足、工资疲软的时期，影响工作条件和机会的因素不仅来自经济波动，也来自制度形式。1347年—1350年黑死病过后，人口数量不仅急剧下跌，而且持续徘徊在低位，导致工作报酬迅速提高了至少三分之一，无论现金还是实物都一样，并且到十五世纪末提高得更明显。那时每一天劳动的购买力可能已经提高了一倍，计件工资涨得跟普通工资一样快。在英格兰还赶上了乡村布业大发展，这一行不仅可以给工人更高的报酬，而且由于远在城镇行会的各种约束之外，从雇主角度看依然更便宜、更灵活。的确，严重的劳动力短缺造成一个有意思的副产品，这就是导致"技术熟练工和非技术熟练工之间的鸿沟收窄"，这两个人群的分界变得更易于突破，因为需要技术熟练工的任务失去了原有地位的一大支撑，找得到足够人手就不错了。[46]雇主们非常清楚当时很难找到工人，经常因为自己的员工从以前的顺从听话变成现在提出各种要求而多有不满。结果是经济上出现一些调整做法去适应发生在劳工市场的这种变化，比如农业用地不再进行耕作，而是更多地用于饲养牛羊，这事不需要那么多工时就能打理好。但这么做也确实意味着当时出现了更多的全职牧羊人和牧牛人。

  黑死病留下的后果之一是求职者往往做好准备要为自己谈一份待遇更优厚的合同，通常是按天或具体任务工作，目的是要拿到更高的工资，一旦感到自己的要求被忽视，马上另谋高就。这在欧洲各地陆续激发出各种希望克服这一现象的反应性特别立法，但没有办法扭转劳动力供应相对稀缺这一基本事实。【47】在中世纪的欧洲和欧洲以外地区，当时已经陆续看到关于公平工资（just wage）和公平价格（just price）的概念，但这两者最终都会跟市场力量形成关联。当地政府想要插手调整工资的做法从长期看来通常都会遭到失败，他们一般只在危机爆发之后才会打这主意。在黑死病疫情过后，英格兰、法兰西、阿拉贡（Aragon①）以及加泰罗尼亚等地都试图通过劳工立法将工资与瘟疫前的水平挂钩，同时强制要求本地所有身体健全者都要参加工作。比如佩德罗四世（Pedro IV②，1336年—1387年在位）1349年颁布一项在加泰罗尼亚执行的法令，就是黑死病疫情导致的最初后果之一，一年后，他以这份法令为基础在阿拉贡做了进一步的立法。卡斯蒂利亚在1351年也跟上这一波趋势，要求所有人都必须工作。也是在这一年，法王③签发《大法令》(Grand Ordinance)，包括强调葡萄园工人短缺的情形，将冬季工资定在低于夏季工资的水平，同时试图抑制食品价格出现通货膨胀。但黑死病这场危机为工资上涨和农产品价格低迷留下的长期影响让各地政府普遍感到难以克服。雇主们是如此迫切需要得到劳动力，以至于经常通过提供实物回报或默许减工不减酬

---

① 西班牙东北部地区名。自1035年起成为王国，1118年夺取萨拉戈萨（Zaragoza）并迁都此地，至十四世纪已通过联姻或征战等方式拓展到加泰罗尼亚和西西里岛。

② 西班牙语，英语为彼得四世（Peter IV），阿拉贡国王，也是撒丁岛（Sardinia）与科西嘉岛（Corsica）国王、巴伦西亚国王以及巴塞罗那伯爵（含加泰罗尼亚全境）。

③ 时为约翰二世"好人"（John II，又称 John The Good，1350年—1364年在位），法兰西瓦罗亚王朝（Valois dynasty，1328年—1589年）第二位国王。该王室来自法兰西北部封地瓦罗亚并因此得名，紧跟在卡佩王朝之后。

等方式制造激励，直接削弱了这些法律禁令的执行力度。例如，1350年，罗杰·斯温弗利特（Roger Swynflete）作为塞尔比（Selby①）修道院院长位于施泰林伯勒（Stallingborough）封地的管理者，通过提供一系列的实物回报，设法诱使擅长犁地的庄稼汉约翰·斯基特（John Skit）丢下先前与约翰·达让特纳爵士（Sir John d'Argentene）订立的合同而跳槽过来。【48】从英格兰发现的证据还能看到，自《劳工法》（*Statute of Laborers*）于1351年推行以来，工人们似乎更加偏爱短期合同与行走自由，经常成群结队从一个雇主转到下一个雇主那儿，只为谈成最理想的工资与附加福利，【49】他们拒绝按照疫情之前的同等条件工作。

　　如此一来，这种新经济环境的久远影响，就变成人们只要想工作就有机会得到更多的工作选择。的确，对劳动力的高需求促使大家转向考虑那些原本得不到多少工作机会的群体，开始持续地鼓励他们加入劳工市场以填补各种空缺。这些群体包括女性、儿童和老人。劳动力短缺，加上特定制造业出现部门性增长，形成强大吸引力，推动女性以独立的经济参与者身份进入劳工市场，她们有机会帮补所在家庭户收入，同时提高自己的消费能力。看上去恰恰就是在黑死病过后，女性更多地受雇从事超出自家所在家庭户范围的工作。例如，从1350年到1450年，在英格兰的约克，女性往往可以找到更好的工作、拿到更高的工资，尽管这一积极势头在漫长历史背景上看很显然只能算是昙花一现。女性劳工拿到的工资尽管与疫情前相比确实提高了，但还

---

① 英格兰中北部约克郡（Yorkshire）城镇，该修道院的历史可以追溯到1069年。

是只及男性工资的70%左右。[50]在当时的父权制社会,她们继续处于极其不利的劣势地位,被排除在政界职位和行会职位之外。女性很难获得做交易的全面权利,这导致她们承担的更多工作继续属于传统定义的"女性的工作"范畴,比如清理杂草、收割农作物、晒制干草以及制作乳制品等等。酿造啤酒、纺纱和织布之类任务也变得更多,但这也不代表跳出传统观念认定的女性场域。女性继续被视为劳动力的一种储备库,一旦男性劳动力不够用了就会补上,但同工不同酬,她们拿到的工资要低一些。她们肯定更有机会得到技能要求较低的工作,未婚的年轻女性更是如此,至于这样一些机会到底能在多大程度上带她们一路提升抵达技能要求更高或更繁重的工作岗位,目前继续存在争议。[51]

普遍而言,在1370年之后,工人的年收入以及由此决定的生活水平是否跟实际工资同步增长,目前难有定论。从英格兰到德意志,手艺工匠的工资似乎普遍都在上涨,尽管这一点并不是在所有地区都看得那么明显;在法兰西,手工业的需求似乎出现停滞,工资也因此变得毫无动静。[52]高薪工作仍然具有季节性,而且具体机会每年都会发生变化,与此同时一些工人更愿意把自己挣到的额外收入花在麦酒馆里,不愿意像以前那样工作那么长的时间,即使有更多的工作急需人手也不在乎。[53]这可惹恼了中世纪的道德家,比如英格兰诗人约翰·高尔(John Gower,约1330年—1408年)和威廉·朗兰,他们公开谴责那些懒惰的、贪婪的劳动者。但他们这种"时代"观点的强度在以下情况面前打了折扣:有证据显示,当时从社会地位较低的人群当中确实出现了希望穿得更好、吃得更好、喝上更高质量麦酒的需求,但这一切都是需要花钱购买的。家家户户当然可以通过从事其他一些副业来满足这一日益增长的需求，这些副业也有机会在自家所属家庭户内部雇请更多的家庭成员帮忙。但即使到了后黑死病时期，这样的工作也是断断续续的。"整整持续六天的工作周绝不是常态，许多建筑工人即使是由同一雇主雇佣，也是这一周工作三天，下一周工作五天，参差不一。"【54】大多数工人还是要想办法看能不能弄到一小块土地，甚至是一座小茅舍和一片公用地的使用权，在这上面设法做点什么帮补自己的收入。

结语

经济环境变迁最终影响到大多数工作的可选性与收益，一旦就业机会变得很有限或实际工资（real wage①）开始下降，那些完全依赖从事有偿工作谋生的人，很可能马上沦为朝不保夕。这种情况有机会在农业收成欠佳的年份短暂发生，并且随着人口增长而变得越来越严峻。因此，当城市化、商业化、人口波动以及环境或气候变化等指标提示经济环境下一波变动的方向，工作的模式和体验也会相应发生变化。中世纪经济在很大程度上建立在家庭户单元的基础上，没有几个行业可以聚集大量的工人。工作往往来得零碎而不规则，还很不确

---

① 按实际购买力计算的工资。

定，有相当大一部分人为了谋生必须从事多种不同的工作。他们能否维持生计取决于他们无法控制的经济因素，包括天气和疾病，以及他们那些更富有的邻居会不会遭遇什么意外变故，比如很可能在经济困难时期削减自家雇佣的工人数目。在中世纪这一特定历史时期，工作经济有很长一段时间、在很大程度上属于一种家庭户事务，但也是兼具权宜性与多样性的经济，与此同时，专业化和原产业化（proto-industrialization）的发展仍然处于一种缓慢且不均衡的进程中。

第二章
图说工作

迪尔德里·杰克森
(*Deirdre Jackson*)

迪尔德里·杰克森（Deirdre Jackson），英国剑桥菲茨威廉博物馆（Fitzwilliam Museum）手抄本与印刷书籍部研究员。2002年在伦敦科陶德艺术学院（Courtauld Institute of Art）取得博士学位，之后在牛津大学（University of Oxford）和大英图书馆（British Library）工作，著作包括《大开眼界：中世纪手抄本里的奇迹》(*Marvellous to Behold: Miracles in Med-eval Manuscripts*)（2007年）、《狮子》(*Lion*)（2010年）和《中世纪女性》(*Medieval Women*)（2015年）等。

带有金色或其他鲜明色彩的泥金插画装饰手抄本构成了一份内容极其丰富的文学与艺术遗产，保存在这些珍贵文物里的文字和图像对我们了解人们在中世纪怎么看待一般所说的工作、怎么完成具体的任务具有重要意义。比如图2.1显示的日历画面，不仅向我们展示了工作的技术和方法，而且再现了中世纪的风景以及日常生活跟隨的四季节律。

当然，关于中世纪劳动的信息也可以从其他多种形式的视觉艺术作品里收集到，比如文色绚斓的蚀刻玻璃窗、蔚为壮观的纪念性雕塑以及墙壁和各种面板留下的画作。但尽管如此，出现在手抄本里的插画从传世数量和质量看依然远超其他媒介承载的美术作品，成为保存至今的绘画证据里最丰富的单一来源。本章准备将图像作为人们在中世纪时期思考和从事工作的方式的关键证据，探讨以下三个关键题目：理想社会的概念，与工作起源有关的哲学与神学思想，以及劳动的性别化分工。

大多数人都会将中世纪的工作与农业联系起来，这个假设是可行的。在今天的英国（United Kingdom），农业雇用了大约2%的劳动力人口，对国民收入的贡献还不到0.1%，但在中世纪这一历史时期，农产品超过了其他所有的出口产品，农业劳动为英格兰带来了至少3/4的收入。[1]农业在欧洲各地的前现代经济中占主导地位，这一点也反映在带插画的日历上，一般设计是以黄道十二星座为主角，跟描绘农民从事一系列季节性任务的画面配对，这些任务从修剪葡萄藤一直到杀猪可说应有尽有。像这样保存在数以千计的礼拜与祈祷用书里，从朴实无华的随身携带小册子到远近闻名的《最华美时祷书》

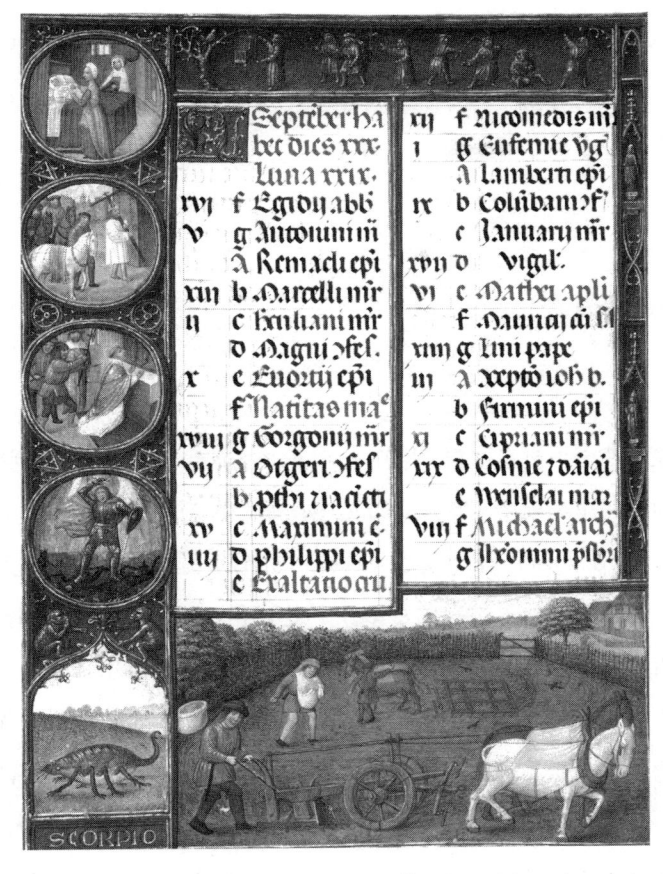

图 2.1 九月日历页。见于《斯匹诺拉时祷书》(Spinola Hours[①]),制作时间约为 1510 年—1520 年,地点为比利时布鲁日(Bruges)与根特。藏于美国洛杉矶 J. 保罗·盖蒂博物馆(J. Paul Getty Museum),编号 Ludwig MS IX 18, folio 5ʳ。

来源:© The J. Paul Getty Museum, Los Angeles.

---

① 据盖蒂博物馆官网介绍,这部时祷书的插画出自多位画家,主创者为佛兰德画家"苏格兰詹姆斯四世大师(Master of James IV of Scotland)",因他给这位国王(1488 年—1513 年在位)画过一幅著名肖像而得名。时祷书以收藏者斯匹诺拉家族命名,他们是当时统治热那亚的名门望族之一。

(*Très riches heures*，图 3.1）也是应有尽有，尤以后面这个例子最为突出，里面关于"工作月令"的描述成为最广为复制的，因而也是最家喻户晓的中世纪工作主题画面。

劳动月令

先看两份出自盎格鲁-撒克逊（Anglo-Saxon[①]）时期的手抄本，分别题为《尤里乌斯赞美诗》（*Julius Hymnal*）和《提比略杂录》（*Tiberius Miscellany*），里面存有距今最久远的中世纪年历，附带的小画定格了工人们在田野背景上忙碌的身影。[2]这两份记录冬去春来、周而复始的年历，其制作时间分别可以追溯到十一世纪早期到第二个二十五年间，描绘了人们在一年里根据不同月份成群结队忙于相应的劳作项目的画面，比如松土与播种、砍伐木材、收割农作物，等等。这两份手抄本不约而同选用打谷场景作为十二月的插图。一些学者认为，这其中呈现的细节，比如一名男子拿着一根记数棒记录谷物脱粒的数量，真实反映了当时盎格鲁-撒克逊人的农耕习俗。[3]但是，女性劳动者不管多么勤奋，终究没能在这上面任何一页场景中露面。

这组盎格鲁-撒克逊时期画作因为出现了一群精力充沛的工作者

[①] 从五世纪开始入侵英格兰的日耳曼人，主要包括盎格鲁人、撒克逊人和矢特人（Jute），其中盎格鲁人建立了东盎格利亚等四个王国，英格兰（England）因此得名。

而显得非同凡响，成为超越中世纪日历插图普遍传统的特例，后者通常用十二个独立数字代表一年的十二个月，这一惯例做法的根源可以追溯到古代后期。以图 2.2 为例，这份手抄本的制作时间在818年左右，地点在萨尔茨堡，包含有关历法计算和天文学研究，是现存最早的此类作品，从头到尾只有一名男性角色，每个月份一页图画，显示他正从事一种应时活动，从靠在一堆火旁边取暖（一月）一直到杀猪（十二月），应有尽有。【4】

从十二世纪开始，类似这样带有单独一名男性人物且每一页均分配一名作为插图主人公的日历，在欧洲西部各地源源不断生产出来。这些人物通常设置在一个小小的圆形或方形框内，几乎不带任何的环境细节。随着越来越多的页面空间可以用于绘制劳动月令，尤以制作奢华时祷书的需求表现最为大方，渐渐也能看到插画师开始描述女性与男性一起工作，同时就画中人物所在环境提供更丰富的细节。到十六世纪，尽管中世纪已经接近尾声，绘制日历这门艺术不但没有衰落，反而再度焕发活力。以欧洲北部为例，包括佛兰德大师西蒙·贝宁（Simon Bening，约1483年—1561年）在内，画家们以越来越贴近自然主义的方式描绘工作者，通常给每个月留出对开两页的篇幅，创作出富有日常生活细节的佳作。在中世纪后期一些反映经济现实的日历场景上，类似屠夫和市场商贩这样的城镇居民也作为劳动力成员得到露脸机会。其中，老彼得·勃鲁盖尔（Pieter Bruegel the Elder[①]，1525年—1569年）的作品，包括创作于1565年的名作《收获者》

[①] 佛兰德画家，以农夫题材画作而闻名。《收获者》出自一组共六幅反映一年四季的作品，具体代表七八月，由安特卫普一位商人委托绘制。

图 2.2 劳动月令。见于《杂录》(Miscellany),制作时间约为 818 年,地点在萨尔茨堡。藏于维也纳(Vienna)奥地利国家图书馆(Österreichische Nationalbibliothek),编号 MS 387, folio 90^v。

来源:© Österreichische Nationalbibliothek, Vienna.

(*Harvesters*),堪称中世纪日历场景的里程碑式再创造,证明这种当时已有800年历史的绘画传统具有强大生命力。

│ 描绘工作者

　　尽管当时整个欧洲确实是大多数人都在从事农业工作,但中世纪手抄本中还是出现了无数其他类型的工作者,涵盖所有的社会阶层,从统治者和高级教士一直到商贩和手艺人无所不包。例如,"英格兰人"巴塞罗缪(*Bartholomaeus Anglicus*①)编著的百科全书《万物属性》(*De proprietatibus rerum*②)风行欧洲,巴黎在十五世纪早期出现了法语版(题为 *Le livre des propriétés des choses*),译者让·科贝松(Jean Corbechon),里面就包括一组插图,显示不同行业的导师们身穿他们那各具特色的华美学术长袍正在传授知识。如图2.3所示,在有关身体的第五卷,从作为引言的细密画可以看到一位医生拿着一个尿瓶,正在做出诊断,准备对他的病人进行治疗,这些病人包括一名胸部受伤的男人和一名胳膊上缠着厚重绷带的女人。显然,插画师是紧跟文本进行绘制,因为此处对应的文本就在描述一系列需要医疗干预的疾病。

---

① 拉丁文,英语 Bartholomew the Englishman,鼎盛年约为1220年—1240年。
② 英语 Properties of Things。

图 2.3 医生与病人。见于让·科贝松翻译的法语版百科全书《万物属性》，出版时间约为 1415 年，地点在法国巴黎。藏于英国剑桥菲茨威廉博物馆，编号 MS 251, folio 53ᵛ。

来源：© The Fitzwilliam Museum, Cambridge.

在意大利北部，弗朗切斯科·皮佐尔帕索（Francesco Pizolpasso）先后担任帕维亚主教（Bishop of Pavia[①]）与米兰大主教（Archbishop of Milan[②]），在为他制作的一部富丽堂皇的意大利主教仪典书里，用超过100幅首字母小画（initial[③]）描绘主教们主持多个礼拜仪式的情形。在这些反映神职人员权力与典礼盛况的场景之间插入了另一个画面，显示一名理发师正在执行一项没那么高高在上但同样必不可少的任务。如图2.4所示，只见他手里挥起一把直剃刀，身上穿着一条可以用来擦拭这把剃刀的白色短围裙，正帮一名教士为接下来主持弥撒的工作做准备，这显然会让随行的教士助手感到很有意思。除了类似这样的世俗教士，从事"上帝工作（*opus Dei*）"的修道院修女和修士们在中世纪的手抄本里也得到了充分体现。作为欧洲西部地区最有影响力的修道规则，《圣本笃律则》可能在530年到540年之间问世，将修士和修女的修行职责比作工具（*instrumenta*），将修道院比作作坊（*officina*）。除了每一名修士和修女均应完成的虔敬修行工作，男女修道院院长、教堂司事（又称圣器保管员）以及地窖管理员[④]从事他们各自负责的其他特定工作的情形也出现在画面上。比如1265年—1270年左右在法兰西北部制作的健康手册《身体之道》（*Régime du corps*）手抄本，作者是锡耶纳的阿尔多布兰迪诺（Aldobrandinus of Siena[⑤]），

---

① 1427年—1435年在任。
② 1435年—1443年在任。
③ 将段首第一个字母变成一幅画的做法。
④ 主要负责食品采购、保管与分配。
⑤ 生平不详，主要在锡耶纳和特鲁瓦（Troyes）生活与行医，该健康手册发表于1256年。

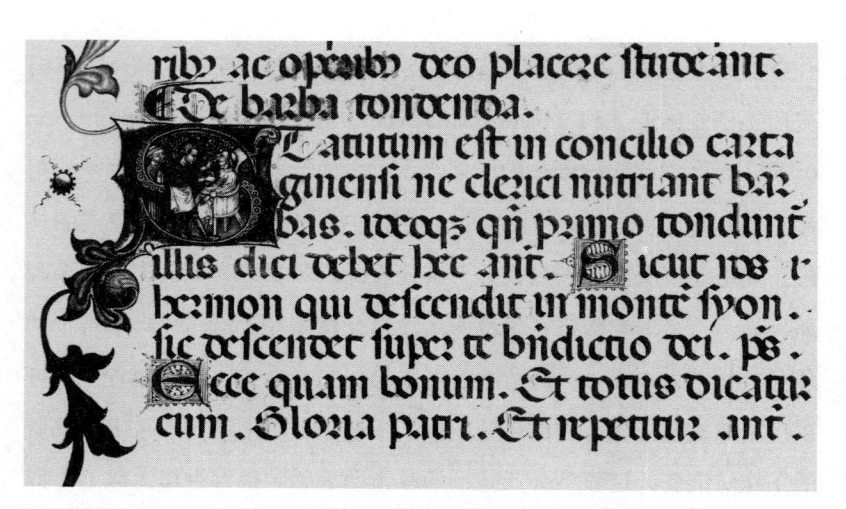

图 2.4 理发师在为一名教士理发。见于意大利主教仪典书，制作时间约为 1435 年—1440 年，地点为意大利米兰或帕维亚。藏于英国剑桥菲茨威廉博物馆，编号 MS 28, folio 10ᵛ。
来源：© The Fitzwilliam Museum, Cambridge.

里面有一幅首字母小画描绘了一名主管日常饮食供应的修士正从酒窖里打酒，准备自己先尝尝看是否适合端上餐桌。【5】

修道院工作观念

早期的基督教修士高度重视体力劳动的价值，但随着隐修社区获得土地且变得越来越富有，亲自动手参与工作的修士也越来越少。宗教改革者的目标变成设法在积极的世俗生活与敛心默祷的修院生活之间取得平衡，以加洛林时期修士、阿尼安的本笃（Benedict of Aniane，

747年—821年①）为例，他的工作伦理堪称前无古人：他将体力劳动与宗教修行功课结合起来，不仅一边犁地一边背诵赞美诗，并且，尽管已经不停祈祷且全力投入写作，居然还能抽出时间承担一些琐碎任务，包括在厨房打杂和擦鞋。【6】另一位伟大改革者，西多会修士、克莱尔沃的伯尔纳（Bernard of Clairvaux②，1091年—1153年）同样强调体力劳动的重要性。当他的表弟、夏蒂永的罗伯特（Robert of Châtillon③）选择离开克莱尔沃他们这所修道院，转投克吕尼的本笃会修道院，希望过一种没那么清苦的隐修生活，他就写信将对方申斥一番：

> 站起来，做好准备，戒除懒惰，展现力量，动手做点什么，以某种方式开始工作，你会发现原来吃饭的目的只是克服饥饿，而不是勾起自己的食欲……懒惰会让你变挑剔，工作会让你感到饥饿，来体会一下工作怎样将由于无所事事而变得不在状态的胃口唤醒是有多棒啊。蔬菜、豆类、根茎、面包和水对懒人来说可能是非常一般的食物，但对努力工作的人来说就显得美妙可口。【7】

以图2.5为例，这里复制的一幅首字母小画描绘了西多会修士砍伐树木以清理出建造用地的情形，体现了该组织的早期理想。西多会

---

① 799年在法国南部阿尼安创办修道院。
② 因在法国东北部村庄克莱尔沃创建同名修道院而闻名。
③ 后为法国东北部城镇朗格勒（Langres）公爵与主教。夏蒂永是法国东南部村庄名。

图 2.5 首字母小画，西多会修士在砍树。见于罗马教皇格里高利一世（Gregory the Great[①]）所著《约伯伦理论》（*Moralia in Job*），制作于 1111 年圣诞节前夜，地点在第戎（Dijon）。藏于第戎市立图书馆（Bibliothèque municipale de Dijon），编号 MS 170, folio 59ʳ。

来源：© Bibliothèque municipale de Dijon, Dijon.

是由莫莱姆的罗贝尔（Robert of Molesme[②]）带领一群志同道合的修士于 1098 年创立。

解读图面

当然，中世纪描绘劳动者的插画并不是历史现实情况的直接反

[①] 590 年—604 年在任，又译额我略一世。

[②] 本笃会修士（约 1027 年—1110 年），在法国东部城市第戎郊外西多村旷野建立西多修道院，后发展为西多会。莫莱姆为法国东部村庄名。

映。举例而言，那上面几乎看不到小朋友在工作，尽管当时安排小朋友完成特定任务属于正常情况，而且许多小朋友一具备必要的体力就要开始从事全职性质的工作。除了承认视觉记录当中存在空白，同样重要的是必须认识到绘画过程还受当时的艺术惯例支配。在侥幸传世的手抄本里，最常见的类型要数《时祷书》（*Books of Hours*），里面列出每天进行祷告的时间与对应内容，这类宗教灵修书籍往往带有华美的装饰。以《圣母时祷书》（*Hours of the Virgin*）为例，当时插画师的标准做法是描绘一组按顺序排列的细密画，其中包括"天使向牧羊人报喜（Annunciation to the Shepherds）"这一主题，描绘一群男性农民在一派田园风光里看守他们的羊群。在法兰西，从十五世纪后期出现了一种变化，画家们开始将女性纳入这类作品。但要将这些场景里牧羊女数目激增的原因解读为当时越来越多的女性劳动者有机会参与培训，然后可以负责管理家里的牲口，那恐怕就搞错了。恰恰相反，在传统主题画面加入女性形象这一做法反映的是艺术风格与品味也在发生变化。[8]将女性人物与男性人物放在一起改变了这个传统主题可以说是约定俗成的意象，为这快乐的场合平添了一份浪漫色彩。如图 2.6 所见，这是《昂古莱姆的查理时祷书》（*Hours of Charles d'Angoulême*[①]）里面一幅细密画，占了整页篇幅，描绘男女牧羊人手牵着手跳起舞来，这似乎大出他们看管的羊群意料之外，羊儿们满脸好奇，倍感惊讶。

---

① 因委托制作者是昂古莱姆伯爵、奥尔良的查理（Charles of Orléans，1467年—1496年在位）而得名。昂古莱姆位于法国西南部，是瓦罗亚王室一个分支的封地。查理的儿子成为法王弗朗索瓦一世（Francis I，1515年—1547年在位）。

图 2.6 男女牧羊人之舞。见于《昂古莱姆的查理时祷书》，制作时间约 1475 年—1500 年，地点在法国巴黎。藏于巴黎法国国立图书馆（Bibliothèque nationale de France），编号 MS lat. 1173, folio 20ᵛ。

来源：© BnF, Paris.

图2.7出自法兰西另一本时祷书的插图，采用另一个传统主题"耶稣诞生（Nativity）"，但具体描绘手法也跟当时的标准版本不同，改由约瑟（Joseph）而非马利亚（Mary）怀抱刚刚出生不久的基督（Christ）。实际上，到十五世纪后期，也就是这幅画的创作时期，关于约瑟这个人物以及他与马利亚的关系的看法已经发生范式转变。在中世纪的视觉艺术和戏剧里，尤其是在德意志地区的"耶稣降生"主题戏剧里，约瑟的重要性得到显著提高，不再以孤单、年迈养父的形象出现，远离自己的孩子，而是变成忙于从事多种育儿工作，包括为婴儿做饭、摇摇篮、在婴儿洗澡时从旁指导以及帮忙烘干尿布等。[9]这在当时的戏剧中看得更明显：先前往往将他塑造为一个有点搞笑的人物，笨手笨脚，连最简单的任务也做不好，但随着时间流逝，人们渐渐改用更积极的方式解读他担当的母亲职责，将这些事情视为对妻子与孩子的爱的表现。[10]随着约瑟作为一个富有美德的爱家男人日益得到尊重，他也越来越多地被视为父亲们的保护神，这一传统一路持续到现在，同时他也是体力劳动者的保护神，尤其受到木匠们喜爱。类似图2.7这样的画面不仅体现了男儿气概的意义，也表明了为人父母的工作。[11]

要对手抄本里出现的图像进行解读，非常重要的一点在于设法了解它们得以构思出来的社会环境以及它们依附的具体文本背景。以图2.8为例，乍看上去是一位贵妇正在指导她的女园丁工作。但其实这幅插图来自中古荷兰语（Middle Dutch①）版的《女士城之书》（*Le livre*

---

① 流行于1100年—1500年左右。

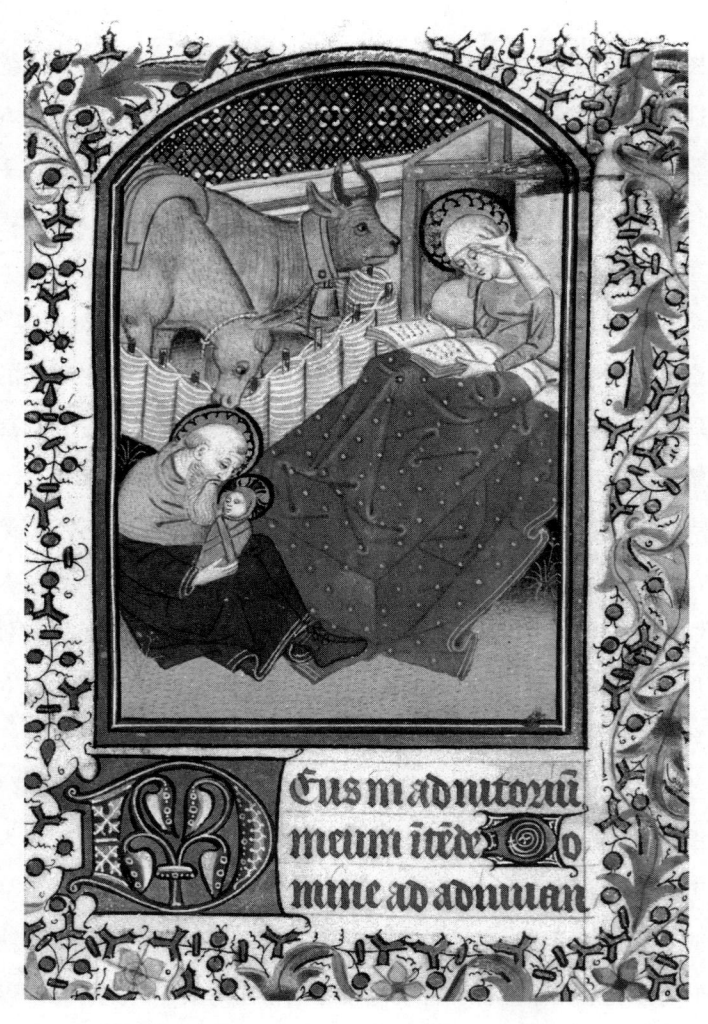

图 2.7 约瑟怀抱圣婴,马利亚在看书。见于《时祷书》,制作时间约为 1460 年—1470 年,地点为贝桑松(Besançon①)。藏于英国剑桥菲茨威廉博物馆,编号 MS 69, folio 48ʳ。
来源:© The Fitzwilliam Museum, Cambridge.

---

① 位于法国东部,旧称维森提奥(Vesontio),曾为高卢的塞奎尼人(Sequani)首府,公元前 58 年罗马将领尤里乌斯·凯撒(Julius Caesar,公元前 100 年 — 公元前 44 年)占领此地。

de la cité des Dames），这部作品具有论战性质，作者克里斯汀·德·皮桑（Christine de Pizan[①]）的写作目的就是要为女性辩护，因此实际情况远比插图表面所见来得更加深邃。实际上，图2.8是一幅寓言式插图，表现作者克里斯汀与理性女士在文学田地（Field of Letters）清除带有厌恶女性观点的作品，为建设乌托邦式的"女士城"做准备。只见理性女士戴着圆锥形头饰，将身上长袍提起一角以免拖在地上弄脏了，克里斯汀作为最早的原女权主义者（protofeminist），她的着装与理性女士恰成镜像呼应，此时正用"她的智慧锹"进行挖掘。这是克里斯汀所著《女士城之书》中古荷兰语版目前发现的唯一传世抄本，也是该书最早翻译的外语版本。这个版本估计与法语原版几乎在同一时间完成（约1475年），中古荷兰语标题为 *Het Bouc van de Stede der Vrauwen*，比目前已知第一个英语版本早问世大约五十年。[12]

当时插画师们往往从已经完成的手抄本、作为范例的书籍以及其他视觉资源选取图案模式进行参考，几乎一成不变地根据准备好的草图和书面指示开始自己的工作，而不是借鉴什么现场示范。有些插画师很可能对他们需要绘制插画的文本内容根本知之甚少，也有一些插画师看得懂书里的内容。但不管他们各有怎样的文化程度，他们作为插画师依然享有解读的自由，比如对具体工作者的描绘往往就会受到插画师个人观察经验的影响。举例而言，一般情况下，插画师笔下人

[①] 生于威尼斯的法国诗人、作家（约1364年—1431年），因父亲是法王查理五世（Charles V，1364年—1380年在位）的占星官，她自幼熟悉宫廷生活。她在丈夫去世十年后尝试以写作维持自己和孩子们的生计，得到多位王公贵族支持，作品包括查理五世传记等。

图 2.8 理性女士与克里斯汀·德·皮桑,见于克里斯汀·德·皮桑所著《女士城之书》中古荷兰语版,题为 *Het Bouc van de Stede der Vrauwen*,制作时间为 1475 年,地点在比利时布鲁日。藏于伦敦大英图书馆,编号 Add. MS 20698,folio 17ʳ。

来源:© The British Library, London.

物的着装风格取材于他们同时代人的服饰。比如图2.9出自当时意大利的《健康指南》(*Tacuinum sanitatis*[①]），画面上的屠夫身穿一件式样简单的灰色束腰外衣，很容易就能跟他的主顾形成区分，后者手里握着一副手套，身上穿一件优雅的蓝色长袍，上面还饰有一圈毛皮。无论修士的法衣、王室的长袍还是磨损的马裤，服饰在那个等级社会就是最明显的社会地位标志。由于中世纪的服装能够保存至今的数量相对有点太少，手抄本里留下的插画就成为研究各种工作者服饰的一种难以替代的史料来源，从中可以看到这些服饰怎样因时期和地区不同而发生过什么变化。

  插画师在描绘农具和其他工具的时候也会参考当时实际使用的物品及其用法，因此画面上出现的工人，哪怕实际上属于传奇故事、过往历史或圣经人物，都是以现实世界的见闻作为创作基础。考虑到工具实物的传世数量相当稀少，假如我们单靠考古证据这一种史料，就一定会错过一些工具和工作方法，以为它们并不存在。[13]即使我们足够幸运，拿到考古学家挖掘出土的工具，从这一孤立出现的对象本身也没办法充分了解它在它那个时代的全部用途。这时，手抄本里的插图就能通过展示人们的举动给我们带来一份对工作世界的非凡洞察，不仅可以补充完善源于考古记录和书面史料的信息，往往还能超乎其上。比如目前认为出自佛兰德画家西蒙·贝宁手笔的日历场景，见图2.10，不仅记下中世纪一种用于修剪树木以清除枯枝的传统切割

[①] 此书原文为阿拉伯语，分饮料与食物、空气与环境、活动与休息等主题论述健康生活之道，十三世纪后期译为拉丁语，成为欧洲许多王公贵族了解健康常识的流行渠道。

图 2.9 屠夫在他的铺子里。见于《健康指南》，制作时间约为 1390 年—1400 年，地点在 伦巴第（Lombardy①）。藏于巴黎法国国家图书馆，编号 MS nouv. acq. lat. 1673, folio 63ᵛ。
来源：© BnF, Paris.

---

① 意大利北部地区名，北接瑞士。凯尔特人（Celtic）从公元前五世纪在这里定居，罗马人经第二次布匿战争（公元前 218 年 — 公元前 201 年）夺取此地。西罗马帝国解体后，伦巴德人（Lombards）趁拜占庭军队将东哥特（Ostrogoths）人赶出意大利的空当于 568 年进军当地并以自己的名字命名。哥特人主要分东、西（Visigoths）两支。

图 2.10，日历场景。归于佛兰德画家西蒙·贝宁名下。出自《时祷书》(*Book of Hours*)，制作时间约为 1550 年，地点为比利时布鲁日。藏于美国洛杉矶 J. 保罗·盖蒂博物馆（J. Paul Getty Meseum），编号 MS 50 verso。
来源：© The J. Paul Getty Museum, Los Angeles.

工具钩镰（billhook）的大小和形状，还显示出这种工具在当时是怎么用的。

说到留下当时工作方法与技术的记录，手抄本插图比任何其他史料都更有成效，比如画出一台纺车的外观，读者很容易就能看出只要用一根手指轻触辐条就能转动，不需要踩踏板。还有许多工作者形象出现在与文本无关的边框图饰或页脚画上。目前已经在这丰富而又往往画风滑稽的证据宝藏里找到数百幅暗讽人类活动的动物漫画，以图 2.11 为例，就中世纪工作方式与思维方式带来别具一格的新视角。[14]

图 2.11 猴子校长与他的学生们。见于《梅斯主教仪典书》(*The Metz Pontifical*)，制作时间约为 1303 年—1316 年，地点为梅斯①或凡尔登（Verdun）。藏于英国剑桥菲茨威廉博物馆，编号 MS 298, folio 76ᵛ。
来源：© The Fitzwilliam Museum, Cambridge.

三分等级论

中世纪的哲学家和作家以各种不同方式设想他们眼中的社会，起先并没有哪种单一模式占上风，【15】但到了十二世纪后期，社会由三个等级或"阶层"组成的想法成为其中一种最具优势的模式。西方文

---

① 又译麦茨，法国东北部城市。

学最早提及这一概念的作品之一出自九世纪盎格鲁-撒克逊国王阿尔弗雷德大帝（Alfred the Great[①]，871年—899年在位）手笔。在用盎格鲁-撒克逊语翻译的波伊提乌（Boethius[②]）名著《哲学的慰藉》(*Consolation of Philosophy*)里，他对其中一段关于世俗权力的内容做了解读，接着补充写道，要让国王成功进行统治，他就应该拥有"人口众多的土地……（包括）祷告者、参战者、劳动者"。[16]康布雷(Cambrai)主教杰拉德（Gerard[③]）在稍后的1025年左右也用类似方式划分社会，他写道："从一开始人就分为三部分……祷告者、耕作者和参战者。"[17]

此外，关于社会是由智者（*sapientes*）、士兵（*militares*）和普通人（*vulgares*[④]）这三个群体组成的想法在古典古代（Classical Antiquity[⑤]）也有所闻。以柏拉图（Plato[⑥]）为例，他描述他心目中的理想城市的作品《理想国（Republic）》，中世纪时期欧洲西部的思想家是看不到

[①] 英格兰西南部盎格鲁-撒克逊王国威塞克斯（Wessex）国王，从小学习拉丁语，即位后推广教育，多次领兵抵抗丹麦人入侵。《盎格鲁-撒克逊编年史》就是在他即位后的890年左右开始编撰。

[②] 又译波爱修（约480年—524年），罗马帝国后期哲学家，一度深得东哥特国王狄奥多里克（Theoderic，471年—526年在位）重用，后遭判罪入狱，随后处决。《哲学的慰藉》是以假想对话形式写成，对话双方分别为囚犯波伊提乌与化身为一名女士的哲学。狄奥多里克于488年入侵意大利，493年在意大利称王，迁都拉文纳，又称狄奥多里克大帝（Theoderic the Great）。拉文纳自402年起为西罗马帝国末代都城。

[③] 1021年—1051年在任。康布雷位于法国北部。

[④] 拉丁语，英语 common people。

[⑤] 泛指青铜时代至公元500年左右，后接中世纪。

[⑥] 希腊城邦时期哲学家（公元前427年—公元前347年）。

的。但他在另一部作品《蒂迈欧》(*Timaeus*)一开篇加入了《理想国》的一段摘要,《蒂迈欧》首先由四世纪哲学家卡西迪乌斯(Calcidius[①])从希腊语翻译为拉丁语,他还根据这段摘要写了一篇详尽的《理想国》长篇评论。《蒂迈欧》作为西方学者从古典古代到文艺复兴时期(Renaissance[②])一直可以读到的唯一一篇柏拉图对话,其影响也是深远的。[18]卡西迪乌斯在他翻译的《蒂迈欧》强调了前述三分模式的等级制本质,祷告者占据最高级别,骑士在中层,普通人位于最底层。

至于用首字母小画的解释性画面描述这套三分阶级概念的做法,其中一例见于很受欢迎的百科全书式法语作品,题为《世界画像》(*L'image du monde*[③]),由梅斯的戈苏因(Gossuin de Metz)牧师在1245年左右撰写完成。这部著作目前已经发现约70份手抄本,涵盖一系列不同主题,包括宇宙论(研究宇宙起源与结构)、自由艺术(liberal arts)全部七个科目、神学、天文学和自然史。[19]如图2.12所示,由这幅首字母小画引出第六章,而这一章恰恰专门用于讨论这三个社会等级,只见图片说明写道:"由哲学家们在世界上划分的三种类型人士。"这幅首字母小画借用了这一章的第一个字母,大写的C(代表教士),绘有牧师、骑士和劳动者各一人。这个章节不仅在文本上强调了法兰西教士的重要性以及骑士拥有的权力,也由这些人物担当了插画的主角。只见牧师站在骑士右手边,那是特权位置,正以富有权威

---

① 以柏拉图著作的译者和评论者而闻名。

② 源于法语,意为重生,发生在中世纪后期,以再度重视古典时期学问为主要特征,后接启蒙时期(Enlightenment,约1601年—1800年)。

③ 英语 The Image of the World。

图 2.12 社会的三个等级。见于《世界画像》，制作时间约为 1265 年—1270 年，地点为法国康布雷或圣奥美尔的泰鲁阿讷（Thérouanne/St-Omer①）。藏于伦敦大英图书馆，编号 Sloane MS 2435, folio 85ʳ。
来源：© The British Library, London.

的手势对自己这位身穿盔甲的同伴讲话。骑士尽管戴着头盔而造成视线受限，看上去很可能影响他愉快听取牧师讲话，但他举起的一只手显示他也积极参与了这次对话。

---

① 圣奥美尔地区就是从小镇泰鲁阿讷发展起来。

正如梅斯的戈苏因解释，骑士的主要职责是保护其他阶层的成员，这一职责以他手里那面橙色的大盾牌作为象征。引人注目的是画家没有让这名骑士佩带宝剑，单由一面盾牌表明他是这一方土地的捍卫者。劳动者站在骑士左边，并没有被纳入讨论，尽管他正从外围倾听，像不小心闯入某个不对外的专属派对一样局促。但即便如此，正如文本所说，他对社会的贡献却是同样重要。他通过在田间地头的工作（这一点以他手里的铁锹为象征），为更高级别的其他成员提供了必不可少的粮食。

这种三分模式在整个中世纪持续影响政治思想，并且随着威廉·凯克斯顿（William Caxton[①]）在两百多年后将梅斯的戈苏因这部《世界画像》翻译为英语而得到进一步传播。1481年，凯克斯顿的中古英语译本以 *The Mirrour of the World* 为题在他自己位于威斯敏斯特（Westminster[②]）的印刷厂出版，成为英格兰本土出版的第一部带插图书籍。[20]这一政治图解的内在本质就是要在智力工作与体力工做之间作出区分，正如多明我会修士（Dominican[③]）、次特伯雷

[①] 英格兰翻译家、首位印刷商（约1422年—1491年）。原为羊毛交易商，大获成功之后对文学产生兴趣，一边翻译、一边从头学习印刷技巧，1475年将自己翻译的《特洛伊史集》(*The Recuyell of the Historyes of Troye*)从自己的印刷厂出版，成为全球首部英语印刷书籍，到去世时已印刷出版约100部不同类型作品，包括他的译作24部，以及同时期几乎所有英语作品，作者包括乔叟、高尔等人，对英语文学产生了重要影响。《特洛伊史集》原作为法语，作者为劳尔·勒·费里（Raoul Le Fèvre，鼎盛年约1464年），时为勃艮第公爵的牧师。

[②] 今伦敦下辖市。因英王爱德华"忏悔者"（Edward the Confessor，1042年—1066年在位）在此建成威斯敏斯特大教堂（Westminster Abbey，又称西敏寺）而得名。

[③] 又译道明会，西班牙神父圣多明我（St. Dominic，约1170年—1221年）于1215年创立，又称黑袍修士。

（Canterbury①）大主教罗伯特·基尔沃比（Robert Kilwardby，1272年—1278年在任）所说："体力活动更适合无足轻重的普通人，平静的思考与学习更适合贵族精英群体；这样一来，每一个人就有了适合自己社会定位的终生职业。"【21】

不可否认，这套三分阶层的理论具有等级制度性质，但也兼具协作性质。根据这一模型，每一个等级的成员都有与其职业相关的特定义务；只要大家全都各尽其职，就有机会达成和谐社会。每一个社会成员都必须履行自己的职责，任何一点疏忽都有可能招致灭顶之灾。乔纳森·J·G·亚历山大（Jonathan J. G. Alexander）关于农民劳动者意识形态表征的开创性文章就促使大家留意几幅描述无所事事的负面后果的画面。【22】亚历山大提出的最早例子之一，描绘的是阿伯丁（Aberdeen②）动物寓言里牧羊人和他的羊群，见于一部带有精美插图的英语手抄本，制作时间约在1200年，现由阿伯丁大学图书馆（Aberdeen University Library）收藏，编号 MS 24, folio 16ᵛ。画上那位牧羊人显然是累坏了，打起了盹，这可让他负责看护的羊群陷入了险境，一头机会主义大恶狼抓住了机会，它可没有被那咆哮的护卫犬吓倒。又过了大约一百年，在巴黎，堪称豪华版的《君王全书》（*Somme le roi*③）问世，很可能是为法王腓力四世（Philip IV，1268年—1314

---

① 英格兰东南部城市。43年罗马入侵不列颠，在此建城并经道路与伦敦等地相连，200年左右开始建城墙。六世纪后期成为肯特（Kent）王国首府。

② 苏格兰东北部港市。

③ 英语 Survey for the King。作者可能是腓力四世之父腓力三世（Philip III，1270年—1285年在位）的告解神父。

年)制作,里面有一幅细密画(图2.13),由一名精力充沛的播种者体现劳动的美德,与懒惰的恶习形成鲜明对比,懒惰由画面右上角一名本该扶犁耕地的农民双手抱头坐在一边的无所事事形象体现,他看上去像是被自己的任务吓坏了。不过,跟后世学者亚历山大所做的上述断言相反,插画师并没有把那位农民画成正在睡大觉的模样。他就是满脸郁闷地盯着什么发呆,好像压倒他的是抑郁情绪,而不是身体上的疲劳。

懒惰恶习

懒惰(*paresse*)这一恶习在最早期版本里等同于疏忽履行宗教修行层面职责,比如修士和修女缺乏动力,以至于忽略了唱赞美诗,或教士没有做足或回避做礼拜。尽管这当中有些人很可能是有意回避这类职责,但对其他一些人来说,问题与其说出在懒惰,还不如说怀疑和绝望,某种跟忧郁密切相关的感受。进入中世纪晚期,随着懒惰的定义变得更宽泛,这一术语开始用于形容任何一个逃避实际工作的人。以英格兰多明我会修士约翰·布罗姆亚德(John Bromyard[①],1352年左右去世)为例,他认为对经济毫无贡献的闲人应该受到永恒的诅咒。

[①] 又作布罗姆亚德的约翰(John of Bromyard),可能在牛津上学,之后在英格兰中西部赫福德(Hereford)担任教会工作。布罗姆亚德是他的出生地,位于赫福德东北面。

图 2.13 劳动与无所事事。见于《君王全书》,题为《论美德》(*Traite des vertus*),制作时间约为 1295 年,地点为法国巴黎。藏于伦敦大英图书馆,编号 Add. MS 54180, folio 121ᵛ。

来源:© The British Library, London.

他在他留下的《布道者手册》(*Summa praedicantium*)里这样写道：

> 神早已定下人分三级……上述所有留在各自地位的人都在神的大家庭。与此同时魔鬼另外找到一个特定阶级，具体而言就是懒惰的人，他们不属于任何教会。他们没有跟乡下人一起劳作，或是跟商人四处奔波，或是跟骑士并肩战斗，也没有跟教士做祷告、唱赞美诗。这么一来他们将跟随他们自己的修道院院长而去，归属他们所在的教会，那就是魔鬼的教会，那里不存在任何的秩序，唯有恐怖永无止境。[23]

布罗姆亚德还用好几个比喻来描述懒惰这种恶习，包括一张没有用过的犁。[24]这可能是从《圣经·箴言》(Proverbs)第20：4节得到启发，原文大意如下："懒惰的人因为怕冷而不去犁地，于是到了夏天他就得外出讨饭而一无所得。"很可能，懒惰作为恶习与犁这种工具之间的联系也激发了插画师的灵感，包括变成前述《君王全书》插画上那位无精打采对着一张犁发呆的农民，见图2.13。

劳动之美德

中世纪的基督徒通常将勤奋（industry）等同于美德或者说能力（virtue），这一理念可见于当时好几百部道德教化著作的阐述。但像

《关于职业的座谈会》(*Colloquy on the Occupations*)那样引人入胜的作品简直屈指可数,这是由具有宗教导师身份的本笃会修士、恩舍姆的阿尔弗里克在990年代撰写,作为拉丁语这门语言课的教辅材料,供他的男学生,也就是新来的修士使用,这些学生有的可能来自较富裕家庭,他们一起在多塞特(Dorset①)郡的塞尼阿巴斯(Cerne Abbas)修道院上课。这部《座谈会》的形式是由一位教师(由阿尔弗里克扮演的角色)与各种体力劳动者和手艺工匠(都是成年人角色,由他的年轻学生扮演)进行对话。阿尔弗里克特意设计这么一个练习,一定是为了激发他的学生们的兴趣,这表明远在盎格鲁-撒克逊时期的小朋友跟今天的小朋友一样觉得模仿成年人很有意思。每一名学生/工作者都要描述自己的工作,强调自己为完成这份工作付出的巨大努力,既有为贵族领主扶犁耕地的农夫,也有冒着生命危险远渡重洋采购外国珍宝的商人,可以说丰富多彩。讨论以一场关于"哪种职业更优越"的辩论作结,届时将由一名辅导顾问将最高优先级赋予宗教隐修生活,并且建议每一名工作者都要"勤奋敬业",还说,"不管你是谁,也不管具体担当的是牧师、修士、农民还是士兵,都要全心投入,不负所托;这是因为,如果有谁心猿意马、难以胜任本职,就会构成严重的丑闻与耻辱。"[25]阿尔弗里克的《座谈会》提醒我们,在他那个年代,就像在古代后期一样,职业依然是有助于形成个人身份的核心内容,具有标记个人所在社会地位的性质。纵观整个中世纪,人们的身份继

---

① 位于英格兰西南部。812年左右,威塞克斯国王埃格伯特(Egbert,802年—839年在位)修建该修道院,再以当地塞尼河名字加上萨克森语Abba(意为修道院院长)命名所在村庄。

续由他们从事的工作来定义。对工作者的期待是无论具体使命是什么都要全力以赴，从而为共同利益做出重要贡献。

社会由不同的成员组成，这些成员全都安于本分、按时完成被分配的任务，不会打瞌睡或提出异议，这一场景出现在一部《圣经·诗篇》（Psalter）一组页脚插画上。这是一部名副其实的杰作，1340年左右为当地领主杰弗里·卢特雷尔爵士（Lord Geoffrey Luttrell）制作，他拥有林肯郡（Lincolnshire[①]）的伊恩汉姆（Irnham）封地。在后人称为《卢特雷尔诗篇》的这部作品里有一幅插图强调了卢特雷尔担当此地护卫骑士的职责，从画面中可以看到他骑在他那可信赖的高头战马上，正从妻子阿格尼丝·萨顿（Agnes Sutton）手中接过头盔与长矛，从儿媳贝阿特丽丝·勒·斯科罗普（Beatrice Le Scrope）手中接过盾牌（该作品由伦敦大英图书馆收藏，编号 Add. MS 42130, folio 202^v）。三个人都穿着带有他们家族纹章的服饰，这些东西就是用来夸耀他们的家族关系与贵族地位。画面正上方留有一行铭文，意为"杰弗里·卢特雷尔爵士使我绘制[②]"，进一步确认卢特雷尔就是这部著作充满自豪感的委托人。虽然在中世纪宗教灵修用的书籍常常可以看到委托人的身影，但类似这样的铭文还是极为罕见，事实上，"再没有另一个也在该时期拥有精美泥金装饰手抄本的人用这种方式让自己出现在画面上。"【26】

以页脚位置一组描绘男男女女在卢特雷尔广阔田庄工作的独特画

---

① 位于英格兰东部，中世纪形成发达的羊毛业。
② *Dominus Galfridus louterell me fieri fecit.*

面作为背景，这一理想化的贵族领主肖像就能得到最具体的解读。从画面上看，一些人正忙于各种农业任务，比如那犁地的农民，至于其他人，包括厨师和仆人，正在从事不同的家务项目。监督他们工作的就是杰弗里·卢特雷尔本人，以图2.14这个设宴场景为例，他处于正中位置，被描绘为一位仁慈的族长，正与家人一起用餐，席上还有两位来自多明我会的修士，随时准备作为顾问提供咨询意见。【27】如此一来，分别负责祷告、战斗和工作这三项内容的男人并列出现在同一个画面上，很容易就能让人联想起前面提到的社会三分模式。一边是杰弗里·卢特雷尔履行他在骑士与行政管理这两方面的职责，一边是他的家属、劳动者以及宗教顾问分别执行各自获分的任务。这些图像包含自然主义手法描绘的工作者使用工具场景，也是中世纪服饰的宝贵信息来源，但是，当然了，解读时不能照单全收而不加分辨。《卢特雷尔诗篇》用这些插图强调的是职业与社会地位之间的联系，跟当时现状保持一致。

封建制度由于建基于资源的不公平分配、限制社会流动性、合理化权力的极端失衡，已经屡遭挑战。【28】1381年英格兰农民起义就是劳动者愤懑情绪的表现，这次事件有两个细节值得注意，一是起义的规模，二是这是英格兰有史以来第一次由农民和小店主而不是贵族成员领导的一场针对王国的反抗行动。成千上万的起义者聚集在伦敦（London），向年方十四岁的国王理查二世（Richard II[①]）申诉自己的苦情。【29】这次起义从英格兰东部埃塞克斯（Essex）郡、东南

---

① 1377年—1399年在位。

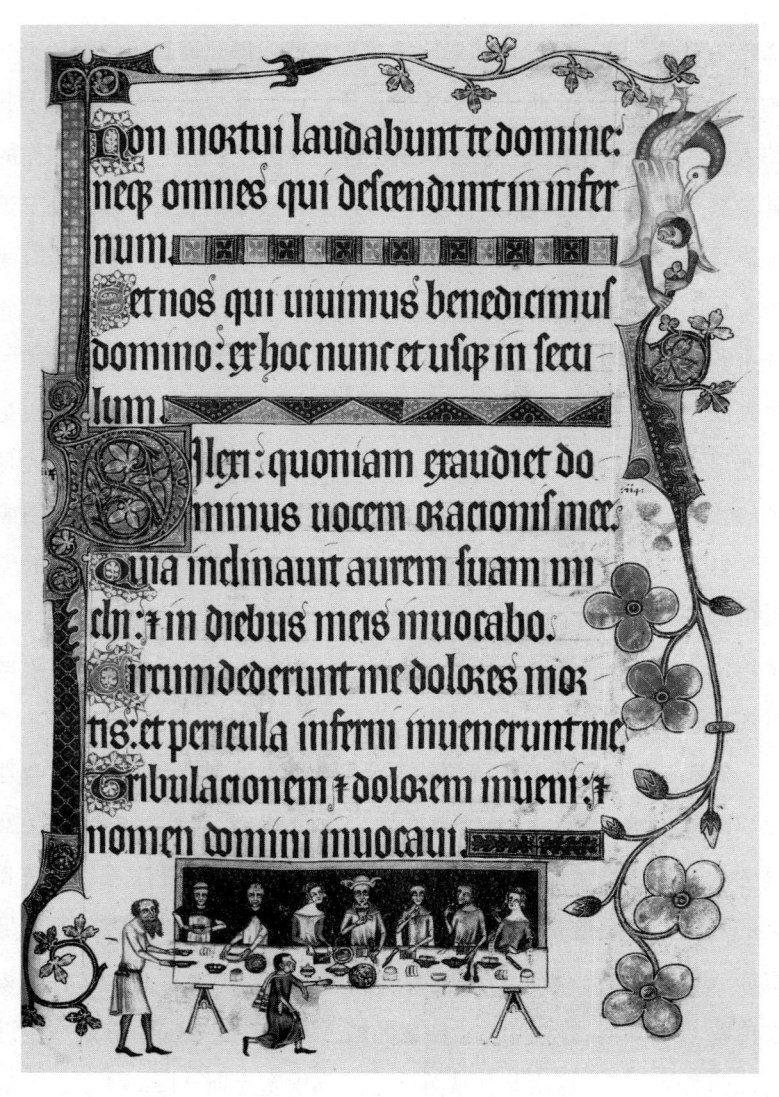

图 2.14 卢特雷尔府上设宴。出自《卢特雷尔诗篇》，制作时间约为 1340 年，地点在英格兰林肯郡。藏于伦敦大英图书馆，编号 Add. MS 42130, folio 208ʳ。
来源：© The British Library, London.

部肯特（Kent）郡和伦敦一路蔓延到其他地方，包括东南部城市剑桥（Cambridge），在那里引发的后果之一是市长和市民一道烧毁了剑桥大学的古老章程，因为他们对学术精英群体也能享有王室特权一事早已心怀不满。【30】进入十五世纪，宗教改革者也批评了不平等的财富和权力分配，认为统治者和教士对工作者的压迫跟基督倡导的平等主义理想是对立的。【31】

| 四分阶层

生活在社会边缘并以最低限度的努力就过上自给自足生活这种想法，可不是迟至1960年代的产物。如图2.15所示，这是让·布尔迪雄（Jean Bourdichon①）创作的一幅迷人的细密画，出自一组由四幅画构成的作品，创作时间在1500年左右，描绘了一位深居山林的未开化人士，简称荒野之人，此刻站在他住的洞穴入口外，这洞穴刚好位于一泓冒着泡泡的清泉边上，真是太方便了。【32】另一边是草地，上面坐着他那富有魅力的金发妻子，正为他俩的婴儿喂奶，婴儿看上去也是心满意足。与同系列的其他几幅画作一样，这一幅也是作为背面留白的分离册页流传至今。它要么是从一部手抄本剪下来，要么从一

---

① 法国画家（1457年—1521年），担任宫廷画家将近四十年，为连续四位法王服务，传世名作包括为王后布列塔尼的安妮（Anne of Brittany，1491年—1514年在位）绘制的一部时祷书。

开始就打算作为独立的艺术作品与世人见面。研究表明这些细密画的灵感来自一组关于"社会四个阶层"的匿名民谣,这四个阶层分别是荒野之人(*état de sauvage*)、穷苦人(*la pauvreté*)、劳动者(*le travail*)和贵族(*la noblesse*)。[33]

其中,作为画作的灵感来源,这首关于荒野之人阶层(*état de sauvage*)的民谣,表达了主人公自己的哲学。他在歌中第五节里这样唱道:

> 我按大自然教我的方式起居——
> 远离忧愁,快乐永驻。
> 庄严城堡、宏伟宫殿,我全不在乎。
> 我把家安在一棵空心的树。
> 我不喜欢花哨食物
> 或烈酒。
> 我只靠新鲜水果为食,
> 因此我已经,感谢上帝,丰盈满足。[34]

从这幅细密画可以看到荒野之人干脆背对远处的高耸堡垒,这一姿态凸显了他对当时的社会准则是不屑一顾的。"王公贵族,"他在最后一节歌词唱道,"到底为了什么好处,活得如此骄纵 / 以及四处掠夺,只为过上浮夸的生活, / 等到咽气一刻 / 还不是只要一件寿衣就够装裹。"对这位荒野之人来说,若能过上一种独立的生活,不受物质财产束缚,可比任何其他生活都更优越。

图 2.15 荒野之人和他的家人,让·布尔迪雄绘制,时间约为 1500 年,地点为图尔(Tours)。藏于巴黎国立高等美术学院图书馆(Bibliothèque de l'École Nationale Superiéure des Beaux-Arts),编号 Mn. mas 90。来源:© Bridgeman Art Library.

关于工作生活的歌谣还表达过一种相对温和一点的观点，成为另一幅画的灵感来源，画上有一名木匠在自己的作坊工作台上刨一块木板，周围摆满各种各样的工具。如图2.16，复杂的木工雕刻，包括前景长凳上细腻的布帘式雕饰，都在彰显他的技艺了得。跟前面提到的荒野之人一样，这名木匠也接受了自己的命运。尽管他必须工作以养家糊口，但他的妻子通过纺纱也在帮忙，这帮补了一家人的收入。就连他那年幼的小孩此刻也在捡拾掉在地板上的刨花，看上去同样忙得兴高采烈。根据民谣，见过男人有可能毁于贫穷和财富的例子之后，这名木匠断言"没有什么比中庸之道更好"。[35]不过，这首民谣虽然提到纺纱，也就是由那名工人的妻子承担的劳动，却没有透露主人公本身的职业。相反，歌词将这位工人描绘成某种通用的"普通人"形象，简单提到他"乐于从事自己所在的行业"。一边是民谣对打工生活的积极描述，一边是画家布尔迪雄选择将主人公描绘为一名木匠，这可能不是纯粹的巧合，因为这是耶稣父亲约瑟从事的行业。[36]从中世纪后期流传下来的宗教题材"圣家族（Holy Family）"画像可以看到约瑟经常出现在他的木工作坊里，马利亚忙于她的针线活或纺纱，婴儿耶稣在边上玩耍。

圣经范式

在中世纪工作概念的形成过程里，《圣经（Bible）》的影响超过了

图 2.16 让·布尔迪雄描绘的木工和他的家人,制作时间约为 1500 年,地点为法国图尔。藏于巴黎国立高等美术学院图书馆,编号 Mn. mas 92。

来源:Image courtesy of Getty Images.

任何其他单一内容来源，但其构建的信息却出现了矛盾。比如第一章《创世记》（Genesis）描述了上帝为创造宇宙、地球以及所有生物而付出的劳动。没有人可以指责上帝拖延时间，在六天内完成这些工作之后，第七天就是休息，正如《斯特海姆祈祷书》（Stammheim Missal）描绘的那样（图2.17）。来自上帝的无限创造力和非凡的工作伦理为中世纪基督徒树立了积极的榜样。另一个对工作的积极暗示出现在《创世记》第2：15节，里面解释说，上帝在造出亚当之后将他安置在伊甸园（Garden of Eden），这就是"乐园（*paradiso voluptatis*）"，让他负责"打理与看守"。但在亚当与夏娃受那蛇的引诱而变得不顺从，结果被赶出伊甸园且要打工谋生这一节故事中出现了关于工作的负面范式，工作变成了惩罚。【37】

正如《创世记》在第3：16：19节所述，由于亚当与夏娃偷吃禁果犯下罪过，于是亚当被判终生劳作，夏娃也要面对痛苦与服从的人生。其中提到，上帝对那女人说："我必大大增加你怀胎之辛苦：你将在痛苦中生儿育女，你将受你丈夫控制，他将统治你。"又对亚当说：

> 你要耕作的土地已受到咒诅：你必终生劳作才能从这地里讨吃的。它必为你长出荆棘与蒺藜，你要吃地上的出产。你必汗流满面才能吃上面包，直至你回归借以取材塑造你的土地。【38】

出自《圣经》的这一"堕落"场景及其后果也成为一幅令人惊叹的卷首画（图2.18）主题，目前归于"布锡考特大师（Boucicaut

图 2.17 创世篇。见于《斯特海姆祈祷书》，制作时间可能在十二世纪七十年代，地点为德国希尔德海姆（Hildesheim）。藏于美国洛杉矶 J. 保罗·盖蒂博物馆（J. Paul Getty Meseum），编号 Getty MS 64, folio 10v。

来源：© The J. Paul Getty Museum, Los Angeles.

Master①)"名下，他是十五世纪上半叶巴黎最著名的泥金装饰插画师之一。这幅大型细密画色彩饱满，收录在堪称豪华版的 *Des cas des nobles hommes et femmes*，这是佛罗伦萨作家乔万尼·薄伽丘著作《那些著名男女的命运（*De casibus virorum illustrium*）》的法语译本，译者为劳伦·德·普利米尔法特（Laurent de Premierfait②）。书里一开篇就是亚当和夏娃的故事。画面正中可以看到一道宛如棉花糖粉色的六边墙，将青翠的伊甸园，也就是这对夫妇屈从于诱惑的地方与他们即将由一名天使驱赶进入的严酷现实世界隔开。画面左上角是亚当躬身用锄头在干枯地面上耕作，夏娃在右上角一边照看羊群、一边纺纱。画面右下角是他俩一前一后走向薄伽丘，准备给作家讲讲自己的故事，他们佝偻的身形、粗糙的五官和跟跄的步伐透露他们过的就是长期、艰苦的劳作生活，永无止境。

如前所述，在《圣经》的叙事里，亚当被分配了一项特定任务，但夏娃除了生育小孩就没有再被分配其他具体职责。尽管如此，早在五世纪就能看到夏娃在亚当刨地时纺纱的画面，这一模式到十二世纪已经成为标准。[39]他俩都必须工作，以此为自己的罪过接受惩罚，这一点在《卡鲁-波因茨时祷书》（Carew-Poyntz Hours③）一幅页脚插画的图片说明中得到强调，如图2.19所示，这部著作是1350年—1360年左右在英格兰制作的。图片说明用盎格鲁-诺曼法语（Anglo-Norman

---

① 画家曾为法兰西布锡考特元帅（Marechal de Boucicaut）让·勒·曼格里二世（Jean le Meingre II，约1366年—1421年）绘制《时祷书》并在里面留下手印，后人因此命名。
② 拉丁诗人、法语译者（约1379年—1418年），薄伽丘作品最早就是由他译成法语。
③ 英格兰手抄本，亦有学者认为这是分阶段完成的，断断续续历时近一个世纪。

图 2.18 亚当与夏娃。见于薄伽丘《那些著名男女的命运》法语译本,译者为劳伦·德·普利米尔法特,制作时间约为 1415 年,地点为法国巴黎。藏于美国洛杉矶 J. 保罗·盖蒂博物馆(J. Paul Getty Meseum),编号 MS 63,folio 3^r。

来源:© The J. Paul Getty Museum, Los Angeles.

图 2.19 亚当与夏娃在工作。见于《卡鲁－波因茨时祷书》,制作于十四世纪,地点在英格兰。藏于英国剑桥菲茨威廉博物馆,编号 MS 48, folio 15ʳ。
来源:© The Fitzwilliam Museum, Cambridge.

French①)写成,意为"亚当与夏娃如何通过体力劳动谋生②"。

《圣经·旧约》没有提过亚当从哪里获得他手里那把铁锹。但在中世纪的一些画作上,包括图 2.20 这幅出自《卡罗诗篇》(Carrow Psalter③)的整版插画,1250 年左右在东盎格利亚制作,可以看到一名天使从天而降,给亚当和夏娃带来了他俩此后分别使用的工具。[40] 至于描绘天使给亚当和夏娃分派工具的细密画,最早的版本可以追溯

---

① 中世纪时期在英格兰使用的古法语。
② leur viure par travayle de corps.
③ 因用于诺里奇的本笃会卡罗小修道院(Priory of Carrow)而得名,该院建于 1146 年。

图 2.20 天使为亚当和夏娃带来工具,见于《卡罗诗篇》,制作时间为十三世纪中叶,地点在英格兰东盎格利亚。藏于美国巴尔的摩(Baltimore)沃尔特斯艺术博物馆(Walters Art Museum),编号 MS W. 34,folio 22 ᵛ。

来源:© The Walters Art Museum, Baltimore.

到十二世纪。【41】但《卡罗诗篇》这幅插画的灵感可能源自一段文本史料，不是一种图像范本。举例而言，《圣经·创世记》有一段从十三世纪加入的中古英语释义，描述上帝派一名天使前来帮亚当和夏娃这对忧心如焚的夫妇应对新生活的残酷现实，还向他们保证，乐园终有一天还会重现。【42】

从绘画作品可以看到夏娃是第一个熟练掌握多任务工作方式的女性，经常一边照顾小孩、一边纺纱，有时还会照看一锅食物，食物正在炉子上咕嘟咕嘟冒着泡。【43】在她忙碌的家庭场域与亚当辛勤劳作的更广阔世界之间存在一道明确的分界线，但不是以自家家庭户为界。这类画作不仅反映了中世纪关于性别分工的观念，还要在当时的观众面前强化了这一区别。只要看到像这样描绘亚当和夏娃工作的画面，中世纪的男人和女人就会明白，自己的生活受偷吃禁果这一"堕落"行为及其后果影响。

按性别进行分工

在一个父权制社会里，基于性别进行分工属于标准做法。尽管确实有一些女性从事过传统上分配给男性的工作，但相反的情况简直难得一见。阻碍女性为中世纪经济做出更大贡献的主要障碍之一，是人们普遍认为女性的工作从根本上就不同于男性的工作。尽管有些女性肯定有能力扶犁耕地或操作一把斧头，但她们往往都被剥夺了这些机会。按照传记作者克吕尼的奥多（Odo of Cluny①）的说法，后由教会尊为圣徒的欧里亚克伯爵杰拉德（Count Gerald of Aurillac，约855年—909年）有一次看到一名女士在犁地，赶紧打听发生了什么事情。女士解释说这是因为她的丈夫得病在家，再没有别的男人可以帮她，伯爵立即给了她足够的钱去雇一名体力劳动者，这样她就"无需再做属于男人的工作（*opus virile*）"。讲完这则轶事，奥多赞许地补充："大自然回避一切人造事物……它的创造者，上帝，厌恶非天然事物。"【44】

　　具体职责是由社会决定的，这可以从类似庄稼播种的任务很少交给女性的事实得到提示，哪怕这项任务其实没有另外一些农活那么难，比如清除杂草和剪羊毛，但后面这两项倒是允许女性从事。庄稼播种者，也就是撒播种子的人，无一例外都由男性担当。相反，几乎从未见过男性从事纺纱工作，那是所有女性都会接受教导的技能，也是终将用于定义她们身份的职责之一，不管她们具体处于哪个社会阶层都一样。【45】例如，当查理曼大帝（约742年—814年）说到希望自家女儿都能精通的"女性特有成就"，就点出了纺纱与编织羊毛。【46】除去照顾小孩这一项，当时的看法是，纺纱比其他任何工作都更属于女性，纺纱杆也因此比其他工具更常用作女性气质主要象征之一。没有几位女性可以免于纺纱这项活动。斯特拉斯堡（Strasbourg②）一份中世纪

---

① 克吕尼修道院第二任院长、改革家（879年—942年）。欧里亚克的杰拉德是中世纪最早以世俗身份（非主教、修士或国王）获教会尊为圣徒的人士之一，与奥多同为贵族出身，奥多的重要著作之一就是为他立传（*De vita sancti Gerardi*）。欧里亚克位于法国西南部。

② 法国东北部城市。五世纪法兰克人占领此地，称为斯特拉特伯格姆（Strateburgum），由此得名。

后期史料显示，有一名女性甚至在失去双手且只有一条腿的情况下也能掌握纺纱技能。有一个男人发现了这一点，决定利用她的残疾牟利，于是向大家收取每人一便士以观看她工作。【47】

专注刺绣或纺纱工作的女性都将圣母马利亚（Virgin Mary）奉为自己效仿的行为榜样，因为人们都相信她是在耶路撒冷的圣殿（Temple in Jerusalem）得到教导而学会了纺织，她从小就在那儿接受教育。神学家将马利亚富有美德性质的工作与强加给夏娃的惩罚性劳动进行对比。中世纪绘画作品可以无数次看到女性先用纺纱杆绕好亚麻或羊毛，再用附带的手纺用纺锤纺纱。以前面提到的《卢特雷尔诗篇》为例，其中一幅插图描绘了一名胳膊下面夹着一根纺纱杆的女子在喂鸡，这就提醒了读者，当时的女性，从成年女士到小姑娘，经常都在做其他家务之余从事纺纱工作。【48】多种手抄本都带有描绘女性挥舞纺纱杆的画面，她们正奋力赶走狐狸，希望保住她们宝贵的鸭子、鸡或鹅。【49】还有一些插图描绘了不甘心的女子拿起纺纱杆想揍男人的场景。【50】但这些女性战胜男性的画面当然不是宣扬女性解放的广告，而是作为讽刺评论，点缀讨论两性之间权力关系的语篇。

尽管纺纱作为女性的其中一项主要任务的历史可以说贯穿了整个中世纪，但到十一世纪中叶，随着纺织品生产的商业化程度越来越高，生产场所也从乡村人家转移到城里的作坊。大约在同一时期，男性作为染工、织布工和呢绒漂洗缩绒工开始渗透进入布料行业。与这些变化并行的是基于更广泛贸易与更合理生产模式的市场经济日益发展，由商人监督从采购原材料一直到销售纺织品的全过程。虽然女性继续在家务范畴纺纱织布，但随着纺织行业变得越来越利润导向，女性织工也越来越边缘化。[51]

专业职业，包括在教会、学术界和法律界的工作，一概只向受过教育的人开放，而受教育在当时属于男性精英群体的特权。女性跟处于社会底层的男性一样难以获得学习机会，识字率也很低。固然阶级在很大程度上决定了一个人能否学会认字，但性别也起了一定作用。各类文法学校、（设有主教座的）教区总教堂或至少有两名牧师主持的教堂附设学校，往往招收男孩入学接受教导，却一概将女孩排除在外，并且女性不可以上大学。无论是否宗教信徒，许多女性主要是在修道院接受教育，王室和贵族的大多数女性可能会有私人教师给她们上一些课程。但当时男性独占接受正规教育通道这一事实造成大多数女性难以充分参与智识文化，不可能投身与知识生产相关的职业。

前面提到的克里斯汀·德·皮桑作为欧洲历史上首批以写作为业的女性之一就是一个特例。克里斯汀不仅是高产作者，而且多才多艺，积极尝试不同的作品类型。她留下的作品包括诗歌、传记、行为准则书、神话以及军政论文，还有散文寓言，她的名作《女士城之书》就是一例，目的是驳斥厌恶女性的言论。在她生活的年代，世俗女作家几乎不存在，她将自己的作品描述为"源自女性视角的新事物"，也是强调了这一事实。[52]克里斯汀自己也认同，女性若要在男性享有特权的社会充分发挥自身智力潜力，首先就得设法跳出传统的妻子与母亲角色。这在实践上意味着她们必须经历某种隐喻式转变，从此转为采用男性的视角，就像克里斯汀本人在1389年突然变成寡妇后的做法，

那年她二十四岁。【53】

克里斯汀有一部堪称豪华版的作品选集（藏于伦敦大英图书馆，编号 Harley MS 4431），里面包含30篇作品，装饰了130幅纸密画，其中一个画面是她坐在自己的书桌前，正在一部装订好的书卷上写着什么，爱犬乖乖等在她的脚边。如图 2.21 所示，这幅作品的功能是用图画对她作为文本作者的身份进行确认，因此这里反映的主要是艺术惯例，不是日常实践的真相。中世纪时期，文本一般先写在未装订的羊皮纸上，但当时的作家、翻译家、编纂者乃至缮写员经常以类似这样在装订好的书卷上书写的形象出现。此外，尽管画家多半将作者描绘成独自一人在写作，但制作手抄本中是一个协作过程。作者经常做的是向缮写员口述文本，而不是自己挥笔书写。这类理想化作家工作现场画面，包括像克里斯汀·德·皮桑这样的作家的画像，"更多地体现作者对文本的拥有，而不是描绘创作的情形，其意图更侧重象征性，而不是如实反映。"【54】

在这同一部手抄本中还包括其他一些细密画，目的是强化克里斯汀的学识与权威，让读者看到她向她的王公贵族赞助人展示自己的多部作品。与许多具有怀念性质的作者"肖像"不同，这些插图都是在克里斯汀在世期间画的。更重要的是我们可以肯定她本人对这些画作是认可的，因为她在1414年献给时任法兰西王后、巴伐利亚的伊莎贝（Isabeau of Bavaria①）的新作序言指出，正是她自己的想法塑造了

---

① 法语，英语为 Isabella of Bavaria（1371年—1435年），1385年成为法王查理六世（Charles VI，1380年—1422年在位）王后。

图 2.21 克里斯汀·德·皮桑。出自作品选集,制作时间约为 1414 年,地点在法国巴黎。藏于伦敦大英图书馆,编号 Harley MS 4431,folio 4ʳ。

来源:© The British Library, London.

这部著作的画面（*histoires*）与文本（*escriptures*）。克里斯汀可能还亲手写了一些段落或注释，但最终还是由专业的画家和缮写员在她的指导下完成手抄本的大部分工作。

| 制作手抄本

无论男性或女性，无论世俗人士或宗教信徒，他们当中都有人参与过手抄本制作的工作。目前保存在世界各地图书馆的好几千册书籍就是这支富有成效的中世纪劳动力队伍的证明。用羽毛笔和墨水将漫长篇幅的文本复制到羊皮纸上，这需要专注、耐力与奉献精神，单单一份文本就很可能需要花上好几年时间完成。在埃诺特（Hainault[①]）有一家博尼 - 埃斯佩朗斯（Bonne-Esperance）修道院，他们制作的一部《圣经》（藏于布鲁塞尔比利时皇家图书馆（Bibliothèque Royale de Belgique），编号 MS II. 2524）附带一段誊录注记[②]，提到这是由修士海因里希（Heinrich）抄写，他于 1132 年 8 月 26 日开始这项工作，1135 年 7 月完成，历时差不多三年。正如海因里希自己解释的那样，他本可以早点做完，但他"在大雾期间不得不放下工作"。[55] 显然，他当时是在室外工作，几乎可以肯定就是在他们修道院里安静的回廊

---

① 比利时西南部省份。
② 用以说明作者、出版者和出版年月等信息的书尾题署。

上。恶劣的天气并不仅仅阻碍抄写工作而已。英格兰编年史家、本笃会修士奥德里克·维塔利斯（Orderic Vitalis，1075年—1142年）有一部著作显然是他亲自动手写的，因此他会抱怨说那年冬季冷得要命，把他搞得浑身麻木，只能将写作推迟到下一年春暖花开的时候再说。【56】

至于制作书籍副本的体力需求，可以从十三世纪中叶在巴黎制作的一部装饰华丽大开本《圣经》（藏于英国剑桥菲茨威廉博物馆，编号MS 1, folio 478ʳ）结尾处插入的一段文字中得到提示。这是用拉丁文写的，大意如下："笔啊，请不要作声；我要把赞美献给你，噢，基督；愿这沉闷的任务早早结束；工作与本书圆满完成。"【57】作为宗教著作的作者，比如六世纪罗马政治家和作家卡西奥多鲁斯（Cassiodorus①），为神圣文本制作副本当然不是令人感到沉闷的任务，而是等同于跟邪恶势力做斗争。卡西奥多鲁斯这样描述自己的工作：

> 这是多么愉快的努力、多么值得称道的事业，能用手向人们传道，用手指开启演讲，用笔墨为凡人带来平静救赎、与魔鬼的邪恶诱惑作斗争！我主的每一句话经由缮写员亲手写来，就会变成刺向魔鬼撒旦（Satan）的一击。这样一来，缮写员即便始终安坐一隅，也已随自己所写的内容的流传而走过万水千山。【58】

---

① 约490年—585年。540年过后不久即退隐创办修道院，从各地收集经典著作手抄本并组织人手制作副本，帮助保全许多古代作者作品，也为其他修道院树立了榜样。

鉴于这门抄写手艺的艰巨性质，一些缮写员会在完成一项工作之后表示松了一口气或要求得到奖赏也就不足为奇了。拉巴努斯·毛鲁斯（Hrabanus Maurus①）的著作《论宇宙》（*De universo*）（荷兰西部莱顿大学（Leiden University）特别馆藏系列，编号 MS VLF 5，folio 172^V）在十四世纪有一份法语版以一段书尾题署作为结尾，其中提道："这份工作写好了。主人，请给我一杯酒；愿缮写员的右手可以免受疼痛折磨。"这看上去可能很容易让人觉得会不会是某种个人化的请求，只出自这一位缮写员，但其实这类短语在当时属于标准写法，以略有不同的形式多次出现在其他一些手抄本里。比如我们在别处见过这样的句子，"愿缮写员的头可以免受疼痛折磨"，以及，"整个（工作）已经完成，请给我来一杯葡萄酒"。【59】

带有真正个人化性质、包括强调自己在誊录过程遭遇的难题的缮写员注记虽然不那么常见，但还是可以在部分书籍里看到。例如，梅丽莎·莫里顿（Melissa Moreton）在研究十五至十六世纪由意大利修女誊录的二百多份手抄本时不仅看到作为传统惯例的虔诚与谦逊的通行表达，还发现了好几处个性化的书尾题署。比如有一部手抄本是瑞典的布里吉达（Bridget of Sweden②）写的《启示录》（*Revelations*）和其他一些宗教灵修文章合集，其中一份抄本出自以布里吉达名字命名的帕拉迪索圣布里吉特（Santa Brigida del Paradiso）修道院，缮写员是

---

① 法兰克神学家、本笃会修道院院长、学者（约780年—856年），就神学、语法和文学多有著述。《论宇宙》又称《论物性》（*De rerum naturis*），是一套百科全书式作品，分22卷。
② 约1303年—1373年。创办布里吉特修会，后由罗马教会尊为圣徒。

佛罗伦萨修女克莱奥菲（Sister Cleofe①），她在书的结尾留下一段注记，日期标记为1495年4月26日，指出这份工作"不仅费了很大力气，也很不舒服，大部分时候是在烛光下完成。"【60】至少十七份由她抄写的手抄本保存至今，其中还有一份也是在夜里烛光下完成，"特别费力，而且不舒服"，这使她成为她所在的修道院第二高产的缮写员。【61】

铭刻在羊皮纸上的每一个字母都在见证缮写员的才华与劳动，本笃会修士兼缮写员埃德温（Eadwine）有一幅著名肖像画对这一点作了雄辩的表达，见于1160年左右在坎特伯雷基督教会制作的一部具有纪念意义的《圣经·诗篇》[藏于剑桥三一学院（Trinity College），编号 MS. R. 17.1]，也是有史以来最具创作雄心的英语手抄本之一。如图2.22所示，从编号 folio 283^v 这一整版画面可以看到埃德温独自端坐在教堂的读经台前，手里拿着羽毛笔和专用于修理羽毛笔的小刀。图像周围环绕一圈文字，里面提到他的名字，还有埃德温和他的工作之间的一段对话，包括他要求"书面文字"证明他的技能，确保他会被子孙后代铭记。翻译过来大意如下："我是缮写员首领，我的美誉和名声永不磨灭；大声喊出来吧，我的文字，我可能是谁。"然后这文字回答："你制作的抄书凭其美誉证明你，埃德温，插画里的主角，将长存不朽，你的天才也将透过书本之美获得充分展示。啊，上帝，请接受本书和它的捐赠者作为赠礼。"【62】

---

① 又名洛伦佐·伦齐的吉尼维拉（Ginevra di Lorenzo Lenzi），1486年2月加入该修道院，以克莱奥菲之名抄写多部著作。该修道院位于佛罗伦萨的帕拉迪索区。

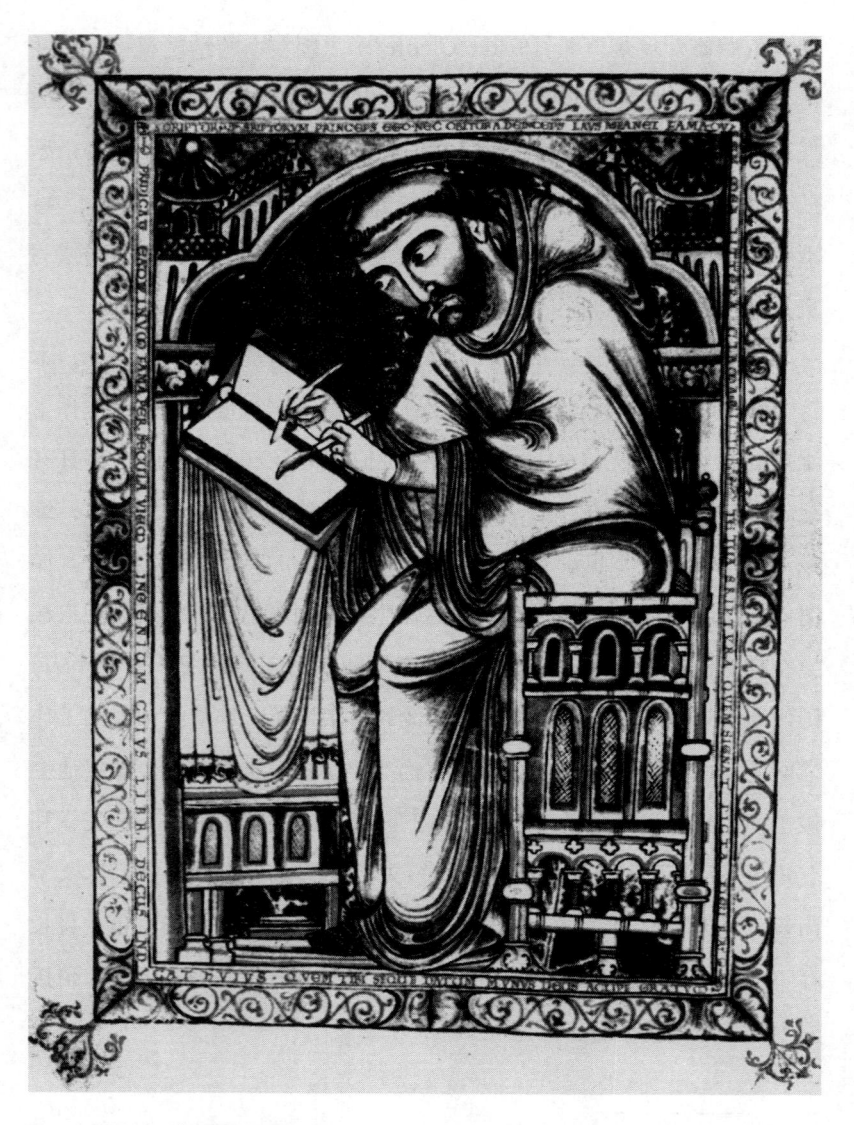

图 2.22 埃德温像。《埃德温诗篇》，制作时间约为 1160 年，地点在英格兰坎特伯雷基督教会修道院（Christ Church Priory）。藏于剑桥三一学院，编号 MS. R.17.1。

来源：Universal History Archive. Image courtesy Getty Images.

后世以埃德温命名的这部《埃德温诗篇》，其页面布局特别复杂，书中每一页均包含七种不同的文本，分别是《圣经·诗篇》最重要的三种拉丁语版本、一份行间拉丁语注释、一份古英语（Old English①）译本、一份盎格鲁-诺曼法语译本以及一份拉丁语页边评注。这份手抄本是由好几位缮写员共同完成的，但唯独埃德温的贡献能以上述肖像方式得到赞美。这幅非同寻常的"肖像"可能是他的修士同行在他去世后制作的致敬作品，他本人作为工匠留下的这部作品也像那圈对白所说证明了他的本事。【63】

不仅中世纪作家的画像得见于他们作品的无数抄本中，缮写员们也有肖像留下见证。相比之下，表现中世纪泥金装饰插画师大展其才的画面，或是干脆拓展到反映任何画家的作品，如果除去寓言、传奇故事和圣经里的人物，其数量就远远落后，简直寥若晨星。当时对这种插画师的描绘作品变得如此稀缺，不大可能是有谁蛮横破坏证据的结果。那我们该怎样理解这一现象？难道说，这种插画师的工作，一门机械刻板的手艺，在当时被认为比不上由作家和缮写员担当的智识工作吗？正在进行的对欧洲各地长达几个世纪以来插画师地位变化的持续研究陆续为此问题带来新的见解。业已看到的由合作者、同行和委托人对个别匠师级插画师表达的赞美，以及人们对这些画家的大作趋之若鹜，表明这并不仅仅限于社会地位问题范畴。一个合理的结论是，描绘中世纪插画师的作品之所以如此少见，是因为这类图像，包括插画师自画像，并没有经久不衰的传统

---

① 1100年以前在英格兰使用的读写语言，中古英语前身。

模板可以在描绘时提供参考。相反，作者与缮写员的肖像都有令人肃然起敬的悠久历史，有古典时期和基督教早期多种先例可以依循，但泥金装饰插画师作为一种新职业就不存在类似的肖像惯例。【64】最不同寻常的做法出自在牛津（Oxford）工作的缮写员兼插画师威廉·德·布雷尔（William de Brailes[①]）手笔，他在至少三幅插画里加入自己的"肖像"，绘制时间均为十三世纪中叶。但值得注意的是威廉在这全部三个画面中都把自己描绘为一名苦修赎罪的虔敬教士，而不是画家。

尽管反映泥金装饰插画师真实工作情形的图像数量相对较少，但也得到了大量的复制，现代学者对此做过深入探讨。相关副本主要包括：一幅出自十二世纪的插画，描绘希尔德伯特（Hildebertus[②]）咒骂闯入自己工作间捣乱的老鼠；一幅出自十四世纪中叶的页脚插图，描绘插画师夫妻档吉妮（Jeanne）与理查德·蒙巴斯顿（Richard Montbaston[③]）正在各自的书桌上工作，两张书桌一模一样（图2.23）；还有佛兰德大师西蒙·贝宁的自画像，显示他充满自信坐在自己的画架前，手里拿着一副眼镜，作画时间为1558年，当时他已年届七十五岁。【65】这些插画师画像再现了一种手工艺的工作情形，他们的精湛技艺从侥幸传世的羊皮纸书卷里得到了更充分的见证。如果没有这些插画师辛勤的工作，我们今天就少了

---

① 活跃于1230年—1260年间，已发现在两部手抄本留有签名。
② 法国诗人、宗教法规学者（约1055年—1133年），1125年成为图尔大主教。
③ 两人的图书工作坊就开在巴黎最繁华的新圣母院路（Rue Neuve Notre Dame）上，时为1325年—1353年，传世书目超过五十种。

一种基本史料，关于中世纪的生活与文化知识，涵盖工作世界的每一个方面。

图 2.23 插画师理查德与吉妮·蒙巴斯顿，见于《玫瑰传奇》（*Roman de la Rose*[①]），制作时间约为1350年。地点在法国巴黎。藏于巴黎法国国立图书馆，编号 MS fr. 25526, folio 77^v。
来源：© BnF, Paris.

---

① 中世纪后期最流行的古法语寓言长诗之一。

第三章
工作与工作场所

玛丽·迪阿古安诺·伊藤
(*Marie D'Aguanno Ito*)

玛丽·迪阿古安诺·伊藤（Marie D'Aguanno Ito），美国华盛顿特区美利坚大学（American University）历史系常驻学者，兼任乔治城敦巴顿橡树园（Dumbarton Oaks）研究图书馆助教、美国马里兰大学（University of Maryland）中世纪史定期讲师。研究重点是中世纪晚期意大利佛罗伦萨经济史，尤以城中圣弥额尔教堂（Orsanmichele[①]）的谷物交易与市场为主。伊藤博士也是一名律师，在证券法领域执业多年。

---

① 原址是一座女修院的菜园，自七世纪中叶建成一座小教堂，1290年改建为谷物市场，之后两次遭火灾破坏，两次重建均有城中主要行会参与，包括出资打造各自尊奉的守护神雕塑，成为大家喜欢的朝圣去处，又称行会教堂。

中世纪的工作和工作场所跟生活一样富于变化。无论在乡村自成一体的社区，比如修道院或封建领主的封地，还是在中世纪后期变得日益成熟的城市，工作类型和工作场所都体现出当时社会的多面性。工作的动力通常来自日常生活基本需求和价值观，包括吃饭、穿衣、住宿、礼拜和防卫。正常情况，工作在一定程度上也是人际相互依赖性的反映。尽管还有一些人独自定居在边远角落，但绝大多数人已经生活在某种形式的社区，对其他人的工作和产品有所依赖。各种劳动者，无论具体属于农业、工业、商业还是手艺人，也无论技术熟练与否，都在支撑社区居民的福利与生活方式，哪怕这些居民贫富不一。像今天一样，工作在中世纪也是日常生活的一个组成部分，通常在教会规定的安息日和神圣节日休息。男性固然构成工作环境的核心力量，但也有女性以及并不少见的儿童跟男性一起工作。

本章主要考察中世纪欧洲跨社会层面的不同类型工作，从中了解当时相对复杂的综合经济。具体包括：农业劳作；在修道院里开创事业；战争产业；商品运输与销售；市场展会与贸易网络；中世纪城市建设动用的劳动力；以及在这些城市做生意、运营市场与组织生产制造业务的情况，包括举例说明。工作几乎影响到所有的人：农民；世俗者、隐修会修士与教会贵族；出海者；南北欧乃至地中海沿岸地区的城里人。中世纪的许多创新和工作流程一路延伸到现代早期（early modern）和现代，例如金融信贷、农作物轮作、纺纱和棉布生产。接下来我们逐一探讨关于中世纪工作与工作场所的各种例子。

田庄生活与中世纪早期农业

在中世纪的欧洲，大部分工作都跟农业或粮食生产有关。典型情况是，封地就是王室、教会、修道院或贵族名下的大片私有土地，又称田庄，为农民工作、乡村生活、宗教崇拜以及把持这片土地的领主权力奠定基础。[1]每个人从事的工作往往体现这个人处于哪个社会经济地位。最顶层是精英阶层骑士，通常具有贵族或王室血统，专注于战斗和政治上的领导。这些人往往拥有较大面积的土地，并在这上面开展农业耕作、形成乡村生活。许多修道院通常也有王室或贵族血统，平时除了专注日常祈祷和书籍制作，还跟前述贵族一样经营大型田庄。此外，兼备宗教与世俗权力的教会领导者，比如各位主教，控制了教会的财富和土地。

实力雄厚的地主要将自己的田庄投入生产用途就离不开稳定的劳动力供应。另一边是工人们往往很穷，不仅要有地方住，还得有必要的保护，于是无论从法律还是经济上看都会普遍沦为跟土地绑定在一处的境地。不管具体是不是自由民，他们担当了大部分的农业劳作。一般说来，小持有农每周都要在领主的田庄工作事先约定的天数，还要从自己租种土地的收成中拿出相当大一部分交给他们的领主，后者可能用于自家消费或直接送到市场出售。有些人保有独立地位，在自己的小块土地（allod①）上耕作，或让别人雇自己去更大的农场打工，

---

① 指保有绝对所有权的土地，其主人无需承担租金、劳役或其他义务。

但绝大多数人都在这种田庄系统工作和生活。

农业工人从事多种职责。首先,大片土地可能指定用于农作物种植、畜牧业、牧场或森林,留出森林是为了打猎和放养家猪。工人们也会因此分别负责拉犁耕地、种植和收割农作物、繁育牲口、放牧其他动物,又或是在粮食或商品生产的其他领域工作。田庄里还有技术熟练工和非技术熟练工负责建造和维护各种实体构造,包括封地宅邸、农民住处、教堂、防护墙、谷仓、磨坊、烘焙面包用的炉子以及五金锻造区(用于制造武器、大门、家用器具、烹饪容器、工具和其他工作用器具),还有其他与生产、存储或乡村生活有关的建筑物。正是这不同类型的农业和手艺工作支撑起领主封地内部相互依存、相对而言可能设施较为完善且自给自足的社区和经济,有些案例还兼顾到外部交易的需求(图3.1)。

关于封地生产的最初概念从《田庄敕令》(*Capitulare de villis*[①])可见一斑,这是一份用于指导(王室)田庄管理的原型文档,制作时间可以追溯到800年左右的加洛林时期。根据这份文档,典型劳动项目包括"播种或犁地、收割农作物、晒制干草"以及酿造葡萄酒。工人们用阉牛、奶牛和马耕种田地。管事们监管耕作工作,在每天的用餐时间获分谷物。在他们的指导下,农民养鸡与鹅,照看鱼塘、菜园、猪圈、绵羊圈和山羊圈,还要收集干草、香草,从人工栽培的树上采摘水果。另有各种制品,包括熏肉和咸肉、香肠、猪油、葡萄酒、醋,还有文档里提到的"芥末、奶酪、黄油、麦芽、啤酒、蜂蜜酒、蜂蜜、蜡和面

---

① 又作《田产法规》,当时正值查理曼大帝在位后期。

粉",等等。【2】女性成员在这里负责运营不同的作坊,忙于加工各种用品,包括亚麻、羊毛、肥皂和油。田庄官员负责到市场上出售盈余商品。《田庄敕令》还提到好几种田庄职业,比如护林员、马厩管理员、酒窖管理员、收费员、磨坊工人和渔民。森林和田野是放鹰狩猎者、捕猎野禽者和其他猎人的工作场所,房舍应该配备由专人值守的警戒营火。另有官员负责主持公道。工人们此时也开始生产各种家用物品,

图 3.1 三月日历页。制作时期为十五世纪初,地点在法国。见于《贝里公爵最华美时祷书》(*Les très riches heures du Duc de Berry*[①])。
来源:Wikimedia Commons.

① 本名让·德·法兰西(Jean de France,1360年—1416年在位),法王约翰二世之子、查理五世"明智者"(Charles V,又称 Charles The Wise,1364年—1380年在位)之弟。贝里位于法国中部,最早为凯尔特人分支比图里吉人(Bituriges)定居点,之后先后由罗马人、西哥特人和法兰克人(约507年)纳入势力范围。

包括床、床垫、枕头、床单、桌布、座椅套和肥皂。还有手艺人，包括鞋匠、木匠、面包烘焙师、织网工和盾牌制作工匠，等等。

在加洛林王朝以外，比如在盎格鲁-撒克逊英格兰，工人们差不多也是这样忙于各种农业任务，生产五花八门的商品。与欧洲大陆一样，英格兰田庄、修道院和城镇的手艺工匠也会生产奢侈品，比如带装饰的胸针、精致的教士法衣，还有各种用象牙、白银、青铜和发光宝石等高档物料制作的器具。附近城镇的商人买卖日用百货和高端产品，并且这些买卖不会局限在当地，也会发生在英格兰大小岛屿与欧洲大陆之间。盎格鲁-撒克逊传教士和朝圣者还经常向欧洲各地从世俗到教会和修道院的领袖人物赠送贵重礼物。[3]

从九至十两个世纪保留下来的一些田庄财产清册提供了当时生活其中一个侧面的细节，上面记载的项目包括土地保有情况、劳动力构成、依附于田庄的人们应该承担的义务及其履行情况，还有发生在修道院、至贵族与王室名下巨大田庄的实物与货币支付情况（图3.2）。举例而言，在斯特拉斯堡北面，加洛林时期的维森堡（Wissembourg）修道院拥有多达二十五处独立封地。[4]每一处都包括面积广阔的土地，上面包括农庄、草地、葡萄园、磨坊、河流和其他物业。工人们在这里种植小麦、黑麦、燕麦，繁育牛、猪、家禽，收集鸡蛋和麦秆。他们照料葡萄园，采摘和压榨葡萄，准备各种器具，酿葡萄酒。有些人烘焙面包、酿造啤酒或用模具制作方砖。在维森堡的一些封地，工人每周必须先为领主工作三天时间；有些封地是一天；还有一些是按年给领主工作固定的时长。有些工人是自由的，有些是不自由的。女性成员为封地制作布料、鞋扣和栅栏。

图 3.2 农作物收割时节，出自《卢特雷尔诗篇》，制作时间约为 1340 年，地点在英格兰林肯郡。藏于伦敦大英图书馆，编号 Add. Manuscript 42130, folio。
来源：© The British Library, London.

在意大利北部的艾米利亚 - 罗马涅（Emilia-Romagna）一带，博比奥（Bobbio）修道院提供了另一个生产田庄范例。【5】该修道院到 883 年已掌握多达 123 处田产，分布在当地和遥远外地。【6】以他们在当地的中央田庄为例，擅长户外体力劳作的工人每年都要花九周时间进行耕作，努力达成年度生产目标，包括事先确定量器分量的谷物 260 份、葡萄酒 150 陶罐（amphora①）和干草 600 车。有些人在树林里养猪。另一些工人从封地的四座盐矿采盐。在附近一处山谷还有人忙于酿造葡萄酒、晒制干草、制作蜂蜜和蜂蜡，还要放养绵羊。在修道院位于意大利中部村庄蒙蒂伦格（Montelungo）的封地，依附于此的小农在照顾自己的小块土地以前，每周也要先为他们工作两天，具体内容包括播种土地、酿葡萄酒、饲养动物、在足够养活 1000 头猪的小

---

① 源于希腊古代双耳细颈椭圆陶罐的谷物和液体容积名称，希腊时期约合 34 公升，罗马时期约合 28 公升。

第三章 工作与工作场所　　　　　　　　　　　　　　　　　　　　　　　　　139

树林里把猪养肥，还要生产多达60磅（pound，约合27公斤）的奶酪。【7】修道院在遥远外地还有大片的田庄，其中包括皮亚琴察和帕维亚，在这两个城镇他们还经营专门招待朝圣者的客栈。

维森堡和博比奥这两座修道院同属大规模田产持有者。博比奥的土地持有范围是如此辽阔，根据862年的一份田庄财产清册，全部土地加上在这上面劳作的劳动者总共可以生产事先确定量器分量的谷物1873份、葡萄酒1074陶罐、干草1494车和肥猪2890头。另外还有总共590处农场，那里的工人总共可以提供谷物2820份、白银10磅（约合4.5公斤）、鸡889只、油2885份和奶酪174磅（约合79公斤）。再过二十年，883年，另一份田庄财产清单显示，博比奥名下田庄拥有足够的土地和劳动力，总共可以生产谷物2011份、葡萄酒1228陶罐和干草1500车。田庄的树林可以养活多达4190头猪。【8】各地的工作绩效并非整齐划一。以马尔穆提耶（Marmoutier[①]）修道院为例，院长在1117年曾经抱怨在他们名下田庄"干活的人粗心大意、一无是处……而且无所事事"。【9】院长还为此调整了他在这之前做的劳动安排。但这片封地留下的文献记录依然提供了中世纪早期农业工作在类型和地点方面的证据。许多农业实践贯穿整个前产业化时期，也出现了一些值得注意的变化，它们对中世纪后期的工作产生了影响，这在黑死病过后表现更明显。人口锐减直接造成劳动力规模下跌，在某些地方，工人可以得到更高的报酬，并且开始从实物工资

---

① 法国东部图尔附近小镇，该修道院在1000年左右成为欧洲最富有的修道院之一。1096年，罗马教皇乌尔班二世（Urban II，1088年—1099年在位）在这里为发起第一次十字军东征做布道。

转为货币工资。劳动条件普遍得到改善，改变职业也越来越灵活。大型田庄体系日渐消退，劳动者日益转为佃农，在租来的土地上耕作，也有一些农田直接变成牧场。还有一些土地持有者因为对管理位于远方边陲的土地感到力不从心，甚至干脆放弃，任凭当地佃农和小农接管。【10】

地区差异与早期农业进步

无论罗马人还是德意志人，他们的农作内容都在不断调整，以适应各自地区特有的地理、生态特性以及共有的历史。例如，地中海地区的罗马人种植橄榄用作食物和照明燃料，种植葡萄用于酿酒，种植小麦和其他一些谷物用于烘焙面包，这类做法一直持续到中世纪。但在欧洲北部，不仅古早的德意志先民，还有他们的中世纪后辈，跟地中海沿岸的罗马人相比要消耗更多的肉类和奶制品。因此德意志人不仅种植小麦，还要种植其他一些适合他们北方土壤的谷物，比如黑麦、大麦和燕麦。也是在欧洲北部，当地居民还率先将乳制品引入日常饮食清单，包括牛奶、奶酪和黄油。那里的工人不仅用谷物酿麦酒，还用当地出产的啤酒花酿啤酒。【11】南北各异的习俗随时间推移渐渐遍布全欧，继续融合与调整，以适应所在地区的具体需求与可用资源。例如，在十四世纪的佛罗伦萨，黑麦、大麦和其他谷物通常跟各种小麦一道出售给民众。【12】

山区自有自己一套文化。举例而言，也是在十四世纪，在法兰西南部一处叫蒙塔卢（Montaillou①）的村庄，人们根据山丘地形调整自己的工作内容。小持有农耕种一块或多块较小面积的土地，种植小麦、燕麦、萝卜和编织用的大麻。他们还饲养牲口、放牧绵羊。平时主要靠阉牛、驴和骡子满足日常交通以及运送商品的需求，不会选用比如手推车或成本更高的马。男人负责农业劳动里面相对繁重的犁地与收割农作物的工作，还要打猎和捕鱼。女人照料菜园、除草、收获时节捆扎庄稼，还有做饭和烘焙面包等各项任务。孩子们也要帮忙放羊。【13】跟沿海一带的大城小镇相比，村里的环境看上去更具当地特色，相对封闭、自成一体。

农业生产者和其他生产者一样，根据当地自然资源以及与其他地方的交通联系条件调整自己的日常作业。比如托斯卡纳人用当地的藏红花生产干藏红花柱头，前往地中海东部做买卖的商人也会进口干藏红花柱头和其他香料。皮卡第人种植菘蓝，这是一种用于染制蓝色布料的植物，接着菘蓝会出口到遥远的外国市场。桑树引来了会吐丝的蚕宝宝；托斯卡纳的卢卡（Lucca）成为著名的丝绸产区。英格兰和西班牙分别发展起大规模的绵羊产业，对羊毛和肉类生产均有重要意义。人们还用钓线、渔网和拦河坝在池塘、河流、沿海地带和开阔的外海打鱼。【14】农业上的进步改变了工作和生产的面貌。比如，受地中海气候影响，当地相对贫瘠的田地适合使用轻型刮犁，但欧洲北部

---

① 十二世纪下半叶卡特里派（Catharism）在这里建有教堂，当时罗马教廷视其为异端。因法国历史学家艾曼努尔·勒·罗伊·拉杜里（Emmanuel Le Roy Ladurie）1975年出版聚焦1294年—1324年的微观历史著作《欧西唐村庄蒙塔卢》（Montaillou, village Occitan）而闻名，欧西唐是法国南部传统语言。

的农民更愿意选择重型犁，后者更适合对付当地的厚实土壤。另一方面，北方人民往往变得习惯开垦长条的敞田（open field），原因就是用阉牛拉的犁不方便转弯。[15]若能配上（稍后才出现的）合适笼头和马掌，马也可以用来拉犁耕地，而且效率更高，但马的价格很贵；因此阉牛继续担当犁地的主力。[16]当地人用三圃轮作体系（three-field crop rotation system①）取代较早期的罗马式两圃轮作体系，提高了土地的产量；他们也很在意善用动物粪肥施肥。还有各种研磨，用以制作食品和其他商品，加洛林时期就有一些田庄同时运营自己的谷物磨坊。[17]等到第一个千禧年1000年来临，在欧洲，从乡村到城市都可以看到工人在磨坊忙碌。磨坊承接的项目堪称琳琅满目，包括麦芽、油、芥末、纸张以及衣物漂洗，等等，先是用上水磨，随着时间推移还陆续加上了风磨。[18]浪费是要尽力避免的，比如十四世纪的佛罗伦萨磨坊主不仅研磨谷物，出售其制成品——面粉，也出售余下的物料，比如内壁碎屑和混有石磨颗粒的面粉。[19]

早期沿海地区：造船业、贸易与入侵

中世纪早期的工作生活并不仅仅发生在贵族封地范围，沿海地

---

① 将土地分为三份，每次只有一份休耕，另两份拿出一份从秋季播种小麦、大麦或黑麦，另一份从春季播种燕麦、大麦或豆科植物，比如黄豆和豌豆，改善土壤，也调节人们的膳食。

区的人们还会从事捕鱼、造船、贸易以及其他支撑城镇生活运行的工作。欧洲北部的早期城镇一般属于设防区，称为某某"堡（burh）"，之后多半演变为商业中心。贸易在本地进行，也会延伸到欧洲各地，甚至一路进入拜占庭君士坦丁堡，跨越北海（North Sea）、波罗的海（Baltic Sea）以及英格兰与欧洲大陆之间。盎格鲁 - 撒克逊人把贸易做到弗里西亚（Frisia①）、莱茵兰（Rhineland②）、帕维亚和地中海等地，这要归功于同期从德意志地区最北部哈茨山脉（Harz Mountains）出产的白银为商业带来了新的货币。[20]斯堪的纳维亚（Scandinavia③）每年都要举办大型展会，专门进行商品交易。该地区还在分散的乡村与城镇组织集市，其中一些与异教徒地区有关，还有一些与基督教教会和节日有关。在挪威（Norway），人们用动物毛皮换取纺织品、盐和皮革。哥特兰岛（Gotland④）还允许在星期天销售奶酪、黄油、家禽、鱼和肉类。[21]在荷兰（Holland），人们从十一世纪开始忙于开垦土地，将沼泽地改造成耕作用地。当地人不仅专注种植谷物，还繁育动物并制作乳制品。[22]

造船业在沿海地区属于重要产业之一。维京人（Vikings⑤）造出长而浅底的船，无论开阔外海还是内河均能畅行无阻，因为他们不仅四

---

① 古代欧洲西北部地区名，尼德兰（the Netherlands）一部分，后者约为今荷兰、比利时、卢森堡以及法国东北部。

② 德国莱茵河以西地区通称。

③ 欧洲北部地区名，包括芬兰、挪威和瑞典等国。

④ 瑞典东南部岛屿。从青铜时期就跟波罗的海东部和南部沿岸居民做贸易，其首府维斯比（Visby）在十二世纪经德意志商人引入汉萨同盟并成为重要成员。

⑤ 八到十一世纪期间多次劫掠欧洲西北海岸的北欧海盗。

处掠夺，还要从事贸易，有可能在不同地点定居。【23】诺曼人造出能将人员、马匹和装备一并运往英格兰的船只，为1066年的跨海征服战做好准备（图3.3）。【24】比萨（Pisa）人、热那亚（Genoa①）人和威尼斯人相继用上低舷大帆船，既能用于贸易，也能投入战争。威尼斯在它称为军械库（Arsenal）的海军造船厂和其他位置建起庞大的造船与仓储项目，采用公私混营方式运行。【25】

图3.3 造船场景，见于贝约挂毯（Bayeux Tapestry②），制作时间为十一世纪，地点在英格兰。
来源：DEA / M. Seemuller. Image courtesy Getty Images.

---

① 位于意大利西北部，作为地中海港口城市，自古以造船业而闻名。
② 刺绣长卷，描绘1066年诺曼人跨海征服英格兰之战，后人以目前已知最早收藏并展出这件作品的法国诺曼底同名教堂命名。

战争产业：诺曼底的备战与攻城车在英格兰

战争本身就是一门产业。战马及其繁育和日常照料，还有马镫、马鞍、鞍头和马掌等用品，对精英阶层的骑士出战一直具有至关重要的意义。中世纪的战士往往要花大量的时间练习各种马上技巧，作为备战工作的一部分。在十或十一世纪，一名诺曼战士很可能每天都要操练，为保卫自己负责的领土至少骑上一二十英里（约合32公里）来回，他那专门培育的坐骑称为战马（*destrier*），也要训练。【26】当时的防御文化主要以城堡建造、维护与守卫为基础。【27】

围绕战争展开的一系列准备工作催生了武器与防护装备的生产业务。五金工匠制作了刀剑、长矛、斧头和盾牌，还有后来出现的更先进武器，比如弩（crossbow，又称十字弓）。相关生产往往始于最高层的一声令下。举例而言，十三世纪初，英格兰国王约翰（King John①）曾经下令王室城堡主管为他在温莎（Windsor）的制弩匠提供"胶水、兽筋和牛角"，以备生产之用。【28】战士的外套包括金属头盔（通常带鼻板）和锁子甲（chain mail②），还有中世纪后期出现的全金属盔甲。

---

① 1199年—1216年在位，热爱旅行与打猎，是自1066年诺曼征服以来首位能说英语的英王。但也是从他败给法王腓力二世（Philip II，1180年—1223年在位）之后，后者逐步夺回英王作为诺曼底公爵威廉二世后代而继续在法国拥有的领地。

② 又译链甲，由金属链条相互勾连编成的外防护层。

武器、防护外套和战马在精英阶层战士看来均属不可或缺，在中世纪大部分时间干脆成为贵族与王室生活方式的一种象征。另一方面，弓与箭在步兵和训练有素的农民手里依然很好用。【29】

备战工作可以说是经过精心设计。在十二至十三世纪的英格兰，攻城车和其他火炮作为中世纪战争的关键组成部分，其建造和使用必须调动成队成队的技术熟练手艺工匠参与，外加大批量的木材、铁、绳索与皮革等资源。【30】当时，木匠往往作为常驻人员直接住在王室下属屋舍，由伦敦的王室官员委派工作，这些官员与他们在各地的同行一道负责协调后勤支持。具有法律效力的命令文件加上来自王室和教会的资金为调集人员、工具、货车、马匹及其骑乘人员创造条件，所需物料开始送往指定的生产制造或仓储位置。工作地点包括王室的要塞和森林，比如温莎和迪恩森林（Forest of Dean①），那里也提供仓储设施。各地市长，王室城堡主管，还有其他地方官员和王室官员，负责监督和保护这些建造工作以及与此相关的供应与仓储单元。该项目的每一个阶段都会详细记录在案，包括制作备份簿记以确保记录的准确性和真实性。

从十一世纪后期开始，随着历次十字军（Crusades②）东征陆续展

---

① 位于英格兰中南部。其作为一处行政单位的最早记载，包括1086年《末日审判书》土地调查清册提到英王爱德华"忏悔者"免去迪恩（Dean）封地的税收义务，换取对方替王室看管这片森林。后来威廉"征服者"可能还在这里打过猎。1938年成为国家森林公园。

② 始于罗马教皇乌尔班二世1095年向地中海东部地区发动的军事行动，至1291年先后八次。

开,欧洲的战争产业带着商业一路向东进入地中海东部地区。意大利商人跟随贵族与王室战士组成的战队,在后者征服的地区建起一个一个商业区。即使在1291年阿卡(Acre[①])失守、标志东征失败之后,来自西方的商人依然活跃在整个地中海沿岸地区。以佛罗伦萨商人弗朗西斯科·裴戈洛梯(Francesco Pegolotti[②])留下的《市场实践》(*Pratica della mercatura*)一书为例,堪称十四世纪欧洲经商宝典,显示来自意大利北部的商人不仅走得远,还带去五光十色的各种产品。商贸活动一路延伸进入众多的城市和地区,包括君士坦丁堡、塞浦路斯(Cyprus)、阿卡、亚历山大里亚(Alexandria[③])、突尼斯(Tunisia)、巴勒莫(Palermo)、那不勒斯、巴塞罗那(Barcelona)、比萨、热那亚、马赛(Marseilles)、布鲁日、巴黎、伦敦以及地中海沿岸与欧洲北部一带其他地方。商品包括布料、谷物、葡萄酒、油、奶酪、坚果、香料、糖、盐、蜡以及其他好几十种商品,这些东西通常送到市场和大型展会进行交易,后者既有地区性的,也有国际性的。[31]

到中世纪后期,从战事也能看到社会正在发生变化。雇佣兵作为只要谈好价钱就愿意出战的新选择,正越来越多地取代一度唱主角的封建精英阶层骑士战士。这在欧洲北部各地看得更明显:典型情况是,封建农奴每年要为自己依附的领主服兵役四十天,新出现的雇佣兵参与作战就不存在这一时间限制,用到雇佣兵的时间也因此变得越来越多。这同时促使各国开始考虑转用由国家组建的常备军,不再继续依

---

① 又译阿克里,今以色列西北部港口。
② 鼎盛期约1315年—1340年。
③ 公元前331年马其顿亚历山大大帝在埃及北部兴建的港口城市,今属埃及。

赖国王或贵族领主的随从团队。对富有雄心与才华的人来说,成为雇佣兵这一选项扩大了他们的社会流动性。新的产业也跟随这些变化而陆续涌现。大炮和火药改写战争的面貌,创造新的工作机会和生产地点。工人们越来越多地转向制造全套的金属盔甲,连环相扣的锁子甲渐渐遭到淘汰。长弓的制造和运用也在不断优化。战争变得越来越像一门结构化事业。[32]

英格兰修道院里的事业:羊毛销售、金融与手抄本制作

许多修道院不仅专注做祈祷这一项工作,也成为兴办多种事业的热点。这包括他们下属的农民劳动者继续忙于从事农业耕作和多种商品生产,目的常常就是用作商业销售。举例来说,十三至十四世纪,英格兰的修道院已经一边饲养绵羊,一边将远期合同卖给意大利商人,意味着后者最早可以在实际交货前二十年就付款买下这批羊毛。[33] 由意大利商人向这些修士提供的货币预付款不仅对修道院运作大有裨益,而且担保存在一批买家。商人们也从已知价格和稳定的羊毛供应得到好处,这些羊毛将会运往意大利北部多个城市,在那儿加工成羊毛布料,以备再出口到无数的目的地。

修道院对手抄本制作也发挥了重要作用,这在复制古代罗马和希腊文本、《圣经》与早期基督教著作以及哲学、神学和其他著作的工

作上体现得最为明显。当时的手抄本是分阶段制作的。工人们首先必须妥善清洁主要取自绵羊、牛或小牛的外皮，用石灰浸泡好几天，再用绳索和其他收紧工具将皮子拉伸铺展在一个巨大的框架上，尽可能彻底清除这些皮子上的毛囊和缝合孔。然后，在皮子绷紧时小心切割成一张一张的大片，对折成两份，或者再对折成四份，由此形成页面或"对开（folio）"页面。折叠好的页面仔细堆叠起来，从中间进行缝合，变成一叠或"一帖（quire①）"，类似现代书籍里的一叠。将这么几叠用木板固定好，表面可能再覆上皮革，就组成一部书或手抄本。【34】

  技术熟练的修士每天要在专门的房间或缮写间（*scriptorium*）工作长达六小时，使用碳基墨水将文字誊录到皮纸上，还有其他人负责添加装饰或泥金装饰插画，后者特指用鲜艳的色彩甚至金箔描出图像。这些颜料是从石材、昆虫、植物、金属和其他来源中提取出来，还要附上鸡蛋、蜂蜜或天然树胶等物料进行调制。关键在于无论是墨水还是色彩，用起来都要打醒精神、小心翼翼，确保可以准确留在皮纸上，但又不会渗漏如"出血版（bleed②）"一般化开，造成灾难性的污染。一些修士还会在页边空白处写下注记或"注解"。一些修士添加了用于说明文本的场景，另一些修士留下了其实与文本无关的滑稽漫画。一些重要的手抄本，例如某些版本的圣经或礼仪文本，通常还附带特殊装饰，封面也会镶嵌黄金和宝石或半宝石。【35】

---

① 指4张纸对折为8张共16页。

② 印刷术语，指图文超出开本而一直印到书页边缘。

中世纪后期的手抄本和文件制作

到了中世纪后期，世俗人士也开始接受客户委托制作手抄本。比如林堡三兄弟（Limbourg brothers①）合作了令人叹为观止的《贝里公爵最华美时祷书》。与通常在乡村环境制作的修道院出品不同，直至十五世纪初，巴黎一直是法语商用文本的制作中心。著名的圣母院（Notre Dame）一带成为羊皮纸、手抄本、泥金装饰插画、装订和其他一些特色工作的劳务集散地。到十四世纪后期，已经有世俗的手抄本制作者直接受命为国王或朝廷工作。[36]

这里说的书面文本不仅限于手抄本，还包括由缮写专家执笔的王室、帝国、教会或罗马教皇文件。此类文件是基于行政、立法或司法目的，出于土地授予、商业交易或其他事由而制作发布。从十二世纪起，王室的官僚机构雇请专业人士团队，由他们制作大量书面文件与记录。此外，在商业交易、财产转让、立法记录以及其他私人和公共

---

① 尼德兰画家，分别为赫尔曼（Herman，约1385年出生）、保罗（Paul，约1386年出生）与尚（Jean，或 Johan，约1388年出生），父亲是木雕师，舅舅是当时法兰西王后与勃艮第公爵腓力二世（Philip II，1363年—1404年在位）的宫廷画家。勃艮第公爵去世后，林堡三兄弟转投他弟弟贝里公爵门下，不幸的是林堡三兄弟似乎同在1416年去世，这部作品未及完工。1485年由另一位画家尚·科伦比（Jean Colombe，约1430年—1493年）接力完成。

交易等项目上,书记员在证明文件制作环节发挥重要作用,尤以意大利北部城市表现最为明显。

｜ 商业革命:千禧年后的工作与工作场所增长

随着法兰克王国第二个王朝加洛林帝国(Carolingian Empire)日薄西山,其面临的外来进攻与内部政治分裂浪潮可以说此起彼伏,待到这一切终于在1000年这第一个千禧年过后渐渐消停,欧洲开始见证新一轮商业增长,各地城市欣欣向荣,经济融合程度不断提高。在欧洲北部,地方性和国际性的大型展会越来越多,往往对永久市场形成补充。这类大型展会催生了国际商业、新的工作机会和新的产品,其中一些展会还开始具有国际级重要意义。随着城市不断发展,市场,特别是意大利的市场,也在继续扩张。在历次十字军东征期间冒险跟随前往地中海东部的商人带回来一系列新奇商品,开始让欧洲西部地区受益。当时,经济活动之兴起变得如此富有活力,在地中海一带表现尤其明显,这一段时期后来甚至得名"商业革命(commercial revolution)"。[37]

得益于船舶设计与航行技术不断进步,结合十三世纪的陆路运输体系,欧洲的贸易网络在多个方向取得新突破。较早的东西通路现在稳稳地横跨欧洲北部地区,从英格兰一路向东,经过斯堪的纳维亚、尼德兰、德意志各地,直抵波罗的海东岸。南北纵轴将欧洲北部与地中海一带连接起来，中途经过西班牙和意大利。跨地中海贸易也在黎凡特（Levant①）与西方之间蓬勃发展。

商品运输成为当时一大就业来源，许多城市纷纷以商业和交通枢纽的姿态崛起。荷兰多德雷赫特（Dordrecht）成为东西方贸易的重要交汇点，主要经营葡萄酒、木材、盐和谷物。在哈勒姆（Haarlem），1274年的消费税宪章不仅提到那儿生产啤酒和纺织品，还有马鞍与船只制造业务。【38】进入1270年代，作为汉萨同盟（Hanseatic League②）主要成员的德意志各城镇，比如吕贝克（Lübeck③）、汉堡（Hamburg）和不来梅（Bremen），都在跟挪威等北方各国进行东西方的贸易，向西带去"亚麻、布料、玉米、面粉、麦芽、麦酒、葡萄酒"、饼干、黄铜和白银，换回黄油、鲑鱼和其他鱼类、鱼油、动物毛皮和木材而东归。【39】汉萨同盟的贸易商甚至把斯堪的纳维亚的鲱鱼和鳕鱼一路送到了荷兰。【40】

汉萨同盟的贸易商就这样一点一点跟多个北方城市建立起联系，比如阿姆斯特丹（Amsterdam）、安特卫普（Antwerp）、布鲁日、伦敦和鲁昂（Rouen），还有南方诸城，比如巴塞罗那、里斯本（Lisbon）、马赛和那不勒斯等。【41】德意志人的业务范围可能相当广泛。例如，在中世纪后期的挪威卑尔根（Bergen④），来自汉萨同盟的各地代表渐

---

① 地中海东部诸国及岛屿，自希腊至埃及，今分为叙利亚、黎巴嫩等地。
② 中世纪欧洲北部多个城市结成的商业同盟。Hansa 源于中古德语，意为行会或联合会。
③ 全称为汉萨城市吕贝克（Hanseatic City of Lübeck），时为汉萨同盟中心，德意志北部港市。
④ 挪威西南部港口城市，1070年由国王奥拉夫三世（Olaf III Haraldsson，1066年—1093年在位）建城，政治与经济地位迅速提升，包括在十二至十三世纪成为挪威首都。汉萨同盟商人从十四世纪开始一度把持当地贸易。

渐形成一处包含28个"商站（yards）"的聚居地，大约有两三百名批发商居住在这里，以此为基地开展各自的业务。每年夏季，单在这一处汉萨地盘就可以接待包括水手在内多达2000名成年和青年男性，他们在国际贸易、航运或当地商业等领域工作。【42】

欧洲北部商业展会：以英格兰与香槟为例

在欧洲北部地区，与永久市场不同的临时性大型展会日益成为重要的业务场所。这些展会通过将大家集中在一处做交易，不仅降低交易成本，而且办起来也很灵活，管理成本往往很低，只要一片开放场地、一些桌子和天篷即可。除去参会贸易商自己的库存，举办展会需要投入的资本跟永久市场相比可以说是微不足道。【43】但跟永久市场一样，大型展会要想取得成功，关键还是设法维持道路或河流畅行无阻、保障商人和商品旅途安全、提供贵族领主或公民税减免优惠以及确保合同得以顺利执行。

在英格兰，此类展会起源于纪念教会圣徒的节日，商人们会在节日期间向教区的居民出售羊毛、谷物和其他当地商品。【44】从十二世纪末到十四世纪，英格兰一些城市举办大型展会的时间举例如下：大斋节（Lent①）在斯坦福德（Stamford），三月复活节（Easter）在圣埃夫

---

① 中世纪指11月圣马丁节至12月圣诞节期间。

斯（St. Ives），七月在波士顿（Boston①），九月在温彻斯特，十一月在北安普顿（Northampton），以及十二月在伯里圣埃德蒙兹（Bury St. Edmunds）。【45】还有大约2300场规模较小的展会散布在英格兰的乡村。【46】这些展会由王室或封地的统治者把持，可能是世俗人士，也可能来自教会，经常有外国商人前来光顾，来自斯堪的纳维亚、佛兰德、卢卡和鲁昂等地。【47】

举办展会的场地可以说五花八门。以圣埃夫斯展会为例，商人们在租来的船上出售麦酒、燕麦和鱼，地面上的摊位和其他位置主要留给香料商、食品商、石匠、铁匠和金匠、屠夫、面包商、布料剪裁师和裁缝等，不一而足。在这些展会上，布料和羊毛属于两种较大宗商品，但也有大量的其他产品，比如葡萄酒、金属、香料、牲口和动物毛皮。届时推销活动和行会将按他们各自的产品分组排在一起，这也有助于监管者进行巡查。【48】

各地展会都有严格的规定需要遵守。例如，在圣埃夫斯展会和圣吉尔斯展会上，厨师、面包师和五金工人可以使用明火；他们也因此必须在会场外面另设一个分区，毕竟展会现场还有主要使用木材或布料搭建的中央建筑。另外，在圣埃夫斯，展会的屋舍必须设有水池。在圣吉尔斯，贩卖动物和牲口的供应商也要远离展会主推摊位。参展屠夫必须持有执照，全都安排在靠近水边的位置，方便他们倾倒废物。温彻斯特干脆禁止参展商在街道上放置杂物。【49】

---

① 英格兰港口集镇，时为汉萨同盟成员，十六至十七世纪英格兰许多清教徒从这里启程前往美国，1630年建立同名城市波士顿。

在英格兰，王室、贵族、修道院和教会的领导层也会参与和监督展会。修道院也会自行组队参展，因为这给他们销售自己社区生产的羊毛制品提供了现成市场。在温彻斯特，当地主教的团队按章程要求面包师、鱼贩和屠夫在会展出售"健康、有用且足以满足大量人群需求的食物"。国王的治安规定（King's peace）在各大展会都是头等大事，全副武装的治安官负责安保工作。另有市场规则用于规范现场的交易行为，确保秩序井然、产品质量合格且使用统一的度量衡，防止出现价格操纵与欺诈行为。还有商人法庭负责民事与刑事司法，维持治安、坚守法规，处理合同执行与交易相关问题。[50]

外国商人在英格兰的展会表现活跃，跟欧洲北部更大规模展会现场的常见情形不相上下。举例来说，在伯里圣埃德蒙兹，佛兰德商人向英格兰王室出售香料、动物毛皮和蜡。西班牙商人在南安普敦（Southampton）和三明治（Sandwich）出售蜡、香料、皮革和水果，又向南安普敦和布里斯托尔提供染料、肥皂和油。从汉堡、吕贝克与其他汉萨同盟城市来的经销商也把"蜡、动物毛皮、蜂蜜、木材、钾碱、铁、帆布和绳索"运往英格兰和布鲁日。[51]佛兰德商人对他们的英格兰业务建立了严格的规矩。他们总是以车队形式出行以便加强保护，还为垄断优质布匹的销售而对外来者、小商贩、经纪人和手艺人设下各种限制。他们还从杜埃（Douai）和伊普尔带上自己的检查员和行会官员，由这些人担当商事法官。他们还检查布料和羊毛，努力杜绝各种欺诈做法，比如夸大的优质宣传或假冒为佛兰德产品。他们还在英格兰设立了自己的法庭，专门受理商人投诉。[52]

外国来的商人时不时地就会占了当地同行上风，这在英格兰尤其容易看到实例。比如卢卡和佛罗伦萨的经销商在英格兰的市场上不仅采购当地羊毛，还从事金融活动。[53]英王亨利二世（Henry II①）和理查二世都给来自圣奥马尔（St. Omer）和科隆（Cologne）的外国商人不少好处。十三世纪，来自皮卡第的菘蓝经销商在伦敦比当地商人更受青睐。[54]另外，英格兰王室的布料采购订单对当地纺织品生产商一直具有重要意义，但这笔业务常常有超过一半分量（50—65%）落在佛兰德的杜埃，没有交给英格兰本土的商人。[55]这一现象也出现在伦敦等各大城市。从十三世纪中叶开始，以进口精美布料、珠宝和葡萄酒到英格兰而闻名的意大利商人成为英格兰王室御用银行家，负责收取罗马教皇什一税（papal tithes），由此拿下进入伦敦各大市场的机会，他们还在当地建起自己的住所。与此相仿，德意志商人开始在伦敦维护他们带有防御城墙的仓库，后来得到"钢院商站（Steelyard）"的外号。1319年，威尼斯商人也在英格兰小试锋芒，单是伦敦这一个城市就送去了10000磅（约合4500公斤）糖和1000磅（约合450公斤）糖果。[56]

从十二世纪到十三世纪中叶，位于巴黎东北不远处的香槟（Champagne）地区成为中世纪规模最大、最著名的展会东道主。当地展会由历任香槟伯爵组织，包括轮流进行的六大展会，在区内不同城镇进行：

勒格尼（Lagny），从一月二日开始；
奥布河上的巴尔（Bar-sur-Aube），大斋节期间；

---

① 1154年—1189年在位。

普罗万（Provins），五月；

特鲁瓦，六月下旬；

普罗万，九月；

特鲁瓦，十一月初。

　　每场展会持续大约六周时间。【57】典型的工作时间表是这样的：准备工作八天；布料销售十天；接下来十一天是销售皮革（cordovan①）；之后十九天留给计重销售的物品，比如香料，以及各种交易结算；最后四天用于各种财务文件的会后执行。按照 R. D. 费斯（R. D. Face）的说法，从这些展会可以看到"一个不断扩大的、名副其实的国际商业西部枢纽"，"从十二世纪末到整个十三世纪主导了欧洲南北之间的商业与银行业关系"。【58】香槟作为一处伯爵封地能取得这一独特成功，还得益于历任伯爵对进出展会的商人出行提供了有力保护。跟英格兰一样，香槟的展会吸引了来自意大利、德意志、佛兰德、西班牙、法兰西王室领地乃至比利时布拉班特（Brabant②）等地的外国商人。【59】他们当中有很多人都是成群结队驾马车满载货物抵达，也有人走海路和陆路。【60】意大利人出售香料，采购法兰西和佛兰德出品的布料。商人们也是按所在行业分组，在指定区域买卖各种商品，包括木材、羊毛织品、黄金制品、皮革和牲口，等等。跟英格兰一样，也是由香槟当地负责行政管理、度量衡监管等职能，提供

---

① 特指称为科尔多瓦革或西班牙革的皮革制品。
② 法兰克加洛林帝国于九世纪败落之后分裂形成的公爵封地之一。

公证人、警卫以及主持公道和处理交易问题的法庭,还有一套体系用于执行法庭的决定。【61】

合作伙伴关系在香槟的展会相当常见,就像英格兰和其他展会一样。典型的安排是一位合伙人外出参展,另一位留在大本营主持日常业务。边远地区的商人为实现这一分工可能还要请代理人和经纪人。意大利人还会雇请专业信使,后者要向这些商人宣誓效忠,然后赶在商品车队前先行抵达展会现场。他们的任务是从现场获取"新闻、商业报告和信用工具",再尽快返回以提交报告。来自边远地区的商人还要聘请合约承运人,由后者帮忙组织车队前往参展。【62】由此可见,展会的前期工作涉及多重业务,直接关系到商人们此次出行的成效。信贷是香槟地区展会的一个重要特征,对现代早期金融留有持久的影响。与英格兰的展会差不多,许多商品都以记账方式出售,这为各地金融业者创造了重要业务,包括佛罗伦萨的货币兑换者(*Cambio*),也叫汇兑商人。金融业者在这里兑换货币、议付本票,成为支付环节的组成部分。意大利商人不会携带大批硬币出行,那么做不仅运费高,而且充满风险,他们用的是信用证,能在甲地做买卖,然后在乙地结算。意大利的金融业者还将香槟展会这一标志做法推广到他们在欧洲其他地区的业务上,信贷迅速成为一种标准交易惯例。【63】

在英格兰和香槟以外,其他地区也定期举办展会。比如荷兰同时组织零售和批发展会,这对乳制品行业很重要。阿克斯洛特(Akersloot)展会出售多达5500种奶酪和23吨黄油。十五世纪,埃德姆(Edam)展会的奶酪交易量多达82200件;在霍恩(Hoorn)展会出口的黄油多达1928吨。到十六世纪初,每年在高达(Gouda)交易的马匹数量达到2000匹。【64】1380年代,蒙热内夫尔(Mt. Genèvre①)一带展会的业绩之一是每年都有大约7000头羊翻越阿尔卑斯山(the Alps)。在伦巴第展会交易的牲口和马匹来自当地各区、瑞士各省与威尼托(Veneto)等地。阿布鲁齐(Abruzzi②)的兰西安诺(Lanciano)展会以牲口和绵羊为特色,商人们还在那里交易藏红花、金属制品、布料、皮革以及威尼斯出品的奢侈品。在西西里岛兰达佐(Randazzo)展会展出的商品不仅有牛,还有亚麻布和棉亚麻混纺粗布。【65】

城市发展:建筑、贸易和市场,新的工作机会

最迟从十二世纪起,经济增长的势头不断把人们一波一波从农田吸引到城里来,在那里,基础设施建设与其他行业一样蒸蒸日上,一并为技术熟练工和非技术熟练工带来新工作。城市生活为创业者和手艺人创造出更多的机会,他们通常以家庭为单位开始经营自己的作坊和零售铺子。由贸易发展带来的新一轮城市繁荣促进了商人阶层成

---

① 又作 Montgenèvre,位于今天的法国 — 意大利边境西侧,公元前77年罗马将军庞培(Pompey the Great,公元前106年 — 公元前48年)在此修建同名通道(Montgenèvre Pass),成为通往罗马省长发高卢(Tres Galliae)的主要通道。

② 又作阿布鲁佐(Abruzzo),意大利中部地区。古代穿越亚平宁山脉(Apennine Mountains,纵贯意大利,阿尔卑斯山脉主干南伸部分)的移牧路径行经此地,兰西安诺因此渐成贸易集镇。

长。商人和手艺人不仅生产面包、服饰和建筑材料等多种日常生活必需品，他们当中还有很多人开始制造和消费奢侈品，这类产品现在有了更广泛的消费基础，不像过去仅限政界与教会的精英阶层享用。【66】城市生活开始分出层级。早期城市往往主要由贵族精英阶层把持，但成功的商人由于多半从事国际业务，现在开始占有经济资源与政治地位，形成新型城市贵族。中等阶层商人成为国内生活与经济的支柱。同时，许多从乡村来到城市的人，尤以意大利北部为主，往往要在生产制作流程里既艰苦又肮脏的环节工作，这意味着他们进城只不过是从一种恶劣环境换到另一种恶劣环境。非技术熟练工多半只能当临时工，从一个工地赶往另一个工地找工作，没有任何福利可言，只能凭实际完成的工作拿到报酬。【67】

随着城市继续扩张，对基础设施的设计与建设的需求也在增加，同时需要招募技术熟练工和非技术熟练工。在罗马，原来的城墙不是进行扩建就是干脆另建新墙取而代之。各教区的总教堂和教堂也在古代后期或中世纪早期留下的基础上进行再设计和扩建。政府和行会的会馆陆续开工，以备全新出现的城市公民领导层与商业领导层分别进驻。集市广场和周边一带的建筑物，还有商店和小酒馆，渐渐成为商业、社交活动和消息集散中心，熙熙攘攘、人来人往。越来越多城市动工铺设市区道路，再不会像从前那样泥泞不堪，贸易枢纽之间的道路也得到了完善。住宅如雨后春笋般涌现，可能是市区的宫殿，或是更朴素的一般住所。

城市还形成了崭新层次的智识组织及其辅助基础设施。大学就是其中一个例子，拥有自己的标志性建筑和社区，此刻在欧洲各地纷纷涌现。新大学一并为建筑师和普通工人带来加入建筑业工作的机会。大学自己在不断发展的过程中也会造就新的学者与专业人士阶层，他们的研究之路往往带他们游历各地。大学在哲学、神学、法律和医学等多个领域为人们创造出参与学问研究和工作的机会。

  简言之，城市发展带来了新的工作类型和工作场所。重大建筑项目需要建筑师、主管、会计师、财务主管和金融家、供应商以及技术熟练工和非技术熟练工。单是教区总教堂、市政与行会建筑物这几类项目就要用到数量巨大的多种物料，比如方砖、石材、木料、玻璃和金属，这里只试举几例。建筑商必须跟采石场、制作方砖的工匠、手艺人和其他劳动者协调合作。【68】技术熟练工和非技术熟练工并肩建设和装饰这些新建筑。

  供应商为这类建筑工作带来一支重要的劳动力队伍。生产方砖的工匠活跃在欧洲各地。到十三世纪，荷兰已经形成大规模业务，方砖制造业在布鲁日、英格兰的赫尔（Hull①）、波罗的海沿岸以及意大利北部等地的城市呈现一派蒸蒸日上景象。尼登堡（Niedenburg）附近的工人，每一炉可以烧制方砖5000块，法兰西的窑炉可以烧制多达20000块。十六世纪的佛罗伦萨有一些窑炉以每三周为一期的节奏运行，每年方砖产量可达272000块。佛罗伦萨的方砖制作工匠通常以个体户形式运营，租用别人的窑炉。炉主因此大有机会过上好日子。在佛罗伦萨每年可以挣到70弗洛林（florin②），相当可观。当时，方

---

① 位于英格兰东北部，十二世纪后期因贸易发展而生的新城镇之一，1293年英王爱德华一世将其改名为赫尔河上的京斯顿（Kingston upon Hull）。

② 佛罗伦萨于1252年发行的一种金币，一面带有城市标志百合花。

砖制造业的模制成型环节主要靠工人用脚踩,每踩1000块可以拿到4里拉(lira),一名工人每天完成的工作量可能达到好几千块。临时工的收入要低很多。在佛罗伦萨,男人、女人和小朋友都在做砖模工。在十七世纪的荷兰,女性和男性一样从事运输业。承运商通常自行打理业务。[69]

采石场的工人也在生产更多建筑材料,还从河床收集沙子和砾石。诺曼底、图尔奈(Tournai)和欧洲北部其他地区在建造教堂、洗礼池、纪念碑以及其他一些建筑物的时候都要用到石灰石。在奥维多(Orvieto①)、锡耶纳、比萨和佛罗伦萨等地,大理石装饰了雄伟的教区主教堂。工人们驾船沿河流将石材运往偏远的工地,比如德意志北部的克桑腾(Xanten,又译仙藤)有一座圣维克多(St. Victor)教堂就是这样盖起来的。有案例显示修道院有时甚至控制了采石场,专用于他们自己开建的大型建筑工程。[70]

石雕和建筑工作遍地开花。意大利北部的石材切割工匠通常根据合同独立运营,先从采石场采购石材,再带回自家作坊加工。手艺人忙于为重要建筑项目制作带装饰的柱头、大门、窗框以及其他装饰性和结构性的部件。另一方面,以铁的生产为例,是一个多阶段生产流程的一部分。比萨人和佛罗伦萨人先从厄尔巴岛(Elba②)开采矿石,

---

① 位于意大利中部,因罗马时期称为乌布斯·魏图斯(Urbs Vetus)而得名,中世纪先后成为伦巴德公爵封地和托斯卡纳伯爵封地所在地,十二世纪成为独立群居村,1448年纳入罗马教皇管辖范围。

② 意大利西部岛屿,当地开采铁矿的历史始于古代伊特鲁里亚人(Etruscan),他们在公元前396年败于罗马,最终并入罗马意大利。

运往遥远的亚平宁山脉，交给通常附设在水力磨坊旁的工场进行冶炼，再由铁生产商将成品卖给各地铁匠做进一步加工。【71】

佛罗伦萨：一座南欧城市

从城市形成了永久的市场，不仅持续运营，而且使用公共市政空间、纪念性建筑和多半经过精心挑选的基础设施，与大型展会形成对比。【72】这些市场与商铺、手艺作坊和其他商业场所形成互补。在欧洲大多数大城市，比如伦敦、巴黎、米兰、威尼斯和德意志的汉萨同盟各大城市，这种市场成为一系列丰富职业的工作场所。其中，意大利佛罗伦萨和佛兰德布鲁日分别提供了欧洲南北地区的市区市场范例。

佛罗伦萨城里有三个大市场，外加大量规模较小的市场。其中，老市场（Mercato Vecchio）最迟从十一世纪开始就很活跃，位于古老的罗马广场，现在称为共和广场（Piazza della Repubblica）。中世纪后期，大小商贩在这里出售各种食品和商品。【73】十四世纪诗人安东尼奥·普奇（Antonio Pucci[①]）夸耀说，这市场"养活了全世界"。【74】人们在这里可以买到各种蔬菜、水果、家禽、鸡蛋、乳制品、香料、

[①] 普奇是一名铸钟匠的儿子，1334年获任命为佛罗伦萨的敲钟人，1349年成为公告人，负责骑马沿街高声喊报消息，一做就是二十年，对城中大小事情都很了解，留下大量作品。

肉类和芥末。还有小商贩叫卖其他一些产品，比如玻璃器具、羊毛和亚麻布料、紧身裤（现代袜子前身）、帽子和铁制品。

从老市场镜照出佛罗伦萨社会以及忙碌的打工世界。不仅富裕的商品批发商和金融家具有举足轻重的影响力，与市民政府一道监管市场，更重要的是从这个市场还能看到中下阶层商业群体的工作情形：市场为富有进取心的商人和家庭提供机会，无论男女都可以在这里推销自己带来的货品。女性表现活跃，因为行会规定她们可以在跟男性同行相对平等的条件下开展业务，这里说的男性同行多半就是她们的配偶或其他家庭成员。至于肉类、杂货和食品等商品的经销商，尽管业务规模多半较小或以家族式业务形式进行，也在打理早已小有名气的摊位，在专业规则框架下工作。这市场还提供了证据，证明存在许多流动小商贩，他们推销的产品放在推车或篮子里。在这里做买卖的人们可能很粗鲁，比如诗人普奇这样写道："各种各样的女性小贩……为两个干栗子就能吵上一整天，满嘴脏话，互相称呼对方是妓女。"【75】

与此同时，老市场的商人对佛罗伦萨民众渐渐变得不可或缺。中世纪后期，佛罗伦萨每年都要进口55000科格纳（cogna①）葡萄酒，还有用于屠宰的4000头牛、60000头绵羊、20000头山羊和30000头猪。单是每年七月这一个月份，杂货商们每天就要运送400车甜瓜。【76】普遍看来，佛罗伦萨老市场比欧洲其他市区市场都要更大一点，但它也跟欧洲其他城市的中央市场共享一些核心特征。

---

① 引自佛罗伦萨商人、历史学家乔万尼·维拉尼（Giovanni Villani，约1275年—1348年）在他的《佛罗伦萨编年史》（*Nuova Cronica*）记载，全书共12卷。详见注记。

除了这个老市场，佛罗伦萨还有专门的金融市场，设在新市场（Mercato Nuovo），另有谷物市场设在圣弥额尔教堂广场。由佛罗伦萨主要金融家组成的行会直接沿用了货币兑换者这一职业名称，也称为 *Cambio*，他们活跃在国内外各大市场，在新市场也有自己的位置用以开展货币兑换和银行业相关业务。从设在圣弥额尔教堂广场的集中式谷物市场可以看到经营小麦的大贸易商和经营多种谷物的中小贸易商每天都在这里忙碌，只有安息日和节假日除外。大批发商从意大利南部和西西里进口大部分的小麦和谷物，供应佛罗伦萨和地中海与亚得里亚海（Adriatic Sea[①]）沿岸一带许多城市。

圣弥额尔教堂谷物市场在十四世纪初进入全盛时期，商人们从敞开的莫吉亚大桶（*moggia*）里出售四种小麦和多达十二个级别的谷物和豆类，后者包括小米、黑麦、野豌豆、蚕豆和高粱。[77]现场交易量很大。每年售出约 120 万蒲式耳（bushel，意大利语 *staia*；此处约合 4300 万公升）分量，若按每人每月消耗 1 蒲式耳计算，足以养活 10 万人。[78]除了商人，城市和市场还聘请了好几名粮食官员，专门负责交易监管、供应问题、产品质量巡查、度量衡管理和其他必需职能。

支撑这个谷物市场运行的是众多独立行业，包括谷物运输商、磨坊主和面包师，他们当中有一部分是女性从业者。作为货物承运商，每一莫吉亚大桶（24 蒲式耳，约合 870 公升）能挣 10 先令（shilling[②]）。公共面粉磨坊设在阿尔诺河（Arno River）沿岸，每年加

---

① 地中海分支之一，位于亚平宁半岛与巴尔干半岛之间。
② 源于罗马帝国君士坦丁一世时期发行的金币 *solidus*，音译为苏勒德斯，简称苏。

工能力超过20万蒲式耳（*staia*，约合73万公升）。【79】但佛罗伦萨的商业组织活动并不仅仅发生在大型市场，另有规模较小的场地设在鲁巴孔特桥（Rubaconte Bridge①）和奥尔特拉诺（Oltrarno②）附近。【80】当地留下的编年史和行会规定提到，当时在城市周围多个街区设有大量零售店（*apothece*）、作坊（*botteghe*）和摊位。

和广场上的市场一样，小商店也出售食品和消费品。手抄本里的插图，例如出自意大利北部的《健康全书》的插图，描绘了特色商品的销售情况，这些商铺包括鱼、面包、肉类和意大利面条。个体小商贩还在城镇一带和城墙外围兜售商品，哪怕相关法规一直都在努力压制类似活动。简言之，佛罗伦萨堪称中世纪意大利商业和产业发展的一个缩影。当地经济产出引人注目：1330年代，200个作坊生产了总计七八万匹羊毛布料，价值超过120万弗洛林。另有146家面包店、80个金融业务摊位、80名法官、600名公证人、60名内科医生和外科医生、100家医药与香料店，外加300家鞋店。【81】

布鲁日：一座北欧城市

与此遥相呼应，布鲁日在欧洲北部日渐成为重要的商业中心。

---

① 以1237年下令建造的官员名字命名。
② 意为阿尔诺河另一侧，阿尔诺河流经意大利中部托斯卡纳地区，长约240公里，从意大利西部汇入地中海分支之一的利古里亚海（Ligurian Sea）。

这座城市外围环绕一道护城河，外加用四百万块方砖砌成的城墙。到 1300 年，沿这些城墙已经架起七座风车，另有四座水车设在城里的水道上。到十四世纪，工人们已经铺好城里的街道。1331年，布鲁日在一个叫拉姆斯卡佩勒（Ramskapelle）的村庄有了一座大型砖厂，制成的方砖通过运河运输。木匠、管道工、铁匠和许多非技术熟练工合作，建起一座又一座由石灰石、木材、铁和石材组成的建筑物。【82】

布鲁日每年五月都要举行一场展会，但当地的营商环境从永久性建筑可以看得更清楚。城里陆续建起石材销售馆、商旅驿站（为外地人提供廉价食宿的宾馆）和金融家专场。布鲁日的中心市场称为大市场（Grote Markt），是一个带有一组商业建筑群的专区，包括一座标志性塔楼，名为贝尔福特（Belfort，意为钟塔）。商人在各有分工的不同场馆出售各种商品，比如羊毛、布料、谷物、鱼、肉类以及进口的无花果和葡萄干等等，琳琅满目。特色市场也是生意兴隆。香料馆（Spice Hall）专用于销售香料和染料。手套生产商馆（Glovemakers' Hall）内设商店，旁边就是货币兑换台。沃尔特馆（Waterhall）不仅自备一套独具匠心的室内系统用于卸货，二楼还附设仓储空间。黄油馆（Boterhuis）有80多个摊位，商人在这里出售奶酪、牛奶和黄油，旁边还有鸡蛋市场。到十三世纪后期，只要小朋友在踏车上不断踩踏就能轻易操作的大型木制起重机也出现了，用于吊起诸如葡萄酒和啤酒等散装货物。与佛罗伦萨和其他城市一样，布鲁日市区也是客栈和小酒馆遍布，丰富了当地业务，增加了税收。当地行政系统鼓励商业发展。布鲁日的公证人跟他们在佛罗伦萨的同行一样负责执行有关记录与合同，还有一套法院体系主持公道。[83]

中世纪后期，布鲁日的职业已经覆盖多个行业。具体到劳动力占比，商人20%，建筑业13.65%，纺织品和工具生产者各占12%以上，食品和一般制造业工人各占10%以上。奢侈品制造占比接近8%，货币兑换、运输和保安合计超过2%。军事、农业和教育属于微不足道的小雇主。[84]尽管城里出现劳动整合趋势，社交隔离依然明显：富人往往住在繁华的主干道两边，穷人只能蜗居后街。有些人还得继续在单独划定的位置工作。举例来说，"羊毛清洗缩绒工、染工、皮革匠和酿酒者"必须在河流和运河等水域附近工作。[85]

到十四世纪，意大利人在布鲁日把持了货币兑换业务，后者也发展成为银行业服务项目之一。在佛罗伦萨，托钵修会、教堂与慈善机构在全城范围赞助布道与救济品分发活动，但布鲁日的宗教修会往往设在小酒馆、公共浴场以及违规活动中心附近。就连慈善救济也常常显得力不从心，一些贫穷女子只能当妓女谋生，这跟伦敦和其他城市的情况差不多。但布鲁日也创造过巨大的个人财富。例如：著名的英格兰羊毛贸易商威廉·德·拉·波尔（William de la Pole）于1339年—1340年间在这里专门租了地方存放2400多袋羊毛，并且全数售出。[86]

和其他市场一样，布鲁日也活跃着大批外国贸易商。比如英格兰商人在这里运营过磅室，还有专用的一条街道和一个广场。批发商们从苏格兰、爱尔兰、西班牙、葡萄牙以及意大利北部多个城市赶来这里做买卖。外来移民开始构成劳动力供应的一个组成部分，其中有26%从事裁缝、皮革手艺人、马具和长筒袜生产者等工作。近19%的移民从事纺织工作，超过13%担任金银工匠和画家（包括细密画和

面板画画家），另有约 12％ 在建筑业工作。【87】

纺织品：棉布生产实例

纺织业在许多城市均属重要产业。佛兰德以布料生产久负盛名，生产业务还拓展到意大利北部地区，城镇工人在那里生产羊毛、丝绸和棉布。棉花提供了一个很好的实例。棉花主要在远东的印度（India）和中国、伊斯兰地区和地中海东部地区种植，后者包括耶路撒冷、雅法（Jaffa①）、大马士革（Damascus②）和泰尔（Tyre③）等地周边一带。在历次十字军东征期间，威尼斯、比萨、热那亚的贸易商和地中海地区的贸易商一样在沿途东部各港口陆续建起仓库，向西部出口棉花。【88】

到十二世纪，热那亚商人通过海运从亚历山大里亚、安条克（Antioch④）和西西里进口棉花。威尼斯的商人还将棉花从意大利南部的卡拉布里亚（Calabria）和阿普利亚（Apulia⑤）运回来。到了威尼斯

---

① 今以色列港市，特拉维夫的一部分。
② 今叙利亚首都。
③ 又译推罗，地中海东岸腓尼基（Phoenicia）地区主要城市，今属黎巴嫩。
④ 又称安提俄克、安提阿，今土耳其安塔基亚（Antakya）。
⑤ 今称普格利亚（Puglia），由古代阿普利亚和卡拉布里亚的一部分组成，当时以农业为主。

以后，贸易商们还要将棉花通过波河（Po River①）进一步运往伦巴第，或是通过水路或陆路运往博洛尼亚、佩鲁贾（Perugia）和托斯卡纳等地多个城市。西西里的棉花也要北上马赛，最北抵达香槟和佛兰德地区。棉花不仅变成布料，还变成"烛芯、手套和帽子"。为配合棉花运输以及布匹生产与销售业务，一套复杂的长途网络逐步建成。到十五世纪中叶，热那亚一度进口过将近11000吨土耳其棉花，用于再出口到伦巴第、英格兰、佛兰德和其他地区。【89】

棉布生产包括好几个环节的不同工作。先是将棉花纤维里的种子分离出来，不断敲打纤维，仔细清除碎屑。接着用钉板反复耙梳、理顺纤维，再将纤维用于纺纱、织布。纱或布还要漂白和染色。待布料织造完成还要清洗、拉伸和晾干。最后，织工将布料裁开，用木块压平。纺纱是整个流程中最耗时的环节，直到纺轮问世，取代纺纱杆和纺锤，织工的纺纱产出才迎来革命性突破，从此有条件达成标准化的厚度与规格。说到提升生活标准的大规模生产，棉布业一直是公认的其中一种早期形式，不仅催生新的服装类型，比如内衣；还让律师、法官、医生和修士等多个专业团体有机会穿上各具特色的专业长袍；家居用品也新品迭出，比如床垫填充物、枕头、桌布和毛巾，等等；装饰艺术也获益匪浅，比如挂毯和刺绣。棉花还能用于生产帆布和纸张。【90】

羊毛布生产也经历了类似的进程。羊毛染色是一项既吃力又肮脏的工作，由技术熟练工和非技术熟练工一起完成。布鲁日

---

① 意大利最长河流，从西向东流入亚得里亚海，约合650公里，造就宽广肥沃的平原。

特别留出一个区域给染工们从事羊毛染色的工作，称为染工渠（*Versversdijk*）。[91]欧洲女性和男性一样可以担当精梳工和敲打工，成为匠师级织工。在布鲁日，女性还能当裁缝或商人。[92]在佛罗伦萨，女性一般在家纺纱，赚取一点点微不足道的报酬，往往就是最低工资水平。[93]佛罗伦萨时不时地还会禁止女性做以下事情：在公共道路和公共长椅上纺纱，或在出售草药、面包或其他消耗品时纺纱（图3.4）。[94]

跟纺织工作一样，许多行业都要求从业者先接受专门的培训，学徒制为年轻人学习手艺提供了一种切实可行的途径。可以选择的职业有很多，比如面包烘焙师、理发师、石匠、木匠、铁匠、屠夫、粮食经销商、金匠、画家和鞋匠，等等。通常情况，父亲会替儿子（有时可能是女儿或其他家庭成员）签合同，安排他们跟一位匠师师父工作一段明确约定的时间，并且很可能已经为他们支付了相关费用。[95]尽管这么一份学徒合同算不上什么奢侈开销，但似乎只限手里有可支配收入者可以选用。其他人只能选择不那么正式的培训，一般从青少年时期就在家里开始，比如放牧羊群、运输商品或在住家当地沿街兜售食品。

︱ 商界女性

中世纪后期，女性不仅活跃在欧洲的纺织领域，也是商贸圈里

图 3.4 烘焙面包。出自《健康全书》，制作时间为十四世纪。
来源：Alinari / Alinari Archives, Florence / Alinari. Image courtesy Getty Images.

不可或缺的一个组成部分。女性以卖家和消费者的身份出现在各地市场，她们带上自己的各种商品在城镇内外、商铺、临时摊位或是马路边上兜售。她们成为行会成员，是城镇商事法律的主体。她们或是跟丈夫一道工作，或是独力推销自己的商品。女性的工作领域往往由日常必需品、食材和食品生产组成，包括酿造麦酒和织布。典型情况是，女性不会在金融或国际贸易这样一些更高级别的圈子工作，也不会公开参与城里的政治生活；但女性也没有关在紧闭的大门后面。她们明确出现在公众视野，与男性同行一道工作在多个行业，这些行业对满足她们所在家庭和社区的需求具有不可或缺的重要意义。[96]

以佛罗伦萨食品和其他必需品的供应商为例，从他们留下的行会章程可以看到当时女性有机会跟男性一样从事的一系列不同职业。其中包括经销橄榄油、奶酪、盐、饮料与瓶具、盘子以及各种食材的工作。她们不仅出售肉、鱼、猪油、奶酪、鸡蛋、豆类、无花果、各种坚果、水果和蔬菜，还有肥皂、蜡烛和其他家居用品。[97]女性与男性一样从事屠宰工作，购买、出售和加工奶牛、猪、水牛、山羊、绵羊以及其他动物和相关产品（图3.5）。[98]在佛罗伦萨附近的普拉托（Prato）还能看到女性自己当老板，或是担当面包烘焙师、放债人、窑炉经营者以及厨房用品、皮革制品和紧身胸衣卖家。[99]

在佛罗伦萨出现的许多女性职业，也出现在德意志地区和巴黎等其他城市。在德意志，手工作坊通常跟家宅相连；因此女性可以兼顾家务劳动与手工劳作。女性还能在外面任职。十四世纪，在纽伦堡（Nuremberg）的圣灵医院（Heilig Geist Spital），由女员工为厨房和卧

图 3.5 牲口屠宰。见于《健康指南》，制作时间为十四世纪。

来源：DeAgostini. Image courtesy Getty Images.

室购置食物和其他必需品。她们收治病人，清点病人物品并开列清单。她们监督女佣和厨师的工作，分发啤酒和面包。与此相仿，法兰克福、斯图加特（Stuttgart）、纽伦堡、康斯坦茨（Constance）和德意志其他一些城市还将助产士视为宣誓就职官员，如果病人没有能力给报酬，政府代为补上。【100】在1292年的巴黎，男女一样从事皮革鞣制、毛皮加工、五金加工、食品供应、零售、仆人、运货车夫或赶车人、木匠与建筑工人、羊毛、丝绸与亚麻布工人、客栈老板和蜡烛生产者等多种工作。【101】男女的工作内容比例可能有区别，但他们对城市劳动力是一样的不可或缺。

政府在一些特定职业还对女性和男性进行平等的监管。慕尼黑的1340年城市法典指出："一名站在公共市场做买卖的女子拥有跟她先生一样的全部权利。"【102】在佛罗伦萨，无论男性或女性，若要承接赶车人、市属中央烘焙烤炉运营者、磨坊主和面包制造商等工作，必须满足一样的授权和运营要求。【103】男女磨坊主和面包烘焙师在销售面包的时候都要带上代表佛罗伦萨的百合花标志。【104】与此相仿，食品小贩无论是在城市限定范围和路边销售，还是囤积货物并在既定营业时间以外销售，都要遵守相同的一套标准，与从业者性别无关。【105】

女性还在家里打理业务。在十四世纪的英格兰，处处可见女性担当麦酒酿造者，她们都是在家里酿造，经常以此帮补她们的配偶的收入。她们购买大麦、燕麦和麦芽作酿造之用。她们浸泡原料，将混合物放进大桶里酿造。在城里和贵族封地都能看到女麦酒酿造者（brewster）的身影。她们在当地街头或自己家里销售麦酒，因为这东西经不起长途运输。麦酒在当时的日常饮食里属于不可或缺项目。水往往不够干净，葡萄酒又太贵，因此大家一日三餐都会喝这种麦酒，就连小朋友也能喝一点。麦酒渐渐成为一门相对较大的生意。假设平均每天要喝一夸脱（quart，约合1.14公升），累计产量就要达到每年1700万桶之多。女性作为个体麦酒酿酒商一般都在中等社会经济地位。这门产业相当灵活，有些女性在她们的丈夫去世以后还能继续运营。但在1350年以后，由于啤酒花后来居上成为新宠，度数较低的啤酒（beer）开始跟这种高酒精度的麦酒形成强有力竞争。啤酒不仅更方便运输，保质期也更长。到十五世纪后期啤酒已在英格兰全面流行，男性把持了整个啤酒酿造业，使其专业化，也将女性渐渐排挤出去。[106]男性同样主导了丹麦的德意志啤酒贸易，德意志女性在中世纪之后失去了许多经济和商业自由，因为男性在这些职业渐渐取代了她们。[107]

| 结语

中世纪的工作跟当时的生活一样种类繁多。工作成为欧洲大地相互关联的商业环境的一部分。劳动发生在农田、城市、海上、战场、作坊、家宅、市场以及许多其他地点。工作几乎涵盖所有的社会阶层，许多职业活跃着女性的身影，有时还会看到小朋友。中世纪的工作，不管具体是农业类型还是城镇类型，汇聚一处建起了复杂的、日益迈向圆熟的社会和经济。无论通过市场和金融,还是通过碾磨、建筑或方砖制作等具体作业,从中世纪的劳动和贸易产生了许多技术、商业实践和创新,不仅当时有助于大家维持生计,也一直沿用到现代早期和现代时期。

第四章
工作场所的文化

彼得·斯塔贝尔
(Peter Stabel)

彼得·斯塔贝尔(Peter Stabel),比利时安特卫普大学(University of Antwerp)城市历史中心中世纪史教授,就欧洲以及近期开始兼顾的伊斯兰世界的中世纪晚期城市社会史多个不同主题(纺织业、性别、市场组织、移民等)发表大量著述。

1150年左右的伊普尔已经名列中世纪佛兰德地区最重要的布料生产城市,但即便如此,当时的织布工若能在两个世纪以后旧地重游,估计也很难在这同一座城市里辨认出自己曾经工作的环境。这说的不是这个行业的重要性,甚至也不是他必须掌握的技术技能,即将在接下来这两百年发生多么大的变化。毕竟同期最重要的技术革新早在他这一代纺织工人登场以前就全部问世。城镇布料生产作业全面转用宽幅卧式织布机很可能发生在1100年左右,这种设备也成为新的行业特征,其结果之一是有必要形成更复杂的劳资关系。[1]不错,这两个世纪生产的羊毛制品从式样看可能只是略有不同。但在1350年代,佛兰德地区织布工明显下调产量,重点转为生产最昂贵的奢华面料。尽管十二世纪的织布工跟他们的前辈一样,目标继续定在生产大批量的、价格高低不同的布料,但他们跟他们在中世纪后期的后辈一样,正忙于生产价格昂贵的、用最独特染料染制的红色制品。即使是劳动分工也在1150年左右达到极高水平,一块精细毛呢布料的生产进程已经可以分解为50多个阶段,其中有很多是由专业手艺工匠完成,男女皆有。[2]

即使存在这样一些了不起的连续性,但在这两个世纪之间还是发生了很多变化。这些布业重镇已经从木制市场基础设施为主、带有临时性质的城镇景观(townscape)转为纷纷建起给人留下深刻印象的布业商馆,有时甚至跟教区总教堂一样雄伟庄严。伊普尔就是一个实例,布料生产商们将自己的羊毛制品带到这里做展示,也在这里卖给外国批发商,后者以汉萨同盟成员为主,来自波罗的海、意大利和伊比利亚半岛（Iberian Peninsula①）等地。【3】进入1350年代，纺织工人组织起强大的手工业行会，多个行会还成功打开参与城市议会政治权力的通路。【4】但最重要的还是许多手艺工匠有机会在纺织行业复杂的生产网络中站稳关键位置，再也不是商业精英直接操控生产，而是改由最成功的手艺人组织起依次进行的各生产阶段。【5】甚至城镇的声音景观（soundscape）也发生了变化，再也不是单由一个大钟确定工作时间，而是出现一系列分别为市场和工作服务的钟，不仅宣布工作日的开始和结束，还会宣布午休时段以及可用于推销布料和劳动力的时段。【6】劳工市场原本高度不正规，由极少数富有的创业者主导，相关规则和法规很有限，并且说到底就是服务占主导地位的商业精英，为他们提供灵活性以及稳定的劳动力供应，但在两个世纪过后，当地劳工市场已经变得更加规范。制度安排也为适应新经济情况做了调整。归根结底，与1150年代相比，1350年代可能有两件大事从根本上已经大不一样。

首先，工人的社会身份和他们对待工作的态度发生了戏剧性的改变。作坊的实际情况也随之调整。工作已经变成公民德行（civic virtue）的同义词，这样的想法不仅进入城镇社会的领导阶层，也来到大多数由行会组织的手艺工匠和零售商之间。【7】这一变化可能在纺织行业的相关表述上看得最清楚，比如低地国家（Low Countries②）另一

---

① 欧洲西南部半岛，以东北部比利牛斯山脉（Pyrenees mountain range）与欧陆其他地区形成区隔。今西班牙和葡萄牙所在地。

② 今欧洲西部荷兰、比利时与卢森堡。

个布料生产重镇梅赫伦（Mechelen①）的宪章。迟至十三世纪上半叶，当地依然不允许织布工和浆洗工参与组织生产。他们没有机会创业，那是城里商业精英群体的特权。这些商人组织了商人行会，目的就是维护自己在外国的特权，还将自己在国内的政治权利变成垄断性质。在布业章程里，手艺工匠甚至一度被描述为属于"可鄙行业（*fallacis officiis*）"。但在1300年到来前，手艺工匠已经有机会进入羊毛行业，先是自行组织正式的手工业行会，接着获得许可，可以创业成为企业家（还能加入商人行会，只不过附带一点经济惩罚，这就是要交一笔更高的入会费）。在1300年前后发生行会革命之后出现了一道分水岭，不仅行会获得了政治权力，而且商人失去了继续组织布匹生产的兴趣。梅赫伦纺织行业的主要工人从"可鄙行业"从业者一跃成为城镇社会的栋梁。[8]

其次，新的城市中产阶级对城市政治、社会组织与经济的影响与日俱增。他们通过某种妥协进程，有时也会伴随血腥冲突，跟拥有土地的传统商业精英群体达成一种新的安排。[9]每一个作坊都能感受到政治经济发生的变化。手工业行会和他们的成员开始借用一套共同利益语篇，打包嵌入原本由守望相助、兄弟情谊以及工艺技能组成的价值体系。当然，这套语篇的根源还可以继续追溯到比这更早的时期。就在十二世纪期间，城里的商界精英已经想出办法将自己从身边的封建环境解脱出来，这就是创建自治群居村（commune②），一种建基于

---

① 今属比利时。中世纪初期先后归属列日（915年—1333年）、佛兰德和勃艮第（1369年）等地，十六世纪成为尼德兰首府。

② 后亦用作欧洲西部多国的最小行政单位。

共同价值观与利益的城镇社团组织关系。[10]群居村的设计目的从理论上说是要纳入全体市民,但它从未真正达到全面包容的程度。与此相仿,行会即便借用了共同利益理念,也没能形成具有包容性价值体系。[11]哪怕行会在经济上取得的成就确实提升了城市中产阶级在政治上的影响力水平,却不是每一个人都能分享这些进展的荣光。[12]城里的社会也有失败者。

行会的意识形态并不是为创建一个平等社会而来,甚至谈不上要在自家行会成员之间实现平等。如果说社会不平等程度从十四世纪开始有所降低,看上去意味着经济机会和经济收益的分配变得更加均匀(黑死病导致的再分配效应对这一进程起了关键作用),那也不是每一个人都能从这些机会受益。在手工业行会内部,随着分包业务蒸蒸日上,不仅让一小群富有的匠师会员获得了业务主导权,也将其他匠师降级到只能应聘打工的地位。[13]从那时起,正式的等级制度定义了作坊文化。不仅达成匠师资格之前要过许多门槛,若要成为基业稳固的企业家,乐享丰富社会人脉关系、易于获得资本,甚至还要过更多的非正式门槛。结果变成,同一行会里越是根基深厚的家族越是享有明显更高的成功率,相比之下后来的新人面临更艰巨的挑战。因此许多行会成员不得不留任受薪雇工,可能是作为满师学徒工,又或是依附式的次一级匠师,为一小群成功的行会会员打工。[14]女性也在这一进程损失了经济能动性,即使在十四世纪由瘟疫导致人口急剧减少而变得相对比较有利于工人的环境里,她们也没能从行会经济更理想的工作机会或更高的工资分沾多少好处。[15]非技术熟练工一直就被排除在行会体系外,此时发现要提升个人社会地位也变得越来越难。

最后一点，城市居民在以劳动为生的群体里只占很小的一部分。当时大多数人依然住在乡村，继续忙于耕作土地，即便在中世纪欧洲城市化程度最密集地区也是如此。

乡村的工作文化

中世纪时期，对大多数的欧洲人来说，农场、田地和牧场继续构成他们最主要的工作场所。总体而言，欧洲大部分地区的特点可以归纳为在两大基本类型的乡村工作之间存在不稳定且不断变化的关系。一方面，小农在农场工作。劳资关系依托家庭户组织，这在欧洲大部分地区指的是一个核心家庭户。有些任务按性别分工：比如纺纱织布和酿造啤酒一开始属于女性成员；艰巨的田间劳作项目，比如犁地乃至收割农作物，通常托付给家庭户的男性成员。但一般情况就是家庭户成员设法分担全部劳动，尽可能避免从外面花钱请人来帮忙。另一方面，地主的田庄也有工作要做（耕种直辖领地），不管地主具体是谁，较大规模的独立农场也一样。这里说的工作不可能单由保有土地那一个家庭户完成。在这些通常各有不同的组织架构里出现的劳动力也有不同类型，光谱的一头是绑定在领主封地的劳动力（农奴，通常按约定为领主提供劳作服务，换取一份土地用于自行打理），另一头是自由民受薪雇工，往往属于季节工，但有时也会变成永久性，这有助于雇主与雇员的关系变得更稳定。【16】

但乡村工作这种双重性并不意味着乡村世界一成不变，或缺少打通这两种类型的工作环境的共同特征。传统习俗在形成当地工作场所文化上发挥了重要的作用；必须设置物理边界，这通常需要社区参与到高度仪式化的流程，又或是先征得社区同意，使集体农业实践成为可能，比如不同作物轮作或取得最重要公地的使用权。【17】与此同时，十三世纪在人口增长与粮食供应之间日益紧绷的马尔萨斯人口论张力，以及随后在十四世纪由疫情造成的人口锐减大灾难，也改变了工作者的生活。【18】刚刚出现或正在发展的市场也有同样的影响力，这在欧洲大部分地区都能看到，全都集中在城市和定期举办集市的小集镇。所有这些因素都在改变大家的工作条件与看待工作的方式。尽管欧洲各地的城市化比例存在天壤之别，但乡村工作呈现的区域多样性可能还是超过了城市工作。在某些地区，只有5—10%的人口住在城镇，但在其他地区这一比例可能达到25—40%。在大多数具有一定重要性的欧洲城市里，尽管可以看到手工业行会或类似行会的机构以某种方式存在，但较近期对乡村社会做的研究表明当时欧洲各地存在巨大差异，这不仅体现在农业的组织方式或土地的质量，最重要的是不同的权力关系，后者决定了获得土地和劳动力的方式，称为社会财产关系。结果之一是导致不同地区的劳动实践变得千差万别。

这种多样性有着古老的根源。正如最近关于后加洛林时期（约700年—900年间）大型乡村田庄的学术研究结果所显示的，劳动力与土地之间的关系，以及地主精英群体具强制力的影响，在加洛林腹地的欧洲西北部地区与承继罗马遗产的地中海欧洲之间就存在明显的差异（更不用说诸如盎格鲁-撒克逊英格兰、斯堪的纳维亚和欧洲中部等更外围地区），导致农村工作性质也出现了根本区别。[19]随后而来的十及十一世纪封建社会时期，一般所说的有条件保有土地概念在一些地区渐渐受到冷落，在加洛林腹地表现尤其明显，但在其他地区依然相当重要，最值得注意的是它在十一至十二世纪诺曼人统治初期的英格兰不仅继续保持，甚至有了更重要的地位。另外，这些关系从本质上看也不够稳定。正在兴起的封建社会似乎是以社会同质化（social homogenization）为特征；奴隶与自由民所在的不同社会类别渐渐转为一种更普遍的、不自由且受约束的劳动力。但这种同质化没有带动整个欧洲也进入相似的模式。农奴制在一些地区依然很重要，而且这种情况一直持续到中世纪结束，甚至超出了中世纪的时间范围（比如英格兰和加泰罗尼亚），在另一些地区甚至越到中世纪后期还变得更加重要（比如欧洲东部）。不过，在欧洲西部大多数将耕作直辖领地视为标准做法的地区，不仅农奴制，还有在租用土地工作与在领主封地工作这两者之间的固有关系，都开始瓦解。乡村劳资关系货币化加速了这一进程，在1100年过后表现更明显。

　　工作身份主要由获得土地的机会构成，这种机会随时间流逝也在不断发生变化。普遍而言，早在1000年到来以前，拥有土地的精英群体就开始分摊王室的权威，政治当局开始分解。欧洲渐渐变成以蜂窝式权力结构为主要特征，群雄割据。[20]这一进程往往在各地引出不同类型的劳资关系、不同程度的商业化与货币化，以及对小持有农法律地位的敏感性，等等。一旦不同的体系像百衲被一般拼凑在一处，就能理解为什么工作场所的组织方式也会出现某种拼凑性质，目的是确定谁参与其中，以及谁会因为更容易得到土地和财产而受益。小农希望确保自己对土地的持有具有连续性,这一事实成为一种关键因素,解释土地的使用者和他们的劳动力之间的关系。在欧洲西部绝大多数地区,像这样根据农地制有条件持有的土地构成了乡村经济最具活力的部分。理论上这些土地的所有者是大地主,但在实践中就由具体耕作的小农全面负责,代价是必须向地主交纳日益货币化的租金。一方面,通货膨胀使这些租金的价值打了折扣,租种土地的负担变得轻松一些。另一方面,小农也面临人口增长的威胁,以及挥之不去的风险:在实行平等继承的地区,小农的土地很可能会被分割成许多小块。这导致小农的负债水平居高不下。每一代人都不得不重新安排自己的产业,想方设法达成可持续发展。有时也会在小农的微型土地与较大型农场之间发展形成等级关系,可能是在领主的封地上,又或是将许多小农的小地块汇聚一处。由于许多地方采用定额货币租金,导致领主收入打了折扣,来自领主的一波又一波反应推动权力关系发生变化,在常规地租之外加重了对小农收入的课税。[21]此外,在某些特定地区,商业化大潮推动乡村经济迈向专业化,目的是要满足不断扩展的城市对食品、燃料、建筑材料以及各种原材料越来越旺盛的需求,巴黎和伦敦是两个最明显的例子,当然还有意大利北部以及低地国家的城市密集地带。[22]

如此一来,大多数小持有农的工作场所就会因地点和时间不同而变得五花八门。有一个要素倒是共通的:无论是不是绑定在领主的封地上(农奴),又或是在实践中具有合法的自由(小农),直到十三世纪以前乡村一带似乎难得看到挣工资的雇工;尽管城里的需求不断增长,生产效率更高的农业技术也在推广,但专业化发展的空间依然相当有限。[23]不断增长的人口必须有饭吃，这一需求导致谷物种植占据了主导地位。这意味着一般而言农民多半没有必要转为专业人士。当然，在一些特定地区，占主要份额的继续是养牛与乳制品制作业、绵羊、林地与葡萄园；但大多数小农也有专用于多种经营的小块土地。大部分的工作都是在他们自己的农场（在某些地区可能是在领主的封地）进行，并且基本工作单元就由这一户小农家庭构成，哪怕在这一时期主要指只有父母和孩子这两代人的核心家庭，可用劳动力就从这个范围调用。一般情况，在这些小农的土地上，外来的挣工资雇工数目相当有限。[24]

当然，大型农场的基本工作单元就不是这样。由于土地租赁持有现象自十三世纪以来日益铺开，城镇投资者也在日益壮大，一些地区的农业规模发生了戏剧性剧变。这就有必要从外面的小农家庭户那儿吸引更多的劳动力。与仆人签订长期合同奠定了大农场农业工作的基石，这些仆人男女均有。他们往往直接住在农场，成为农场主家庭户不可或缺的新成员。他们的工资往往大大低于临时工，但作为交换，他们得到了食宿和一定程度的就业保障。考虑到实际工资在中世纪的经济增长时期往往是趋于下降的，万一遭遇危机还会变得没有规律，时有时无，有保障的工作因此变成一份不可小看的重要资产。[25]但通过长期合同签下的劳动力规模很小，通常还不足以应对农业年度的季节性用人高峰期。除去当地常住家庭户，偶尔也要用到流动劳动力。大多数工人可能本身就是小持有农，在附近也有自己租种的小地块，现在将自家持有土地上的工作与大农场里挣工资的雇工工作结合起来。这是有可能做到的，毕竟乡村的特点就是长期存在隐性失业。由于农业具有季节性，土地与人口的关系也在持续变化，造成大量可用劳动力得不到充分利用；随着人口压力加大，平均持有土地规模下降，这一现象还会变得更严重。随着土地变得越来越稀缺，甚至有了可供进一步投入的更多的劳动力，有助于提高土地生产率，但代价是劳动生产率下降。当时小农户和大农场主之间的关系还没有全面货币化，尽管不定期的打工工资显然会对小农户的收入构成可喜的加持。依附关系也受到影响，因为家境贫苦的小农往往缺少资金，没有能力投资换取昂贵的农具和（以马为主的）役畜。[26]他们顶多只能养一些牛用于生产肥料和奶制品，结果是必须依附大农场以满足自家在农具与役畜等方面的需求。[27]待到乡村制造业越来越多地为远方国际市场工作，原初产业化进程渐渐启动，最迟从中世纪后期开始，原材料供应以及控制金融和商业网络的能力变成大农场主与贫穷小农之间等级关系的另一个要素。[28]

  这也牵涉拥有一技之长的专业劳动者。农作物收割时节相对较短，必须密切留意天气条件的不确定性，并且谷物和葡萄酒产区的收割作业属于劳动密集型，这就意味着贵族地主以及后来出现的大型租赁持有农场有必要在农忙时节招募更多劳动力。只在特定时段登场的专业型劳动者另有一套完全不同的工作文化。与小持有农相比，他们往往具有更高的流动性，跨出自己的常住地（他们的村庄或村庄群）边界到外面去打工。[29]他们习惯采用类似成熟帮派的形式，男男女女结成团队。这种现象甚至到了中世纪后期还在继续发展，当时劳动力变得更加稀缺。跟乡村的其他团队相比，奔走在路上的专业型劳动者团队经常可以凭借他们的讨价还价能力谈成更高的工资，其他团队往往准备下调正常工资水平以换取更长久的就业或依附关系。如此一来这些流动团队很可能形成他们自己的独特工作文化与恰当身份。但他们不是唯一这么做的例外。事实上乡村一带存在许多其他的专业行业。

在农业工作以外，还有许多其他活动也发生在乡村。每个村庄都有自己的非农业行业。[30]这包括铁匠、磨坊主、士兵，甚至还有像放债人这样的专门行业，当然也有教士。尽管现有史料还不足以让学者探寻这些人活动的变迁，各种章程和账目倒是将这些活动记录在案。在某些地区这些活动的数量甚至超过了农业活动。举例而言，在为开采矿山建立的定居点可以看到成千上万名工人，他们既有技术熟练者，也有非技术熟练者，此刻围绕一种重点活动聚在一处，从而形成往往错综复杂的企业式组织关系，矿工也有了合适的工作身份，与技能和知识转移挂钩。[31]后加洛林时代的二元结构田庄①时期，大型田庄的纺织品生产工作有时也集中在作坊进行，称为女眷内室，主要雇用非自由民女性。[32]普遍情况是，乡村的许多活动，不管是否属于农业工作，跟城里一样存在性别分工现象，女性往往活跃在啤酒酿造和纺织领域。[33]但这种按性别划分的身份并不是一成不变。中世纪后期，随着原初产业化纺织业在乡村一带不断发展，亚麻或羊毛织物的纺织工作常常分派给家庭户里的男性成员，只有纺纱这一项完全留给女性。[34]总体而言，随着商业化进程加速发展，非农业活动也变得越来越重要，许多地区已经有必要在产业（主要包括开采矿山与原初产业化纺织生产这两

---

① 指封地分为两部分，一部分留作领主的直辖领地，一部分租给自由的农民耕作。

项）工作、沿海地区的造船业、渔业以及水陆运输等工作之间找到新的平衡。与此同时，原初产业化活动渐渐铺开，以及这为家庭户带来的额外收入，甚至降低了分割小农租种土地的门槛，出现了几乎难以满足家庭户基本生计的微型农场。但普遍看来这些变化似乎没有明显改变工人的身份，家庭户连带其包含的劳动力储备继续构成劳工体系的核心，这也是各种集体行动的起点，范围从公地组织一直到将压迫式领主告上法庭。由于农业存在一些必需品（肥料、工具、资本），在不同规模的小持有农之间渐渐形成盘根错节的关系。持有的土地规模越大，对挣工资劳动者的依赖性也越大，连带全套的等级制度复杂性也要考虑在内。只有季节性团队或特定类型的非乡村与原初产业化工作（这说的不是纺织生产，更侧重季节性活动，比如打渔、造船与开采矿山）会给工人带来不同的身份，他们的流动性或集体行动程度都更高一些。【35】

行业秘诀

如果说外出打工的农作物收割者团队的特征是具有高流动性、高工资以及按性别分工的模式，还有一套恰当的打工身份，那么其他专业型劳动者也在形成类似情形，像前者一样跟流动的生活方式、专业技能与特定的作坊文化联系起来。没有任何其他团体能像建造中世纪教区总教堂、教堂钟楼和城堡的手艺工匠那样出名。技术熟练工人在这些大型建筑工地工作，从建筑师到石匠往往都是从遥远各地招募而来，他们作为手艺工匠的技能构成了他们的身份和声望。[36]匠师级石匠和建筑工人开始用自己的符号和标记强调自己的专业地位，与其他一般工匠形成区分。他们夸耀自己曾经受雇于哪些著名工地，通过规则与惯例建立集体身份、形成团队归属感，这些规则与惯例不仅有助于确保他们的出品卓越如一，而且设计目的就是传承技能与地位，简单说就是将他们的行业秘诀代代相传。

建筑工人不是唯一开始建立自己集体身份的群体。由娱乐艺人组成的巡演团队，以及智识领域从业者（比如教师和学者），也以相似方式取得各自的独特工作身份，关键要素也是迁徙与流动性（图4.1）。[37]

相比之下不那么广为人知的一个事实，是中世纪最重要的制造业产业同样以流动为特征。纺织工人能形成一种团队身份，有一部分原因恐怕出在当时精英阶层教士们一直鄙视这类体力劳动，怀着深刻的疑虑看待他们的活动。比如今属比利时的圣图尔登（Sint-Truiden）位于默兹河（Meuse）附近，当年那里的修士一度把织工描述为"最狂妄自大者"。不过，即便带有这样的鄙视，他们依然记下了可能是欧洲西北部地区最早出现的产业化集体行动以及工人们的各种仪式实例。透过他们的文字可以看到十二世纪早期外出打工的织工怎样聚在一艘带轮子的船周围开始其中一种仪式，包括合力将船推进城镇，还要安排人手看守这艘船，这一步骤后来演变为一种庆祝活动，镇上大部分人都会参与。工人们还可能被认为跟各种异端运动有关。比如再过几十年，在低地国家另一个布料生产重镇阿拉斯，有人怀疑"讨厌的织

图 4.1 音乐家们在宴会上演奏。见于《博普雷交替圣咏》(*Beaupré Antiphonary*①) 第二卷，制作时间约为 1290 年，地点佛兰德。藏于美国巴尔的摩沃尔特斯艺术博物馆，编号 MS W.760, folio H。
来源：© The Walters Art Museum, Baltimore.

---

① 因为同名西多会修道院制作而得名，全书共三卷。

工"是不是属于摩尼教派（Manichaean）。基督教教士作者们记下了织工们怎样聚在自己的小屋和地窖里举行"异端"仪式，将这些织工描述为具有高度流动性，不断从一个地方搬到另一个地方，而且没有修养，贪婪到了危险的程度。毫无疑问，这些说法表明早在1100年左右已经存在一种集体认同感，比任何一种正式社团发展成熟都要早了很多年。【38】织工们千方百计要将自己的工作与基督和圣徒们的事迹联系起来。【39】毕竟这种新兴共同身份包含一个不太好解释的组成部分，这就是体力劳动的本质，那在当时还远未获得普遍认同。

城镇工作：由行会扮演人工家庭？

毫无疑问，调节工作文化的最重要机制在于家庭，无论在乡村还是城镇都一样。本卷第一章讨论了工作与家庭户之间的关系，但长话短说，一般而言的核心家庭户作为与中世纪后半期有关的最重要转变具体是在什么时候发展成熟，这一问题目前尚未达成一致看法。许多作者认为，正是黑死病最终决定了多代同堂的拓展家庭在欧洲大部分地区走下坡路的命运，但也有作者表示，与这种家庭相对的、只包括父母与孩子这两代人的核心家庭取得成功的时间应该可以追溯到比黑死病登陆还要更久远以前。【40】不过，越来越明显的是欧洲各地其实存在鲜明的差异。若说连续爆发疫情导致人口大灾难，对欧洲的婚姻模式产生重大冲击，结果是小型核心家庭户出现，那么后者的成因可不是只有疫情这一项而已。有些地区甚至早在疫情袭来以前已经见证核心家庭成为工作组织方式的新核心，似乎另有其他一些因素触发了核心家庭户拿下那唯一的主角位置。有一个引人注目的细节出现在十三世纪下半叶，比黑死病爆发还要早上将近一百年，那时，随着手工业行会陆续出现，家庭户作为组织开展工作的核心焦点已获载入低地国家的手工业相关规定，并且从此保留下来。【41】

在迁徙率与儿童夭亡率双双居高不下时期，核心家庭由于受限于固有的人口结构脆弱性，长期而言难以保证代代相传，长久担当每一位家庭成员获取社会稳定感与安全感的港湾。结果之一是有必要存在其他类型的相互支持。现代行会史学家常将这类组织视为某种"人工家庭"。按照这种看法，到中世纪后期，由于"友爱结婚（companionate marriage①）"日益受青睐而多代同堂拓展家庭的重要性继续下降，从而激发出"人工家庭"现象。要达成多代同堂拓展家庭框架下的跨代守望相助也变得越发困难。有一种看法可以总结为"核心难题"，推断老年人可能首当其冲面临失顾风险，假如家人之间的相互支持与照顾全都聚焦直系下一代展开的话。因此社会有必要组织一套替代方案，而行会为提供医疗保健、社会保障、养老院等创建的复杂的慈善机制框架对这一进程大有用处。

长期以来，行会一直被理解为被动的政治和经济工具，用于抗衡怀有敌意的封建贵族以及强硬压迫的商业精英。但较近期的学者开始将行会视为更具积极意义的组织，使团结互助、慈善救济和宗教虔敬

---

① 特点是彼此不承担任何法律义务，只要双方同意即可离婚。

活动得以展开。一些学者甚至提出,正是行会最早体现出手足情谊和守望相助在城镇社会的价值。[42]比如"穷人捐款箱(或钱包)"的设计初衷就是帮助因年老或生病而难以继续正常工作的行会成员。这些做法的资金来源就是行会成员的捐款,他们希望自己日后也能从这个行会捐款箱得到帮助,行会内部由此建起团结互助网络。有些行会只允许自家行会社区的一部分成员(通常是有资格组队收徒的匠师)参与这一网络,也有一些行会的做法更具包容性。但无论具体采用更包容还是带有门槛的做法,这种为穷人设计的捐款箱依然能够造就新的一层互助网,形成社区中的社区。[43]

  这类组织有一些从十三世纪早期开始就有了活跃的雏形,但在十五世纪期间似乎变得越来越多,尤以欧洲西北部表现明显。行会在相对较晚期建起这套机构化医护与救济体系的事实强化了以下判断:行会从出现之初就以兄弟情谊和守望相助作为自己的核心价值。行会在早期萌芽阶段可能没有加以正规化的必要,实际上大多数行会在十三世纪就是从慈善活动起步,从一开始大家就急于建立各种通常属于非正式性质的社会保障体系。[44]比如1270年梅赫伦的织工行会章程作为这一章程的第一版并不是由行会当局发布,而是出自城里的商业精英群体。尽管如此,它却突出说明了织工们万一没有能力工作、难以正常挣到收入,可以怎样从他们的行会兄弟那儿得到接济。他们将获得允许前往拜访所有的织工作坊,在那里拿到一笔固定数目的资金,一解燃眉之急。但这份章程也试图限制这些暂时失能工人获许行使上述权利的次数,目前还不清楚这类限制是否完全由城镇精英群体设定。毕竟,即便在梅赫伦行会史这一早期阶段,行会的内部监管看上去已经成为手工业行会官员的特权。[45]

但行会团结互助的目的并不仅仅限于提供经济资助。行会首先是社交机构，集体仪式巩固了行会的团结互助。行会的意识形态与身份往往经由宗教崇拜、庆祝活动、日常管理、过渡仪式乃至成员去世等事件的集体性质塑造成型。行会成员参加每周举行的弥撒、置身行会小教堂的特色纹饰之间，由此不断强化他们之间的社交纽带，行会的其他活动他们多半也会出席。年迈的行会成员或他们的遗孀有机会在慈善养老院安度晚年。行会还组织世俗庆典和宗教巡游，在许多城市还组织仪式化的政治行动，比如称为"动员起来"的项目就是由行会成员带上各自装备和旗帜，组队在城里巡游。在欧洲北部多个城市，行会成为城镇民兵的中坚力量，因为刚好赶上纪律严明的有组织步兵日益在战场上胜过高高在上的贵族骑士这一历史转折时期，这一细节也变得引人注目。[46]但日常事件同样有助于加强行会成员之间的纽带。行会官员组织城市巡回访问，一个一个作坊去考察，管控自家成员的活动，赶走企图钻空子占便宜的人。行会设有特别法庭处理内部事务，还会组织聚餐和酒会，欢迎新成员加入或祝贺某成员晋升为匠师。行会馆舍往往给人留下深刻印象，包括展示自家的章程与武器装备，成为社会声望与政治分量的可视化提醒。简言之，行会成为当时城镇社会政治主体的基石之一（图4.2）。[47]

行会还为个人成员规划自己的人生提供了框架，行会的规定符合普通手艺工匠的正常人生历程。行会为青少年组织技能传授活动，承担管教年轻成员的责任；它促进建立社交网络；允许遗孀接手运营丈夫的业务，使行会匠师开创的事业在他去世后得以维持与传承；最后

图 4.2 布业商馆。建成时间约为 1200 年—1304 年。地点为伊普尔。
来源：Wikimedia Commons.

一点是在行会成员及其家庭成员步入晚年之际提供救济。【48】但要说这样一套结社生活完全取代了家庭生活未免有点言过其实。【49】在中世纪后期的城市，哪怕是在各种协会已经成为当地社会重要支柱的城市，每个人的社交活动圈子依然继续以家庭关系为核心。无论男性手艺工匠、贝居安修会修女（Beguine①）还是单身女性，一旦需要求助，大多数人首先想到的还是自家亲属。【50】这期间留下的遗嘱证实了这种做法普遍存在。举例而言，在欧洲北部多个城市，贝居安修女如果

---

① 十二世纪后期在列日出现，十三世纪中期传播至低地国家、法兰西北部和德意志各地。成员无需发终身大誓，随时可以退出。

觉得有必要先起草遗嘱确定自己去世以后的财产处置方式，总会把自己的血亲摆在首位。尽管她们属于一个强大的宗教社区，不仅该社区自有一套制度化组织，她们在社区里也有深远的工作关系、友谊或共享的宗教修行体验，但她们还是愿意把自己的财产先留给自己的孩子或父母、侄女和侄子以及兄弟姐妹，假如受益者名单上出现了其他的贝居安修女，她们多半也是家庭成员。从其他城镇居民的案例也能看到类似的做法。当然，留给行会及其下属社会福利慈善机构的捐赠也很充裕，就只是无论这些捐赠对行会说来有多重要，均未提及行会具有"替身家庭"的意义，同期也没有看到任何其他语篇提到行会正在担当这一功能。

｜ 将工作正规化

手工业行会的经济活动比它们的文化作用更加广为人知。欧洲大多数城市的行会在十三世纪期间逐渐成长、成熟，成为相同或相似职业从业者团结互助的标志。但行会成员不仅有实力雄厚的企业家（他们跟城里的商业精英群体、甚至是贵族精英群体都有联系），也有穷苦工人，挣的是计件或计时工资。工作上的等级体系在工作现场日益正规化。行会匠师（master）属于导师级别，可以组织开展他们自己的生产业务活动，次一级的满师学徒工（journeyman）按照定义只能为企业家打工，在后者那里担当技术熟练手艺工匠，最底层是学徒

(apprentice），通常是未成年人，由他们的匠师培训和保护。但行会等级不一定完全跟经济上的成功程度有关。[51]匠师级别的成员也可以为其他匠师打工；另一方面，如果满师学徒工掌握了市场急需的技能，也有机会利用自己这份能力讨价还价，谈成相对较高的工资；至于学徒，当然这里说的是培训阶段临近结束的学徒，看上去会被用作廉价技术熟练劳动力的其中一种来源。除去这三种正式的行会类别，匠师还会经常调用自家的劳动力，让妻子、孩子和仆人也参与作坊的活动。复杂的分包系统很可能让局面变得更复杂，推动作坊之间开始形成网络，以备组织起来合作来满足特定企业家或商人的需求。

不少学者直到前不久还是以相当条文主义的方式看待当时的行会章程。肤浅浏览行会章程可能会让人以为这其中蕴含追求平等主义的理想，与一个精心打造、等级森严的世界挂钩，在那里，各种门槛不仅限制了加入行会的通路，也塑造了社交排斥的模式。但行会的规章制度其实经过字斟句酌，目的是让企业家有机会透过严格成文法的漏洞取得经济成功。尽管确实存在遏制极端竞争发生的趋势，主要通过两种方式：一是促进技能与原材料面向所有的匠师开放，二是克服不对称的信息获取机会可能对行会成员以及消费者造成的负面影响，但这没有平息行会的内部竞争。[52]要在经济上取得成功，单有行会成员身份还不够，同样重要的还有社交与融资网络。

这一切当然会在工作现场造成直接影响。中世纪的手艺活动有时会被描述为一成不变，将大部分的技术创新拒之门外。跟后来产业革命（Industrial Revolution①）带来的巨大变化相比这一判断可能是成立的，但要概括在那之前发生的情形就没那么令人信服。中世纪产业进步同样带来过技术上的地震。诸如宽幅织布机、风车以及新的采矿技术陆续问世，肯定会对当时的劳动力组织方式造成破坏性后果。【53】受这些新事物影响的工人肯定会看到自己的地位和身份遭受剧变。单是组织上的创新就触发了工作场所的大部分改变，行会对这些变化起了重要作用。中世纪后期，作坊组织的一个显著特点就是劳工市场的正规化程度大大提高。从十二世纪到十三世纪初，企业家们似乎不太在意诸如小心监管劳工市场以及确定工资水平这类事情。相反，他们从灵活的劳资关系得到了好处，他们关心的是质量标准，而这可以经由他们自己的组织（商人行会或他们把持的城市政府）达成。在1300年以前，商人们更愿意将生产主动权留给行会的匠师级工匠。尽管这些匠师有能力调动用于调控生产链的资本相当有限，他们还有自己所在行会的集体行动可以依托。手工业行会在许多地方填补了制度上的空白，从那时起，工作现场的劳资关系得到越来越仔细的调控。【54】正规的劳工市场组织起来，让企业家有机会接触到流动劳动力，包括技术熟练工和非技术熟练工；雇主与雇员之间的等级关系确定；劳动时间受到细致管制，用时钟和钟声公开宣布。中世纪后期，一个标准化的、可预测的劳工市场发展起来，非常适合实力较弱的雇主。行会的关注焦点并不仅仅落在消费者或工人的利益上，当然也不会以此为主。行会在政治上由企业家主导（哪怕他们通常人数较少），因此主要

---

① 1860年代始于英国，又称工业革命。

为这些人的利益服务。

市场透明度一度被视为对前现代经济的连续性以及保证行会的团结互助都有关键意义。【55】必须实行复杂的罚款制度，尽可能将企图不劳而获者驱逐出去：对仅仅轻微抵触行会监管的零星违规行为往往处以较低数目的罚款，若是破坏行会团结本质、危及行会声誉就要面对高额罚款。行会法庭很少遇到严重破坏行会团结，以至于有必要将肇事者从行会除名的行为。多数情况是，只有当行会在城里的整体地位受到威胁，行会法庭才会做出这样的重罚。结果是留下数量庞大、但有时看似相当琐碎的裁决，这在过去一度不可避免地被解读为保守主义和寻租行为，扼杀创业主动性、打压经济增长，并且，当然了，正如我们已经看到那样，行会确实设置了各种障碍来保护他们的活动。【56】

不过，琐碎的规定变得越来越多，这除了要建起一道坚不可摧的行会排外堡垒，应该还有其他用意。事实上，若说连绵不断提交到行会和城市法庭的无数违反行会规定的诉讼案件真能证明什么，那一定包括证明这些规定一直处于不断的协商、修改和调适之中，严格意义上的垄断几乎没有机会发生，也没能形成滴水不漏的排外机制。相反，尽管行会的规章制度变得越来越多，试图界定所有的情况，从行会成员的生产与交易到休闲与性行为几乎一网打尽，看上去可能让人感到望而生畏，但细看之下这一大堆规矩依然充满不一致，甚至是十足的自相矛盾。【57】此外，对低地国家、英格兰和意大利等地的行会研究也表明，并非所有的法规一直都在执行。

令人感到惊讶的是高水平的产品创新竟然能在中世纪后期成为经

济的亮眼特征。例证之一是让各大行会的匠师级工匠有机会跟上从中世纪后期开始加速的时尚周期，这说的是从服装到艺术的方方面面，生产出时尚的全新类型服装、面板画、挂毯、织锦丝绸和盔甲装备，还有配套的帽子、手套、腰带、袖子，等等，丰富多彩。在这段适应和转变的过程里，人的技能是最最重要的环节，行会当然深谙此道，因此高度注重技能的转移传承。正是技能创造了产品的价值，保证了行会成员的收入与声誉，这构成了他们的集体身份。从商品监管和商业交易的所有细枝末节看来，似乎正是对技能的关注居于最重要位置。

但这种高度关注技能及其价值建设的做法也让一部分工人付出了高昂代价。在很多城市里，没能加入行会的工人继续占据当地居民的大多数，现在直接降级到不那么正规化的权宜经济地位：不仅应对市场逆境的保护较少，而且从市场利益获利的能力也较低。大多数人还渐渐沦为二流公民，因为全权公民身份正越来越多地跟能否获得政治权力以及是否具备城里某个企业实体的成员资格挂钩。但加入行会系统的大门倒是直至中世纪后期似乎依然敞开。在佛兰德地区，有一半的行会成员在行会里并没有任何资深前辈可以倚仗，而且许多人（如果不是大多数人的话）还是来自城外其他地方的新人。[58]那时行会依然属于开放机构，只不过外来者必须通过的门槛正在不断提高。更重要的是只要加入行会且达成匠师级别，那么这名成员的儿子就跟土生土长的当地公民一样，都有更优厚的社交网络以及获得资本的机会可资依托，更便于开创自己的事业。他们有了更好的机会，可以在行会和城市政府的政治权力阶梯登上更高的位置，从伦敦到格但斯克

(Gdańsk①），关于新来者大获成功的故事也是不胜枚举。但我们也必须提醒自己，这些成功案例在很大程度上继续属于非同寻常的事件。行会及其对工作现场的影响并不总是那么具有包容性，甚至在黑死病过后还变得越来越排外。

在这段历史进程付出最高代价的群体可能是女性。[59]早在黑死病远未爆发以前，她们就被禁止参加行会组织的各种正式培训计划，后者主要通过学徒制进行。但也有例外情形。一些城市出现过专为女性组织的行会，通常都有男性主管指导，重点是女性在那些行业担当了劳动力的主力。比如巴黎的丝织工就以女性为主，意大利一些城市的丝绸制造业也一样。科隆也有过好几个女性行会。[60]但从十三世纪后期开始，普遍情况就变成大多数制造业行会陆续将女性排除在从学徒、满师学徒工到行会匠师的常规培训课程以外。在1300年以前，佛兰德地区的布料生产城镇还会在法规里一并提到女性织工或染工和她们的男性同行；过了1300年这种情况已经很少见，到1350年左右几乎完全消失。[61]这一过程与转向生产更奢华面料的实践同时发生，这些面料的质量名声跟昂贵的原材料与技能直接挂钩，并且最重要的还是技能。女性因为没能参加行会组织的培训计划，也就跟这些走俏的最终产品彻底绝缘。这倒不是说女性自此从生产现场消失。但她们的岗位渐渐变得局限在非行会组织的生产阶段（以纺织生产为例，只能参与纺纱和织物清洗等环节，全都属于工资与地位都很低的工作），

---

① 今波兰北部港市，十世纪末年即以波兰弗沃茨瓦维克（Wloclawek）主教辖区一部分而见诸史料。

与此同时，在生产流程参与其他更令人尊重环节的劳动者渐渐获接纳加入由行会匠师主持的父权制家庭户。有一点巧合特别引人注目：就在这些变化发生之时，行会的法规也越来越多地开始把这种家庭户称为一种经济单元。

行会价值观与职业伦理：
一种关于管控和声誉的文化

行会关于社交活动和团结互助的意识形态在新的职业伦理上也有很明显的表现，正是工作与行会成员资格一道构成了工人的身份。工人在这期间采用的价值观侧重合乎道德的行为与严格的等级制度。随着劳工市场日益变得正规化、质量与透明度的联系越来越紧密，新的劳工思维也在形成。社会公德与体面要求成为每一位行会成员的核心价值观，并由此渗透进入正在上升的城市中产阶级的价值体系。行会的男性成员一旦结婚就不能再跟其他女性同居；不得涉及卖淫活动；不得参与赌博或因醉酒而陷入有失体面的情境；必须规范穿着行会服饰，参加行会的公开活动；必须协助行会举行公开典礼。[62]一些行会甚至细化到强制要求大家穿着得体去上班。比如梅赫伦在1300年前后给织工制定的法规提到他们应该穿戴体面的羊毛服饰。令人感到惊讶的是，即便是在诸如十五世纪的布鲁日这样富有的商业城市，表现城市中产阶级的画作继续一成不变地显示市民穿戴精美的羊毛服饰，几乎没有人穿戴丝绸服饰，那依然是世家贵族的专属面料。

符合体面要求的文化在行会处处可见。这当然也有经济上的原因，因为好名声是开拓业务、确保事业一帆风顺的重要资产。一旦落得声名狼藉就意味着会被打上不诚实的标签，再也得不到信任。行会积极消除可能的违规行为，工作场所本身尤其受到越来越仔细的监管。【63】行会官员们组队从一个作坊到另一个作坊去检查，家里的私密空间也包括在内，目的是查明行会成员是否遵守行会的质量规定。作坊再也不是纯粹的私人空间；这是手艺工匠及其家人、行会与消费者共有的空间。信任和管控双管齐下。到了中世纪后期，社交上的管控甚至变得更受重视，那时普遍的看法是行会成员各种声名狼藉的行为正对行会的集体名声构成越来越大的威胁。

但高度关注名声这一做法并不仅仅出自行会及其官员的强制要求；行会成员自己也在身体力行，这属于他们的生活方式。从当时的法庭案件可以看到这俨然已经上升成为行会成员必须在法官面前建立和维护的一道防线。举例而言，十五世纪，面对勃艮第公爵（Duke of Burgundy①）签发的一道判决，低地国家的行会成员决定恳请对方宽恕，字里行间将自己描述为尊贵公爵的忠诚臣民，只不过一时陷于失控的激情与场面而沦为受害者，就像当时其他所有的上书恳请者一样。【64】但行会成员通常还会在他们的自我塑造策略加上其他一些元素，比如提到他们不仅是尊贵公爵的忠诚臣民，也是对同伴满怀忠诚

---

① 勃艮第公爵自1384年通过联姻而一度取得佛兰德伯爵封地，中世纪织造重镇梅赫伦、根特、伊普尔和布鲁日等均在此地。

的兄弟，兄弟情谊和团结互助的观念是行会核心价值观的一部分。他们靠自己努力工作来挣钱过活。最后一点，他们说他们对自己生活的城市以及社会共同利益也多有贡献，都有诚实和百分百体面的好名声，这对尊贵的公爵来说显然也有好处。简言之，即使到了千钧一发、有时甚至是生死攸关的关键时刻，他们依然愿意宣称他们的行会身份是指导他们行动的核心，他们从事的再也不是可鄙行业。

第五章
工作、技能与技术

瓦列里·L. 加维尔

(Valerie L. Garver)

瓦列里·L. 加维尔（Valerie L. Garver），美国伊利诺伊州北伊利诺伊大学（Northern Illinois University）历史学副教授。作为加洛林时期（Carolingian[①]）社会与文化史专家，就女性、童年、家庭与物质文化（尤以纺织品为主）等主题发表著述，包括《加洛林世界女性与贵族文化》（*Women and Aristocratic Culture in the Carolingian World*）（2009年）。

[①] 法兰克王国国王查理曼（Charlemagne，768年—814年在位）开创，存续时间为750年—887年；800年达到鼎盛期，查理曼由罗马教皇加冕为奥古斯都皇帝，后人称为神圣罗马帝国（Holy Roman Empire，800年—1806年）始皇帝，帝国完整名号迟至十三世纪中叶才见诸使用。

现代流行文化往往将中世纪视为一个落后的时代；但从800年到1450年这一时期实际上见证了许多重大技术的进步发生，多种新型技术熟练劳动者涌现，历史悠久的工作领域也在不断增加专业知识。我们不会夸大这些变化的速度，跟上一个世纪相比时尤其不能这么做。事实上，可以说在很大程度上就是现代关于工作场所变革的预期，使中世纪的技术一直属于重大争议主题。这个领域的研究始于小林恩·怀特（Lynn White, Jr.）在1962年出版《中世纪的技术与社会变革》(*Medieval Technology and Social Change*) 一书，这部著作极具影响力，尽管结论引发不同程度的争议，但总体观点认为技术创新具有广泛的社会与文化的深远影响，成为该领域一大里程碑。[1]回顾该书问世时期，其特点包括失业率低、对技术变革持乐观态度以及愿意看到更多节省时间的设备出现。今天再看怀特的观点可能会显得有些过时，其中许多必须直面的技术进步给环境造成的深远影响，以及围绕技术给经济和社会带来的好处也有了越来越多的疑虑。[2]不过，尽管很少有人会像怀特那样走得那么远，认定技术变革在中世纪引发了广泛的社会变革，但研究中世纪的学者大多已经赞同，新的技术确实将创新送到了当时的劳动者面前。

有一位学者提到了，以现代人在自己所处时代看待技术的方式去看待中世纪技术的危险。由于工人和写文章讨论劳工问题的人往往以不同的方式看待技术，并不总是符合当下的假设，因此，关键是将技术（以及使用这些技术的技能）放在时代背景下进行考察。[3]经常遇到的问题是，难以了解中世纪的人们为什么会迅速采纳或改进一些技术，而另一些技术就进展缓慢，尽管它们同样可以改善工作条件、提高生产率，以及为什么还有一些技术，会跟其他效率更低的技术一起或交替使用。有些学者专门研究英格兰在中世纪后期的农业技术采用情况，他们发现，租金较高的地点和时期似乎与更密集采用技术以提高产量的做法相关，但由于证据并不完整，特别是考虑到还有史料显示英格兰人有时不像他们在英吉利海峡（English Channel）对岸的同行那么乐于采用新技术，因此很难确定这一关联是否属于因果关系。[4]此外，就技术而言，目前只有英格兰和意大利半岛（Italian peninsula）这两个地区做过系统研究。[5]其他地区的研究必将进一步拓展我们对中世纪观点的认识，为本地研究提供更深厚的背景。

书面史料稀缺的问题一直阻碍我们研究工作技能与技术的传播和发展，这在一些生产领域表现得特别明显。试举例，中世纪欧洲大部分地区的乡村手工艺生产情况长久以来没有形成完备文档，但若能仔细分析史料残卷，还是有机会揭开这种劳动的本质以及它的文化影响。[6]考古学和科学分析有望带来更多关于这些主题的信息。以石雕作坊为例，其工作实践几乎没有留下书面记录，但只要对石材类型进行分析，特别是对地质数据善加利用，依然有助于我们搞清楚当时工作需要用到的技能与技术。比如地质研究已经确认一种特定类型的始新世第二时期卢台特期（Lutetian stage①）石灰岩，命名为 liasis de Paris，意为巴黎岩石，虽然仅在巴黎盆地（Paris Basin）产出，但从巴黎到今天法国中北部的大部分地区，尤其是从中世纪就有通航水道相连之地，往往可以看到用这种石材制作的大型雕塑。由此可见这些石

---

① 距今约4360万—5200万年，以巴黎的拉丁语古名 *Lutetia* 命名。

材很可能是由船只经水路运抵，这种做法在中世纪一些文献里也能找到佐证。从这些石材的雕刻技法看到的相似之处也表明手艺人之间可能存在相互联系，甚至有时会在采石场见面，他们要在那里指导挑选石材。比如沙特尔大教堂（Chartres Cathedral①）就有一面彩色蚀刻玻璃窗，上面描绘了雕塑家结队在一处工作，这在当时是相当普遍的做法，为手艺人们交流知识、技能和想法提供了另一种机会。【7】

工作中的创新

技术变革的文化价值因不同社会而有区别。长期以来，学者们一度认为，手工业行会在这段长达五百年的时期保持结构相对不变，应该会对技术创新构成阻碍，因为行会一直设法对产量、价格、劳动力乃至培训机会强加严格管控。但最近历史学家开始提出质疑，认为这一观点高估了行会的权力，也低估了它的灵活性。【8】他们认为情况刚好相反，技术变革是作为增加产量或提高成品质量的一种手段发生的，目的就是帮助业主提高收入。与技术相关的创新的保密做法以及遭遇盗窃的证据可以追溯到十五世纪，那恰是一段变革时期，创新越来越受重视。关于手工艺领域各种独门秘笈的陈述体现了这种新的文化社会环境。到中世纪后期，创新开始具有积极的价值，尤其在诸如中世

---

① 位于法国中央 - 卢瓦尔河谷大区。

纪后期的意大利这样一些特定地区，手艺工匠们有时还会编写操作手册，这有助于将技术创新传播到相当一段距离以外的远方。[9]

一度认为在中世纪时期发明的一些技术，其中有一部分的历史实际上可以追溯到更久远的时期。例如，许多学者曾经认为独轮手推车（wheelbarrow）迟至十二世纪才在欧洲出现，研究中世纪历史的学者早已认同1170年代英格兰东南部和法兰西西北部使用独轮手推车的证据越来越多，但他们现在也意识到这一技术从古代就存在于地中海东部地区。无论从那时以来东方或西方是否一直在使用，又或是当真需要从中国重新引进（独轮手推车在那儿拥有更悠久的持续使用史），史料表明中世纪的欧洲工人从十三世纪开始也在使用独轮手推车，尤以建筑工地最为集中。[10] 由于缺少这种工具的考古遗迹，留在书面文本的描述又有点模棱两可，这一技术在欧洲的起源显得有点含糊不清。直到十三世纪，从那时起，图画描绘与文本提及共同构成了最主要的使用证据，并且最早的证据也可以追溯到十三世纪。有一位学者提出，从现有图片记录可以看到独轮手推车设计存在多样性，意味着此项技术在时间和空间上的传播主要通过分享其"设想"来实现，而不是带着实物抵达现场。[11]

技术变革有时也会改变按性别分工的现状。在中世纪早期，大多数织工都在使用立式经纱重锤织布机，这些设备相对较窄，安装起来很麻烦。在瑞典比尔卡（Birka①）和德国赫德比（Hedeby②）各有一处维

---

① 被誉为瑞典第一个城市。
② 丹麦语。旧称海达布（*Haithabu*），位于德国北部，从八到十一世纪与比尔卡同为维京人最重要的欧洲贸易站，十世纪全盛时期常住人口约为2000人，带有半包围的壁垒。1055年由挪威国王用燃烧的船只烧毁。

京时期（Viking era[①]）遗址，对那里出土的从九到十一世纪的纺织工具（包括与立式织布机相关的工具）做过一项近期研究，从中可以明显看到像这样织布要花大量工作时间。[12]中世纪早期，女性担负了绝大部分的纺织工作，但从大约十一世纪开始，随着带踏板的卧式织布机逐步发展完善，越来越多男性开始主持并实际从事纺织作业，尤以羊毛衣料织造领域最为明显。这项新技术因其效率更高而使布料生产变得更加有利可图，但要达成这一生产率必须先加大纺纱规模，这是后续环节必不可少的物料。因为纺纱工作在纺织领域处于最低级别，而且受重视程度较低，所以传统认为这是女性应该从事的工作，结果变成许多女性纺纱而男性织布。[13]

也有一些技术进步未能在某些地区得到应用。比如炼铁在香槟与勃艮第交界处的奥特森林（Othe Forest[②]）一度成为重要产业，但到十五世纪结束之际几乎完全消失。究其原因，部分源于一些作坊未能采用新的作业法而输给了勇于创新的同行，但最具决定性的原因可能还是木材价格，木材带来的收入可比炼铁高多了。这个案例显示中世纪人在"创新"这个项目的成绩并不是"不合格"；而是另有其他一些因素使创新被搁置了，比如炼铁业开始向瓦讷河（Vanne River）一带转移，那里的铁匠铺和磨坊蒸蒸日上，有时炼铁作坊也会跟磨坊合作，

[①] 指八世纪后期到十一世纪中叶，丹麦、挪威、瑞典以及十世纪加入的冰岛等地的维京人入侵欧洲多国，也带来了贸易。《盎格鲁－撒克逊编年史》记载，第一次侵略发生在793年6月，维京人不仅摧毁英格兰北部林迪斯范（Lindisfarne）岛上的修道院，还占领其所在的盎格鲁王国诺森伯兰（Northumberland），直到1066年威廉"征服者"将其夺回。

[②] 又称 Forest of Othe，因奥特村而得名。

由磨坊负责磨快他们生产的铁器。【14】

采矿与五金加工

除了开采金属，中世纪的人们还在阿尔卑斯山挖掘盐矿，尤以现在的奥地利（Austria）为主。到十三世纪，贝希特斯加登（Berchtesgaden①）和萨尔茨堡等地已经存在盐矿。挖掘盐矿必须先开挖水平的隧道，这主要由开挖者和他们的助手合力用凿子和锤子进行。为方便开挖，另有专业矿工负责送进去柴火，待火在里面烧过一阵，矿工就会浇水灭火，该区域的岩石因热胀冷缩而变脆。这种做法能降低开挖的难度，却也使工作变得更危险，因为有时可能产生有毒气体，而隧道顶部也可能发生局部塌陷。为避免发生后面这种情况，还要请专业的伐木工砍伐树木用于制作木板，沿隧道内部排开，请铁匠制作金属接头将木板一一固定到位，从而起到某种支护作用。还有测量员跟踪记录各隧道的开挖进展，希望避免发生坍塌，目的是保障矿主的财产权，具体做法有时是在地表做标记，有时是在矿井内部画记号，并且最迟从十五世纪开始用上了指南针。总而言之，盐矿开采业需要许多专业劳动者一起工作，并且已经发现其他人对他们的专业知识表示认可并给予表彰的证据。比如，在霍

---

① 今德国巴伐利亚城镇。自十二世纪开始开采盐矿。

尔（Hall[①]）村，1345年，矿工们成功地停下工作，换取业主让步。由于盐矿也在争夺最优秀的工人，矿工很可能获得更高的工资。【15】

神圣罗马帝国（Holy Roman Empire）对采矿业发展具有很重要的意义，尤其在十三至十四世纪，帝国对包括黄金和白银在内的金属的需求量开始增长。哈茨山脉和波希米亚（Bohemia[②]）属于特别重要的矿区。但要了解当时的采矿业依然困难重重，因为中世纪各地政府难得提到这一行业。结果是后世历史学家经常要依赖考古证据，可惜大多数开采现场已经遭到破坏，毕竟中世纪的矿工往往填塞老矿或直接在老矿的基础上开采新矿。与盐矿的情形一样，那些开采金属矿藏的工人也会用手工工具，具体手法也很类似。这些技术使中世纪的矿井跟现代版本相比显得相当浅陋，最初搭建的竖井也没能延伸到低于地下水水位。矿藏有时很快耗尽，迫使人们继续向更深处挖掘，有时甚至达到地下好几百米，必须想办法把水排出去。这些办法包括使用一组水轮将水转移到地表。类似这样的水泵装置操作起来通常需要安排成队的马或工人推动，但也有人改为在地面建一座水车，借水力带动水泵。【16】

中世纪其他一些技术与采矿业结合，不仅塑造了这个领域的实践，也为工人带来了更多创新。比如采矿业往往刺激水磨出现，或直接选

---

① 奥地利蒂罗尔地区古城，最迟从1240年代开始开采盐矿，经莱茵河销往外地，1303年升格为市镇。盐矿开采作业持续到1960年代。

② 捷克西部地区名。根据传说，捷克第一个王朝由一位庄稼汉开创，称为普谢米斯立德王朝（Přemyslid dynasty），1198年从公爵封地提升为神圣罗马帝国的王国，至1306年末代国王遇刺身亡，1310年由卢森堡王朝统治。

址在水磨旁。在十三世纪的英格兰、法兰西和瑞典陆续用上水力的铁匠作坊属于最初的先行者,但意大利在十三和十四世纪开发了水力驱动的风箱和水泵,德意志在十五世纪研制了水力开采技术。[17]时钟成为调控矿山工作的关键,这里有一个特别的原因是矿工多半在地下工作,传统根据日光确定工作时段的做法根本用不上。随着钟表帮助欧洲人进一步认识抽象的时间,这些发明也有助于推动达成有关矿工在地下工作小时数的法规与协议。[18]

一次农业革命?

一些学者认为,农业实践的一系列技术变革极大地提高了中世纪中期(约900年—1300年)的产量,构成一次"革命"。不管这是不是最合适的术语,中世纪的粮食产量的确出现飙升,农场耕作的许多做法也有所改变,这在很大程度上必须归功于金属变得更易获得。[19]也有历史学家对这次农业增长的原因和机制提出异议,主要理由来自新的考古发现以及对古代后期与中世纪早期做的重新评估。关于农业转型的这些新观点使各种变化的发生时机和地理起源变得不那么确切,也有人怀疑这算不算一段全新的创新时期。相比之下,业已形成的共识更加强调源自古代世界的连续性、渐进式变化以及各种为响应环境、社会和文化等不同条件而出现的新做法,外加主要以涓涓细流方式发生的技术创新,并不是什么突如其来的风卷残云。这次重新评估植根于文化史，促使研究中世纪的学者根据不同的时代背景对技术进行考察。

农业上的一系列发明与技术改造提高了生产率，不仅应对，而且促进了人口与经济继续增长、城市继续发展。历史学家精准确定这次"农业革命"起源的日子可能一去不复返。近期发现的新考古证据引起人们重新评估中世纪的农业技术转型。纵观当时各项变化，其中一个例子是发明了带犁壁的重型铧式犁（moldboard plow），又称犁壁犁，并且应用越来越普及，包括多个版本。有的固定犁壁，因此只能朝一个方向抛土，有的可以将犁壁转向任意一侧，称为翻转犁，还分为带轮子和不带轮子这两个类型。这种犁由于带犁壁，既能挖土，也能翻地，跟古早型的刮犁（ard）不同，后者是一种较轻型的工具，只能用于松土，在中世纪以前已经用了好几百年。学者们一度争论它在什么时候被带犁壁的重型犁取代，是在1000年左右还是再早几个世纪，比如加洛林时期（约700年—900年间）。最近的考古发现表明，早在罗马时期（Roman period①）后期有些地区已经用上这种重型犁，有的甚至带有活动的铁制犁刀，这一度被视为更后期的创新。[20]与此同时，中世纪也有一些农民继续用简单的刮犁，可能是与犁壁犁一起使用，也可能根本就没用过后者；例如，在丹麦、瑞典和挪威，已经证明刮犁的使用史一直持续到中世纪结束。农业工人往往根据土壤类型选择最合适的工具，只有在需要耕作的土地面积足够大或土壤实在太硬的时候才有积极性考虑转用造价更贵的犁壁犁，一般情况都是手

---

① 罗马自公元前六世纪左右转入共和时期，公元前27年—476年为帝国时期。

头有什么工具就继续用什么工具。

与此相仿，中世纪其他的农业工具也在继续使用或缓慢开发成型，又或是带点偶然性地对更早期的罗马工具做一点改进，这部分工具包括长柄大镰刀、连枷、耘锄、铁锹、有齿或无齿的普通镰刀以及耙子。虽然罗马的农民早就有用耙子除草的传统，但这工具似乎在十世纪左右突然出现一次大面积的推广，因为它还能有效地疏松和平整土地，要将已经播下的备用种子覆盖起来也很方便（图5.1）。

从十三世纪发展起来的新铸造技术使长柄大镰刀有机会获得改造，将刀片接入角度改为25度左右，这大大提高了切割作物的效率，扩大了这种工具的使用范围，但这并不影响普通镰刀作为一种常见收割工具一直沿用到现代时期。另有一种全新的工具叫佛兰德钩（Flemish hook①），是一种短柄大镰刀，十三世纪后期在佛兰德、阿图瓦（Artois）和埃诺特等地风行一时。[21]技术上的这些进步改变了普通农业工人的生活，一些特定任务变得更轻松，从而开启了以下这种可能性：他们发现自己更有条件兼职其他形式的劳作。

更高效的采矿技术和设备不仅让前面提到的铧式犁可以配上带金属尖端的犁刀，还让轮子套上了金属护套，铁质马掌和其他效率更高的工具也相继出现。铁质马掌为许多交通工具的诞生做了铺垫，其中包括四轮马车，帮许多工人提高了效率，但马掌本身并不是中世纪的发明，古罗马人早就用过了。至于铁质马掌在中世纪早期似乎遭到冷遇，原因可能出在某些地区难以获得铁这种必要的金属，又或是跟各

---

① 亦称佛兰德大镰刀（Flemish scythe）。

图 5.1 一个人牵着两匹马在耙地，另一个人在播种。玻璃面板画，制作时间约为 1450 年—1475 年，地点为英格兰。
来源：© Victoria and Albert Museum, London.

地证据流传至今的情况各有不同有关。举例而言，在中世纪的丹麦，迟至十一世纪的考古记录才见到铁质马掌的身影。【22】

中世纪有好些发明都跟马这种动物有关。比如马的项圈和一种新型挽具，使人们可以更频繁地用马拉车、耙和犁。到800年，一种由马的项圈与胸带组成的挽具在欧洲西部地区面世，在十二至十三世纪成为主流。这套新型挽具将承重压力从马的脖子转移到胸部和两肩位置，相比之下较早期的版本很可能由于勒住马的脖子而造成不幸窒息。

另有木制的吊杆，两头与缰绳（绳索或作为皮革挽具的一部分）连接，中段与车辆或犁连接，让马可以牵引更大的负载，尽管这本身不是迟至中世纪才有的发明。到十世纪，人们已经可以将马跟专用于干重活的阉牛编队，其中又以阉牛为主，拉起堪称巨大的负载。【23】纵观中世纪时期，阉牛继续承担多种工作，用起来跟马一样。例如，在德意志各地的农场，农民不像他们的英格兰同行那样频繁地用马，一开始只限于用来收割农作物。那时候马的更常见用途是交通运输，但现在没办法确切了解，跟马有关的新技术在多大程度上推动了城镇市场继续发展，这些市场对马的需求和使用又提高了多少。【24】欧洲大部分地区都能看到马拉两轮手推车和四轮马车，尽管随着时间推移，马车渐渐成为马的主业，这可能是因为出现了旋转前轴，后者是十三至十四世纪一项重要进步。【25】

  农业实践还必须结合地理上的限制条件与当地的环境条件做出调整，这些条件在中世纪期间也确实发生过变化。正如本卷其他章节指出的那样，文化上的许多其他变革正在酝酿，不仅有助于农业技术的传播，也促使农业技术变得越来越复杂，这尤其给组织劳动者的方式、用于管理他们的法律、对辛勤工作的价值认定以及"那些承担实际工作的人们"在中世纪理想社会规划里的地位带来了变化。到十三世纪，法兰西许多村庄已经有能力在各自教区的耕地上组织形成特定作物的种植与轮作，经由法语称为 *assolement* 的轮作系统将粮食产量最大化，以满足喂养牲口的需求。【26】社会合作也使"微田地（micro-fields）"系统得以付诸实践，佛兰德中部地区许多耕作者从十二世纪起借助这一做法将农作物选择空间最大化，到十三至十四世纪进一步拓展用于开垦内陆沙地和沿海地区。随着城市在佛兰德地区蓬勃发展，城市对谷物和特种做物尤其是亚麻的需求都在上扬，当地不同规模的农场似乎全都做出积极的响应。【27】在苏格兰低地（Lowlands）地区，无论沿海岸与河流建造堤坝还是排干靠近海岸的泥炭沼泽（peat moor）都需要大量的合作，居住在这些地区的人们对此深有体会，因为他们必须不断深挖排水沟渠、建造更多堤坝，只有这样才能保住他们新造出来的田地，保护当地免受更大范围的洪灾侵袭。大农场和小农场根据各自保有土地的面积，按比例资助上述项目，这有助于保护小农场：如果不是按比例合作，规模较小的农场可能根本没有能力活下来。到十五世纪，风车成为这套防洪、排水与开垦系统的关键组成部分（图5.2）。【28】

在地中海沿岸地区，种植橄榄树的做法仍在继续，就跟古代一样，主要用于生产利润丰厚、广受欢迎的商品——橄榄油。尽管橄榄树的平均寿命长达五六百年，但每一棵都要经过十二年左右才算初步长成，之后就是努力确保树木的生产率维持在最优水平，包括灌溉以及持续进行的大量劳作。基于这些理由，在拜占庭世界基本上只有大地主和修道院才有能力承担必不可少的资源投资，兴建橄榄树种植园。此外，榨取橄榄油也需要相当多的技能与知识，比如确定橄榄的收获时间、控制压榨橄榄的时长与力度，以及维护和运行必要的设备，等等。橄榄压榨设备通常建在橄榄园附近，但很难发现它们跟修道院存在依附关系。由于修道院往往自带谷物磨坊，像这样找不到大规模橄榄压榨能力存在痕迹的现象，凸显了这门业务从所需技能到工人数量都有相当高的门槛。如此一来，还是城镇和大田庄的私人业主更有实力经营。【29】

图 5.2 中世纪风车。位于瑞典哥特兰岛。
来源：Wikimedia Commons.

这次"农业革命"并不一定在基督教西方世界引发农业论文的数量激增，但在伊斯兰安达卢斯（al-Andalus①），与生产率增长相伴而行的恰是关于农业技术、工具与实践的文本大量问世，时间跨度从十一到十三世纪。这些文本借鉴了罗马、伊斯兰和东方各地的文章和实践知识，有时也会展示某种"实验性"做法，以自己就农作物最佳种植方式的直接观察为基础，加上对较早期技术（比如水磨）的认识与拓展。[30]

驾驭风力和水力

风磨和水磨的数量在中世纪都出现了成倍增加。两者都提高了研磨谷物和其他任务的效率，也为更多的技术创新提供了支撑。它们在文化、社会和经济上的影响早已得到认可。美国历史学家刘易斯·芒福德（Lewis Mumford）在1934年做的一项关于技术的文化研究表明，在中世纪下半叶，欧洲见证了水磨和风磨数量大幅增加，这引发了一场社会转型，为产业革命奠定了基础。[31]一年后，1935年，法国历史学家马克·布洛赫（Marc Bloch）独立勾勒出水磨从地中海东部向北部和西部传播的历程，显示这种装置的使用从中世纪中段开始渐渐在法国和英格兰扩散开来。他认为，采用这项技术的背景是奴隶劳动者

---

① 穆斯林王国名，自711年起占据伊比利亚半岛大部分地区。

从九世纪开始变得稀缺，导致有助于节省劳动力的设备需求开始攀升。加洛林帝国的领主们纷纷积极建造和使用水磨。[32]在这些论文发表后的几十年里，特别是在有关罗马时期水磨的新考古证据出土，显示水磨的应用范围远比之前看法还要来得更加普遍之后，学者们开始从各个方面对这些富有影响力的模型提出质疑。水磨早在罗马帝国时期已经遍布帝国各地，从东部到西部都一样。但也有证据表明，人们在中世纪使用水磨的程度存在根本差异。因此，说到中世纪水磨对文化的影响，区域性研究应该大有机会进一步拓展我们的理解。[33]

一位学者根据意大利的证据指出，从750年左右开始有更多农业合同流传至今，这其中的原因可能是"当时水磨建设明显出现一轮爆炸式增长"。[34]在意大利，尽管谈不上全境如此，还是有相当一部分地区，从农民到市民都想用上水磨，而且因此建造起来用于研磨谷物，然后，仿佛不知不觉之间，就把原本在家里从事的一种典型的女性劳动转移到男性的场域，因为男性最有机会负责走出家门将谷物运送到磨坊所在的水道边上。从这个意义上说，水磨带来的最大改变首先发生在劳动的条件与类型，然后才是节省工作时间的实效。因此，真正刺激水磨建设在意大利遍地开花的因素可能是这套设备能让它的主人有条件收取谷物研磨费，并且因为拥有磨坊而备受推崇，以及越来越多的消费者渴望得到研磨更细腻的面粉，他们都知道这能烤出更有营养、味道更好的面包。[35]

中世纪有很大一部分时间，水磨和风磨在英格兰和爱尔兰都很普遍。在爱尔兰，不仅丰富的从七世纪开始的磨坊遗迹出现在多个考古挖掘现场，而且从中世纪留下的各种文本也能看到运用水力的记载。[36] 盎格鲁-撒克逊英格兰也用水磨，比如1970年代完好出土的塔姆沃思磨坊（Tamworth Mill①），这是两座连在一起的磨坊，借助树木年代学（dendrochronology②）技术确定的使用时间可以追溯到九世纪左右。[37] 1086年完成的英格兰土地调查清册《末日审判书》是时任国王威廉一世（William I, 1087年去世）在1066年征服英格兰之后下令调查制作的，里面记载了多达6082座磨坊，表明当时水磨已经不是难得一见。这部清册提到的磨坊几乎可以肯定全部属于水磨，因为在1180年代以前，风磨即使不是完全做不到，做起来也非常困难，而且随着时间推移，风磨在英格兰的推广速度也很慢，至于其中的原因，一位著名学者分析，只有缺乏水资源的贵族领主才会在十三世纪考虑转用风磨这种新技术，在黑死病过后风磨的使用还减少了。[38]

考古学家在拜占庭地区发现的水磨遗迹相对较少，尽管书面史料证实当时的确用到过这种装置。无论在修道院社区、城市还是在农业地区，水磨在日常生活里都占有一席之地，并且拜占庭的法律和宗教文本也佐证了它们的社会和经济价值。但是，随着十字军在十二世纪也将西方水磨带到这里，拜占庭版本渐渐由西方版本取代。[39]

考古证据表明，在安达卢斯的大部分乡村都能看到将谷物磨成面粉的水力磨坊和灌溉系统，但这些事物的传播原因和机制在学术界还没有达成共识，因为缺少关于乡村情况的文本证据，使这些事物在不同文化的用途变得难以解释。尽管这些技术借鉴了印度、波斯

---

① 位于斯塔福德郡同名城镇。

② 通过研究树轮确定过去事件发生年代的做法。

(Persia①)、阿拉伯（Arab）和罗马的先例，还有同一时期基督教西方的进展，但几乎可以肯定，不同的社会各有自己的用法。【40】比如有些学者认为安达卢斯的水力技术完美匹配当地农业工作的模式，包括考虑到小持有农的田地与所在社区的布局，但很明显，市民和贵族当局也在资助和使用各种不同形式的水力。小农的磨坊通常设在运河的尽头，在这里选址很好，显示主人不想干扰对小农的农业工作具有至关重要意义的灌溉系统。与此形成对比，由贵族领主设置的磨坊有时直接选址在灌溉系统前面，但这套做法目前还没看到充分的研究。【41】

磨坊并不仅仅用于研磨谷物这一种用途。举例而言，要生产油就必须先压榨罂粟籽、大麻籽和橄榄，要生产芥末就要先磨碎芥菜籽。染工要在磨坊研磨比如茜草②等植物，皮革匠也要在这里从树皮里提取鞣制皮革用的单宁。此外，到十三和十四世纪，磨坊的用途还包括磨快刀刃、操作车床进行切割、借助凸轮带动杵锤形成敲击动作，从而为多种不同行业做出贡献，包括布料漂洗、五金锻造、木材加工和造纸，等等。【42】紧随研磨谷物之后，五金锻造和布料漂洗可能是磨坊最常见的用途。【43】水磨成为漂洗厚实布料的理想手段，跟原本由工人用手或脚在水槽里使劲揉搓的做法相比更具优势。基本原理是水力带动凸轮反复升降一组杵棒，使杵棒在盛水的大桶里搅拌羊毛布料

---

① 亚洲西南部古国名，公元前六世纪由居鲁士大帝（Cyrus the Great，公元前559年—公元前530年在位）开创阿契美尼德王朝（Achaemenid Dynasty）而进入全盛时期，公元前330年败于马其顿亚历山大大帝（Alexander the Great）。七世纪由穆斯林阿拉伯人占领。1935年更名为伊朗（Iran）。

② 其根可制红色颜料。

和其他产品①。这些装置最早于962年出现在意大利中部的阿布鲁佐，在诺曼底出现的时间不会迟于1086年—1087年间，到十二世纪已经遍布欧洲大部分地区，但在英格兰尤为风行。不过，在其他工作领域将磨坊用于实现机械化的做法很有限；手艺人在各自作坊里完成具体任务的方式一旦发生改变，几乎肯定会对他们的产量形成重大影响。举例来说，纺车在十三世纪面世就促成了纺织工作大变样。[44]

标记时间

要分析效率与生产率的增长情况，考察中世纪工作者和他们的监管者如何理解和测量时间是很有用的一种做法。从大约1100年到1500年，随着机械时钟在欧洲大部分地区日益普及，工作者的生活以及对工作本身性质的更深入理解都在发生改变。用于测量时间的设备从古代和中世纪早期早已存在，可见于整个欧亚大陆（Eurasia）的史料记录。在中世纪的早期和中期，有一些修道院已经拥有自己的报时设备，包括水力驱动的时钟，通常主要起闹钟的作用，提醒修士们是时候开始祈祷，中世纪的穆斯林也经常用水钟确定祈祷的时间。[45] 中世纪早期，与欧洲西部各政体相比，时钟似乎在阿拉伯和拜占庭世界更为普及。比如《法兰克王室编年史》（*The Royal Frankish Annals*）

---

① 类似原始洗衣机，闲时也会给村民洗衣服。

记载，807年，阿拔斯王朝（Abbasid Dynasty）哈里发哈伦-拉希德（Harun al-Rashid①）送给查理曼大帝的礼物就包括一个黄铜做的时钟，编年史作者将其描述为"一套奇妙的机械装置"。【46】

进入十三世纪，公共时钟越来越普遍地用作计时设备，无论这说的是机械时钟、水钟还是其他一些类型，目的都是从视觉或听觉上为城市、集镇或村庄乃至它们的周边一带标记时间。这些时钟通常与钟声或其他信号关联，向来来往往的路人提示时间流逝。中世纪并不存在告知时间的标准方式，各地自行决定标记不同时段的方式，许多旅行者都留意到这一细节。公共时钟得以遍地开花的原因跟不同的地方因素有关，尽管诸如钟楼和教堂钟楼的建筑有助于提升社区的名望，这肯定提供了强大的动力。较早期的论点对流行的现代看法产生了持久的影响，但与此形成对比的是商人并非时钟日益普及的唯一驱动力。【47】社区里一系列不同的成员都想拥有自己的公共时钟，具体的采买和集资方式因地区而异。举例而言，市政当局作为最常见的倡导建造钟楼团体之一，希望不仅有助于本地跟邻近城市竞争，还要服务在公证文件上标记时间、确定议会会议和类似活动的时间等情形。【48】这就是说，他们想用公共时钟帮忙组织这些特定形式的工作。

时钟促使工人和他们的主管一样开始就"工作日"概念形成不同的看法。中世纪早期，由于公共时钟还不那么常见，因此，与劳动有关的时间量度往往用半天、一天、星期、月或年做单位，或是将工作

---

① 786年—809年在位。阿拔斯王朝是阿拉伯帝国第二个强大王朝（750年—1258年），第一个是倭马亚王朝（Umayyad Dynasty，661年—750年）。

变成跟完成某项任务有关。以修道院应收项目为例，一一记在人力与实体资源清单上，通常都会列出依附于修道院讨生活的人们在劳动时间和产品数量这两方面所欠的数目，以及他们还要定期交付的分量。以女农奴应该上交的布料为例，在确定数量时并不会提及这意味着她们作为纺织工人相应要花多长时间才能完成。【49】一旦用上了时钟，织工就和城里许多其他工人一样，开始通过公共时钟的钟声确定自己什么时候开始和结束工作。行会开始用钟声和其他信号来确定一个可接受的工作日，但小休或其他较短的时段往往还是通过沙漏进行测量。新的公共时钟起先也没有多么明显地改变工作时间，但最终主管和工人一样都改用时钟来争论工作日的合适长度。不过，目前看来只在十五世纪有过寥寥无几的中世纪工人是按小时挣工资的。大多数的临时工作依然要按天完成，或以完成指定任务为准。比较少见的做法是在书面文本用时间段解释生产过程。十五世纪一份《火药操作指南》（*Feurwerkbuch*）就是一个很好的例子，作者相当具体地指出了生产炸药粉末的特定时间。也是直到那时，工作条件才逐渐由于有了更准确，更易于看见，也更普及的报时机制而开始发生变化。【50】

| 建筑业

直到专业技术写作在十五世纪变得更普及以前，从中世纪留下的关于建筑设计的文献相对较少。即使是出自十三世纪维拉德·德·恩库尔（Villard de Honnecourt[①]）手笔的速写本这一最著名范例，也没有提到关于建筑技术的具体信息。他更在意留下的是同期一些建筑的局部视图，还有石材切割、木结构制作、应用几何和一些机械的画面。当时的建筑工人绝大部分都从实践里学习，包括相互学习（图5.3）。甚至有一些学者认为，这种缺乏书面指南的现象反而让建筑领域成为创造力和创新大放光彩的舞台，哥特（Gothic[②]）式建筑就是其中一个集中体现。建筑上的改变，比如在教区大教堂引入拱扶垛（flying buttress，又称飞扶壁），几乎可以肯定是综合考虑较早期建筑项目的做法以及石材等重型材料的运输成本之后得出的结果。拱扶垛作为一种凌空跨越的支撑部件，使人们得以用较少的实心墙建造出同样高的建筑，石材用量大大减少。（此外，当然了，这种做法也使人们得以设计和镶嵌更大面积的、富丽堂皇的彩色蚀刻玻璃窗。）[51]

纵观整个中世纪，负责建造大型石材结构者，尤以各地教堂为主，正越来越多地采用预制和标准的砖石砌件。[52]最近还有一项研究表明，石匠们时不时地也会采用流水线方式进行生产。以沙特尔大教堂为例，那儿有多个雕刻竖井都留下了不同的专业工匠在同一块石材上分阶段工作的迹象。通过分析反复出现的一些不自觉留下的小细节可以分辨出参与合作的雕刻者可能有哪几位，并清楚看出他们并不在一个固定的团队工作。相反，可能由同一位特定的"收尾工"替好几位

[①] 法兰西建筑师（约1225年—1250年），当时可能为找一份石匠匠师工作而奔走于多个城市。他随身携带的速写本附有说明，包括工作流程以及一些讨论，比如哥特式建筑为什么从十三世纪在欧洲变得流行等。

[②] 尖拱式建筑风格，主要流行于十二至十六世纪。

图 5.3 圣海德薇（St. Hedwig[①]）在特雷布尼茨（Trebnitz[②]）指导建设一座新的修道院。制作时间为 1353 年。地点在波兰（Poland）西里西亚（Silesia）。藏于美国洛杉矶 J. 保罗·盖蒂博物馆（J. Paul Getty Meseum），编号 MS Ludwig XI 7, folio 56。

来源：© The J. Paul Getty Museum, Los Angeles.

① 约 1170 年 —1243 年，曾为波兰西里西亚公爵夫人。
② 德语，波兰语为 Trzebnica（特泽布尼卡）。

雕刻工匠完成他们的不同作品的最后收尾工序。这种流水线作业表明这些劳动者具有高度一致的专业技能，只有这样他们才有条件实现轮替工作。【53】

学者们还重新评估了搭建木质结构需要调用的技能水平。举例而言，从我们的现代视角看来，在欧洲西北部，十二至十三世纪的木匠似乎为避免大型结构倒塌而多有"过度建造"之嫌。木匠们由于缺乏数学知识，没有办法准确计算木材的尺寸，哪怕是侥幸传世的一些建筑物，当时也只能根据经验来规划其中的大型木结构。一般情况下，为确保结构上具有足够的稳定性，他们会选择砍伐大树，再裁切成方块。但很明显，这些木匠做的选择往往兼顾美学与技术这两方面的要求，不仅要打动人们，也要符合具体建筑现场的特定条件，比如刮风、规划建筑用途或施工便利性。【54】

十五世纪下半叶，手艺人开始动笔记载他们的技术知识，用以保存和传播某些技术创新。佛罗伦萨有一位书记员叫马里亚诺·塔科拉（Mariano Taccola，1382年—1453年），他在一篇论文写道，当时富有影响力的建筑师菲利波·布鲁内莱斯奇（Filippo Brunelleschi①，1377年—1446年）告诫满怀创新精神的手艺人，必须提防那些有意盗取新发明和新成就的小人。布鲁内莱斯奇本人在他那个时代以建筑上多有创新而闻名遐迩，最引人注目的工作当属作为教区总教堂的圣母百花大教堂（the Cathedral of Santa Maria del Fiore）那令人叹为观止的

---

① 意大利文艺复兴时期早期先锋建筑师兼工程师，其事迹包括自行发明机械专用于完成该教堂穹顶项目。他的另一项著名工作是佛罗伦萨的无辜者医院，参见第七章《工作与社会》。

巨大穹顶。他提出这番告诫的背景或者说目标读者首先包括各种工匠委员会，因为他必须跟这些人分享自己绘制的设计平面图，只有这样才能顺利组织并开展建设工作，其次是批准为某项工作提供资金的委员会。因此，他在提及小心遭遇技术盗窃之际，最在意的是如何确保自己设计的完整性，不会遭到篡改。【55】

传播知识与技能

传播技能对新技术的发展和传承具有不可或缺的重要意义。进入中世纪后半叶，获得技术技能的主要手段还是学徒制，没有之一。中世纪的欧洲政体没有一个推行义务教育，也不打算建立盘根错节的官僚机构，那是现代国家才熟悉的事物，因此也不存在对儿童或年轻人进行集中教育的手段。相反，如果父母或年轻人希望掌握某些工作技能，最常见的做法就是成为学徒。师徒之间签订的合同在现代读者看来可能复杂得叫人感到晕头转向，原因之一出在订立这些合同的本意就是为了应对匠师或徒弟可能利用这段培训关系为自己谋取好处的各种情况。举例而言，学徒如果不受约束，很可能会跳槽转投另一位提供更优厚条件的匠师，结果变成第一位匠师损失了先前投入的入门培训成本，而第二位匠师不必承担这笔成本，白捡了一位训练有素的徒弟。同样，这些合同通常也会保护学徒免遭劳动剥削，明确要求匠师提供最起码的教育，以免匠师在学徒的工作变得更有价值或形成竞争之际解雇学徒。这么一来,有人认为手工业行会更有兴趣做的应该是分摊成本,而不是确定物价。[56]

特定工作技能知识的传播往往发生在中世纪工人们并肩工作期间。中世纪早期,法兰克王国的年轻女孩会跟比她们更资深的女性专业人士学习缝纫,她们通常就是结伴去学的。[57]中世纪后期的石匠也以类似的方式掌握技能,因为行会的规定通常都表明,一名匠师级别石匠应该早就通过作为学徒的多年服务时间掌握他这一行的必需技能。不同类型的石匠都需要密切合作。采石场负责清理出原材料,石匠协会成员(freemason①)在清理干净、除去天然沉积物和化石的石材上进行加工,再跟垒墙工、摊铺工以及负责准备门窗框架的工人合作。每一位工人都用上了正确的工具,"负责粗加工的石匠用锤子塑造毛石,方石工用斧子打磨方石,切割工用的是凿子。"[58]这种劳动类型显然会形成一套工作文化,使每一个人都能从旁观察别人的技术,然后有可能把"专业秘诀"传播出去,这说的可不限于基本技能。

与此形成对比,有些技术显示出显著的连续性。尽管卧式织布机大大加快了生产速度,但它有时是跟立式织布机一起使用的,温彻斯特就是一个例子:当地的考古挖掘表明,从十二到十四世纪期间,这两种织布机一直是同时使用。[59]对托斯卡纳南部从十到十四世纪的陶艺作坊遗迹做的考古学分析,也确定了釉料发生改变不是技术进步的结果;事实上,那里的陶器生产表现出引人注目的连续性,显示陶艺工匠的技术能力在这好几个世纪里基本保持不变。[60]

---

① 成员全称为自由认可石匠(Free and Accepted Masons),当时仅限男性参加。

有些产业设法推动开发技能、增进知识，但不鼓励将这些内容传播到一个功成名就的专业人士小团体以外。例如，最迟从十三世纪末开始，威尼斯的玻璃生产只在穆拉诺（Murano）岛上进行。威尼斯的玻璃工匠渐渐变得精于生产高端玻璃，而且出品品质稳定，这在一定程度上应该归功于一个新出现的职业，称为 *conciatore*，他们相当于熔制环节主管，负责确保各种原材料均按配方要求经玻璃窑炉熔制为玻璃。他们必须密切关注熔制全程，包括按时添加材料，确保为作坊的匠师提供高质量的玻璃，再由匠师制成各种精致的玻璃成品。这个环节非常重要，因为威尼斯进口的原材料从质量到化学成分都参差不齐，担当主管的人必须眼观六路、耳听八方，随时准备做出反应。由于威尼斯本身并不出产制作玻璃所需的原材料，形成这个新职业可以视为对当时实际情况的一种回应，也凸显了制作玻璃产品需要用到的团队工作方式的重要性。【61】

　　管理玻璃生产商的行会非常清楚自己这些工人成员的专业知识有多么大的价值。不讲究的小人很可能想窃为己有。例如，有一位名叫吉安·安东尼奥（Gian Antonio）的修士在给一位威尼斯玻璃生产商写悼词的时候提到，传主生前曾教给一名学生一些秘方。那学生后来把秘方托付给女儿，没想到这姑娘不小心把配方泄露出去。有一位名叫乔吉奥·巴拉林（Giorgio Ballarin）的工匠抄了一份，但他缺乏必要的家世背景，于是想办法找到跟秘方作者实力相当的竞争对手玻璃生产商，对方有一个女儿，正好是他喜欢的类型，他成功求得对方同意将女儿嫁给他，从此也有权自立门户开作坊，用这套秘方为自己谋利益。他也确实成为穆拉诺地区著名玻璃生产商。【62】这样一些秘方促进了技能和知识在行业内部的传播，另一个例子是1446年开始流传、目前已知最早的一部威尼斯玻璃制作配方集。【63】到十五世纪中期，如果玻璃工人离开本地，还把手艺教给外面的人，行会一旦发现就会对他们进行罚款，甚至监禁。威尼斯一些玻璃工人曾经短暂有过上述行为，也有一些人干脆永久定居外地，最终带动欧洲其他地区在现代早期也发展形成高质量的玻璃制造业。【64】

军事技术

关于中世纪时期军事技术的学术研究堪称深厚，并且，很明显，不少技术进步直接改变和塑造了中世纪战士的工作经历。一旦需要用上某些技能水平要求更高或某些特定类型的战术或武器，战斗人员就大有机会强烈体会到这些改变带来的影响。以弓在战场上的使用为例，这是整个中世纪的标志。早在中世纪初期，维京人和法兰克人就以长弓高手著称，从八世纪开始更是所向披靡。加洛林王朝从751年起以法兰克统治者身份，同时与斯拉夫人（Slav①）和阿瓦尔人（Avar②）开战，当时法兰克人已经用上复合反曲弓（composite recurved bow），这是对阵的另外两个东方文化都很熟悉的技术，同时继续使用长弓。进

---

① 说斯拉夫语的东欧人。
② 使用乌拉尔阿尔泰语，中世纪早期称雄欧洲南部。

入十二世纪,除去伊比利亚和英格兰这两个地区,欧洲西部大多数地区纷纷转用弩。在争夺伊比利亚半岛的"再征服运动(Reconquista①)"期间,基督教阵营用的是复合弓,可能借鉴了他们对伊斯兰军事战术的了解。【65】这种借鉴对手战术和武器的做法凸显了中世纪战士调适应变的能力,也提示了他们这个职业必须经常训练。

要在中世纪的战场取胜,技能具有关键作用。九世纪的编年史作者、普鲁姆的雷吉诺(Regino of Prüm②)用882年维京人入侵德意志地区特里尔的普鲁姆一带并大肆掠夺一事为例,说明没有技能的参战人员可能会有什么下场:

> 当时,在现场,无数人从四面八方的田野和农场步行聚拢过来,就像巨大的人群,一点一点向那些北方人逼近,好像准备跟对方决一死战。但是,一旦北方入侵者看出这群平民其实没有携带任何像样的武装,而且缺少军事训练,他们就大喊一声冲了过去,大开杀戒,就像屠杀的是哑巴动物,而不是人类。【66】

从十二世纪开始,欧洲西部各地广泛采用马背上的突击战战术,由骑兵手持标枪或长矛向对方阵营发起冲锋,这么做离不开大量的训练。【67】在英格兰,人们仍在使用长弓和复合弓,即使弩作为一种新

---

① 约八到十五世纪。
② 时为普鲁姆修道院院长,著有神学论著和两部《编年史》(*Chronicon*),后者时间跨度为公元元年—718年和741年—907年。

兵器从十二世纪开始陆续在欧洲西部其他多种文化中占据主导地位，这一现象也导致军事史学家之间继续存有争议，难以圆满解答为什么包括大量长弓手在内的英格兰军队迟至十四世纪仍能成功击退法军。大多数历史学家认为，英格兰的弓箭手应该是改变了战术，哪怕技术没有更新。技术高超的战士向冲锋的对方军队射击，设法撕开对方阵线，同时阻止对方发动侧翼攻击。不过，进入十五世纪之后，使用长弓作战的做法开始减少，主要原因之一就是缺乏训练有素的弓箭手。从这个案例可以清楚看到兵器技术可能怎样塑造战士的劳作内容；实践演练是取胜战场的一大必要条件。【68】

但就工作文化而言，反对战争技术决定论的观点应该会占上风。要理解当时的个人劳作就必须先搞清楚这些人的条件和动机，而不仅仅局限于认定某一种兵器或技术决定了武装战斗的体验。从这个角度看，考察与火药投入使用一事紧密相连的"中世纪军事革命"就变得很有价值。长弓在十五世纪的战场渐渐过时，火药当然是有责任的，但火药本身在中世纪似乎没有改变大多数战士的工作生活，倒是更多地改变了那些建造且依靠城墙保护城市和防御要塞的人的工作。从十四世纪开始，最迟从1374年开始，火药已经用于摧毁这些城墙，到十五世纪，从市政当局到城堡领主都知道他们必须采取行动抵御大炮的攻击，后者是中世纪的一项技术发明。早在1347年，英格兰人已经开始在城墙上建造枪口或炮口，从那里架起枪炮冒着敌人的炮火开火；到十四世纪末，从法兰西、德意志、伊比利亚到意大利，人们纷纷加建这样的炮口。其他的防御措施，比如加固城墙四周的堤状防御土墙，也是始于中世纪尾声阶段。【69】这些进展以缓

| 第五章　工作、技能与技术

慢的、或多或少带一点偶然色彩的方式开始推进，跟影响农耕、研磨技术和时钟的技术变革故事差不多。与火药问世有关的变化似乎比研究现代早期的一些历史学家的分析还要更渐进一些，这些缓慢的转变需要我们跳出传统的历史时期划分，改在漫长的时间跨度考察技术变革与工作。

工作、技术和技能文化的多样性

本章对工作、技术与技能的探讨至此形成圆满的首尾呼应，回到对长期的强调，类似本章开篇引用的小林恩·怀特在其开创性研究里用过的方法。但地方研究也为进一步理解变化与连续性提供了另一种方法。关于法国欧坦（Autun①）地区在建筑项目上减少使用石灰石的一项研究就是将这两种方法有效结合的一个例子。中世纪早期很常见的一种做法是从更早期的建筑寻找石制部件，然后用作新项目的建筑材料，因此附近的石灰石采石场渐遭废弃，并且随着时间流逝，工人

---

① 位于法国中部，第戎西南部。时任罗马将领凯撒的《高卢战记》记载，公元前58年，当时高卢的塞奎尼人与爱杜依人（Aedui）发生争执，德意志厄尔维几人（Helvetii）乘虚而入。高卢人抵挡不住，向罗马求援，凯撒在伯夫雷山（Mont Beuvray）上的爱杜依首府毕布拉克德（Bibracte）击败厄尔维几人，取得高卢首胜。公元前12年，奥古斯都将他们列为友邦，把居民从山上迁往以自己名字命名的新城奥古斯托敦姆（Augustodunum），后简称欧坦。

们自然失去了开采这种石材的必备技能。最终,这种发生在建筑业的转变导致当地石灰石的使用率持续陷于低位。石灰石主要限于装饰用途。这一用途在某种程度上跟成本有关;若要用作主力建材,运输成本恐怕早就高得令人望而却步。但它依然算得上一种理想材料,因为它很容易就能让人联想起古色古香的过往,毕竟具体到欧坦及其周边地区这个案例,当地长期存在重复使用更早期石灰石制品的传统。[70]像这样对单一地区(欧坦)在中世纪大部分时间的某一个方面进行研究的做法有助于解释文化、实践以及工作相关等方面的因素分别起过什么作用,最终塑造出这样的技能、技术水平以及应用情形。这种发生在不同力量之间的相互作用在整个中世纪参与形成了各种不同的工作条件及其后果。此外,这也提醒历史学家,伴随新的位置开始考古挖掘、发现更多文物以及引入新研究方法,还有很多内容有待研究。关于工作与技术的文化史的研究仍在继续进行。

第六章
工作与流动性

尼古拉斯·迪恩·布罗迪
(Nicholas Dean Brodie)

尼古拉斯·迪恩·布罗迪(Nicholas Dean Brodie),澳大利亚塔斯马尼亚州(Tasmania)历史学家、考古学家,就读博士期间主要研究从中世纪晚期到现代早期英格兰的流民与贫困现象。自完成博士学位以来发表了一系列主题广泛的工作,涉及中世纪的欧洲、现代早期的亚洲以及殖民时期的澳大利亚。

工作者流动性一度在多个方面被视为中世纪时期一项决定性要素。每当历史学家回望这段"中世纪（Middle Ages，直译为中间世纪）"，过往做法多半是归纳为在很大程度上是夹在两大事件之间，一头是外族入侵一举摧毁了古典古代，另一头是即将开启的探险与殖民帝国建设大时代如风卷残云般铺开。一边是使徒保罗（St. Paul[①]）作为制作帐篷幕布的工人可以相对平静地长途行走在地中海地区，哥伦布（Columbus[②]）也能指挥水手扬帆启航，横跨大西洋，另一边是中世纪的欧洲人看上去好像静止到走火入魔的程度。诸如十字军东征和"百年战争（Hundred Years' War[③]）"这类大规模动员事件均属反常现象，都是相对短暂且仅仅发生在局部地区，甚至是遥远边陲的流动，只有当时社会的精英群体和他们的亲信仆从行动起来，与本质上保持静止的小持有农形成鲜明对比，后者只能在他们生活的建有教堂或没有教堂的大小村庄默默挨过这绵绵不断的艰难时世，代代相传，直到现代性将他们从这种奴役束缚中解脱出来。与此相仿，维京人和诺曼人一前一后将自己的势力范围拓展到覆盖法兰西、英格兰和地中海沿岸等地，可以粗略概括为一举终结"古代"这一历史时期的大迁徙时代的最后尾声，以扩张地盘为主题的故事落幕，转为设法扎根定居的故事。没想到黑死病在十四世纪突然爆发，打乱了中世纪盛期已然初步安顿下来的世界，从理论上开辟一套新的动力学，让小农有机会作更有效

[①] 按《圣经·使徒行传》记载，保罗是耶稣的门徒之一，一世纪上半叶开始旅行布道。

[②] 热那亚航海家、探险家（1451年—1506年），由多位王侯赞助，在1492年—1504年间完成四次跨大西洋航行，为欧洲探索美洲打开通路。

[③] 1337年—1453年，英格兰、法兰西之间战事不断。

的讨价还价，希望彻底摆脱奴役束缚，从一种受奴役地位转投另一种对自己相对友好的选择。精英群体几乎立马做出反应，包括采取更严厉监管，试图压制后人概括的一大波流民潮。这种"阶级斗争"动力学，在压迫性停滞与释放流动性这两者之间出现的紧张态势，渐渐被视为中世纪后期西方其中一种具有决定性的结构特征。

但是，这看似令人满意的两部分叙事，一是减缓族群迁徙，二是增加个体流动，尽管大体有用，却掩盖了更错综复杂的现实。毕竟这在一定程度上属于回顾性重构，由于必须依托史料而难免各种受限，不仅深受关于中世纪世界的后中世纪看法影响，偶尔还会加上学术研究技术与兴趣变迁的干扰，结果是这样一种叙事现在看来渐渐变得过时。即使相对简单的问题也要面对极其盘根错节的复杂答案。举例而言，如果拿不到人口普查数据，还能怎样分辨劳动者的流动？更别说做全面的检验了。还有，应该把文学例子当作现实生活的范例，还是充其量只能算是某种理想化的、基于阶级视角的预测或偏见，甚至是故意的倒置，并且，我们作为多年以后的后辈读者会不会早已丢失相应的文化密码，结果变成再也看不懂其中到底蕴含什么笑话梗？又或者，当时一名小持有农的日常通勤可以用什么方式量度，从而做出有意义的地区性对比，比如，将威尔士（Wales[①]）跟威斯特伐利亚（Westphalia[②]）做对比怎么样？还有，发生在伊比利亚半岛的"再征服运动"反映的仅仅是政治当局试图稳定局势的举措吗，还是同时伴随

[①] 1536年经由英格兰亨利八世（Henry VIII，1509年—1547年在位）的《联合法案》（*Act of Union*）正式与英格兰联合。亨利八世属于威尔士出身的都铎王朝。

[②] 德国西北部地区名，也是古代撒克逊人分支名。

打工人群进军新征服领土的事实？这些问题，还有与此类似的问题，都对中世纪的流动性提出了普遍质疑，演变为一道几乎难以回答的难题。令人感到兴奋的是流动性问题目前处于历史研究最前沿。[1]但历史学转向重视流动性主题的影响有待进一步观察，因此流动性研究在很大程度上依然必须从其他关切问题的研究找答案。

这就导致基于广泛时序叙事展开的研究将在区域可变性或研究适用性面前碰壁，或是由于采纳相似类型的史料与普遍印象而沦为简单复制前述包含两部分的元叙事。为应对这些方法论问题，本章更像是围绕过往历代专题研究做一次勘探式远征，而不是提供一份紧凑的剧情概要。接下来将聚焦一些主要问题，时不时地也为提供全面的结构指引而武断建立概念边界。关于中世纪工作者的流动性，本章在探讨时采用一种简单的二元论：他们或是流动去工作，或是带着工作去流动。其中，第一部分讨论关于迁徙的问题与模式，基本上聚焦于开始工作前的人员流动情况。第二部分讨论作为工作直接产物的人员流动可能具有哪些要素，比如季节性流动以及中世纪社会其他一些结构性趋势。从中世纪欧洲涌现的许多文学名著都跟人员流动有关，因此流动工作者的总体画像应该家喻户晓。以杰弗里·乔叟的《坎特伯雷故事集》(*Canterbury Tales*)为例，里面的故事恰由那群身份各异的朝圣者的动向做了预告。[2]尤其是这些一路前行的工作者推动了故事的一些次要情节，比如《磨坊主的故事》里有一名木匠要到树林里找木材，北方来的教士在《管家的故事》登场，《律师的故事》也提到不同的生意人陆续踏上旅途，还有信使负责传递信息。这些人物行走在他们各自的日常里，勾勒出中世纪世界的流动性：他们的行走范围可能属于当地或地区性；可能定义边界或跨越边界；服务对象可以是他们自己、他们的社区或主人。

无论是在一个地区内部流动还是必须跨越地区边界流动，工作和工作者一样难得处于静止状态。但即使可以从各种记录里分辨出工作者的流动性，我们还得面对最重要的问题：解释其发生背景。中世纪确切的人口规模与结构至今知之甚少，旨在评估与中世纪"整体情况"成比例的流动性的研究因此变得更加错综复杂。这在某种程度上可以归结为就是史料不足的问题。从中世纪世界留下的编年史杰作往往聚焦社会精英群体或大规模人群，完全不会按今天的社会与文化史学家想要看到的那样详细描述日常生活。其次，虽然我们不应落入陷阱，轻率假设中世纪早期各地社会一概忽略留下关于他们的农场、城镇和王国运营管理的记录，但我们必须同时认识到，这类文献证据以更接近我们时代的部分更有机会流传下来，由此可能形成某种社会文献偏差：若说1450年的工作者看上去比他们在800年的前辈同行具有更高的流动性，这并不奇怪，因为他们的故事更有机会让我们看到。

说到史料与研究方法之间的相互作用方式，一个最重要的例子可能是人口的最基本问题，没有之一。以800年为例，要估计当时的人口规模恐怕只能得出某种具有一定依据的猜测，加上这一时期人口流动本来就很频繁，日益被称为西欧史上的大迁徙时期（great migration period①，从古代后期到中世纪早期第一阶段），估计人口规模也变得

---

① 478年—800年，或更广义而言约500年—1000年间，主要特点是不存在罗马帝国，神圣罗马帝国皇帝也尚未登场。

更加棘手。正如近期一部讨论欧洲"被忽视的外族人"的文集揭示的那样，要从编年史和手工制品里带出的蛛丝马迹确定理论上截然不同的人的特征已经够难了，再要计算得出这些人的数目、起源和终点几乎就是不可能的任务。[3]至少在评论家看来，这些"外族"人民的流动性经常导致他们变得不是那么容易就能马上分辨出来。甚至中世纪早期的社会特征也可能不够清晰，因为地方势力结构很显然是以相当自然的方式在不断发展，却又容易受到各种"不同的地方主义"影响，从而变得难以概括总结。[4]在这不同类型与历史时期光谱的另一头，可以看到诸如中世纪后期的英格兰这样一些相对保持稳定且得到长期研究的景观，但它们的总体情况也不一定就能在各个方面都清晰许多。比如英格兰人口问题尽管备受好几代学者重视，但其总体情况也要等到历史进入现代早期且大规模推广按教区记录个人出生、死亡与婚姻状况的做法（主要从1500年代中期开始）之后才第一次有了合格的清晰度。[5]

但中世纪的记录并非全无用处。各种税收评估、封地账目、法庭记录以及类似资料有助于深入了解中世纪人口，至少能为人口当中一些群体提供某种相对量度，以此为基础再设法估计更普遍情形。不过，部分由于相对缺乏可量化的史料，中世纪这段历史在某种程度上以不同方式成为人类社会与经济理论构建的试验场，这些方式至今依然影响（并干扰）对该时期的研究。[6]中世纪的经济结构看上去正逐步向现代形式的农业与资本主义过渡，这一点在几乎一个世纪的时间里持续引起研究者关注。与人口相关的工资和通货膨胀研究尤其具有学术影响，比如二十世纪进行的多项研究就得出了相对于建筑工人工资的食品成本变化趋势，由此形成工人收入实际购买力的一种指标。[7]这一做法也用于推算人口动力学，因为人口就是推动实际工资波动的一个看不见的主要变量。从这类研究兴趣和项目可以得出中世纪社会的大部分概况，以此为背景评估工作者的流动性，但同时值得指出，这一背景往往更具理论性，并不总是那么显而易见，而且多半跟其他一些经济趋势与指数有关。

最后再提一个值得应对的难点，存在于移民与贫困这两个课题的证据问题长久困扰对中世纪的社会人口学研究。这两方面的证据几乎全都难以量化，因此不能分门别类用于综合研究。举例而言，用于确定通货膨胀趋势的建筑工人工资应该是特定地点的工人的日薪。但从现有史料并不总能清楚判断，这是同一群建筑工人的数据，还是一份流动的选择性记录。与此相仿，有助于估计城市人口的税收资料往往只记录交税的那部分人口。历史学家曾经假设当时存在打工阶层的家庭和贫民，跟交税群体形成某种比例，再用这么小的家庭和本地估计数目去估计更大规模的地区和国家数目。英格兰城镇埃克塞特（Exeter[①]）的案例凸显了这一问题：从相对稳定、大体完整的传世评估得出了不同的个人和家庭户数目，可能有两个原因，一是记录发生了变化，二是人口发生了变化。[8]若将家庭平均规模与贫困居民免税比例纳入考察，历史学家估计当地人口在十四世纪后期约为3000人，到十六世纪早期变成更有把握的估值，在8000人左右。至于较早前的记录可能在多大程度上难以反映总人口水平，这当然存有争议。[9]

---

① 因临近英格兰西南部埃克塞河（River Exe）汇入英吉利海峡处，历来备受重视，包括中世纪九世纪后期威塞克斯阿尔弗雷德大帝两次在此击退丹麦人进攻，惟于1003年失守。1068年，英王威廉一世经18天围攻将其夺回。

因此人口增长率变得高度取决于对上述有限证据所做的读取和分析。再考虑到埃克塞特是这方面记录最完备的城镇之一，也许可以最充分地看到中世纪的人口情况有多么错综复杂。这个城市在中世纪早期的人口可能比猜测好不了多少，甚至到了中世纪后期也是基于重重估计的推算。

将这些证据规模化而得出欧洲总体情况的做法可能使证据里面存在的问题变得加倍复杂，这在工作者流动性研究面临的各种局限看来尤为突出。虽然脱氧核糖核酸（DNA）分析可能有助于探明跨郡县与跨世纪的基因流动趋势，但用这种工具看不到每一天的变化。考古学就中世纪工作者的生活方式和工作方式，以及他们所在的文化和经济景观提供了大量洞见，但难得看到关于个体流动的全面调查。文献分析只能让我们短暂体会中世纪各社会的结构，因为这些证据往往取自古人其实另有不同意图的史料。举例而言，古人做税收评定的目的是要把钱收上来，而不是调查某一特定地区的人口趋势或家庭流动趋势，即使他们留下的文档在一定程度上可以用作后面这些研究。此外，单薄的记录即使可能存在某种提示性，也不一定具有代表性。这盘根错节的局面有助于我们达成对中世纪社会更准确的认识，迫使我们跳出"那是一个停滞世界"的成见去思考。遇到证据缺失的黑暗角落，我们可以将中世纪工作者的辗转流动置于众所周知事实的聚光灯下进行考察。

中世纪欧洲工作者的流动性是由数不清的因素决定的。从移民定居这一简单事实到穿梭奔忙在各大建筑项目之间的专业石匠，再到奔赴农作物收割现场的季节性行进，欧洲工作者如此经常性的流动可能会让后世读者感到惊讶。由于流动性研究往往需要对证据进行横向思考,因此,同时关注移动本身的证据与鼓励和限制流动的背景因素应该大有好处。有什么机会或情况鼓励工作者流动,有哪些结构抑制或促成了工作者的流动? 另一方面,研究过程也可能对研究对象造成局限。回答问题的时候往往会引出更多的问题。例如,就中世纪移民而言,尽管有一些很有根据的假设,但通常接近于历史学推测。即便如此,若能放在四大主题下进行考察,还是有机会就工作流动的结构与体验这两方面得出一些普遍规律,这四个主题分别为农民奴役、城市化、团体迁移与流民现象。

农民奴役

回顾中世纪的西方世界,大部分地区从本质上看属于农业性质。尽管存在人员迁移现象,贸易网络五花八门,家族成员也有机会从一个村子搬到另一个村子,但我们经常得出的印象依然是世界仿佛静止在原地。就像存在一种明显只属于中世纪的生活方式一样,绝对的阴郁、沉闷,至少在流行印象里是这样。的确,若借鉴早期马克思主义史学的看法,中世纪世界的社会分层恐怕还会进一步强化这一画面。后人往往将中世纪社会描绘为权力的金字塔:国王和罗马教廷教皇高居塔尖,通过主教、男爵、牧师和骑士等人一路扩展下来,最终抵达由大量农民组成的最底层。这一结构有时也会用作广义模型,尽管看着很直白,却说不上简洁到位。毕竟社会流动性与实体流动性不仅同等重要,而且同样实在。事实上,中世纪各种理论家,尤以本笃会修士、恩舍姆的阿尔弗里克最为著名,普遍主张按不同职责对社会进行三重划分,分别为祷告者、战斗者和工作者,从而将人明确列入三种不同的等级或地位之一。这种认知一度用作理解(以及管理)中世纪社会的模型,在一定程度上也算得上行之有效,哪怕它看似直白的划分到了两个层级的边界位置也会变得力不从心,开始含糊其辞。但无论是中世纪理论家主张的三分理论还是后中世纪研究者归纳的"金字塔"看法,这两者其实共享同一套假设,这就是大量工作者为祷告者和战斗者提供支持,并且这里说的支持属于最基本的类型,确保他们吃饱喝足,如此看来上述模型可能是准确的,只不过很难说单独属于那个时代。古往今来每一个人类社会都少不了粮食生产这一环节,中世纪的生产方式是农民,但他们不是建筑地基,不会固守原地一辈子。

中世纪的农场耕作方式与技术,以及平整土地与播种、日常照料与收割等作业,全都意味着必须有足够数目的工人长期居住在足够靠近生产田地的位置,只有这样才能确保达成正常粮食供应。这种必要性就是中世纪主要定居模式的形成理由,封地和村庄是这一现象最常见的案例,每一处都有一小群劳动力聚居,基本上全都来自当地。个体农民常常跟一片特定土地绑定,这在当时是合法的,可能是明文规定,也可能是他们依附的领主的意思,都在表明中世纪农民很可能是被迫留在原地。

但农民群体存在多种情况,"农民"这一术语相当具有可塑性。在英格兰,合法奴役关系一般称为农奴制(serfdom),但农奴(serf,源

自拉丁语 *servi*）又包括一系列不同技术术语或奴役形式。英格兰中世纪农奴制在学术领域长期居于附带研究性质，只是更广泛社会与经济趋势的一部分，迟至最近才成为详细研究的主题，相关情况也因此显得更加清晰。[10]农奴可能直接依附于他们的领主，通常是继承而来，意味着他们必须在领主的土地上耕作，承担相应数目的义务。也可能是从领主那儿获得一部分土地，从而形成依附关系，这种情况一般称为 villein tenure，直译为保有维兰资格。维兰作为农奴的一种类型，由于租种领主的土地而对领主负有一定义务，但不是生来如此。无论属于哪一种情形，重点是英格兰的农奴可能经由不同方式变成对他们的领主负有义务，通常源于中世纪较早时期的传统做法，但随着中世纪渐近尾声，这些做法也日益遭弃用。考虑到存在区域变体以及多种具体应用方式，并没有什么普遍划一的农奴体验，但透过农民承担的一些义务还是可以看出英格兰农奴在中世纪乡村面对的流动限制，有助于了解他们的流动性。

举例而言，农奴要结婚就必须先交一笔婚嫁费（merchet）以获得他或她的领主许可。如果不在封地上居住，必须交一笔人头税（chevage）。理论而言这类要求在一定程度上肯定会抑制流动，但也就中世纪乡村农民的流动情况提供了少见的证据，因为封地账本都会记载由此而来的罚款。一般情况，这些证据可以作不同的解读，以下问题尤其具有代表性：找到越来越多付款证据是否就能证实越来越多农奴离开封地，还是说仅仅由于该特定奴役关系的领主一方改变了管理方式？尽管黑死病造成的直接后果确实包括 chevage 这种人头税收入增长，但很快就调头下跌，在短短几代人的时间里就变得相对不那么常见。换句话说，关于黑死病过后农奴自由度上升，带动流动性提高的观点，从最新的英格兰研究结果并不能看到充分印证，至少从传统理解的意义上看是这样（也没能从领主这边看出存在普遍反映）。农奴制看上去已经开始消亡，黑死病可能不是促使它在英格兰彻底退场的主要催化剂，真正起作用的是一种各具区域特色的渐进改变。与中世纪欧洲其他许多领域的研究一样，分析农民流动情形的工作也将史料素材用到了极致。中世纪后期，当地主们试图限制奴役流动性，如同英格兰和西西里岛的例子显示那样，他们的举动看上去更像是设法收取罚款、补充地主自家的账目，不一定同等在意应对在工作者一方出现的各种实际流动。【11】

但若具体到个体农民的流动，从欧洲各地的当地案例研究可以普遍看出一种相当不稳定的社会现实。以巴伦西亚（Valencia①）的瓦尔迪尼亚（Valldigna）山谷为例，曾经存在一个具有高度流动性的农民社会。【12】假如同时考虑到这些人其实是穆斯林农民，却在基督教一方发起的"再征服运动"过后选择继续留在被基督教领地包围的这一小块内飞地（enclave）上生活，这一现象就会变得更加令人感到惊奇。从中世纪早期留下的其他一些证据也对当时人们的流动有所提示，因为这些文档同样提到位于社会更底层的成员。举例而言，十世纪初，一位阿拉伯旅行者在伏尔加河（Volga②）沿岸就目睹一个巨大的区域市场，在他视为欧洲北部蛮荒之地留下了人员与货物均在繁忙流动的证据。【13】中世纪其他的旅行者，比如威尔士的杰拉尔德（Gerald of

---

① 又译瓦伦西亚，今西班牙东部港市。
② 欧陆第一大河，长约3500公里，经俄罗斯西部流入里海（Caspian Sea）。

Wales①）作为一名教士，也在详细记录自己的行程之际准确定格了欧洲各地不同部分之间的相互联系。[14]这些旅行者出门在外必须仰仗船夫、车夫以及客栈老板等人提供协助，后者也有人员流动的丰富故事，但除了会被旅行者记下来，恐怕难得见于其他文献。

但在某些大背景下也能看到有关农民和工人流动性的更直接证据。仍以英格兰为例，其中一项工作是用姓氏作为线索调查还原黑死病爆发前的移民趋势，结果表明当地存在相对较高的流动率。[15]再以中世纪早期的伊比利亚半岛为例，从陶器遗迹的差异化分布情况可以看出更大规模的外来移民（或至少是外来文化影响）进入集镇而不是城市，至于周边地区文化特性传承的深厚，甚至可以追溯到罗马时代后期，可能表示当地外来移民的规模一直处于较低水平。[16]迁出（或迁入）人口规模较高与较低地区之间的区别仍然有待进一步研究，但迁移的事实在某些条件下很容易就能得到证明。以相对记载完备的中世纪英格兰为例，就历史学家所知，个人迁移在黑死病爆发之前一个世纪属于相对正常现象。比如，对十四世纪埃塞克斯做的一项研究表明，每年都有大约十分之一的成年男性离开或进入他们的村庄。[17]在对当地农奴迁移做过详细研究的一些地区，从结果还能看出存在一些相当长距离的流动。举例，就英格兰东部萨福克（Suffolk）郡封地做的一项研究发现，其中一片封地有65%的农奴永久迁居到20英里以外。[18]不过，哪怕个人移民通常可以通过他们的姓氏、遗嘱认证

---

① 威尔士神学家、历史学家（约1146年—1223年），先后跟随未来英王约翰远征爱尔兰、陪同坎特伯雷大主教访问威尔士，留有爱尔兰和威尔士纪行各两部。

记录和法庭案卷等资料与他们定居的村庄或封地形成关联，揭示出代际流动与潜在的乡村地区迁移模式，但中世纪一大主要迁移趋势就是人们从乡村向城镇流动。

┃ 城市化

集镇与城市往往比乡村更有机会留下完善的记录，因此，聚焦城市化进程有助于了解中世纪早期的加速移民或更广泛人口动向。举例而言，通过这一做法已经发现英格兰大部分主要集镇在1086年做《末日审判书》土地清查之际已经建成。【19】集镇如此蓬勃发展在一定程度上可视为欧洲人口在中世纪中期迎来普遍增长的反映，特别是在中世纪"温暖时期（Warm Period，约950年—1250年①）"，更有利的气候条件有助于欧洲人口节节上升。但许多大城市，比如伦敦、特里尔（Trier②）和罗马，还有自己的前中世纪老本可以依托，因此这一现象常常跟城市化程度提高更有关系，然后才是集镇遍地开花的影响。尽管当时欧洲依然以农业人口为主，占压倒多数，但欧洲较

---

① 缩写为 MWP，主要影响北半球，具体成因尚有争议。
② 位于德国西南部。公元前400年左右德意志部落之一特来维里人（Treveri）在当地建有神庙。罗马将领凯撒在《高卢战记》提到他们派骑兵支援。公元前15年前后，奥古斯都建城，拉丁语名为奥古斯塔·特来维罗伦姆（Augusta Treverorum），五世纪转由法兰克占领。

大规模城市对各自所在地区的经济影响和人口吸引力已经超过人口占比提示的程度。史学界有一则老生常谈，认为欧洲许多较大集镇和城市在整个中世纪并没有自我复制，实际上还是主要依靠外来移民维持和扩大自身人口。但这也可能是中世纪研究领域另一个建模跑在证据前头的案例。对中世纪较后期各地城市做的一项研究发现，面对黑死病带来的毁灭性打击，这些城市依托外来移民加速而得以相当快地重整旗鼓。[20]突如其来的劳动力短缺推高了工资，从周边国家引来更多的移民，但这种反弹效应谈不上普遍。以特里尔为例，在黑死病肆虐导致城里居民锐减大约一半之后，又过了一个半世纪，当地人口可能只回到相当于疫情前83％的水平。很难就整个欧洲范围做概括。区域经济或战争像瘟疫一样也可能左右各地的死亡率与外来移民速率，但其具体方式我们从史料的字里行间往往只能看到一点点间接提示而已。

同样值得注意的是迁移并不总是单线的。尽管瘟疫肆虐的城镇对外来移民无疑是有吸引力的，因为很多人死于疾病，而这引来了更多移民，但较少有人关注从城镇向外迁移或在城市环境内部迁移的情形。这种聚焦选择从本质上说是文献记录的产物。相比之下，进入一个地方的迁移比离开一个地方的迁移更容易调查还原，并且容易多了，因为一个人突然不见了踪影这种事几乎难得立即就有一番解释。正如前面提到那样，对农奴的罚款给我们留下了农民的流动情况记录，但城镇居民迁居乡下的情况就不存在大量此类罚款账目可供查阅。与此相仿，在现代早期以前，市民档案一般也不会编目记录劳动者的居住地址。不过，只要我们稍微扩大讨论的时间范围，就能从埃克塞特的贫民救济记录看到贫困人群在这座城市一带具有相对较高的流动率，至少从当地教区与病房之间的流动看是这样。[21]接受救济的贫民有大约15%—20%在前面两年时间做过跨越教区边界的流动（且同时继续获得救济），这一最低数字反映的可能是在中世纪后期的城市社会，尤其是在那些租房居住的人群中，流动是一种普遍的经历，而这甚至还没算上非救济人口或只发生在同一教区范围的流动。

诚然，并非所有前往城镇的流动必属经济移民，说得更确切一点，移民自己可能不会这么分类。家庭关系和社交网络最有可能构成个人流动背后的重要理由。此外，说到中世纪的工作者，他们的工作与个人身份之间的区别可能不像后辈现代观察者的情况那样泾渭分明。举例而言，中世纪行会机构通过学徒制和培训课程等方式将工人逐步培养成为各有所长的手艺工匠，这些人的社会身份可以通过具体工作安排进行调控或在文化上加以界定。把职业用作姓氏的做法经久不衰，凸显了工作身份与家内身份这层交织情形。城市与集镇为外来移民工人提供的众多机会之一就是有可能成为某个行业的学徒。如此一来，这一现象不仅对城镇起到拉动因素作用，把人拉进来，也渐渐变成学徒期的一项限定因素，因为学徒从理论上看处于他们的匠师控制之下，一般寄居匠师家里。但行会和行业也为进一步移民提供了机会。对威尼斯和阿尔塔雷（Altare①）做的一项研究表明，虽然有些行会倾向限

---

① 位于意大利西北部。因诺曼底玻璃工匠陆续迁入，从十一世纪形成自己的玻璃产业，称为阿尔塔雷玻璃（Altare glass），品质与威尼斯堪称旗鼓相当。与威尼斯为保守行业秘诀而将玻璃生产限定在穆拉诺岛的做法不同，阿尔塔雷鼓励工匠流动，与威尼斯外流工匠一道助推欧洲多个国家建起玻璃产业。

制或禁止向外移居，根本就是把静止变成自家行会身份的属性之一，将工人绑定在一片特定区域，但也有一些行会对移民行为采取更具管理性质的对策，甚至通过欢迎来自其他地区的移民工人，促成行会的跨区域扩张，或是更方便引进新技能、技术与产品时尚。[22]在波罗的海沿岸的集镇，商人和手艺工匠圈里广为人知的做法之一就是父亲特意将儿子送到国外，使孩子们有机会学习当地语言、建立商业与社交关系，从而形成自己的优势。[23]

| 团体迁移

由行会，甚至是城镇议会做出安排，鼓励外国人集体迁入或本地家庭把孩子送出国外的现象，演变为一个非比寻常的中世纪难题，这就是地方、身份与种族渊源之间的联系。迁移与身份有机会通过盘根错节而又别开生面的方式交织在一起，由此造成的大麻烦却是变得难以归纳。中世纪的历史部分由于跟现代早期和现代国家形成有关，再加上十九和二十世纪族裔民族主义（ethnic nationalism，又称种族民族主义），因此常以民族迁移的词汇进行表征。从四海为家的哥特人和法兰克人，到乐于安居的德意志人和法兰西人，前面提到的各种联系常常要么相对不加批判地接受，要么遭到积极排斥，又或是干脆忽略。此外，流行的解读还往往取材于后中世纪的重新构想，其中一个例子是见于十九世纪科学与种族语篇的父权制"盎格鲁-撒克逊人

(Anglo-Saxon man)"。

考古学科在研究中世纪早期时尤其感到棘手的问题，跟族群、民族或文化认同以及物质文化之间的联系有关。【24】从某些方面看，所有大规模的人群集体流动都可以粗略归因为经济上存在必要条件，或至少是影响了我们对工作与流动性的理解。可以这么说，任何以定居为目的而流动的人，哪怕这种流动发生在征服战之后，这些人都属于移民工人，由此引出如何归纳某些现象的特征的辩论。例如，日耳曼人在中世纪后半叶向邻近地区流动的题目带有敏感性，若将这种流动在后来的民族主义语篇起了什么作用一并考虑在内就更是如此。【25】大致说来，我们可以明确指出一个特定群体的流动，其中一个例子是维京人进入不列颠群岛（British Isles）、欧洲西部和地中海一带，又或是很有把握地确认在这一时期开始之初发生的各种大规模流动，但要仔细分辨外来入侵行为从什么时候转变为外来移民行为就不一定总是这么一目了然。中世纪很多战争与征服战可能都要划归这一类，都是由冲突行动促成了某种形式的殖民式移民。举例而言，当英格兰大军入侵爱尔兰，英格兰和威尔士的工人也会得到鼓励跟着迁移过去，在这一过程中渐渐改变当地的农业实践与建筑模式。【26】与此相仿，地中海东部参与十字军东征的王国也纷纷鼓励宗教使团跟上，最好还能在当地定居，为维续本国殖民事业储备行政管理人才。【27】并且，除去更有机会见诸史册的精英群体，在他们背后必然还有大批工人同行，他们也在支持和推动经济、社会和政治发生转变。

另一个可选做法是将偶然发生的驱逐行动归纳为工人背后的驱动力，包括针对少数族裔社区的迫害事件在内，比如1290年将犹太人驱逐出英格兰一事。【28】其他符合一套类似分析框架的流动，哪怕原动力和表述可能完全不同，包括抵抗入侵与肃清入侵者，最著名的例子要数抗击蒙古人（Mongol）的努力以及基督教与穆斯林王侯在欧洲中部的长久冲突。在这期间也发生过族裔清除的明确案例，人们要么被赶走，要么被迫做出重大文化调适。在伊比利亚半岛的"再征服运动"期间，摩尔人（Moor①）和摩里斯科人（Morisco②）提供了一个改变宗教——族裔身份的实例，其迁徙相关实际情况变得相对难以归纳。每一个十年、地区、阶级乃至每一个家庭的故事可能都会变得很不一样。此外，除去直接的驱逐行为，还有各种限制措施可能强加给这类"其他"群体。举例而言，中世纪存在一系列针对穆斯林群体的限制。比如巴伦西亚的限制一直在变化，证据是各项法令，包括允许穆斯林自由流动、要求先拿到许可再流动以及限制穆斯林女性婚姻，等等，相对较快地多次进行修订。【29】不过，限制措施若是过于全面也会形成风险，毕竟人们一旦感到生活过于压抑就会选择逃离，导致当地人口减少，接踵而至的就是经济一蹶不振。因此，即使是表面上看存在压迫式强权的例子，明智做法是同时注意将其日常实践视为考察的另一个要素。与研究农奴制一样，要留意理论上看可以限制工作者流动的能力并不一定就能确保大家留在原地静止不动。

　　罗姆人（Romany）通常又称吉卜赛人（Gypsy），从他们的故事不仅可以看到族裔迁移、受限情况或流动机会等问题，还体现了中世纪

---

① 非洲西北部阿拉伯人与柏柏尔人的混血后代。
② 在西班牙已经受洗成为基督徒的穆斯林。

工作者的潜在流动性，也许超过其他任何群体。从语言学证据看他们的起源可能是在亚洲，其中一些指标提示可能曾在希腊语通行地区有过一段相当长的停留时间，长到足以留下一点语言学印记。【30】但暂且不谈确切起源，从判断他们是来自近东（Near East，通常指地中海东部；吉卜赛人约等于埃及）的近期移民这一点也能看出，在一般所说的"迁徙时期"名义上消退之后，中世纪时期继续存在很大的可能性，发生向欧洲进发的集体移民，哪怕各地官方经常做出敌视或压制性反应，后者可能可以理解为中世纪后期出现了某种沉迷应对不受奴役关系约束劳动者的情况。

流民现象

　　罗姆人至少从一个方面跟中世纪后期对无业流民感到担忧直接有关，这就是他们提供了一种现象，不仅各种主管当局感到必须做出反应，而且，要将民族迁徙归为中世纪早期现象之一的趋势也变得更复杂。跟人口趋势研究的境遇相仿，流民、失业、就业不足、无所事事等现象与工作史存在盘根错节的历史学关系，使上述看似直白主题的解读也变得相当棘手。【31】中世纪后期，层出不穷的地方规章和条例、国家或王室的各种法律和政令以及一系列的文学成见看上去都在提醒我们，不工作的人四处闲逛，从早到晚无所事事而不是忙于打工维生，这在当时是一个越来越严重的问题。最起码，从主管当局记录在案的内容可以看出人们对工作与无所事事的态度可能正在发生转变,甚至变成一种严重的文化关切以及对犯罪行为的恐慌。这一看似明显的变化在一定程度上可能要归因于选择偏差,毕竟只有一部分书面记录得以侥幸传世,并不是全部。以规范社会流动为目的的法律越来越多,原因也可能是当时越来越多地转用法典式成文法对社会进行管理;其次,不同类型流民的刻板印象开始成型,可能跟文学传统或社会现实正在转变有关,但很难确定具体哪一个影响更大;第三,从城镇和法院看到各种法规明显增加,这可能在一定程度上反映了当时的历史背景,但通常也要归功于越到后来人们做的记录越多,这些史料也越有机会流传至今的事实(这些主题的更多讨论可参见本卷第八章《工作的政治文化》)。由于缺少好几个世纪的文献记录,在中世纪早期与后期的流民主题史料之间留下明显分界,容易给后世读者造成印象,仿佛关切或担忧之情随时间流逝而在中世纪后期陡然加剧。与此相仿,"流民现象"本身作为一个分离的研究对象,既是历史学孤立的产物,也是源自中世纪治理的某种调制品。举例而言,流民现象与(不)工作阶层存在联系是首批研究这个题目的历史学家的强烈主张,该群体主要由十九世纪的社会改革者组成,为相关学术语篇的好几次酝酿期设定了议程。[32]可以说,十九世纪的失业现象在很大程度上定义了中世纪流民现象的研究。

但这不是说将这些史料解读为流民现象加剧或人们对此深感担忧是毫无根据的。如前所述,从中世纪的文献证据可以看到当时社会面临相当高的移民率以及相当显著的"城市化拉动"因素,这可以解释无业者纷纷投奔城镇找工作。如果找不到工作或者是投奔的人实在太多，那么，可以想象，这个目标城镇的局势有可能演变为触发某种敌视性行政反应。城镇法令集充满了惩罚外国乞丐和流浪汉的通用指令，通常不带任何明显的背景解释。这些内容一般都会假定为针对当地情况波动而做出反应。这层历史学关联支持了一种广为流传的假设：中世纪后期，流民现象在整个欧洲普遍加剧。但这类记录依托的历史背景有时相当容易就能看出来，显示失业——流民现象并不总是当地唯一的头等大事。例如，索尔兹伯里（Salisbury①）存有一份市政记事簿，其中包括1452年8月的一份王室命令副本，内容是下令惩罚流浪汉和乞丐。【33】当时这座城市刚刚同意在百年战争期间选送二十名士兵前往阿基坦（Aquitaine②）参战，还讨论了怎样支付相关费用，然后誊抄了这份王室命令。由此可见他们在社会管治方面可能存在比单是乞丐人数太多还要严峻的问题。针对流民现象的监管在实践中演变为方便的、包罗万象的法律"筐"，可以拿来应对一系列的不同问题，从真实的、令人烦恼的乞丐一直到战争期间由间谍或叛乱分子带来的威胁无所不包。

若从更长远的范围进行考察，就流民现象引出的方法论问题而言，英格兰成文法就是一个相当具有启发性的案例。其中，旨在促成逮捕或惩罚陌生人、流民或乞丐的议会法规可以在1285年、1349年、1383年、1388年、1495年和1504年这些年份轻松看到。【34】从

---

① 英格兰南部古城。源于铁器时期早期一座城堡，诺曼人在十三世纪先后建起大教堂和新城，以布料和羊毛贸易闻名。

② 今法国南部地区名。因1152年女公爵嫁给未来英格兰国王亨利二世而成为英格兰一部分，直到百年战争法兰西最终击败英格兰而将其夺回。

表面看这可以简单解读为集中反映了黑死病过后人们对流民现象报以越来越深切的担忧,这不仅跟一个关于鼠疫影响的较早期历史学分析模型完全吻合,也有1500年代陆续通过的好几项法规可以作证,随着后来人口规模回升,到中世纪临近结束之际还变成一个更棘手的难题。但这里还有另一种解读,指向王室权威在实际行使过程可能存在差异。具体而言,从上述所有这六个年份的法律看,传统视为更强势的两位国王爱德华一世(Edward I,1272年—1307年在位)和爱德华三世(Edward III,1327年—1377年在位)分别通过一项,通常认为实力较弱的理查二世通过两项,还有两项由亨利七世(Henry VII,1485年—1509年在位)通过,他的用意可能包括提振由他开创的新王朝的声威,史称都铎王朝(House of Tudor①)。但亨利七世这两条法律基本上属于同一项法律的再次发布,因而指向了前面提到那另一种可能的解读,也再次凸显阅读史料应该具备怎样的智慧,包括要对历史背景和研究主题保持同等的敏感度。法律和立法的历史背景在很大程度上可以解释的是法律条文的变更,而不是直接的社会经济问题。比如都铎时期流民现象相关法律数目迅速增长,可以解读为有一部分原因出在十六世纪依法进行的立法工作普遍激增这一事实。此外,不管就这个相对独立的立法领域做的解读到底哪一种更值得支持,其整体依托的概念依据基本维持相对不变,贯穿整个中世纪;法律使惩罚

---

① 英格兰王室名(1485年—1603年),经亨利七世、亨利八世、爱德华六世(Edward VI)、玛丽一世(Mary I)到伊丽莎白一世(Elizabeth I)共五位君主,源于威尔士,期间先后与威尔士和苏格兰联合,伊丽莎白一世还将王位传给苏格兰国王,称为詹姆斯一世(James I)。

流民变得很方便，设法在地方层面管制乞讨行为，鼓励当地为本地穷人提供救济。但在某些方面这就是那同一个方法论难题，不仅如前所述影响关于农民与人口的研究，也影响以下每一对概念之间的张力研究：理论与现实，静止性与流动性，历史的推测与实证可证明性。从一定程度看，所有历史学家都能合理采用的做法就是开发并测试模型，设法找出合理范围，确定用以提出更普遍趋势的可分辨最低限度条件。

| 跟随工作流动

暂且放下大规模流动、方法论顾虑与历史学争论，先从宏观历史转向微观维度，进一步聚焦地方层面，哪怕只能得出某种通用概括。中世纪时期最常见的工作者流动形式跟流民现象一样，并不属于容易留下文献记录的日常范围。当时的情况，在那日复一日的生活里，大部分的中世纪工作者都在流动，奔走在各自的例行起居与劳作场所之间。毫无疑问，关于他们的流动，有一些特定场景可以看到一些片段，有一些可以做一点合理的推测。无论是到田间下地去、把牲口带去市场或是在建筑工地打工，从农夫、仆人到挣工资的劳工，都有各种跟工作有关的理由而必须在他们的驻地乃至所在地区的范围来回奔忙。待历史学家和考古学家以这种或那种方式确认一份长长的具体任务清单之后再编制目录也不难，但更有价值的做法可能是先分类，稍带一点武断地分组，目的是便于分析，为进一步研究提供框架。

工作者往往跟随四季的流转而流动，哪怕这里说的流动只不过是前往某一处特定景观，并且他们的活动也集中在其中一些具体位置，于是就有机会探讨带季节特色的流动性。但跟农场日常耕作制度有关的书面记录难得流传至今，因此考古学提供了中世纪农业的许多新信息。【35】从这些证据可以看出人们在当地景观留下的物质成果，比如田地结构、居住与产业用屋舍以及各种技术设备。【36】随着考古工作不断深化，更广泛的景观变化趋势也变得越来越清晰。【37】到了中世纪后期，跟农场耕作有关的各种账本和账目提供了另一扇窗，有助于了解中世纪农场农业的年度经济状况，包括一些运营细节，因此研究主要集中在区域变量与时间变化等问题。与迁徙问题的研究相仿，中世纪农场农业的特定结构也得到了深入研究，主要聚焦耕作规律随时间推移而改变的宏观历史学课题，以及在市场运作、资本化、消费、生产等多方面的疑问。尽管如此，通过研究中世纪时期乡村地区不断变化的景观、经济与社会结构，还是有机会对乡村工作人群的流动性形成一些认识。

最便捷的做法可能是从每一个年度周期的结束之际说起。每到农作物收割时节，工人很自然地就会奔向某一种特定作物，并且沿这种作物的栽种地块两侧分布，因为主要作物通常会在乡村景观里占有自己的专属区域，包括开辟出长条形的地块以备播种。收割环节会把工人吸引到特定地块。因为农场主此时往往需要额外雇请更多的劳动力；自家成员当然必须帮忙；若邻里之间互相帮忙就会形成社区内的援助。如果土地规模较大，地主们往往还会迫使自家农奴去做这类工作。诸

图6.1 两个男人用连枷打谷。出自《卢特雷尔诗篇》,制作时间约为1325年—1335年。藏于伦敦大英图书馆,编号 Add. 42130, folio 74ᵛ。
来源:Wikimedia Commons.

如小麦等主要粮食作物必须先收割并整理成捆,再送去脱粒(从植物的茎或谷壳里敲出谷粒的环节;图6.1)。

接着还有人来到地里"拾穗(glean)",捡起从主要工序留下的残余谷物,通常都是当地穷人,因为拾穗这种活动也被视为慈善救济形式之一。在这之后,彻底收拾干净的田地转为牧场用途,牧羊人和其他牧人也可能搬过来住上一段时间,以便就近照料自己的动物。从一段较长的时间跨度看这种流动还会不断进行调整,因为田地在不同的季节和年份也有不同的轮作安排,从而对当地自然条件运用和工人相伴流动造成持续多年的摇摆周期。普遍采用的方法之一称为三道制(the three-course system),将土地分为三部分,一部分种谷物,一部分种豆类或其他辅助性质作物,第三部分直接休耕,希望通过轮替使用田地达到最大限度提高土壤资源利用效率的目的。当然,这套方案也有机会发生一些变化,具体要看区域条件和专业程度。但正如一项关于当时佛兰德地区情形的研究表明，真正用在地里的轮作体系可能还要更加多片化，比前述看似简单直白的理论景观划分法可能提示的情况更加细碎一些。【38】话说回来，尽管从全欧范围看依然有待进一步了解，但若说发生在景观范围的收获时节工作流动性反映了当地的具体收割做法，后者在很大程度上又取决于地理、气候条件以及不同的耕作方法，这作为普遍原则依然可以成立。中世纪农场耕作以及与此相关的劳动力流动的标志在于可变性，而不是一致性。

这倒不是说全欧范围不存在任何相似之处。一般而言，每年夏末的农作物收割工作是重头戏，毫无疑问见证了高度的工人流动性，毕竟"人往高处走"，囊中羞涩的雇主可能难以说服工人留下来。然而适合农作物收割的时间窗口相对较小，农作物一旦满足收割条件就必须立即动手，否则，只要来一场不合时宜的暴风雨就会造成严重损失。另外，谷物必须赶在过度成熟前收割，以免在收割环节打掉太多谷粒，未能送到脱粒环节，导致最终产量打了折扣。这道理是如此显而易见，每到这一关键时期，擅长收割作业的工人往往可以占据比平时更有利的位置，谈成更理想的薪酬，包括在更公道的条件下工作。以十六世纪早期英格兰王室一项大工程为例，当时工地上麻烦不断，原因就是总有工人要在农作物收割时节为拿到更高薪酬而不惜开小差，并且这类现象在更早的历史时期很可能相当普遍。【39】对中世纪农民日常饮食做的一项研究表明，中世纪后期，参与收割农作物的工人往往都能吃上分量更大、质量更好的饭菜，这凸显了他们在乡村经济的重要性，也可能提示了这份工作的工作条件具有竞争力。【40】由于这些工人的工作从本质上看是流动的，这就导致他们更有机会讨价还价或直接另谋高就。

在农业周期的另一端，离收获时节还有好几个月之际，不同的操作需求也会把工作人群带到田间地头。从劳动密集强度看，犁地比收割要低一些，但依然属于要求人们在当地范围奔忙的任务。同样，播种的工作也是手工完成的，需要工人来回进行，接下来的翻耕也一样，确保犁过的土壤充分沉降。【41】与此相仿，无论是播种前的土地准备工作还是贯穿各种农作物生长期的土地维护工作，都包括了持续清理杂草这个项目，这就要求人们不断往返忙碌。即使是从播种后到收割前那几个月，中世纪农民和其他户外体力劳动者也不会完全无所事事，哪怕不同阶段的活动密度确实可能高低不一。甚至小朋友也能在这种环境找到工作，比如在农作物生长季节扮演行走的稻草人，忙着扔小石子赶走贪吃的小鸟，还要消灭各种害虫。另外，从中世纪欧洲人的生态系统产出的其他农产品也各有需求，从萝卜到葡萄再到黄豆，不一而足，每一种都需要悉心照料，要求人们在当地来回奔忙。

说到中世纪欧洲工作者流动性的主要成因，排在农业之后的很可能就是畜牧业。畜牧业还对弥合与模糊按季节和职业流动的工作者之间的区别具有概念层面的重要意义，但也同时凸显一套很有用的职业流动性目录。举例而言，无论具体是放牧羊群还是照料牛群，这些工作都会让工人处于高度流动状态，尽管他们的活动痕迹难得有机会记录在案。但我们还是可能了解到，当时英格兰有很多大型封地都聘请了专业牧羊人，由他们管理好几百头动物；至于苏格兰地区本来就以山峦起伏著称，单说能否充分利用土地这一点，养羊往往会比种植更有效率。[42]重要的是放羊可以成为另一项雇请小朋友负责的活动。尽管按性别划分工作职责的做法不像有时想象的那么各地如一（举例，女牧羊人确实相对比男牧羊人更常见一些），但往往还是可以看到一种趋势，待男孩和女孩长到一定年龄就会给他们分派不同的任务。大约到七八岁上，女孩会发现她们的任务更偏重各种家务活，男孩可能派去照看一小群羊。[43]当然，小朋友的工作现场培训具有高度的流动性。我们可以合理预期，这些男孩会跟在他们的父亲、哥哥或其他任何正在培训他们的人身边，在远离他们名义上的家的地方度过相当长的一段时间，要么搭帐篷露营，要么借宿简易的牧羊人小屋，从人口统计学上看这些小屋可能星星点点散布在特定景观外围。在英格兰和威尔士高沼地一带可以观察到这类远距离迁移放牧（transhumance，简称移牧）的实例，届时"所在社区全部或部分跟着迁移"，占用这些土地放牧牛群的时间甚至可能长达三分之一年到半年。[44]

这样一来，与照料动物这项工作相关的一些流动的范围，可能从相对较小规模、局限在一个较小区域的流动一直到实际上的季节性迁徙都有，而后者有时可能达到相当极端的程度。以当时西班牙的牧牛人为例，可能要赶着他们的牛群长途跋涉400英里（约合640公里）路程，从夏牧场前往冬牧场。[45]但放牧工作的流动性并不限于前往不同位置的牧场照料牛群，还包括从地里把它们带到市场去，这往往也要做相当长途的旅行。这就给我们一点提醒，关于中世纪不同社会和经济之间怎样通过需要人类参与的各种流动过程而渐渐联系起来。一旦把动物赶到市场就可以屠宰加工，变成食物以及用于制造其他副产品，比如纺织品和皮革制品，可以这么说，在流动动物领域的另一端是相对静止的城市劳动力，他们留在原地等待这一关键产品抵达，再通过自己的劳动加以解构，供消费或进一步出口之用。

但即使是这样一支表面看来处于静止状态的城市制造业劳动力队伍，只要更深入研究，也能看出他们作为中世纪工人存在流动性。当然，将羊毛纺成布匹的纺织品制造系统不仅促进，而且很可能鼓励工人相对固守在一处单一的工作空间，后者通常指的就是家庭住宅。与此相仿，皮革鞣制工作的必要体力要求和规模经济优势也支持把这项业务留在城里。于是城里的制造商离不开原材料的运输工作，包括运送到相关地区以及在当地内部继续运送，这都需要流动的劳动者。这些操作也会延伸回到城镇周边的乡村，再进一步连接起更广阔范围的其他城镇和地区，最终通过各种嘎吱作响的马车、船只以及流动的人群，借助马、牛、波涛和风的大力推动，将整个中世纪欧洲编制成一张网络，甚至延伸进入非洲和亚洲。经由不懈的努力，当时的商人甚至能将好几千公里路途上的不同社会联系起来。比如冰岛（Iceland）通过鱼类贸易跟英格兰约克郡建立联系，即使是马可·波罗（Marco Polo[①]）从意大利前往远东亚洲那可能长得非同一般的旅行也不是完全没有先例或类似情况可以借鉴，毕竟他在这一路上也有相当一段距离从他自己的商人家庭关系获得了助力（图6.2）。[46]

---

① 威尼斯商人、探险者（1254年—1324年），1271年—1295年从欧洲前往亚洲，包括在中国停留17年，著有《马可·波罗游记》（*Il milione*）。

图 6.2 1271 年,马可·波罗从威尼斯坐船出发。制作时间为十五世纪。藏于牛津博德利图书馆(Bodleian Libraries),编号 MS Bodley 264, folio 218^r。来源:The Print Collector / Alamy Stock Photo.

事实上,从中世纪人群中涌现出一些擅长开展远程商贸业务的专业群体,比如拉达奈特(Radhanite),他们是犹太人商人,一路将中东与欧洲连接起来,一视同仁地设法满足伊斯兰与基督教政体的经济需求。中世纪早期,他们一度受到欢迎,被视为促进此类贸易联系的一种手段,但到了中世纪后期,基于各种理由,他们这一职能开始失宠,多半可以归结为敌意和偏见形成的合力。【47】

最后一点，信息也参与将欧洲联系起来。十九世纪以"阶级"为参照系考察社会史的做法将体力劳动者从更宽泛工作现象区分出来，加上马克思主义分析的长期影响，在很大程度上一直延续到二十世纪。结果变成，每当讨论中世纪的工作，尤其是更在意聚焦那些随现代性临近而各有兴衰的主要产业时，除非打工领域从本质上看易于集体化、定义狭窄且具有经济上的生产意义（小农、辅助工、矿工、制造者），其他工作者往往很容易就被忽略。举例而言，对中世纪社会来说信息显然具有相当重要的意义，要充分发挥信息的作用就离不开信使，正是他们的奔走将微观与宏观尺度的欧洲联系起来。当时最要紧的信使可能每天骑马行进超过 60 英里（约合 96 公里）距离，不那么迫切的信使多半徒步前行，这也许就是人类流动性工作的终极表现。[48]尽管他们当中有些人毫无疑问是由各自依附的领主派遣，但其他人很显然属于专业信使。以英格兰帕斯顿家族留下的著名书信集为例，他们的传书方式是一个复杂的大杂烩，字里行间提到一些信使的名字或出发地。[49]虽然他们将大部分通信交由自家仆人传送，但很明显有时也会用到业已成熟的信使服务。

结语

中世纪工作者流动性的其他例子也是俯拾皆是，比如托钵修士的海外传教旅行，以及弓箭手和骑士的外出征战历程。将中世纪社会分为工作者、祷告者和战斗者的三分法作为一种人为归纳的结构往往经不起详细推敲。本笃会座右铭 *ora et labora*，意为祈祷与工作，也许最能凸显多半难得记录在案的中世纪日常可能怎样超出了当时经院学者从理论上做的浅易说明范畴。从某些方面看，这就是我们从中世纪工作与流动性调查过程吸取的主要教益，没有之一。人员流动往往运行在便于记载查阅的事务范围边缘，如今多半需要结合推理与影响进行考察。无论是农奴支付罚款以便搬到附近村庄居住，还是城镇法令迫使流民离开，甚至是整个族裔在某个地区定居下来，从中浮现的中世纪欧洲图景表明这是一片具有高度流动性的土地。从罗姆人、摩里斯科人到拉达奈特犹太商人，他们的故事导致各种说明民族迁徙正在减缓的模型变得更复杂，也凸显了由领土与文化定义的实体从这一时期萌芽发展，将在以后世代形成新生民族国家。中世纪后期个人流动的自由度与关注流民现象的强度都在提高，从中凸显的当然是经济复杂性日益增长，但也同时反映中世纪这一历史时期在走到尽头之际由于有了更完整的史料记载，能让后世历史学家看得更清楚。

还有一个更具体的群体值得在本章结尾压轴出场，这就是石匠，原因恰是他们的流动留下了长久的文化回响。正如前面讨论所说，中世纪的建筑业为这一时期的工作提供了一些最佳证据，原因也很简单：这个行业更有机会形成各种财务记录，从而打开考察当时工资与工作条件的便利窗口。跟领主封地留下的账本一样，建筑工地也能以小见大，给有关中世纪经济与社会的更广泛史学研究方向与内容产生巨大的影响。但尽管如此，这些内容依然很少涉及个体工作者在不同时间和地点流动的具体细节。目前已经有一些研究是利用石匠留在建筑石

制品上的标记跟踪还原他们的流动情况，这些人的生平在其他地方几乎再没留下一星半点的痕迹（图 6.3）。【50】

若能看到类似这样的细致研究，也许值得从具体场景本身稍稍后退一步，改从中世纪欧洲物质文化可能具有的广泛共性角度进行打量。那时，从城堡到教区总教堂，再到磨坊和农田，即使将地区差异和特殊性考虑在内，并且认同初具规模的少数族裔群体也有自己独具特色的表达，我们还是有机会从这稍远一点的视角看出，很明显，有很多人曾经辗转流动好一阵子，哪怕他们每一个人都有很长一段距离如今难以回溯求证。

图 6.3 中世纪石材切割匠在卢浮宫塔楼上留下标记。位于法国巴黎。
来源：Wikimedia Commons.

第七章
工作与社会

霍利·J. 格里克

(Holly J. Grieco)

霍利·J. 格里克(Holly J. Grieco),美国纽约州府都会区(Capital Region)锡耶纳学院(Siena College)宗教学副教授。前期研究集中在法国东南部地区中世纪天主教方济各会(Franciscan[①])异端审判者和十四世纪方济各神圣性模式,目前专注研究中世纪方济各会看待自身劳动的态度。

---

① 又译法兰西斯会,意大利阿西西的圣方济各(St. Francis of Assisis,约1181年—1226年)于1209年创立的修道团体,与多明我会、奥斯定会和加尔默罗会并称四大托钵修会(mendicant orders)。

本章讨论从800年到1450年之间的工作与社会主题，特别关注欧洲信奉基督教地区的社会福利。这段时间很长，欧洲的城乡人口均衡发生了重大变化。尽管绝大多数人继续生活在乡村，但集镇和城市在十一至十二世纪期间变得越来越重要，并且从此在中世纪各地社会牢牢占据最关键地位，哪怕十四世纪相继遭遇大饥荒（Great Famine①）和黑死病造成人口暴跌也没有改变这一点。从一些案例可以看到乡村和城镇这两种环境可能用过相似形式的社会福利做法，但重点城市和它们培育的机构有时也会推动形成个性鲜明的扶危济困措施。九世纪初，在欧洲西部地区，一段见证技术进步风起云涌的伟大时期即将开启，其中一项重大成果是重型犁发展成型②，从此人们可以耕种富饶的，但也更厚实的北方土壤，再也不必受限于简单的刮犁，只能对付沙质土壤。另一项是源于法语的 assarting，意为将灌木丛等林地开垦为耕地，这一做法助力扩大农业生产规模，进而协助或直接驱动城市化进程继续扩张。这一时期也见证了政治上的巨大变化，包括但不限于：加洛林王朝登场；神圣罗马帝国③扩张版图；冰岛和其他斯堪的纳维亚国家相继基督教化；从卡佩王朝开始推动法兰西迈向统一王国；为争夺伊比利亚半岛发起的漫长"再征服运动"仍在进行；独立群居村和城市国家（city-state）在意大利半岛和其他地区萌芽发展。

要就整个欧洲大陆在超过五个世纪时间跨度上发生的故事做一个

---

① 1315年—1317年，波及欧洲北部多个国家。
② 亦见第五章《工作、技能与技术》，"一次农业革命？"。
③ 962年—1806年。

普遍概述是相当困难的，但我们依然可以稳妥地指出，社会等级体系与地位等议题对塑造和确定可以提供的救助类型起了关键作用，这些救助的对象不仅包括徘徊在中世纪体面社会边缘，有时甚至是远在其外的穷人，还包括意外陷入暂时困境而变得需要帮助的人，后者的问题多半不是物质贫困造成的。就中世纪的慈善与社会福利而言，其本意不是重新编织社会结构，使僵化的社会界限变得稍具一点灵活性。本章准备概述欧洲各地为应对各自社会成员的基本需求做过的一些尝试，希望有助于进一步认识这类救助采用过的形式可能多么富于变化。

看待财富和贫困的态度提供了一个富有价值且令人感到信服的起点，用以思考中世纪的人类劳动，以及人们从那时开始为应对各自社会的贫困现象、治愈病人而逐步建立的制度与实践。为此，本章将考察社会需求与慈善工作，后者以传统与改革后的本笃会修道院以及其他一些宗教社区为主，其中一个例子是医院骑士团（Hospitaller）。我们将回顾主教与世俗教士为满足中世纪社会弱势群体的需求起过什么作用，考察兄弟会式在俗教友联谊会与在俗苦修教友的工作，前者是集镇和城市里通常按行业或职业组织的互助社团，后者是决意终生苦修赎罪的男女在俗教友，也包括诸如贝居安女修会或谦卑者（*Humiliati*）苦修会这样一些组织的成员。最后，我们还会考察世俗政府和领导人在提供社会福利方面起过什么作用。中世纪基督教社会采用多种不同形式提供援助，既有象征性的救济品分发活动，也有资助创办医院，设法满足中世纪人的不同需求。从800年到1450年，世俗人士和市级政府越来越多地参与资助和管理社会救助工作，这在以前一直由神职人员与宗教信徒主导。

等级制度，贫穷地区与看待穷人的态度

贫困可能减轻，但不可能消除；这是欧洲从800年到1300年的典型观点，并且一直持续到这一阶段以后，结果是在史称"封建社会"里形成僵化的等级制度，限定每个人所在的位置。每个地区可能各有一套惯例做法，但背后的基本原则均认定社会成员之间由纵向关系连接，处于等级制度最底部的成员担负劳作义务，处于最高阶层的成员担负保护责任。当中世纪博学多闻的精英阶层成员开始琢磨自己生活的世界时，往往先将它分为三个等级或阶层，由祷告者、战斗者以及凭手艺工作的劳动者组成（拉丁语依次为 oratore、bellatore 与 laboratore）。这就是说可以将所有人分别归类为教士、骑士或小农。历史学家乔治·杜比（Georges Duby，1996年去世）在聚焦法国北部地区的经典研究时描述过这套三分结构，只要做一点微调就能套用在中世纪欧洲其他地区。与古代后期或者说三世纪中叶到六世纪期间只强调公民与非公民的二分法相比，这种看待社会划分的方式有很大的区别。公民可能有资格获得分配粮食，不是因为他们有这需求，而是因为他们有公民身份，穷人如果拿不出合法公民身份就会被认定没有资格获得分配粮食。[1]

就本章讨论而言最重要的一点在于这些类别的严格性质。有些人

生来就是农民，不仅要凭自己一双手打拼谋生，还要受他人统治。有些人生来就是贵族，全副武装，在世俗领域行使权力。他们当中有些人听从召唤变成教士，登上这套世俗等级制度最顶端。三个等级在社会里各有自己一套职责，因此都对社会做出了贡献。但农民根本没有机会沿这套静止不变的等级制度向上走，只能留在同样必须劳作谋生的人群里。如此严格的社会观，加上关于每个人生来处于一个特定"地位"或"等级"的想法，对中世纪人们看待与解决物质需求的方式产生了影响。

集镇与城市从十一世纪到十三世纪的发展使社会的等级制本质变得更复杂，但没有消除这种等级制。随着罗马时期早已成型的城镇比如米兰、巴黎等地出现人口增长和城市化复兴，加上新兴城镇崭露头角，比如到965年已然跻身重要贸易中心行列的布拉格（Prague①），还有985年左右建城的蒙彼利埃，十一和十二这两个世纪见证了货币化利润经济在欧洲西部萌芽成长。从过去的实物交易经济转向植根硬币交易的利润经济，这一变化对中世纪全靠打工挣工资养活自己的劳动者带来深远影响。从当地到地区层面的统治者均有可能通过操纵货币干预交换与回报这一环节。这类做法对身处中世纪社会边缘者产生了大到不成比例的效应，他们本来还有机会以物易物做点小买卖，因为他们本来就没有门路，拿不到硬通货。一边是一种全新的做生意方

---

① 今捷克首都。原属波希米亚，1310年一并由卢森堡王朝纳入版图。后来卢森堡国王成为神圣罗马帝国皇帝查理四世（Charles IV，1355年—1378年在位），选择定都此地，大大提升了城市面积和影响，包括此前于1348年创立查理大学（University of Charles）。

式蓬勃发展，一边是自愿贫困成为中世纪欧洲宗教奉献的一种突出特征，后者很可能是对前者做出的一种回应。【2】

有一些学者对慈善与社会福利做过区分，将慈善与宗教动机联系，将社会福利与世俗动机挂钩。也有一些学者发现很难将中世纪慈善实践按严格的二元论进行划分。在中世纪，人们将慈善实践的目的定为设法满足物质需求，符合全社会的共同利益，但这份慷慨也为个人捐助者带来了宗教灵修层面的好处。从中世纪盛期（High Middle Ages[①]）到中世纪后期，慈善实践发生了明显的转变，从原来个人以个人名义（或集体名义，比如一所修道院的全体成员）做的事，变成个人以社会名义为社会共同利益做的事。尽管如此，我们也不能将某个特定时期前的慈善描述为完全的宗教性质，又将某个特定时期后的慈善描述为基于纯世俗动机。【3】

中世纪存在过多种形式的慈善和社会福利，但这些慈善性质基本物资供应并不完全只为服务物质贫困人群。比如本笃会修道院常为出门在外的人们提供食宿，无论对方是否贫穷或另有其他情况都会得到这一待遇，这是一种临时性质的接济。如图7.1所示，在加泰罗尼亚莱里达（Lleida）老教区总教堂（Old Cathedral）的食堂画面可以看到接受这种接济的朝圣者或穷人。

有时获招待的人是王室成员或贵族，当时正与其家庭户成员一道出门在外。与此相仿，为麻风病患者设立的隔离治疗区（*leprosaria*），比如鲁昂郊外分别称为Mont-aux-Malades（意为马拉得斯山[②]）和

---

① 1000年—1300年。

② 可能源于自发形成的聚居区，后来成为一座小教堂的病房。

图 7.1 一名穷人或朝圣者获得接济。制作于十四世纪左右,位于西班牙加泰罗尼亚莱里达老教区总教堂食堂。

来源:PRISMA ARCHIVO / Alamy Stock Photo.

Salle-aux-Puelles(意为普利斯病房①)这两处,都要先交一笔入门捐助。这些慈善机构可以满足麻风病患者的重要照护需求,但因为只有家境富裕或已经获得富裕人士资助的患者才住得起,它们反而强化了中世纪社会传统阶层划分,难以接济最需要帮助的患者。【4】确实另有一些机构致力接济面临迫切(有时还是长期持续)照护需求的穷人和边缘群体,但它们的援助在很大程度上受制于中世纪社会有关贫困和穷人所处地位的看法。

中世纪看待贫困和穷人的态度是从基督教早期文本和传统发展而来。其中尤以希腊教父(Greek Fathers②)最具代表性,他们更在意探讨的是修道士和其他遁世苦修者自觉选择的贫困,而不是经济弱势群体不得不面临的贫困。类似这样的视角塑造了中世纪的贫困观,将贫困划归并不属于经济需求范畴的类别,与之相连的是宗教苦修价值与救赎等议题。【5】比如《马太福音》(Matthew)第26:11节前半句,"因为常有穷人和你们同在",这类语句不仅影响中世纪人们看待贫困的态度,也因此形成了面对社会穷人的具体反应。这些文本影响形成了贫困属于社会不可避免现象的观点。其他一些语句,比如《帖撒罗尼迦后书》(2 Thessalonians)第3:10节这一句,"如果有人不肯工作,就不要让他吃饭",仿佛播下种子,关于工作伦理的一种解读由此生根发芽,渐渐得以阐明,物质接济因此变成仅限提供给根据特定标准判断为值得救助的人。【6】

---

① 规模与前者相仿,区别是只接收女病人。

② 主要指公元一到五世纪期间基督教早期重要神学家和作家,以希腊语写作。

十一至十二世纪，在欧洲西部，自觉选择的贫困作为具有宗教修行价值的选项再度流行。进入十三世纪，类似多明我会和方济各会这样的托钵修会修士纷纷将自愿贫困视为仿效基督的主要手段；在他们看来，基督从神变人来到尘世，不仅接受了神学或宗教灵修层面的贫困，也接受了物质或经济层面的贫困，在他的短暂尘世生活里一直很穷。自愿贫困变得流行与慈善实践开始增加这两者之间存在正相关，但也使以下问题变得更棘手：谁是当时社会真正值得救助的穷人，有权乞求并获得救济品？个人慈善性质举动的动机可能错综复杂；尽管同情心确实起了一定作用，但这种慷慨也有宗教层面的务实意义。从提供救济品、开办医院到资助大学招收贫困学生，这在当时看来均有助于个人救赎与净化自己的财富。事实上这种观点使穷人在富人眼里变成上帝的拯救计划的一部分。富人比穷人更能从这种交换中受益，因为富人用物质换来穷人的祈祷，最终将会得到天国的财富。更值得警惕或者说更难以觉察的问题在于，如此看待财富和贫困实际上就是认同当时社会的不平等现象属于神的意志的一部分。一旦将贫穷认定为天经地义，属于上帝为人类做的计划的一部分，大家就没有必要继续努力消除社会上的贫困现象，设法减轻穷人的痛苦。[7]基督徒赋予尘世苦难以救赎价值的做法也是于事无补。

　　研究中世纪社会的慈善不能脱离当时关于财产、社区和救赎的观念。同等重要的是经济状况必须达到一定水平，人们才有盈余收入或物品可以捐赠。但具备提供救济品的经济能力这一点并不能保证人们就一定愿意提供救济品，也不能预测可能选用哪种形式施以援手。[8]相比之下更具决定性的问题在于怎么看待贫困、怎么在社会等级框架下看待穷人，是否救助主要取决于这样一些问题的答案。安德鲁·布朗（Andrew Brown）指出，我们大概可以兼顾"对贫困的慈善捐赠与调控背后更阴郁的压迫背景：社会歧视很可能就潜伏在虔诚施舍背后，社区做法背后很可能就是公民等级制度"。【9】中世纪慈善的目的远非消除或缓解社会上存在的物质条件差异，而是要强化慈善施者与受者双方的区别。

就中世纪贫困与穷人做概述是一项很有挑战的工作，因为穷人的情况并不仅仅是构成一个单一人群这么简单。中世纪社会将穷人细分为两大基本类别，分别称为 *pauper* 和 *indigent*。前一种是自由民穷人，不一定没有土地，但他们那点家当实在太小，不得不依附大地主过活，这使他们在经济、社会或环境压力面前变得不堪一击。【10】后一种属于意外致贫，从经济角度看就是横遭意外而失去了原有地位，变成穷人的一个独特子集。例如，一名骑士可能由于失去财富而变得一贫如洗，但他不会因此变成非骑士。【11】换句话说，穷人没有在社会上构成一个单独的等级，倒更像是贫穷定义了一个人在一个特定时刻的状况。

贫穷让人在社会上面临各种风险。有时甚至迫使穷人要把自己或儿女卖为奴隶。这些穷苦男女宁可用个人权利换取更多的安全感，不愿意继续保有自由而身无分文。【12】无论在别人还是所属社群面前，贫穷都会让人倍感丢脸。【13】如果这位贫穷人士还担任正式官职，后者属于他的社会角色的一部分，此时贫穷就不仅仅是一种羞辱，而是直接构成阻力，影响他正常履职，甚至导致他失去任职资格。贫穷使人变得不适合统治，因为社会将贫穷视为一种失能。与此相仿，按照罗马教皇英诺森三世（Pope Innocent III，1198年—1216年在任）的说法，教士地位与贫穷现状不相容。无论具体属于修院教士还是在俗教士，基督教世界的领导者严格说来不能既是穷人而又保有权威地位。【14】

英诺森三世公开反对教士贫穷的历史背景，是云游传道的托钵修会在欧洲变得越来越受欢迎，对传统看待教士财富与贫困的态度发起了挑战。兄弟般平等的托钵修士模式非常适合从中世纪城镇萌发的横向联系。尤以方济各会修士为主，他们对这种横向社会结构起了推波助澜作用，部分原因就出在他们本就拒绝接受垂直的等级制度，认为这是贬低一部分人，使其落入依附地位，同时抬举另一部分人。这些早期托钵修士拒绝接受翁布里亚（Umbria①）社会的传统经济框架，不愿参与具有剥削性质的经济。他们像其他体力劳动者一样打工，并且拒绝接受超出必要水平的报酬。这类托钵修士对在俗教士构成了威胁，他们那明显可见的贫穷以及对穷人的归属感使在俗教士陷入尴尬境地，毕竟后者还在合理化自己通过做布道等方式获得的财富。在俗教士经常指责托钵修士拿了原本为非自愿穷人准备的救济品。

十二世纪，博洛尼亚宗教法令学者格拉提安（Gratian②）在他编撰的《教令集》（*Decretum*）还对好客（*Hospitalitas*，英语 hospitality）和慷慨（*Liberitas*，英语 generosity）做过区分，就像我们在二十一世纪也可能对救济品和福利进行区分一样。格拉提安认为，*Hospitalitas* 式好

---

① 意大利中部地区名，源于奥古斯都在一世纪划分的行政区名。
② 意大利本笃会修士，在博洛尼亚一所修道院担任导师，1140年前后完成《教令集》。

客是不加区别地向所有人提供，但 *Liberitas* 式慷慨必须先判断潜在接受者是否值得获得这份待遇。【15】关于人们在中世纪可能怎样理解贫穷和穷人的地位，从 *Liberitas* 的构词法就能看到其中一个重要观点：*Liberitas* 的词根是 *Liber*，意为自由或独立，核心是并非奴隶。在中世纪，不具备全部合法权利就没有机会被视为穷人；理由可能有两个，一是大家认为应该由这个人依附的贵族领主负责满足他或她的基本生存需求，二是如果这个人属于不自由（奴隶）或半自由（农奴）身份，那么这名奴隶或农奴就无权受惠于他人的慷慨，因为根据当时法律他或她并没有充分参与当地社会。于是，在中世纪社会，*Liberitas* 式慷慨变成只向有需要的自由人提供接济或慷慨施与，重点是大家认为这些人值得获得救助。相比之下，*Hospitalitas* 式好客面向全体有具体需求者，并不考虑社会是否认为这些人值得救助，也不管他们是否真的物质贫穷，还是说一时有难而需要一点接济。

　　慷慨对待穷人不仅给后者提供了物质支持，也有助于捐赠者自己尽快达成救赎。但捐赠者这种慷慨也没有否定当时普遍存在的看不起穷人的态度。给穷人的捐赠往往维持在最基本层面：对方一旦具备最基本必需品就不会再被视为穷人。分发救济品应该有节制，要适合穷人的身心状况，中世纪人们普遍得到这样的建议。举例而言，赠与精致美食的做法就"不适合他们的体质，并且……可能激发他们的感官"。【16】即使是在提供慈善捐赠的场合，实际上**尤其**是在这种场合，头等大事依然是维护社会等级制。通过提供慈善捐赠，施予者表现出慷慨的美德；与此同时，接受者因为接下这份捐赠也成为谦卑的榜样。考虑到一视同仁的 *Hospitalitas* 式好客与主要惠及自由民的

Liberitas 式慷慨之间的平衡，格拉提安和他的《教令集》的评论者都在试图调和早期教父留下的一些相互矛盾的说法，比如"金口"若望（John Chrysostom[①]，约347年—407年）大力推动一视同仁分发救济品的做法，并不考虑对方是否值得获得的问题，这跟米兰的安布罗斯（Ambrose of Milan[②]，337年—397年）的主张可以说针锋相对，后者建立了一套优先顺序等级体系。[17]

当时的贫穷到底长什么样？先说乡村，穷人也可能拥有土地，算是地主（landowner），但他要么拥有土地面积太小，不够养家糊口；要么拥有足够养家糊口的土地，但缺少一张好用的犁，也没有役畜，使他难以充分耕种。也可能是不幸赶上饥荒或粮价低迷时期的地主。再说城市和集镇，可能是下跌的工资与攀升的谷物和食品价格联手把城镇普通打工者搞得捉襟见肘、穷于应付。换句话说，中世纪有很多人，无论生活在乡村还是城镇，都是打工穷人，只要遇上那么一次危机就会变得一贫如洗。[18]有工作的人可能生活在如此岌岌可危的状态，这大概会让很多人感到难以置信，就像今天许多读者可能会有的反应一样。乡村的打工穷人是自由的小持有农，在中世纪社会大有用处，可以参与粮食与其他农产品的春种秋收，但社会地位较高的人依然看不起他们。[19]在中世纪，人们对参与打工而又没有足够能力养活自己的人似乎抱有怀疑态度。这种疑虑跟针对所谓"假的自由民穷人（paupers）"的担忧有关，因为后者拿走了为真正贫困者准备的救

[①] 罗马帝国时期神学家、基督教早期教父，398年出任君士坦丁堡牧首，因布道警策有力而有"金口（Chrysostom）"之誉。

[②] 罗马帝国时期神学家，374年成为米兰主教，他的学生包括希波的奥古斯丁。

济品。中世纪作者们纷纷撰文表示担忧，说这些篡夺者为拿到救济品而不惜化妆改变外貌或夸大自己的病情严重程度。围绕这些被认为不值得提供救济品的人的讨论在十二至十三世纪引起了精英阶层高度重视。比如英格兰教士、神学家乔巴姆的托马斯（Thomas of Chobham，约1233年—1236年间去世）曾经抱怨乞丐上教堂不是为了履行宗教义务或让自己在宗教灵修层面得到成长，而是为了挣钱。还有人给大家讲乞丐怎么靠乞讨致富的故事。但这类担忧让我们看到的主要还是十二和十三世纪精英阶层的想法，而不是当时乞丐的情形。这类故事反映了对依赖社会救济为生者一种其实毫无根据的焦虑，这种焦虑我们今天也能从某些人身上看到。[20]普遍而言，当时人们都赞成，婴儿、儿童和残障人士需要得到某种形式的救助，哪怕这份救助应该由谁承担并不总能说得那么清楚。至于大家认为身体健全的穷人，关于应该怎样对待他们的问题继续存在不同看法。但我们不应就此假设，最起码是在中世纪后期和现代早期的英格兰，知识界和神学界对穷人怀有的敌视情绪一直忠实反映当地实际涌动的敌意。[21]本章将回顾修道院社区、在俗教士、在俗教友及其组织分别通过什么方式为中世纪社会急需帮忙的人们提供救济品和社会救助。

│ 修道院慈善活动

古代后期，基督教社区往往沿着罗马时期的管制边界组织而成。

基督徒的生活以城市和他们的主教为中心，主教们的最主要职责包括分发慈善救济品以及提供教牧关怀。西罗马帝国陷落后，罗马的城市相继解体，基督教隐修机构渐渐变成中世纪早期最主要的慈善行动发生地。中世纪虔诚的宗教信徒主要提供两类救助，分别为食宿接待与救济品。本笃会传统上非常重视食宿接待，正常情况是指满足暂时而又紧迫的食宿需求，不管对方是否属于穷人。修士和修女为旅行者和朝圣者提供短暂休息和补充养分的条件就是履行《本笃律则》确定的职责，要像欢迎基督本人一样欢迎陌生人。根据这份律则，修道院必须拥有基本必需品，以便为来往路人和穷人提供食物、饮料和住宿，并且这类活动必须在专门留出的空间进行，目的是与修士们的宁静隐修生活形成区隔。但即便客餐是在另外的屋舍准备并提供客人享用，客人也全都安排在另外的客栈或宿舍过夜，修士们还是会自己动手，服务来到自家门前的客人。修道院还会变成一些客人的永久住处，因为他们本来就无家可归。有时也有人先支付一笔费用，以便在修士们这里寄宿。随着时间推移，在修士和修女社区运行的这些安排开始带有慈善机构性质，比如英格兰出现 corrody① 的名目，这是附加在食宿上的价码，可以自行购买或由赞助者先行购买，甚至可能作为男修道院院长有权授予的一项特权。[22]

除了接待出门在外的人们，虔诚的宗教信徒还向物质贫困者分发救济品。由修士们提供的这些慈善援助有时会采用具有高度象征性的形式，目的首先是为社区和捐助者带来宗教灵修层面的回报，

---

① 又作 corody，后演变为名词，意为救济粮与领取救济粮的资格。

其次才是为穷人提供物质实惠。举例而言，每逢主要圣日，修士们可能会给人数为十二（或十二的倍数）的穷人提供餐食。若是在圣周四（Holy Thursday①），修士们可能会为十二名穷人洗脚，再现《圣经·约翰福音》第13：1—17节记载的耶稣事迹，接着为这些穷人提供餐食。有一些学者认为，修士们其实是把自己视为基督的真正穷人，因此到场的穷人与其说是需要帮助的人，还不如说更接近一套宗教戏剧的参演者，上演这套戏剧的主要目的是为修士和他们的捐助者带来宗教灵修层面的收获，其次才是给他们接济的穷人带来物质实惠。克莱尔沃的伯尔纳（1090年—1153年）认为事情本该如此。他指出，为饿肚子的人提供食物，帮助他们满足"天然需求"是一回事，为"侍奉神恩"而"对贫穷满怀同情"是另一回事。按照伯尔纳的分析，后者体现的是敛心默祷的宗教隐修生活，与忙碌的在俗生活相反，因而更可取。【23】伯尔纳自己也更注重敛心默祷的隐修生活，将其视为在院修士社区的范本之一，从中往往引出强调宗教灵修意义多于物质援助意义的慈善形式。但要以此概述当时修士们对待贫困和穷人的态度恐怕有点不公平。如果不是绝大多数的话，至少可以说，慈善在许多隐修社区并不是完全忽略体恤具体接受者的举动。

像医院骑士团这样的宗教修会进一步加大了考察中世纪虔诚宗教信徒社区慈善实践模式必须面对的复杂程度。耶路撒冷圣约翰

---

① 基督教复活节前一个周四，最后的晚餐日，以圣餐礼体现耶稣的仁爱，以濯足礼体现耶稣的谦卑和无私。

医院骑士团（Knights of the Hospital of Saint John①），简称医护团（Hospitallers），主要以他们作为十字军一个组成部分前往圣地（Holy Land）耶路撒冷的故事而闻名。但这个贵族出身的宗教修会的慈善工作同样获得认可。1187年，耶路撒冷失守前，医护团在他们位于城里的总部圣约翰医院已经有能力接收900至1000人名男女患者，甚至包括绝症患者。他们接收的患者不仅限于基督徒，还有犹太人和穆斯林人。他们在欧洲各地提供的护理服务存在很大差异，例如，他们在地中海沿岸的巴伦西亚或北海之滨的弗里西亚均未开设医院。进入中世纪盛期，在普罗旺斯的阿尔勒（Arles②），他们运营一家规模相当大的医院。到1338年，医护团的大门不再向所有人敞开，修士们只分发更具象征性的慈善救济品。但这不代表圣约翰医院骑士团和他们运营的各大医院从十四世纪开始陆续退场。举例而言，即使到了十四世纪后期，1373年，该医护团在热那亚的一家医院仍在继续运营，不仅拥有外科医生、内科医生、分别设置的男女病房、专职照料弃儿和孤儿的奶妈，还为贫穷女孩设立了嫁妆基金。换句话说，他们在热那亚发展顺利，为满足大家的一些基本需求发挥了重要作用，这些需求本来难以得到满足。【24】

在医院工作的男女信徒过着忙碌的生活，在世俗世界提供服务，

---

① 十一世纪中叶，前往耶路撒冷朝圣的商人在当地建起一座本笃会修道院，再在旁边加建医院以备照料病患与穷苦朝圣者。1099年第一次十字军东征获胜后，沿朝圣之路建起更多的医院担当类似职能。

② 罗马帝国重镇与海港，六至七世纪先后由西哥特人和穆斯林人占领，十世纪成为勃艮第王国首府，1239年成为普罗旺斯一部分。

不像传统或改革后的本笃会许多修士那样，尽可能留在修道院由院墙围蔽的庭院敛心默祷，跟克莱尔沃的伯尔纳差不多，他也看不起忙碌的在俗生活。这些医院修会往往遵循《圣奥古斯丁律则》，这套相对灵活的规则最早由希波的奥古斯丁（Augustine of Hippo[①]，354年—430年）提出，但直到十二世纪，随着采用者变得越来越多，包括教区总教堂的许多教士在内，这才得到充分阐明。比如前述那家热那亚医院在该院服务内容说明里明确指出，该院教友提供的慈善服务跟其他医护团慈善机构的男女教友的做法一样，均以亲自完成的多种护理和救助为主。类似这样的慈善模式符合《圣奥古斯丁律则》追随者追求的兼顾敛心修行与忙碌服务的生活。与此形成对比，传统本笃会修士的做法以个人的学习与体验为中心，由此衍生出一套偏重仪式化与宗教灵修意义的救济做法，主要关注自己的行动在宗教灵修层面的价值，而不是物质层面的价值。【25】

随着医护团宗教修会兴起，本笃会（包括克吕尼会和西多会）不再独占中世纪慈善事业。但修道院慈善服务继续具有重要意义，而且基于修道院组织具体慈善工作的机构有了自己的专属名称，叫施赈所（almonry），随着时间推移也变得越来越重要、越来越复杂。事实上，修道院的施赈所变得如此重要，经常还会留有一座专用建筑和一笔特别预算，配备专职管理者一人，称为施赈专员（almoner[②]）。若是规模更大的修道院，施赈所作为专用空间可能包括厨房和宿舍在内，甚至

[①] 罗马帝国时期神学家、基督教思想家，曾任希波主教，著有《上帝之城》《再思录》《独语录》等。希波是古代努米底亚王国（Numidia）地名，今属阿尔及利亚。

[②] 后来在英国演变为医院社工（medical social worker），在医院照看病人的物质与福利需求。

还有自己的小礼拜堂。施赈所通常设在修道院的门楼附近，平时外人就是经过门楼获取前述食宿招待。还有一些修道院，比如勃艮第的克吕尼修道院，从自己的全部收入中拿出三分之一用于接济穷人。作为隐居修道院修行的宗教信徒，他们愿意根据当时的社会环境做些什么、可以怎么做，都是有限制的。在中世纪社会，随社会变革而来的是新的宗教修会涌现，以及帮助穷人有了不同的方式。比如圣殿团成员（Templar①）每周分发三次救济品，跟传统的修道院做法不同，后者直到中世纪后期依然仅限在特别的圣日或重要赞助者的周年纪念日分发救济品。社会救助的形式因地点不同而有相当大的区别。在伊比利亚半岛，圣母赎虏会（Mercedarians②）和其他一些救赎团体曾在"再征服运动"期间安排交换战俘，还为其他一些人支付人质赎金。【26】在欧洲东部和中部，医院和医护团修会后来也开始蓬勃发展。1220年前后，主教们安排圣灵会（Brothers of the Order of the Holy Spirit）和克罗泽会（Croziers③）前往克拉科夫（Kraków④）和布雷斯劳（Breslau⑤）的医院工作。【27】

虽然修道院的慈善性质食宿接待一直被描述为具有仪式化本质，但来到施赈所的一些访客不仅得到修士接待，可能还得到医疗

---

① 又称圣殿骑士（Knight Templar），属于十字军东征期间形成的宗教军事修会"基督与所罗门圣殿的穷骑士（Poor Knights of Christ and of the Temple of Solomon）"，初衷是保护前往耶路撒冷的基督教朝圣者，因1119年左右建于所罗门王圣殿原址而得名。
② 源于1218年在巴塞罗那成立的仁慈圣母会（Order of Our Lady of Mercy）。
③ 意为主教牧杖。
④ 今波兰南部城市。
⑤ 今波兰西南部城市弗罗茨瓦夫（Wroclaw）。

护理。事实上，最早就是由本笃会修士在十二世纪初的耶路撒冷先建起医院，之后才由圣约翰医院骑士团接管。【28】并且耶路撒冷这家医院也不是孤例。1109年，男修道院院长、惠特比的威廉（William of Whitby[①]）为麻风病患者设立安养院，该院后来向所有病患开放，并不限于收治麻风病患者。在法兰西北部，西多会修女也参与照顾麻风病患者，将她们提供的这种救济视为体力劳动的形式之一。西多会修女并不是唯一从事这种慈善工作的群体，其他一些宗教修会的女性成员，比如丰特弗罗德修道院（Fontevraud[②]）修女和普雷蒙特雷修会修女（Premonstratensians[③]），也将照顾麻风病患者列入自己的慈善工作。【29】《圣本笃律则》授权人们从事多种形式的修道院慈善活动。为教区以外的儿童提供基本教育本来没有收录在这套律则确定的范围，该律则只提到修道院修士们自己的教育，或已由父母发愿要送入修道院修行的儿童的教育。尽管如此，从950年到1150年，许多本笃会修道院陆续开设了学校。十三世纪初期，英格兰的本笃会还为修道院外人士单独建起学校，作为施赈所的一部分，可见修士们认为教育儿童同样属于慈善工作。这些学校招收付费学生以及有人愿意资助的贫困学生，对

---

① 惠特比修道院（Whitby Abbey）位于英格兰约克郡北约克（North Yorkshire）县。最早创办于七世纪，十一世纪成为本笃会修道院，威廉从1109年开始担任院长。

② 全称为皇家丰特罗德修道院（Royal Abbey of Fontevraud），位于法国西北部卢瓦尔河谷（Loire Valley），建于1100年代，包括男修道院和女修道院各一所，由王室直接任命管理者。时为英格兰王室领地，传奇国王理查一世"狮心"（Richard I，或 Richard the Lionheart，1189年—1199年在位）等多位王室成员死后均葬在此地。

③ 1120年克桑腾的诺伯特（Norbert of Xanten，约1080年—1134年）在法国北部村庄普雷蒙特雷（Premontre）创立，诺伯特在1126年出任马德堡（Magdeburg）大主教。

学生进行教学和培训。[30]

在俗教士与共同利益

如前所述，不能将中世纪隐修社区提供的慈善服务简单视为纯属象征性质而一概忽略不计。诸如军事修会、医护团修会以及救赎修会，甚至还有像西多会这样传统注重敛心默祷隐修生活的修士，都在帮助穷人，不仅为他们做饭、提供餐食，还亲手帮忙清洗伤口。在俗教士从定义看就是留在俗世生活与工作，包括引领主教区和教区、提供教牧关怀与指引、教育年轻男孩，这跟修院教士不同，后者更讲究必须留在院墙围蔽的宁静庭院过敛心默祷的隐修生活。

在早期的基督教社区，主教为满足忠实信徒的物质与精神需求发挥了关键作用。除了对各自教区里衣食无着的穷苦人们负有现实责任，像米兰主教安布罗斯、君士坦丁堡牧首"金口"约翰以及希波主教圣奥古斯丁这样一些著名人物也参与塑造和定义了基督教语篇里关于财富与贫困的说法。[31]随着西罗马帝国日渐败落，罗马各大城市及其高级教士的重要性也遭到削弱，却没有完全消失。隐修社区从中世纪早期一直到加洛林时期开始以后都是慈善活动的主要场所，但随着城市和集镇在中世纪盛期再度变得越来越重要，主教和其他在俗教士的影响也变得更突出。从主教、大教堂全体教士大会、过修道生活的律修会社区到教区牧师都参与了在物质层面和精神层面促进社会共同利益的工作。这种救助可能相对淡化个体身份并具有脚本化的特色，比如在周四濯足节（Maundy Thursday[①]）为穷人提供餐食的主教，又或是将服务对象限定在特定邻近社区（也就是教区范围），在这范围内更容易对希望得到救济品的人有所了解，便于评估对方能否获得援助（图7.2）。

图 7.2 图卢兹（Toulouse）主教、安茹的圣路易（Saint Louis of Anjou[②]）接待穷人用餐。西蒙·马提尼（Simone Martini[③]，约1284年—1344年）绘制，祭坛背壁装饰画局部，主画面为圣路易为他的弟弟、那不勒斯的罗伯特（Robert of Naples[④]）加冕。
来源：DeAgostini. Image courtesy Getty Images.

① 圣周四的另一个名称。
② 1274年—1297年在任。安茹为法国西北部地区名。
③ 意大利锡耶纳画家。
④ 时为那不勒斯国王（1309年—1343年在位）。

十二和十三世纪，欧洲西部活跃的各大医院都是在法兰克王国第二个王朝加洛林时期成立的，假如不是还要更早一点的话。若机构的历史能追溯到第一个王朝墨洛温时期①，那就很可能有一位主教担当创始人和赞助者。[32]进入加洛林时期，修道院慈善事业崭露头角，但主教医院体系犹存，哪怕就重要性而言暂时被修道院抢了风头。从阿尔勒、鲁昂、亚眠（Amiens）、兰斯（Reims）到梅斯，各地城市都为自己从六世纪起拥有主教医院而感到自豪。813年，兰斯市议会安排主教们与穷人一起用餐，从这一实例可以看到加洛林时期主教主持慈善性质接待活动的理想模式。[33]在米兰，大主教于879年为朝圣者和穷人创办了一所医院。[34]在伊比利亚半岛，梅里达（Mérida②）创办医院的历史可以追溯到580年。十世纪，巴塞罗那和比利牛斯山地区陆续建起主教医院。至于其他地方，医院直到加洛林时期过后才发展起来。1040年，佛罗伦萨的教区总教堂创办了自己的医院，以"施洗者圣约翰（St. John the Baptist）"为名，以前并不存在这样的主教掌管机构。在十一世纪以前，低地国家和神圣罗马帝国大约有四家主教医院，所在城市包括科隆和不来梅。在英格兰，没有一家主教医院的历史可以追溯到1066年诺曼征服（Norman Conquest③）发生以前。最迟到十三世纪初年，英格兰一些设有教区总教堂的城镇也出现了跟欧洲其他主要城市一样的医院，这些城镇包括温彻斯特、坎特伯雷和牛津

---

① 481—751年。
② 西班牙西南部城市。
③ 诺曼底公爵威廉二世（William II, 1035年—1087年在位）对英格兰发动的军事征服战，取胜后成为英王威廉一世。

等。[35]除此以外,英格兰其他地区的医院还要再过些时间才能发展起来。[36]有案例显示,医院一开始可能是世俗机构,后来才变成由主教掌管,比如剑桥就是一例:十三世纪中叶,时任主教艾利(Bishop of Ely)负责(也可能属于篡权)一家医院,后者是在十三世纪初由一位市民创办,并不属于主教慈善机构,即使后来改由主教掌管,主教也不是日常管理的主要人选。[37]

米里·鲁宾(Miri Rubin)关于中世纪剑桥慈善事业的研究生动表明,主教的职责在欧洲各地是不断变化的。在英格兰,跟其他地方一样,主教有时也会创办麻风病医院。斯托布里奇(Stourbridge)位于剑桥东面两英里(约合3.2公里)处,那儿有一家以抹大拉的圣马利亚(St. Mary Magdalene)命名的麻风病医院,曾经从艾利主教那里获得一笔收入。这笔收入在1227年相当于此前王室支付给医院用于维持运营的数目。跟前述剑桥医院由主教接管的故事一样,这家麻风病医院原本属于剑桥有选举权的市民,由他们而不是国王掌管。尚未确定什么情况导致医院的控制权从城市移交到主教手上;在这以前,斯托布里奇最早从1150年开始管理这家医院,直至1227年为止。从十三世纪中叶开始,这家医院不再接纳麻风病患者。其他一些案例显示艾利主教会为医院提供宗教灵修层面的支持,但不包括经济资助。尤其在1361年剑桥建立一家新的麻风病医院之后,1392年,主教对曾经到访和帮助原来医院及其工作团队的人们做过一次赦免。[38]从艾利主教区的慈善机构不仅可以看到主教跟当地慈善机构可能存在各种联系,还可以看到这些联系可能以什么方式重叠,随时间推移还有机会发生变化。

并非所有的医院或安养院都提供相同的服务项目、福利救济或拥有相似的团队。一些医院只管身体的护理需求，还有一些医院兼顾身体与宗教灵修这两方面的需求，包括举行弥撒和葬礼。通常情况下，医院若要满足宗教灵修需求必须先征得主教批准，但也可能还要获得所在教区总教堂全体教士大会或罗马教皇的批准。【39】由主教或教区总教堂全体教士大会运营的医院主要关注宗教灵修层面的需求，他们的团队通常并不包括医生或外科医生在内。部分原因在于，在十四世纪之前，普遍而言医院强调的是照顾病人，而不是治愈疾病。【40】这种照顾可能更接近今天安养院的工作，而不是我们期待在一家现代医院可能得到的医疗干预。这类主教医院特别强调通过祈祷和忏悔发挥疗愈作用，毕竟长期以来人们认为身体疾病跟宗教灵修层面的罪过有关。【41】这一重点也体现了要把医院用作暂时无家可归者庇护所的初衷，并不考虑身体需求。

城市医院各有不同初衷，设法满足一系列的广泛需求。比如巴塞罗那的医院在995年前某个时期成立，是加泰罗尼亚地区最早的医院之一。作为城市安养院，它向所有群体开放并提供服务。1236年，该主教医院与巴塞罗那一家新的慈善机构合并，后者叫恩科伦（En Colom）。这类联合医院致力为流动人口提供服务，但从医院留下的文献看实际情况似乎相反。举例而言，1307年，医院里住了十名病人、四名弃儿（均为五岁）、八名需由保姆照顾的婴儿，还有两名穷苦男孩，他俩在医院接受培训。尽管这其中可能确实包含流动人口，但很显然还有很多人不属于这个类别。【42】从这份在院人员清单可以看到这类医院提供种类丰富的救助，包括为小朋友准备的相对全面的照顾，范围从需由保姆照顾的婴儿一直到学龄男孩和女孩。这些慈善机构还投资让被遗弃儿童可以上学和接受培训，认为这不仅在宗教灵修层面是好事一桩，对社会也有好处。

教区也承担管理慈善服务的责任。在阿拉贡王权（Crown of Aragon①）境内，运营像巴塞罗那医院一样的慈善机构的工作主要由主教负责；处于社会边缘的穷人，包括居无定所的乞丐和被判有罪的穷人，均在教区总教堂的慈善资助范围。但阿拉贡当地的其他穷人就由教区慈善机构提供救助。巴黎的弃儿也是这种情况，通常由发现他们的位置所在教区照顾。【43】十三世纪后期，在巴伦西亚的主教辖区，由牧师负责的各教区还会选出一人担任"穷人教父"，每周六负责分发救济品。遇到节假日还会分发肉和大米；在诸圣日（All Saints' Day②）那天，这位"穷人教父"也分发冬衣和毛毯。加泰罗尼亚的赫罗纳（Girona）建立了一套类似做法。十五世纪，在卡斯蒂利亚，教区陆续建立类似意大利悲悯银行（*monte de pietà*）的慈善机构，免息借钱给穷人。有了这种贷款基金，无力以其他任何方式贷款的人得到了一个重要的信贷来源。【44】

与其他分发方式相比，由教区安排分发救济品可能做得更周全，更有机会让穷人过上跟附近邻居们差不多的生活。总体而言，教区慈善机构的目标是服务本区人士，可能是家庭、个人、学生或官员。由教区分发物质救助的做法标志慈善事业的目标有了扩展，变成用作社

---

① 始于1150年阿拉贡王国与巴塞罗那伯爵封地联合组成的复合型君主国。
② 基督教节日，又称万圣节，从八世纪起定在每年11月1日。

会福利或构成社会安全网,而不是捐赠者与受惠者之间具有象征意义的偶遇。以巴塞罗那为例,在1250年后,只有值得帮助的当地穷人才有机会得到教区接济。当地人脉成为指标,使具体负责的教区官员得以将值得帮助的穷人与不值得的穷人区分清楚。【45】

世俗与市营慈善和福利

长久以来世俗人群一直在社会上从事慈善捐赠,参与慈善工作,但更加系统的社会救助形式还要等到中世纪时期才发展起来。为边缘人群提供的世俗接济来自个人捐赠者,主要包括:王室和贵族;兄弟会式在俗教友联谊会成员和决意苦修赎罪的在俗教友;以及市政府和其他市营慈善机构。单凭这些捐赠者是在俗教友这一点并不足以判断他们这类行为在当时看来只有世俗意义,不带丝毫宗教动机。本章用不同节段讨论分别由修道院修士和修女、在俗教士、世俗机构与世俗人群提供的社会救助的主要类型。但这些形式没有先后相互取代。以中世纪为例,随着世俗形式慈善事业开始迎来蓬勃发展,修道院和在俗教士形式的慈善事业也没有消失,历史学家没有办法在慈善事业的教会支持与世俗支持之间画出一道明确分界。在俗教友参加捐款的历史可以追溯到1200年以前,只是数目和组织程度跟教会不一样。举例而言,在九和十两个世纪,世俗人群按规定都要向教会缴纳十一税,再由教会安排为有需要人士提供慈善救济。世俗精英群体不仅可以，而且确实提供了救济品、做出了捐赠，但通常他们只在当地遭遇危机之际才会应大家的请求做这样的事。以图尔为例，市议会在813年进一步明确了这一期待，宣布个人必须首先满足自己所在的家庭户及其所有依附者的需求。【46】加洛林时期主教和道德家奥尔良的乔纳斯（Jonas of Orléans①）这样写道，有能力者应该看望病人，不管对方是富人还是穷人。除了提供物质接济，捐助者还应提醒穷人和病人，疾病表示遭到神的冷落。跟同时期的修道院修士不同，加洛林贵族通常不会参与为穷人和病人提供这类救助。与此形成对比，在中世纪盛期和后期，由世俗人士创立和指导的慈善机构均有增加，尤以市政府赞助的慈善机构最为突出。【47】这一节将聚焦兄弟会式世俗联谊会与在俗苦修教友，以及市营机构及其政策。

世俗联谊会或者说互助社团为自己的会员提供福利。这类机构在创建之初只准备为会员服务，但随着时间推移也渐渐把接济并非会员的外人列为目标。这些社团很早就在伊比利亚半岛萌芽发展，其影响力一度陷入低迷，到十一世纪迎来复兴。在朗格多克（Languedoc②）、普罗旺斯、莱昂（León③）和意大利半岛，这类联谊会不仅为自家遭遇困境的会员提供协助，还形成了接济前面提到的第一类穷人——自由民穷人（paupers）的实践和慈善机构。【48】城镇的联谊会通常跟一个特定行业的行会有关联。对许多行会来说，金钱捐赠是会员们参与慈

---

① 法兰克主教、神学家（约844年去世），自818年起担任奥尔良主教。
② 位于法国南部，法王腓力二世在位期间（1180年—1223年）将王室领地南拓至包括此地。
③ 位于西班牙西北部，原为罗马派往伊比利亚半岛的军团驻地。

善活动的主要方式。巴黎的石匠就把他们收到的罚款捐给慈善机构。正常情况一名学徒需要做满六年才能转为满师学徒工，但也可以选择在该行会的保护神圣布莱斯（St. Blaise）的小教堂以捐赠形式交一笔罚款抵扣余下年限，从而提前结束学徒期。同样，图卢兹的行会拿出一半的罚款收入，参与资助该市维护加龙河（Garonne River）上的桥梁。林肯郡的浆洗工也把慈善活动的范围拓展到超出自家行会和联谊会的范围。若遇行会成员离世，其他成员就会每人拿出面值半个便士的硬币，集资买面包送给穷人。这是其中三个例子，表明行会成员将自己的慷慨之举拓展到自家机构范围以外，将当地教会（维护桥梁是他们的工作）和值得接济的穷人也包括在内。【49】

致力从事慈善工作的圣灵社（Confraternity of the Holy Spirit）在里昂（Lyons）、日内瓦（Geneva）、弗莱堡（Freiburg）、苏黎世（Zurich）、科隆和布鲁塞尔等地很受欢迎。1291年，在佛罗伦萨，方济各第三会成员（Franciscan Tertiaries[①]）创建行会教堂，后来也渐渐变成慈善组织。行会教堂成员和其他联谊会的会员一样，专注从事教会提倡的物质善举（corporal works of mercy[②]），比如为口渴的人提供饮料（图7.3）。

在佛罗伦萨，行会教堂向医院和穷人捐赠物资，向失业劳动者分发救济品，向孕妇和孤儿提供协助，接济被关进负债人监狱（debtors'

---

① 专为吸收世俗男女信徒而设，另有第二会为女修会。
② 主要有七种，分别为给饥饿的人送食物、给口渴的人送饮料、给衣不蔽体者送衣物、安顿无家可归者、探访病人、探访监狱囚徒以及安葬死者。

图7.3 为口渴的人提供饮料。圆形小图饰。制作时间约为1430年—1440年。地点在英格兰考文垂（Coventry）。

来源：© Victoria and Albert Museum, London.

prison[①]）的人。行会教堂从捐赠里支出的慈善活动几乎全部（94%）集中在这几方面。但是，从十五世纪第二个25年开始，行会教堂再也不是佛罗伦萨慈善事业的重要来源之一。一个新型慈善组织从十五世纪

---

① 始于中世纪的做法，将没有偿还或无力偿还债务的人关起来直至他们偿还债务为止，最坏情况可能是以劳役抵债且至死没能还完。

中叶发展起来，称为"几个好人（the *Buonomini*①）"，致力帮助"感到抬不起头的穷人"。他们为城里衣食无着的穷苦手工业者家庭提供救济，后者可能是手艺人以及纺织行业从业者，或是弃妇、寡妇、带小孩的家庭，以及挣工资养家主力成员不幸患病或失去行为能力的家庭。后来他们会转为专门接济前面提到的第二类穷人——意外致贫者（*indigent*），但在成立之初他们的目标仅限于在十五世纪的佛罗伦萨社会帮助不幸失去原有地位的人。在托斯卡纳另一个城市圣塞波尔克罗（San Sepolcro），有十四个新的联谊会在黑死病爆发前好几十年已经陆续创立。其中一个叫"圣母颂歌（*Laude de Santa Maria della Notte*）"，虽然本质上以宗教灵修内容为主，但也分发粮食和衣物，还为贫穷女孩提供嫁妆补贴。在欧洲首次爆发瘟疫之后又过了超过四分之三个世纪，1417年，这一互助社团有37%的开支用在慈善活动。[50]不过，尽管这类世俗联谊会在意大利各城市国家、法兰西南部地区以及伊比利亚地区作为社会救济的来源发挥了重要作用，但在英格兰和神圣罗马帝国德语通行地区的发展和影响就大为逊色。

中世纪盛期，这类互助社团性质的联谊会与苦修赎罪运动一样在意大利中部和北部地区蓬勃发展，每个社团的全体成员均对其他成员的福利负责。如遇社团有成员患病，其他成员就会安排每周探访，合力应对这名成员及其家人的生存需求，若这名患病成员不幸离世，还要出席为其举行的葬礼。一些苦修团队像修道院教士和在俗教士一样

---

① 与其他拥有大批会员的兄弟会式联谊会不同，这一组织一般只有十几个人，全部来自较高社会阶层，负责判断并接济他们认为符合资格的有需要人士。

举行具有象征意义的慈善活动，比如在棕枝主日（Palm Sunday[①]）宴会前先招待十二名穷人用餐。他们自己要等招待穷人用餐完毕再另外一起吃饭，以此强调团队成员共有的兄弟情谊。这种形式的慈善活动也强化了社区的社交边界。医院工作和社区服务构成这些苦修者为穷人进行的一部分活动。这类服务属于真正的社会公益，但也必须结合更大规模的组织与社团活动才能维持，跟兄弟会式联谊会原本独立于在俗教友运动以外的初衷形成矛盾。正常情况联谊会成员每个月聚会做一次弥撒，接着共进晚餐，全体成员都会为此次活动捐款。若还有余款就会用于接济贫困或朝不保夕的成员；若在满足自家成员基本所需之后还有余款，就会以社团名义捐赠用于购置和提供救济品。提供救济品也是一年一度庆祝社团守护神节日活动的传统内容之一。[51]有趣的是，博洛尼亚的联谊会成员还会在城里的监狱担任在俗牧师，将他们由市政资金资助烤制的面包分发给囚犯。经由这种做法，联谊会成员积极设法满足囚犯的基本物质需求，帮助后者继续与当地基督教社区的其他成员保持联系。

许多决意苦修赎罪的在俗教友将自己的资源奉献用于为医院里的穷人服务。在克雷莫纳（Cremona[②]）、洛迪（Lodi）和皮亚琴察等地，他们或是创办医院，或是经营医院。最广为人知的一位叫雷蒙多·帕尔梅里奥（Raimondo Palmerio，1202年去世）的人，他在皮亚琴察创办了一家医院。另有苦修教友在这家医院工作，实际上是接受培训，

[①] 基督教节日，复活节前一个礼拜天。

[②] 位于米兰西南面，由罗马始建于公元前218年，罗马诗人维吉尔（Virgil，公元前70年—公元前19年）在这里上过学。七世纪由伦巴德人重建。

担当起类似今天所说的社工（social worker）职能。他们当中有些人从雷蒙多这家医院开始工作，之后返回自己所在的群居村创办医院。其中一个例子是洛迪的瓜尔泰里奥（Gualterio of Lodi，1184年—1224年），他从十几岁开始就在皮亚琴察的医院工作。后来他转到另一家医院又工作了一段时间，接着创办了医院，以慈悲（*Misericordia*）为名，由洛迪这个群居村和主教联合捐助。克雷莫纳的法西奥（Facio of Cremona，约1196年—1272年）也是苦修教友，本职工作是金匠，原本大有希望跻身当地顶级手艺人行列。但他个人的苦修主义与慈善热情促使他改为先在城里创办一家医院，再为苦修教友建立一个在俗修会，称为圣灵会（*Società dello Spirito Santo*）。在佛罗伦萨，从1229年开始，方济各第三会的一些男性成员运营一家医院，称为圣保罗疗养院（*San Paolo dei Convalescenti*）。在佛罗伦萨，行会教堂不仅在城外西南方向的集镇蒙泰卢·波菲奥伦蒂诺（Montelupo Fiorentino）拥有一家医院，还在城里建立一家济贫院，自行判断希望从这个兄弟会式联谊会获得救济品的人是否符合资格。这类工作并非仅限男性苦修教友参与。比如方济各第三会成员、科尔托纳的玛格丽塔（Margherita of Cortona，1297年去世）的本职工作是助产士，但她也投身慈善活动，后来还创办了一家医院和一个慈善联谊会。[52]

中世纪时期，两个具有崇高地区威望的团体作为世俗慈善活动举办者发挥了重要作用。这就是谦卑者苦修会和贝居安女修会，各有自己一个特定区域，也主要在这个区域发展。谦卑者苦修会在伦巴第一带广受欢迎，尤以米兰为主，原因是有一些人认为自己受到宗教感召，却没机会选择必须先立终身誓言的隐修生活或接受圣职，而这个组织为他们提供了修行的去处。到1180年，这些苦修教友已经为穷人和朝圣者开设多个庇护所。十三世纪初，罗马教皇英诺森三世对谦卑者苦修会进行改组，将全部成员划分三类，分别是正式修士；过修道生活的律修会修士；以及男女在俗教友，包括夫妇和家人。【53】谦卑者苦修会成员对体力劳动抱有积极态度，因此，照顾穷人和出门在外的路人属于他们理解的该组织的魅力或圣灵的宗教灵修赠礼范围，后者定义了他们的生活方式。【54】

贝居安女修会作为最早从低地国家发展起来的女性苦修教友社团，比谦卑者苦修会更广为人知。两相对比，谦卑者的特点是成员通常住在自己家里，然后定期聚会，贝居安的特点是全体成员一起住在她们的专属社区，可能是一座独立的修道院，也可能是一处会院，后者是一种带围墙的建筑群，里面包含多所屋舍、医院和小礼拜堂，专供贝居安修女和她们救济的人使用，沃尔特·西蒙斯（Walter Simons）将其称为"女士城"。【55】十三世纪后期，一些贝居安修女也会照顾以下人士：麻风病患者，以及年迈、患病、贫穷或无家可归的女性；年迈的牧师；以及单身母亲。当时有一项禁令很可能跟单身母亲群体有关，里面明确提到禁止她们担任助产士。这一禁令表明，很可能就是贝居安修女在自己的社区承担了助产士的工作。

贝居安运动之所以对当时的女性具有吸引力，主要因为它提供了一种方式，使她们有机会作为信徒通过照顾他人以及参加体力劳动而达成虔敬奉献。这种人生道路为女性带来了灵活性，因为女性在加入一家贝居安会院之初无需立下终身大誓就能以屋舍管理员、护士、教师和手艺人等多种身份之一投入忙碌的工作。贝居安社区提供了一方

空间，重视自己动手参与工作，理由是这不仅有助于培养敛心默祷的修院生活，也是宗教修行生活的一部分。【56】

贝居安修女为自己社区的成员筹措福利，兼顾关照周边集镇或城市的其他居民。典型情况是，修女们只要身体健全就不靠救济品度日，更愿意自力更生。这些安排可能具有互惠性质；例如，有修女为年轻女孩提供食宿和基础教育，换取她们帮忙照顾年迈的修女。不过，到了1260年代，眼看意外致贫的贝居安修女越来越多，这个慈善机构迫切需要做出改变。一些社区仿照教区的分配模式设置了圣灵桌，用于分发最基本的食品、衣物和一小笔津贴，有时还会在贝居安会院里为一贫如洗的贝居安修女安排住处。也有社区在自家院子里为这些贫穷修女另办一家修道院。最后一点，有时她们也会特别为意外致贫的女性新办一家修道院。这类社区有很多是在十三世纪最后25年之前或期间相继成立，包括安特卫普、博克豪特（Boekhoute）、布鲁日、根特、鲁汶（Louvain①）和伊普尔等地。这些机构为贫穷的贝居安修女提供了慈善服务以及一种半结构化的宗教修行生活。【57】

除了像这样专门为意外致贫女性创办贝居安会院，她们也没能就慈善或福利救济拿出系统化解决方案。至于贝居安社区内部的情形，哪怕没有留下明确说法，我们也能通过将《帖撒罗尼迦后书》第3:10节用于指导现实生活的实例看出中世纪对工作伦理和贫穷的看法，那时大家将这段文本理解为身体健全者不干活就不应该获得食物。贝居

---

① 位于今比利时中部，距布鲁塞尔26公里。九世纪建城，十一世纪先后成为鲁汶伯爵和布拉班特公爵宅邸所在地，十四世纪名列欧洲最大城市之列，以织布业闻名。

安修女全都在力所能及范围以某种方式工作，可能是体力劳动，也可能是一门手工艺或做买卖。【58】

从十三世纪到十五世纪期间，各地市政府更多地参与创办和支持慈善机构。群居村资助医院照顾病人和老人，设立慈善机构照顾弃儿和孤儿，建立社区贷款基金和嫁妆基金。人们有时会把慈善视为接济衣食无着的穷人，带有宗教修行的激励，把福利关联到共同利益的一种人文追求。围绕接济衣食无着穷人一事形成的这种二元理解在中世纪的传统叙事可能演变为某种"信仰年代"，跟我们的版本很不一样，与现代早期并列就会显得更受世俗事务支配。纵观整个中世纪，接济穷人之举继续得到来自宗教修行考虑的激励，即使这时共同利益开始得到越来越多的关注。【59】分发救济品的做法在市政府看来有多种目的；不仅履行对贫困交加社会成员的义务，促进共同利益，也是展现世俗权威，将这种权威与神性联系起来的一种方式。【60】资助病人和穷人、饥肠辘辘者、遭遗弃者或孤儿的方式有很多共通之处，不管具体是以世俗政府还是教区总教堂全体教士大会的名义，由本笃会修士或世俗贝居安修女完成，但我们还是可以从800年—1500年这段时期分辨出一些趋势。

市政府有时会参与创办或管理医院，这一趋势从十三世纪初开始加速。在法国，最早一批市营医院可以追溯到1207年的蒙迪迪埃（Montdidier）和昂热（Angers），以及1220年的巴黎和康布雷。十四和十五世纪迎来第二波浪潮，将城里几家小医院合并为规模更大的市营医院的做法变得越来越普遍。这一趋势最早出现在阿拉贡，比如1425年在萨拉戈萨（Saragossa）创建的医院，称为圣母恩典（Nuestra

Señora de la Gracia），稍后，在1456年至1458年间某个时候，马略卡岛（Majorca）上的几家医院合并。通常情况是将较小的专科医院合并为一家综合医院，比如巴塞罗那在1401年将两家市营医院和两家教会医院合并为一家市营综合医院。与此相仿，在巴伦西亚，从1409年已经存在且分别收留弃儿与精神病患者的两家医院到1495年也合并为一家综合医院。【61】

市政当局认同救助孤儿与弃儿的重要性。意大利社区自豪地宣称本地最早建立专门救助弃儿和孤儿的慈善机构，其中一家在米兰，不仅历史可以追溯到八世纪，而且作为庇护所一直运营到1070年代。早在十世纪后期，圣塞尔索（San Celso①）教堂就有一座市营孤儿院。在布罗格里奥（Broglio）、佛罗伦萨、锡耶纳、比萨和米兰多拉（Mirandola②）等地也在群居村建立了弃婴收养所（图7.4）。

1303年，莱里达一家慈善机构为孤女提供嫁妆，希望帮助改善她们的婚姻前景。在法兰西，市营庇护所不太愿意接收儿童。在特鲁瓦和昂热，市政府不让市营医院接收小朋友，理由是已经有太多人需要照顾，忙不过来，而且照顾这些小朋友的职责属于他们居住或被发现的教区。在巴黎，1363年成立了格列夫广场圣灵医院（Hôpital du Saint-Esprit-en-Grève），他们倒是接收孤儿，但将弃儿和私生子排除在外。毕竟这家医院只有照顾五十名儿童的能力，在城里需要收留和照

---

① 位于米兰。

② 位于意大利中北部。著名居民包括文艺复兴时期哲学家、米兰多拉的乔瓦尼·皮科（Giovanni Pico della Mirandola，1463年—1494年），他是当地伯爵，著有《论人的尊严（Oration on the Dignity of Man）》等。

图 7.4 无辜者医院（Hospital of Innocents），柱廊上用釉面陶瓷装饰的圆形浮雕细节。出自雕塑家安德里亚·德拉·罗比亚（Andrea della Robbia, 1435 年—1525 年），位于佛罗伦萨圣母领报广场（Piazza della Santissima Annunziata）。

来源：DeAgostini. Image courtesy Getty Images.

顾的儿童当中只占很小的比例。其他小朋友可能会被带到圣母院的主恩医院（Hôtel-Dieu），那里附设市营庇护所，或是带回最早发现他们的教区。在卡斯蒂利亚，为接收弃儿准备的庇护所从十四到十五世纪陆续建立。阿拉贡仿效法兰西和意大利的做法，建起了市营庇护所。【62】

有些城市没有为照顾孤儿和弃儿设立慈善机构，而是为他们安排养父母，比如朗格多克的蒙彼利埃就是这么做的。一般情况，若在自治群居村里发现还在婴幼儿阶段的弃儿或孤儿，接下来的安排就是先确保他们接受洗礼，再为他们找奶妈。在十五世纪的蒙彼利埃，由当地女性照顾这些孩子大约一年时间。在佛罗伦萨，可能先由乡村女性或租来的奴隶照顾他们一到两星期，再安置到乡村的寄养家庭，他们

会在那儿一直待到一岁半到两岁。【63】

若是年纪稍大的孤儿和弃儿，社会关切的焦点就会落在如何确保他们得到恰当的养育，使他们有机会成为有用的公民。阿拉贡国王兼巴塞罗那伯爵佩雷三世（Pere III①）给巴伦西亚的市政官员发过一道指令，明确指出他要担起保护贫穷儿童的责任，确保他们接受良好教育，成长为对社会有用之人。他为此命令议员们为这些孩子指定监护人，由监护人具体引导他们成长，包括培训他们掌握一门手工艺，或为日后从事家务劳动做好准备。社区会安排孤儿和弃儿成为学徒，目的也是希望这些孩子长大以后成为对社会有用、能提高生产率的成员。一般说来，这些男孩女孩从小就会派去一个行业学习，或是通过外包方式外出从事家务劳动，比手艺工匠家里的孩子还要更早开始干活。这一做法在托斯卡纳也很普遍，尽管到了1530年代，无辜者医院（*Ospedale degli Innocenti*②，西班牙语，图7.4）不会再派年轻女孩外出从事家政服务，理由是越来越担心无论任何年龄的女孩都有遭遇性虐待的风险。【64】为鼓励和促进婚姻，群居村为女孩们提供包括嫁妆基金在内的积极协助，使她们更有机会找到结婚对象。婚姻是中世纪社会稳定的核心内容；他们认为没结婚的在俗教友将失去社会地位，他或她日后更有可能沦为社会负担。前述由市政府提供的一些救济做法，其设计目的主要就是提高生产率、减少无所事事，因此可以作为另一

---

① 加泰罗尼亚语，又称加泰罗尼亚的佩雷三世（Pere III of Catalonia），阿拉贡国王阿方索四世之子，1336年即位，兼巴塞罗那伯爵，1387年去世。

② 欧洲第一家孤儿院，意大利最早的文艺复兴风格建筑之一，建筑师为菲利波·布鲁内莱斯奇，另见第五章《工作、技能与技术》，"建筑业"。

个实例,显示社会怎样设法将资助送到那些当时认为值得获得此类接济的人手上。【65】

结语

从800年到1450年,中世纪欧洲的慈善活动和社会福利发展到相当可观的广度。到十五世纪中叶,机构化救济已经形成比九世纪初期更为复杂的形式,这一趋势在城市中心看得更明显。但聚焦中世纪后期的世俗慈善机构与世俗慈善活动就会发现它们的动机并非只有世俗性质这一面。从事慈善工作或参与捐款的人经常将这些实践视为在俗苦修赎罪运动或兄弟会式联谊会的内容之一。但世俗政府也确实越来越多地创办和赞助致力从事公益事业的公共慈善机构,比如医院、孤儿院和弃儿庇护所,还有低成本贷款与嫁妆基金。在中世纪早期,人们往往将慈善视为施予者在宗教修行层面的收获,其次才是接受者的物质收获。从800年到1450年这段时期的较早阶段,慈善捐赠也不是完全没有带上关于共同利益的考量;随着救济品和福利更牢固地扎根于共同利益,大家似乎越来越关注怎样判断潜在受助者是否值得获得这份救助,以及怎样将那些被判为不值得救助者排除在外。仔细检视从中世纪中叶到后期社会的工作有助于看出人们在当时社会重视的一些内容,包括工作与生产率、社会内部等级秩序以及对需要帮助人士的慷慨与顾虑。调研社会应对求助者的做法是中世纪工作文化史的一份重要补充。

第八章
工作的政治文化

罗伯特·布雷德
(Robert Braid)

罗伯特·布雷德(Robert Braid)，1996年在美国纽约州福特汉姆大学(Fordham University)获中世纪史硕士学位，2008年在法国巴黎大学(University of Paris)获中世纪经济史博士学位。目前是法国蒙彼利埃大学(University of Montpellier)经济学系副教授，主要研究中世纪经济监管与经济思想史。

历史学家往往会按不同国家而就中世纪时期工作的政治文化给出可能大相径庭的看法。比如，有关中世纪英格兰的历史研究几乎全都留出相当的篇幅，专门用于探讨黑死病过后陆续出现的劳工法律。这些法律甚至成为多种文章和专著的主题，一些学者将这类法律的出现视为英格兰社会发生一次重大转变的标志。[1]不过，尽管这些法律在英格兰的历史上具有重要意义，愿意想办法搞明白它们准确起源的学者依然寥寥无几；历史学家倾向认为，单凭经济背景这一个项目就足够决定这类法律的内容和形式。在英格兰以外，很明显，欧洲其他地区的历史学家更不在意这类劳工法令，常常干脆全盘忽略。只要留意到欧洲大陆一些最早的劳工法令实例远在英格兰王室干预劳工市场以前很久的时候已经出现，这一课题遭冷遇的现象就会变得更加让人感到惊讶。与此同时，只要对这些法律做一个快速比较就能看出不同政府有很多不同方式应对其实相似的情况，从而得出结论：这些法律并非仅仅针对某种特定经济环境做出的一种必要反应这么简单。[2]

研究英格兰和欧洲大陆在很长一段时期里的这些法规是很有意思的一件事，这有几个原因。首先，这有助于我们从不同国家怎样定义政府在规范劳动力一事应该担当什么职责的角度，完善对各国具体特点的认识。其次，可以表明政府这一职责在中世纪时期经历过某种演变，从一开始对工作相关议题几乎可以说是漠不关心，最终变成摩拳擦掌要对劳工市场进行严密监管。第三，凸显交织于一处推动形成劳工法律的多重因素，这些法律与其说是一种简单补救，目的是应对市场失衡，还不如说恰是当时社会与工作之间错综复杂关系的体现。就欧洲各地在如此漫长时期的所有劳工法规做全面分析恐怕有点不切实际，尤其还有以下两个难题挡道，一是英格兰以外地区缺少这一主题的史料，二是即便英格兰当地也缺少瘟疫前时期的史料，但还是有必要将英格兰在瘟疫后时期的劳工法规放在更宽广地理与编年史背景进行考察。

这项研究尽管内容广泛，其关注焦点依然明确为欧洲各地统治阶级对待劳动力的态度怎样从原来的漠不关心转变为采取相当进击的措施加以监管，以至于在工作上形成一套新的政治文化。因此本章将重点考察，欧洲西部各地当局都有哪些不同方式，希望把持大家的工作方式，统治阶级怎样合理化自己这些做法，以及他们的具体措施与当务之急。另外，这一时期并非所有治理主体均为世俗性质，这一特点也很关键；教会同样制定过一定数量的与劳工和市场相关的规范，这些规范有时也会对其他当局设计自己的劳工法规产生重要影响。

这项研究有助于理解工作的政治文化演变分为三个阶段。首先，从800年到1200年前后，尽管不同的王室法令与瘟疫后的法律相比存在许多相同点，当局并不准备直接管控劳工，这跟教会教义继续保持一致，后者推崇一种强有力的工作伦理，不会放任干扰市场的行为。其次，从大约1200年开始，渐渐就有史料显示英格兰地方当局和卡斯蒂利亚与法兰西的中央当局一样拿出了更强硬的干预措施，试图控制劳工市场。这些规定往往和继续支持自由市场的教会教义形成矛盾。第三，黑死病在1348年左右登陆欧洲，造成巨大死亡率，欧洲各地从中央到地方当局都在努力推行工资管制，迫使大家接受就业安排。但是，待工资上限陆续就位，某些特定当局还会继续发布其他法规，将工作时间、授权可用的付款类型、合同期限等项目也纳入自己的管制范围,从而得以强制执行和不断调整工资上限。此外,到十四世纪末,神学文本开始为政府干预劳工和其他市场创造合理化说辞。总体而言,中世纪结束阶段,在全欧范围形成一种普遍的政治文化,接受了政府的主要职能之一就是制定规则调控工作。

800 年—1200 年

这一时期往往很难区分法律义务和道德义务,因为王权执行的通常就是宗教戒律,这在工作问题上表现尤其明显。出自中世纪的大量神学著作要求男人和女人工作。根据《圣经》,凭劳作谋生的义务是上帝给人类的首批命令之一。[3]四世纪,米兰主教圣安布罗斯批评商人说他们经常无需真正动手干活就积累起巨额财富,他还称赞农夫的诚实劳动。[4]虽然教会在九世纪还没有把懒惰列为正式确定的七宗致命罪行之一,但富尔达(Fulda①)修道院院长、美因茨(Mainz)大主教拉巴努斯·毛鲁斯(856年去世)已经指出,无所事事至少算是一种严重的恶习。[5]十一世纪,有一些忏悔书(旨在帮助当地神父聆听忏悔以及判定恰当的自我惩罚作为赎罪手段)把体力劳动作为洗脱个人灵魂

---

① 德国中部黑森州城市,围绕744年建成的本笃会修道院发展而成,毛鲁斯从803年执掌该院学校即聘用十余位缮写员,迅速建成欧洲著名图书馆以及领先的学术中心,822年毛鲁斯出任院长,不仅扩建馆舍,也扩大济贫范围。

罪行的推荐手段之一。【6】十三世纪初，阿西西的圣方济各（1226年去世）自豪地从事体力劳动，还将体力劳动推荐给他的全体兄弟。【7】在基督教世界范围，从最早期开始，全体信徒就要为谋生和拯救自己的灵魂而工作，尽管这项义务尚未正式编入世俗法令。与此同时，教会和国王一样正式禁止在礼拜天和其他宗教节日工作。【8】九世纪，英格兰国王阿尔弗雷德（901年去世）明确指出，不得在礼拜天以及每年合共四十多个官方节假日工作。【9】十一世纪，卡斯蒂利亚的斐迪南一世（Ferdinand I，1065年去世①）也下令禁止在宗教节日工作，除非属于慈善之举，他还将这种基督教义务拓展到在他境内居住的犹太人。【10】斐迪南这套法规还禁止工人在周六提早下班，要求他们只在合理时段用餐。【11】十二世纪的宗教法令学者格拉提安（约1160年去世）制定了一份清单，精确列出三十六个应该受到尊重的宗教节日。【12】这就变成，教会和世俗的领导人虽然明确提倡工作伦理，却反对只在意世俗性质奋斗，要求大家必须至少留出一部分时间用于宗教修行事务。本卷第九章对这一主题也有详细讨论。

《圣经》也在一定程度上提示了领主应该怎样对待自己的工人。比如《旧约》禁止领主剥削工人，尤其不能扣住对方当天应得报酬而拖到第二天早上才支付。【13】显然，在这里工人被视为尘世的卑微者，值得获得上帝保护。【14】就连上帝也会单为圣徒的劳动而给他们一份报酬。【15】《新约》里提到劳动和报酬的内容甚至还要更多一些。《马太福音》和《路加福音》（Luke）都表明工作人群理应拿到报酬。【16】

---

① 1035年—1065年在位。

保罗也在《哥林多前书》(1 Corinthians)指出，每个人都会得到与其劳动相符的回报。[17]但《马太福音》还有一段文字表示，主人想多给谁一点就可以多给，其他人不应感到嫉妒或因此也要索取更多。[18]尽管《新约》的作者们提到劳动和报酬主要是用作虔敬善行及其在天国应得的奖赏的隐喻，并不是要求大家在劳工市场也遵照行事，但他们很明显已经把善行与体力劳动、天赐奖赏与公平工资两两联系起来。中世纪有很长一段时间，农民担当了绝大部分粮食的实际生产者，无论他们是在自己的土地上耕作，还是忙于打理领主的土地，作为他们背负的封建义务之一，因此中世纪早期就这些文本说事的评论家往往把发言限定在这套隐喻解释上。直到人口继续增长，在十三世纪推动劳工市场形成，有关怎样才算公平工资的讨论才渐渐出现。

从一些早期文本可以看到就政府对经济的干预有过一些总体讨论，绝大多数支持自由市场。在欧洲，关于经济监管问题，最早的法律与神学文本普遍规定，只要参与交易各方遵守一些特定原则，市场应该免受政府管控。[19]理论上一桩交易只要不存在欺诈和其他限制条件就会获得认定为有效，这意味着卖家不能欺骗或强迫他们的客户购买产品。说到工资，罗马法(Roman Law)将受雇劳工视为类似一种租赁合同。[20]英格兰普通法(Common Law，又译惯例法)没有把受雇就业纳入租赁合同，但也没有在其他条款提到工人和工资问题。跟罗马法一样，英王亨利二世的首席大法官拉努尔夫·德·格兰维尔(Ranulf de Glanvill，1190年去世)在他关于英格兰法(English Law)的专著中明确指出，王权对私人合同没有管辖权，由此提示政府无权

监管任何经济交易,包括劳工市场。【21】

但法律理论并不总能阻止各地当局插手。举例,794 年,时任法兰克国王、未来神圣罗马帝国皇帝查理曼大帝(814 年去世)在他的王国推行一套统一的货币体系,还确定了各种谷物的固定价格,不管这些谷物是丰收还是短缺都要遵守(图 8.1)。【22】十一世纪初,摩尔人劫掠莱昂城后,阿方索五世(Alfonso V①, 1028 年去世)为重建自己这座都城而立法,其中包括限制物价和工资的措施。【23】尽管这份文本没有明确列出具体费率,但地方当局从王室获得授权,要维持公道的经济交易,由此可见直到当时这也不是莱昂市政府可以实施的一项常规权力,只在社区遭受重创而无计可施之际获授权使用。普遍而言,十三世纪以前,在欧洲几乎看不到任何迹象,表明曾有管制主体插手订立物价或工资,或在劳工市场干预任一方面事务,唯一例外是要求大家遵守安息日的相关规定。这种情况从十三世纪开始发生显著变化,从中央到地方都一样。

1200 年—1348 年

欧洲经济与社会转型引起政治结构发生改变。从十一世纪开始,欧洲的武装冲突渐趋减少,这有利于人口增长,生产和贸易蒸蒸日上,

---

① 西班牙中世纪王国莱昂国王(999 年—1028 年在位)。

为君主国和地方政府带来更充实资源。同时，随着专业化程度不断提高，带动贸易、流动性以及对受薪雇工的需求全面增长，往往需要加大监管力度。结果，十三世纪不仅见证政府活动越来越多、政治结构越来越复杂，发展势头惊人，而且经济结构快速演变，城镇贸易和农业生产越来越依赖受薪雇工。王权、议会、市政府和村法院开始更主动插手社会好几个关键方面的组织事宜，档案里满是记有他们各种决定的卷宗和记事簿，成为这一演变的证据。其中许多决定跟人们的工作方式有关。

图 8.1 九世纪上半叶的加洛林硬币。出自"鲁尔蒙德宝藏（Roermond hoard[①]）"，1968 年在默兹河的砂砾堆发现。藏于荷兰马斯特里赫特（Maastricht）陶器中心（Centre Céramique）考古系列。
来源：Wikimedia Commons.

[①] 鲁尔蒙德于1232年获城市特许状，是海尔德兰（Geldland）公爵封地上城区（Upper Quarter）首府，十四及十五世纪重要布业中心之一。以"鲁尔蒙德宝藏"命名的这批硬币共有1100多枚，发行年份均在854年前。

以卡斯蒂利亚与莱昂王国为例，从中央对劳工市场进行调控是从十三世纪中叶开始的。1252年，王权和议会为压制通货膨胀制定了好几十项条款，包括设定工资和物价上限，列出当地适用的确切数目，同时限制出口与消费，禁止打工者组织联谊会。[24]许多职业，从农场帮工、建筑工人一直到奶妈，一概受到波及。这些措施先后在1256年和1268年获重申与完善，显示当局确实准备推行到底，还会继续研究更老练的做法，以备应对经济监管的复杂性。[25]事实上，立法者在订立工资上限之后很快意识到，要杜绝欺诈行为就必须严控各种形式的报酬，包括干脆禁止为一些特定岗位的工人提供膳食。同时，跟黑死病过后出现的几乎所有劳工法一样，禁止无所事事；打工阶层全体成员均须接受安排去工作，拿官方确定的工资，否则就会面临牢狱之灾。卡斯蒂利亚的法律学者此时也将工人与领主之间的关系编入法典。仆人们由于跟领主一家存在明显关联，不得就刑事案件做出不利于领主的证词，但领主有权对自家工人进行体罚，底线是不得过于残酷或造成对方受伤。但工人还是可以就工资分歧将领主告上法庭。[26]显然，在十三世纪中叶的卡斯蒂利亚，一种新的政治文化开始萌芽，变得允许政府介入劳工议题。

随着十四世纪开启，法兰西君主在市场上显得相当具有攻击性。对市场，尤其是劳工市场的最大干预发生在货币波动之后，属于这种波动的后果之一。1305年，腓力四世"美男子"（Philip IV the Fair，1314年去世）先将货币贬值，再批准一系列措施步步紧逼，试图压制通货膨胀。[27]与罗马教皇在普瓦捷（Poitiers①）逗留期间，他还颁布了一项法令，调控当地的物价和工资。[28]1330年，腓力六世（Philip VI②，1350年去世）在货币升值之后也做了同样的事情。[29]但是，只要法律限定了日薪水平，打工者就会调整自己的工作起止时间或干脆降低工作效率，促使王室强制推行官方工作时间。[30]早在黑死病爆发前，还有一项法令清楚表明王权对私人合同也有说一不二的权威，包括劳动合同在内，这一点在市场受货币波动困扰之际看得更明显。由于许多打工者显然都是看在钱的分上接项目，希望对方支付更坚挺的货币，因此法令规定，在货币波动发生前已经签署而尚未完工的合同均应按新价值进行结算。[31]这项法令不仅强调了王权对私人合同的权威，也显示出在人们试图改变常规做法以适应新情况之际对市场进行管控的复杂性（图8.2）。

与卡斯蒂利亚和法兰西的同行相比，英格兰王室和议会在这一时期对劳工市场的态度明显缓和许多。他们只监管面包师和啤酒酿酒师的工资，以《面包与麦酒价格法》（Assize of Bread and Ale）为依据。这是中央提要求而由地方当局负责推行，后者很可能早就在当地批复过类似的举措，此刻乐于拿着王室谕旨对面包师和酿酒师进行罚款。[32]许多学者将这项立法误会为设定物价的其中一种形式。恰恰相反，这套

---

① 位于今法国中西部，巴黎西南面。腓力四世为强化王权，拥立出身法兰西的罗马教皇克莱门五世（Clement V，1305年—1314年在位），后者从1309年将教皇驻地自罗马迁往阿维尼翁（Avignon）。阿维尼翁当时属于腓力四世弟弟、安茹伯爵查理三世（Charles III，1290年—1325年在位），至1377年一直是罗马教皇唯一驻地。
② 瓦罗亚王朝首位法王（1328年—1350年在位），安茹伯爵查理三世之子。

图8.2 建造巴别塔（Tower of Babel）。制作时间约为1400年—1410年，地点在雷根斯堡（Regensburg）。藏于美国洛杉矶J. 保罗·盖蒂博物馆，编号MS 33, folio 13。

来源：© The J. Paul Getty Museum, Los Angeles.

《价格法》实际上确立了一个非常宽泛的范围，允许面包和麦酒的价格在这个范围内随谷物市场价格变化而发生波动，因此它限制的只不过是面包师和酿酒师可能拿到的报酬。同期其他一些中央法令跟黑死病过后的劳工立法类似，比如强制军役登记以及迅速废除牲畜价格上限。【33】与欧洲大陆相比，英格兰很早就由中央统一了度量衡，而且郡郡派驻王室代表，使经济的集中调控变得更有效。但总体而言英格兰王室和议会对劳工和市场相对不是那么在意，继续将这类事务留给地方当局处置。

村里的法院尽管一般不会为调控劳工市场而制定精准的法规，但他们会处理雇主与雇工之间的纠纷，甚至延伸到领主与他们的农奴之间的纠纷。从十三世纪后期到十四世纪早期，英格兰的乡村法院给无数人开过罚单，原因很多，可能是未履行对领主的劳役、做不到勤奋工作、在农作物收获时节拒绝参与有薪劳动、离开村庄到其他地方打工等，甚至单凭懒惰这一条也有可能构成受罚理由。【34】有能力工作的村民不得在收割过的地里捡拾遗留谷物，因为"拾穗"活动早从圣经时代① 已经变成留给社区里最贫困成员的特权。【35】乡村法院也会保护打工者，规定雇主不得扣住雇工工资而拖延发放，除非拿得出合理的理由。【36】有一些历史学家认为乡村法院设定了最高工资水平，因此为黑死病过后的皇家法院开创了先例【37】，但在档案里还没看到有过此类法令的证据。倒是强迫大家工作以及

---

① 英格兰皈依基督教始于596年，时任罗马教皇格里高利一世向英格兰派出传教团，领队的本笃会修士后来成为首位坎特伯雷大主教，史称坎特伯雷的奥古斯丁（Augustine of Canterbury，约604/605年去世）。

调解工资纠纷这类事情，乡村法院显然很积极，至少在英格兰是这样。

伦敦的市政府也从这时着手规范市场。横遭1212年大火①重创之后为重建和保护城市出台了一系列措施，不仅规定了可用建筑材料的类型，还有好些条款限定了各类建筑工人的工资。【38】十三世纪较后期还有一项限定建筑工人工资的法令，不仅提出不同季节的工资标准，还附上了各种执法安排。【39】另有一项法令授权市议会设定工资上限，范围从建筑工人扩大到所有的劳动者，尽管没有给出数目，这也是唯一一次在非建筑行业提及这种权力。【40】伦敦市长还会听取跟纺织工人、谷物搬运工和葡萄酒代理商收费有关的诉求，尽管这类案例非常罕见。【41】在伦敦，大多数劳工问题交由行会处理，行会为学徒就业以及从学徒到匠师的晋升之路制订了相对严格的规则，确定工作天数和每天时长，但一般不会插手制定工资。【42】反倒是伦敦市通过了大量措施，希望避免直接制定物价和工资。【43】市长负责维护社会秩序，因此工作之一是对出现败德之举的市民进行训诫，但这么做并没有执行宗教戒律之意，更谈不上执行教规。【44】总体而言，在整个十三世纪以及十四世纪早期，伦敦市政府加强了对劳工问题的管控力度，如遇危机也会解决纠纷、克服弊端。

欧洲其他地区的城镇也从这一时期陆续开始干预劳工市场。举例

---

① 1212年7月10日，大火从泰晤士河南岸萨瑟克（Southwark）燃起，因商铺和住宅密布而造成重大伤亡，又称萨瑟克大火（Great Fire of Southwark）。起火原因不明。自43年罗马人选在这里建桥跨越泰晤士河直抵伦敦，交通便利的萨瑟克迅速发展成为重要集镇。

而言，普罗旺斯许多小镇将涉及劳工的多项规定整合到当地法规里。在塔拉斯孔（Tarascon①）和阿尔勒，签年度合同的仆人只能在每年同一个指定日子招聘，市法院有权要求执行劳动合同。【45】农业工人必须按照事先约定的期限全面完成他们接受的工作。【46】马赛这座城市要求水手遵守合同，同时禁止主人虐待仆人。【47】马赛还禁止打工者为罢工或集体谈判等目的组织联谊会，禁止造船工人离开本地。【48】多个社区要求主人按时支付当天工资。【49】还有一些城镇禁止所有市民在礼拜天工作，犹太人也包括在内。【50】后黑死病时期有一项法令显示普罗旺斯的艾克斯（Aix-en-Provence②）早年曾就工作时间做过规定。【51】但提及这一地区有过官方确定工资的文本少之又少。在阿维尼翁，任何打工者均不得接受除现金工资外的其他形式报酬。【52】在马赛，法律也对特定领域打工者的餐食价值作了限制，【53】另有多种法规用于管控为法院工作人群的工资，但没有看到任何明确的做法，非要普遍设定打工者的工资上限。【54】考虑到普罗旺斯各地在劳工市场的其他方面采用过数量相对较大的不同措施，唯独看不到工资管制做法这一现象可能要归因为当地没有必要这么做，而不是没有相应的管辖权。毕竟黑死病过后经济大环境很快就要发生剧变，刺激各地当局纷纷拿出新的措施。

其他地区也一样，从中央到地方当局全都设法管控劳动力。举例

---

① 普罗旺斯伯爵在这里建有城堡，十五世纪建成。
② 中世纪普罗旺斯首府所在地。公元前123年罗马在此建城，因拥有丰富温泉，时任高卢总督盖尤斯·塞克斯提乌斯·卡文努斯（Gaius Sextius Calvinus）用自己的名字命名为 *Aquae Sextiae*，意为"塞克斯特浴场"，简称艾克斯（Aix）。

而言，在挪威，国王马格努斯六世（Magnus VI[①]）下令禁止自家没有土地的农民在乡村地带流动，目的是要确保他们继续在1274年农作物收割期间成为可雇佣的受薪劳工，他还在1291年强制要求所有身体健全者接受就业安排成为雇工，男女一视同仁。[55]在低地国家，各城市当局在十三世纪陆续确定了呢绒漂洗缩绒工的工资上限。[56]从这一普遍概述可以看到，在十三世纪的欧洲范围，以经济活动有所增加为背景，中央和地方当局开始承担处理劳工问题的职责，调解打工者和他们的雇主的纠纷，甚至颁布各种法规来管控打工者，从城里的各行各业到乡村的农业劳作一网打尽。

但这些法律有许多内容明显不符合教会教义，后者从更早的时期以来大部分没有变过。十二和十三这两个世纪见证了知识内容产量发生激增，尤以神学和法律话题增长最明显。得益于古代文本再度出现在大家的视野，比如查士丁尼一世（Justinian[②]）的法典和亚里士多德（Aristotle[③]）的哲学著作，中世纪作者开始就工作估价与经济调控议题提出更老练的看法，但他们的总体立场保持不变，还要等到十四世纪

---

① 1263年—1280年在位，因引入全国、地方和教会法律而又称马格努斯"法律修订者"（Magnus Law-mender）。

② 拜占庭帝国皇帝查士丁尼一世（Justinian I，又译优士丁尼一世，公元527年—565年在位），即位不久即下令整理汇编并最终形成《查士丁尼民法大全》（*Codex Justinianus*，官方名称 *Corpus Juris Civilis*），包括四个部分，分别为《学说汇纂》《法学阶梯》（*Institutiones*）《法典》（*Codex Constitutionum*）和《新律》（*Novellae Constitutiones Post Codicem*），其中《法典》在529年发表，534年结合查士丁尼本人颁布的新法修订，《新律》收录查士丁尼从那以后（534年）到565年间颁布的新法令。

③ 希腊哲学家、科学家（公元前384年—公元前322年）。

临近结束才有所松动。许多神学家对公平价格问题做过一定篇幅的论述，普遍主张放任供求自由互动，不应强加任何外来干预。【57】他们对公平工资问题明显没那么在意，但原因主要出在当时认为公平工资只不过是公平价格理论的一种延伸。与此同时，神学家们继续将工作视为美德，甚至提高到道德义务地步，尽管这里所说的工作并不总是必须属于体力劳动。【58】教会教义显然支持一套有力的工作伦理，同时谴责贪婪的罪行，但教会当局没有公开提倡强制劳动，也没有授权世俗当局设定工资上限以抗衡打工者的需求；懒惰者和贪婪者将在"最后审判（Last Judgment）"来临之际为自己的罪行承担后果。另一方面，法兰西和卡斯蒂利亚的中央立法工作跟伦敦和其他地方推行的各种法令一样公开设定物价与工资的上限，同时调控劳工市场的其他方面，因此变成明显不符合同一时期的教会教义，但教会当局也没有打算公开宣布这类立法无效。至于许多采用上述经济调控措施的机构的成员往往同时列席教会当局，可能有点自相矛盾，但他们接受的神学训练似乎没有干扰他们履行世俗职责。

1348年—1450年

按照一些历史学家的看法，黑死病通过刺激形成新的政治文化，中央层面立法调控的做法获得认可，标志英格兰的法律结构发生重大转变。【59】这场流行性传染病由1348年初从东方（the East）归来的意大利商人带到欧洲，随即席卷欧洲大陆，造成人口规模锐减大约40%。[60]随着各地消费者数量在短短几个月内几乎打了对折，市场对基本商品的需求遽然下挫。与此同时，由于幸存遗属陆续接收死难者留下的财产与现金，人均货币供应量急剧上升，迅速引发通货膨胀。眼看瘟疫肆虐欧洲，人们更在意怎样才能保护自己免受感染，最起码也要努力赶在大限到来之前再拯救自己的灵魂一把，并没有多大积极性将看上去很可能是这辈子最后几天宝贵光阴用于工作，再挣上那么一点现金。不止这样，人们还越来越多地放手追求人间各种极致赏心乐事，吃穿用度比原本习以为常的水平大有提高。[61]这直接打乱了每个市场的供求平衡，而且几乎成比例地蔓延全欧，但各地政府的反应大相径庭。

英格兰的爱德华三世是最快对这一局势做出反应的实权人物之一。1349年伊始，他就两次召集议会以备讨论应对这场危机，可惜两次都没开成，因为许多贵族和教士要么已经死于疫情，要么害怕跟全国各地其他代表聚集交流可能有感染的危险，不肯前来。于是，1349年6月，爱德华三世直接利用自己的权威颁布《劳工条例》（*Ordinance of Laborers*），当然也有人从旁提供协助，最终在两年后的1351年获议会批准并做了修订。[62]这项立法的主要目的是强制要求打工者必须按疫情前的工资接受雇佣，手艺人和零售商必须按疫情前的价格出售他们生产的日常必备商品，同时禁止向身体健全的乞丐发放救济品。地方当局获授权执法，若未能认真履行这项新职责还会受到皇家法官的惩罚。甚至在1351年2月提交议会辩论以前已经出现很多关于执法的修正内容与函件来往。[63]这类立法不能简单解读为设法化解燃眉之急的某种权宜之计,因为英格兰议会和王室接着推行了更多新的举措,为实现劳动力管控常态化做了铺垫,这些举措包括:对工作者流动性进行管控,提高处罚的严厉程度,强迫没有土地的人继续从事农业劳役,禁止他们进城当学徒。这些措施甚至在很大程度上成为现代早期英格兰中央立法的基础。可能有人准备得出结论,认为这标志工作议题从此干脆利落地移交到中央政府手上。诚然,乡村当局继续推行跟疫情前一模一样的经济政策,看上去留出余地,使新任命的劳工法官(Justices of Laborers)和治安法官(Justices of the Peace)得以审理违反劳工法的案件。但在另一方面,伦敦这座城市颁布了数量巨大的法规,目的是确定工资与物价、限制工作者流动性与禁止违法乞讨,并且体现出相当高的执法积极性。结果,劳工议题管辖权在英格兰从地方当局向中央当局的移交并不像一些研究显示那样一蹴而就、界限分明。

至于其他地区,一旦眼前危机稍有缓解,工作议题的政治控制权立马回到地方当局手上。普罗旺斯封地管家雷蒙德·达古(Raymond d'Agoult,约1353年去世)也迅速做出反应,可能早从1348年9月已经开始为立法起草初稿。[64]这项极其详细的法令主要聚焦确定物价与工资,并不包括强迫任何个人工作或谴责无所事事的意思,只对收取过高报酬的打工者提出严厉的道德批评。大量的商品,从肉和鱼到钉子和夜壶,价格全部定好。每个人可以雇的工人数目也有限制,工资要按不同季节确定。打工者不得为提高工资而参与集体谈判,否则可能会被截去一只手。没有证据显示这套初始法令提及的上述精确措施当真执行过,中央层面也没有批复新的法律;但数量巨大的地方法令表明工作议题越来越受到高度关注。例如,马赛这座城市一边正式停用中央的劳工相关法令,一边在自己的权力范围强制要求劳动者必须受雇参加工作、设定工资标准、禁止农业工人离开本地,也对工作日做出了规定。【65】布里尼奥勒(Brignoles①)对初始法令列出的所有费率做了修订。【66】西斯特朗(Sisteron)镇议会安排打工者在全境范围按法定费率工作,禁止支付实物工资,也规定了工作时间。【67】但大多数社区当时最关心的还是怎样创造条件吸引技术熟练的辅助工和手艺人前来工作,包括向医生、面包师、砖瓦匠、织布工、锁匠、裁缝和木匠等工种提供诸如现金报酬、免息贷款、免税待遇、免费住宿和设备等优惠条件,换取对方答应在本地开业且待够一定年限。以普罗旺斯这片伯爵封地为例,由于作为领主的伯爵或女伯爵往往住在那不勒斯,并不在当地,影响力较弱,因此调控经济活动的工作最好交由市政当局处理。事实上,如果普罗旺斯在中央层面有过任何关于经济管控的立法,很可能要归因于女伯爵乔安(Countess Jeanne②,1382年去世)意外回到这里;由于那不勒斯突遭匈牙利人入侵,黑死病也在当地造成重大伤亡,她不得不逃难回到普罗旺斯。在英格兰,强有力的皇家行政机关早已就位,为强制性中央劳工法出台创造了条件,但普罗旺斯的情况是各社区陷入相互竞争,必须制定另一种的劳工政

---

① 临近罗马人开辟的埃米利亚大道,中世纪以普罗旺斯伯爵主要消夏去处而闻名,主要产品为葡萄酒。

② 又称乔安娜一世(Joanna I,1325年—1382年),那不勒斯女王、普罗旺斯女伯爵,由祖父那不勒斯国王安排在1343年继位并与匈牙利国王之弟成婚,后者不到两年即遭暗杀,匈牙利出兵报复,1348年攻入那不勒斯。

策，希望形成吸引力而不是强制力。如此一来，不同地区在黑死病过后形成的工作的政治文化，其具体类型依托于疫情前已经存在的各种结构。

至于卡斯蒂利亚和法兰西，王室虽然拥有劳工监管的优先权，对这次危机的反应却迟缓得出人意料。法王约翰二世（1364年去世）迟至1351年1月才发布一项有关巴黎的法令，当时巴黎由他直接管辖，接着就得等到1352年2月，他才下令他的代表们在王国范围进行类似立法。[68]中央当局先后在1354年、1355年和1360年颁布更多劳工法令。[69]跟英格兰的法令一样，法兰西这些法律也侧重谴责无所事事、管控工作者流动性、强迫大家按固定工资工作，要求零售商按合理价格出售他们的商品（图8.3）。还跟法兰西自己在疫情前的立法一样，继续推行传统的工作时间和薪酬形式，但往往遭到忽略，因为打工者都在想办法绕开这些新法律。胆敢违法者会被打上烙印，尽管这一惩罚手段没有证据显示当真执行过，却显示出王室对打工者的行为已经形成强烈看法。不过，在那以后，王室涉及劳工的仅有立法看上去只是批准各地想要在当地推行的做法而已。[70]

卡斯蒂利亚的王室和议会对时局的反应更迟缓，要等上三年左右才开始应对黑死病带来的一系列问题。直到彼得一世（Peter I①，1369年去世）在他父亲死于疫情之后继位，卡斯蒂利亚王国这才颁布了旨在控制物价和工资的广泛立法。[71]跟普罗旺斯和法兰西的法律一样，

---

① 1350年—1369年在位，阿拉贡的阿方索四世（Alfonso IV of Aragon，1327年—1336年在位）之子，与多位同父异母兄弟交战，最终，特拉斯塔马拉的亨利二世在法兰西支持下将其推翻并谋杀。

图 8.3 在银器铺子买卖商品。地点在法国,制作时间在十五世纪。藏于鲁昂市立图书馆(Bibliothèque Municipale),编号 MS 927, folio 145。

来源:Image courtesy of Getty Images.

这些措施也极其精确地设定了物价和工资,规定工作时间,要求对违法者处以巨额罚款,甚至公开鞭笞。尽管彼得一世在1369年遭武力推翻,但夺取他王位的新国王、特拉斯塔马拉的亨利二世(Henry II of Trastámara[①],1379年去世)随即起草的新法律沿袭了之前劳工立法的立场。【72】在伊比利亚半岛其他地方,统治者们应对危机的反应来得更快一些,比如加泰罗尼亚的彼得三世(Peter III of Catalonia[②],

---

① 1369年—1379年在位;特拉斯塔马拉王朝(House of Trastámara,至1504年)开创者,1366年以听命法兰西国王为条件换取对方协助出兵卡斯蒂利亚夺取王位。

② 1336年—1387年在位,也是巴塞罗那伯爵以及阿拉贡、巴伦西亚等地国王。

1387年去世）早在1349年7月已经采纳规范劳工市场的法律，在他的加泰罗尼亚领土推行，尽管这些法律看着相当含糊。【73】至于他在阿拉贡的领土，他还要再花十个月时间才能推出一套差不多的法规。【74】这些措施从本质上看跟其他地方的法律非常相似，都规定了物价、工资和工作时间，也要求对拒绝服从者实施鞭刑。但这些新措施在1352年就被废止，因为大家发现这会制约工人的工资水平，导致他们面对飞涨的物价根本难以维持生计。【75】另一方面，在葡萄牙，从中央层面管控工人的措施在黑死病过后出台，并且持续执行了很长一段时期。【76】

意大利各城市国家还起草了旨在克服瘟疫对劳工市场影响的规定。奥维多最迟从1348年9月设定了工资上限，当时疫情抵达这座城市没几个月。【77】1349年8月，佛罗伦萨对农业劳工制定了非常严厉的措施，同时几乎完全忽略一直由行会控制的城里行业。【78】总体而言，在意大利，尽管一开始有过一些遏制工资上涨的措施，但大多数社区跟我们从普罗旺斯观察到的情况差不多，更积极忙于吸引技术熟练工，而不是忙于惩罚那些所谓贪婪劳工。这类政策最早见于1348年10月的锡耶纳和比萨，奥维多和威尼斯几乎同时迅速跟上，但迟至1364年才在佛罗伦萨出现。【79】很显然，如果劳动者可以在一两天内走出一个管辖区而进入另一个管辖区，那么符合地方当局利益的做法就是鼓励他们留在本地。由中央集中管控劳工事务的做法只能出现在王室兼备司法管辖权与执法行政机关之地。

最重要的是尽管各地各有特点，依然可以看到这场流行性传染病在欧洲范围引发普遍反应，促使各地中央和地方当局在接下来的几年陆续采取多种措施试图控制局势,这一点很有意思。普遍而言,这些措施给工资和物价设定上限,限制工作者流动性,强迫无所事事者就业成为雇工,还对工作时间和报酬形式做出规定。黑死病过后,德语通行地区、低地国家、巴伐利亚(Bavaria)、蒂罗尔(Tyrol)和挪威的地方和中央当局都颁布了类似法律。[80]这类法规的实施程度(如果确有实施的话)取决于人口灾难之后出现的复杂的经济和政治突变,但几乎各地主管当局都在应对这一局面时想到了制定新的法律这一招。尽管在瘟疫爆发前只有少数几个政府插手劳工市场事务,但很明显,在有需要时行使这种管辖权符合当时世俗当局的政治文化。另一方面,关于政府肩负管控市场之职在知识分子圈的政治文化中尚未获得认可,但他们的看法很快就要发生变化。

就工作的政治文化而言,黑死病造成的最大影响可能跟知识分子看待政府这一职责的方式有关。的确,疫情前所有的神学论著一致明确反对政府干预市场,但到十四世纪下半叶,已经有一些经院哲学作者积极支持政府管控物价与工资。黑死病爆发前,神学家们普遍将全靠挣工资这唯一方式养活自己的打工者视为穷人,值得获得特别保护,免得落入残酷主人之手。这一观点在疫情发生不久就发生了戏剧性转变。劳工立法往往从各种批评贪婪的打工者开篇,与此遥相呼应,诸如约翰·高尔和威廉·朗兰等道德家在1370年代也严厉批评了打工者的过度索取。[81]一些神学家提出了一个从十三世纪形成的论点(主要内容是如果一份合同的其中一方倍感压力,那么这份合同就不合法),以此谴责劳动者提出过多要求,认为后者通过讨价还价要求提高工资已经危及雇主的福祉。[82]因此许多知识分子也认为对工资和物价进行世俗管控很有价值就变得不足为奇。从十四世纪下半叶开始，许多神学家，比如黑森朗根施坦因的亨利（Henry of Hesse Langenstein[①]，1397年去世）、让·格尔森（Jean Gerson[②]，1429年去世）、巴塞洛缪·卡波拉（Bartholomew Caepolla，1475年去世）和加布里埃尔·比尔（Gabriel Biel，1495年去世），开始认同政府具有设定公平价格以避免生产者要价过高的职责。[83]锡耶纳的伯纳迪诺（Bernardino of Siena，1448年去世）建议地方当局为共同利益设定物价和工资。出现在知识分子圈的这种新态度与疫情前神学家对政府干预经济事务的立场形成鲜明对比。知识分子这种新观点与其说是源于疫情和紧随其后的劳工立法，可能不如说是因为大学在十四世纪变成由世俗当局直接控制。不管具体成因是什么，当时知识分子已经坚定认同政府应该在市场管控一事发挥积极的作用，其中又以工作为主。

但这并不是说政府对工作时间、工资和工作者流动性的严格控制已经得到大家欣然接受。事实上，打工者自己对这些措施特别怀有敌视情绪，强迫大家就业成为雇工的中央政策似乎成为民众抗议的主要原因之一，至少在英格兰就是这样。负责执行这些法律的劳工法官成为各种敌意与挑衅的标靶。[84]在1381年农民起义期间，起义者不仅要求结束农奴制，还要结束这类强迫就业的做法。据记载，在镇压

[①] 又作黑森的老亨利（Henry of Hesse the Elder，约1325年—1397年），神学家、数学家，从巴黎大学毕业后留校任教。1378年西方教会分裂（Western Schism）发生，因拒绝按法王要求支持阿维尼翁教皇，从1384年改往维也纳大学任教，继续撰文支持罗马教皇。

[②] 又作格尔森的让（Jean de Gerson，1363年—1429年），原名让·查理尔（Jean Charlier），参与推动教会改革、结束西方教会分裂。

起义之后，英王理查二世（1400年去世）对起义者这样说过："你们这些可悲者！……你们这些企图跟领主平起平坐的人根本不配活下去。……你们将继续遭受奴役束缚，但不是像从前一样，而是变得严厉到无以复加。只要我们一息尚存，我们就要想尽一切办法压制你们。"【85】这样一来，全靠打工挣工资这唯一方式养家糊口的人群对自己应该获得什么待遇几乎毫无发言权。在中世纪乃至以后很长一段时间，所有政府机构，从城镇议会到全国议会，都是由劳动者的雇主组成，看不到那些真正工作的人。从这个角度说，绝大部分人口都被排除在政治文化之外，几乎没有办法形成影响。

结语

这份关于工作的政治文化的简要考察对理解普遍而言的中世纪政治文化转型很有提示意义。这一时期的西方政治文化并不支持将维持市场均衡列为政府职责的观点，而更愿意继续推行合乎道德的行为，具体做法可能是强迫大家遵守安息日制度、采用一套健康的工作伦理或设法克制大家的贪婪。通常情况，一旦外部因素（比如疫情、毁灭性火灾或货币变动）造成剧烈改变，许多人的经济行为就会被打乱。但也要看到，经济监管的普遍兴起，尤以针对劳工的监管最为明显，是伴随整体经济活动增加以及这类增长通常造成的摩擦而来。大约从十三世纪开始，渐渐出现一种与工作相关、倾向对劳工进行更严格管控的政治文化。那时中央和地方政府正变得越来越老练，将自己的权力延伸到以前不受任何监管的各部门，劳工市场也不能幸免。确定工资上限、管控报酬形式、规定工作时间和节假日、解决打工者与雇主之间的纠纷、强制执行劳动合同……关于劳工的方方面面几乎都逃不了政府的严密审查。因此，黑死病并没有完全改变与工作相关的政治文化，而更像是充当了促成某些当局开始监管的催化剂，这些当局包括英格兰王室在内，他们以前可不会直接插手劳工市场。瘟疫过后采取的各种措施跟此前早就制定的措施相比并不存在多么猛烈的急转弯。黑死病也没有马上引爆各地政治结构发生转型，支持中央对市场进行更深入的监管。面对当时的严重局势，大多数政府闻风而动，试图通过各种控制劳动力的措施来重建某种形式的市场秩序，这不足为奇。在英格兰，正如其他学者已经指出，普遍而言劳工市场的控制权是在黑死病过后不久即从地方当局转移到中央当局，这标志《普通法》在形成之路又迈出了一步。但在许多情况下，这类尝试很快就被放弃，管控工资和其他劳动实践的权力直接转回地方当局，其中最引人注目的例子发生在普罗旺斯。在黑死病过后推出的劳工法规并不代表卡斯蒂利亚和法兰西从此跟自己的过往做法一刀两断，这也许可以解释为什么研究这些地区的历史学家不会那么关注此类立法。与此同时，这种干预一开始也没有任何理论依据，因为神学家和法律学者都声称市场应该继续是自由的。但到了十四世纪末，许多宗教当局最终变得安于接受"政府有责任管控经济活动"这一事实，还找到论据支持他们的做法。从这个意义上说，黑死病促使知识分子相信政府干预有其必要性的成效，可能还要大于促使世俗当局果断揽下这一职责的成效。无论如何，尽管十三世纪见证了理论与实践之间出现各种不一致，还有民众抗议活动不止一次表明许多打工者并不认同当局进行干预的方式，但是，等到十五世纪开启，欧洲的政治文化在很大程度上已经变成支持以下观念：说到监管个人工作方式，主要职责由政府承担。

第九章

工作与休闲

杰里米·戈德堡、
（Jeremy Goldberg）
艾玛·马丁
（Emma Martin）

杰里米·戈德堡（Jeremy Goldberg），任教于英格兰约克大学（University of York）历史系与中世纪研究中心。英国中世纪文化与社会史学家，围绕女性、性别、家庭、工作与性行为等课题发表大量著述。

艾玛·马丁（Emma Martin），英国约克大学人文研究中心博士后研究员，研究中世纪晚期文化关于无所事事、工作与休闲的观念。也在北爱尔兰贝尔法斯特女王大学先后取得英语与历史学士学位以及中世纪史硕士学位。

有很多问题摆在研究中世纪工作与休闲概念的学者面前。这一时期不仅同样经常受限于缺少史料的现实，越到早期越严重，最直接的困扰还出在"休闲"从本质上看属于现代概念，有多大机会在本章探讨的这几个世纪派上用场？举例而言，从词典编纂学分析可以看到中世纪社会已经认同有必要暂时放下工作去休息（rest），但至少迟至黑死病爆发前还没有完全将休闲（leisure）理解为一项值得向往或全情投入的活动。假如在中世纪和现代对"工作"这事的理解之间存在更多的一致性，关于工作的研究就不会那么棘手，但我们作为现代人不一定赞同源自基督教时代的基本前提，也将劳作视为人类注定的命运，是亚当与夏娃在伊甸园偷吃禁果那场"堕落"的后果，或将休息视为神谕，因为上帝在第七天休息。要在工作与休闲之间标出边界也不容易。举例而言，在当时的贵族看来，打猎，甚至还有下棋，这样一些活动可能是他们培训年轻男生必不可少的科目，因此属于他们的"工作"的一部分，而我们可能随手就给这些项目打上休闲活动标签，假定他们参与的唯一目的就是找乐子。作为一项覆盖广阔地理范围、横跨漫长时间维度的研究，因为必须总结普遍性，做起来几乎难以避免略去一些实在差异，但我们会特别留意瘟疫爆发前后时代之间、不同文化区域之间的差异，以及"休闲"按从事时机与主体不同而在什么时候属于合法、什么时候变成不合法。本章还会探讨不同社会地位人群之间、女性与男性之间可能存在怎样的不同体验。

劳动与休息

人类注定要劳作的看法源于《圣经》。亚当和夏娃由于违反上帝诫命,偷吃知识树(Tree of Knowledge)的果实,结果被逐出伊甸园,惩罚接踵而至。根据拉丁语武加大(Vulgate①)版本《圣经》翻译的兰斯-杜埃(Rheims-Douay②)英语译本提到上帝先对夏娃说:"我必大大增加你的悲伤与怀胎之辛苦;你将在悲伤中生儿育女,你将受你丈夫控制,他将统治你。"于是女性的劳作变成生育的辛苦,她注定要养育小孩。但上帝对亚当说的却是:

> 因为你听了你妻子的话,吃了树上的果子……你要耕作的土地已经受到咒诅;你必终生劳作苦干,只有这样才能从这地里讨吃的……你必汗流满面才能吃上面包,直到你回归土里,那是你的出处;因为你就是土做的,你也将归于土里。【1】

---

① 源于拉丁语 *editio vulgata*,意为通行、通用版本,382年由罗马教皇达马苏斯一世(St. Damasus I, 366年—384年在任)委托他的秘书杰罗姆(St. Jerome,约347年—420年)翻译,两人后来均由教会尊为圣徒。
② 又作杜埃-兰斯(Douay-Rheims)译本,十六世纪由流放到杜埃的英格兰天主教学者翻译。

于是"劳作苦干"变成男性注定的命运，如果还没有变成女性注定的命运的话。事实上，另有一套具有深厚历史渊源的非《圣经》传统也在发展，按照这种看法，亚当和夏娃在被逐出伊甸园之后得到了工具，使他们能按上帝的训谕去工作。亚当得到一把铁锹或鹤嘴锄，可以用来翻耕土壤，这一形象从很早就已经确立，但夏娃得到一根纺纱用绕线杆的形象迟至十二世纪才变得比较明显。比如格兰德瓦尔（Grandval[①]）《圣经》配有泥金装饰插画，从中可以看到亚当正用那把鹤嘴锄干活，夏娃坐在一边给他俩的小孩喂奶。但到了十二世纪早期的《圣奥尔本斯诗篇》（*St. Albans Psalter*[②]）以及十三世纪的威尼斯圣马可（St. Mark's[③]）大教堂马赛克镶嵌画上，亚当和夏娃已经变成分别拿着鹤嘴锄和绕线杆。亚当在刨地，他的妻子坐在一旁纺纱，这一画面渐渐成为因"堕落"而被逐出伊甸园的亚当与夏娃标准像，不仅见于十四世纪早期的《霍克海姆圣经绘本》（*Holkham Bible Picture Book*[④]），还有十二世纪后期的《亨特诗篇》（*Hunterian Psalter*[⑤]），后者还包括夏

[①] 因格兰德瓦尔修道院在840年左右制作而得名。修道院名字又作穆捷的格兰德瓦尔（Moutier-Grandval），穆捷位于瑞士。

[②] 因英格兰南部圣奥尔本斯修道院制作而得名。

[③] 传统认为《圣经·马可福音》作者。

[④] 在伦敦制作，因藏于诺福克同名馆舍而得名。全书包括二百多幅插图，与当时通行制作顺序相反，先有插图再配文字。

[⑤] 以收藏者威廉·亨特（William Hunter，1718年—1783年）姓氏命名。亨特是格拉斯哥大学毕业生，以产科医生与医学教育家而闻名，包括推动产科学在英国成为医学一个独立分支，又将丰富藏品赠与母校，以此为基础建成苏格兰第一家公立博物馆，1807年开幕，仍以他的姓氏命名为亨特博物馆（Hunterian Museum）。

娃脚边放着襁褓里的婴儿的画面（图9.1）。

1381年英格兰农民起义提出的口号"亚当耕地、夏娃纺纱之际，哪有什么贵族绅士？"显示这在当时属于正常现象，从中可以看到，即便社会等级制度早就有机会遭到这样的质疑，性别差异以及每个人都要工作却是神定真理。

事实上，撇开1381年英格兰起义者的激进呼声不谈，人们继续认为社会等级制度也是由神确定，只不过劳作这事在一定程度上尤其跟最低的（尽管也是占了人口绝大多数的）社会等级形成关联而已，是他们挥汗如雨，忙于耕作土地、种植庄稼。将社会分为三个等级，分别从事祈祷、战斗和劳作，这一观点具有深厚的历史渊源。最著名、最清晰的表述之一出自拉昂的阿达尔贝罗主教（Bishop Adalbero of Laon①）手笔，他的《致罗伯特的诗》（*Carmen ad Rotbertum regem*）虽然是在十一世纪初年完成，细究起来其中的思想根源可以追溯到更久远的年代。与此相仿，恩舍姆的阿尔弗里克在十世纪后期也描述过王室宝座怎样由演说家（*oratores*）、战斗者（*bellatores*）和劳动者（*labatores*）这三大支柱提供支撑。[2]随着城镇、贸易和手工制造业继续发展，这一模式开始渐渐远离社会现实。中世纪盛期见证了自行创业的手艺人群体出现，甚至还有富有的商人和银行家，这两个群体全都套不进前述传统的劳动者形象，那毕竟植根于以乡村为主、以农业劳动为主的"封建"社会。尽管如此，这一模型还是继续用于各种讨论，继续塑造

---

① 977年—1031年在任。拉昂位于法国北部，这首诗写给时任法王罗伯特二世（Robert II, 996年—1031年在位）。

图 9.1 亚当耕地，夏娃纺纱。见于《亨特诗篇》，制作时间约为 1170 年，地点在英格兰。藏于格拉斯哥大学图书馆，编号 Hunter 229 (U.3.2)，folio 8ʳ。

来源：© University of Glasgow Library, Special Collections.

关于工作（work）与非工作（nonwork）含义的看法。

至于工作必须与非工作穿插进行的做法，由神确定的理由参见《圣经·创世记》对创世的描述。首先，创世头六天一直是造物的工作，接着，"到第七日，神造物的工作已经完成，他在这第七日歇息，停下已完成的所有工作。他赐福给这第七日，将其定为圣日：因为在这一日他歇息；神停下了一切创造的工作。"【3】结果，第七日因此变成"主日（Lord's Day）"，在这天放下工作成为所有基督徒的义务，正如遵守安息日规定是所有犹太人的义务一样。这并不局限于经文教学内容范围，还在罗马帝国皇帝君士坦丁一世变成法令之后由早期基督教统治者陆续写入各自法典，目的都是确保劳动人口不得在礼拜天工作。以肯特国王威特雷德（Wihtred of Kent①）为例，他在695年颁布的法律包括以下内容："假如一名仆人奉他的领主之命，在周六傍晚日落后到周日傍晚日落期间从事劳役，他的领主应支付80先令。"【4】几乎再过一个世纪才出现的《弗里西亚人法》（*Lex Frisionum*②）同样将第18条用于惩罚在礼拜天工作的行为。【5】但这些早期法律要求务必留出的这个必须暂停劳动的休息日在当时看来并不是什么放飞自我的机会（用我们今天的话说就是"休闲"），而是指定的专用于虔敬礼拜上帝的时间。

---

① 690年—725年在位，约695年签发过一部法典，有抄本传世。
② 弗里西亚人（Frisians）一世纪起向罗马纳贡，后由法兰克的查理曼征服，该法典也是在查理曼治下收集整理并于785年左右发布。弗里西亚（Frisia）自1815年分为三部分：荷兰的弗里斯兰（Friesland）、德国西北部的东弗里斯兰（Ostfriesland）和北弗里斯兰（Nordfriesland）。

大约从本卷讨论的中世纪时期开始，通常视为教会圣日的日子（holy day，现代英语表示节假日的单词 holiday 也是由此演化而来）渐渐将许多圣徒的纪念日包括在内。但还要等到中世纪盛期，尤其是宗教法令学者格拉提安在十二世纪将教会的主要节日列入法典，主教们才开始发出指示，根据日历上不同宗教节日的重要程度，具体说明哪些圣徒的纪念日应该遵守多大程度的不工作规定。这些日子包括教会的主要节日，可能还包括教区崇拜以及庆祝教区教堂保护神的节日。十三世纪的卡斯蒂利亚法典《七章法典》（Siete Partidas①）还要求加强经文教学，比如以下这一段：

> 所有基督徒都应该继续遵守（这些节日规定），此外，任何法官不得在这些节日做出判决或发出传票，其他人也不能在这些日子工作，或从事日常作为惯例而要对他人做的工作；但他们应该怀着勤谨恭肃心态去教堂参与庆祝他们自己的节日，如果他们有教堂的话，如果没有就去其他教堂，满怀虔敬心情聆听礼拜；并且，在离开教堂后，他们应该按照有利于侍奉上帝、造福他们自己灵魂的要求而有所言、有所行。【6】

禁止在礼拜天工作这事可以借助神的干预得以强制执行。比如在 1300 年左右写的一部西里西亚的圣海德薇传记，提到一名女子因为

---

① 因包含七部分而得名，由国王阿方索十世（Alfonso X，1252年—1284年在位）颁布。

蠢到想在某个礼拜天用一台手推石磨或小手磨研磨谷物，不小心把手牢牢卡进手柄里面，她的先生赶来帮忙，却误将她的胳膊扯断了。最终她向海德薇求情，这倒霉胳膊才得回归原位。【7】也可以通过人为管控达成。比如威塞克斯国王阿尔弗雷德在九世纪后期颁布的法律，允许自由民在圣诞节和复活节分别有十二天和两周时间作为节假日，这是额外增加的新假期，原有的一些特定节日包括纪念圣格雷戈里（St. Gregory）的节日，等等。这一规定不仅把传统的休闲娱乐时间与实际的宗教节庆合在一处，还明确将非自由民排除在外，至于这类法律到底能有多大的效果就另当别论。【8】随着时间推移，甚至被奴役人群也获得允许可以享受这一规定提到的大部分内容。教士应该在每个礼拜天的礼拜期间宣布下一周的节日安排，教堂法庭也开始对那些在主要节日工作的人实施制裁，在那些节日里大多数（但不一定是全部）的工作活动都会禁止进行。在某些礼拜天和节日，耕地可能可以获得许可，也有一些节日只对女性工作提出禁令。按规定在这些节日守夜往往容易在打工者与雇主之间引发争论，尽管周六下午普遍认为属于休息时间。再后来，教堂法庭负责就如何度过宗教节日和礼拜天做出具有强制性的规定。举例而言，在我们探讨的中世纪时期临近尾声之际，某位凯瑟琳·皮克林（Katherine Pykryng）和某位伊莎贝尔·亨特（Isabel Hunter）因为纪念抹大拉的马利亚这位圣人的节日洗涤亚麻布而遭到举报，举报人可能是感到义愤填膺的邻居，法庭裁定让她俩背上成捆的亚麻布在教堂外面接受两次鞭笞。行会也定期出台各种条例，目的都是禁止在礼拜天工作。1402年，英格兰议会甚至将在教会圣日工作或给他人提供工作机会变成应遭惩处的违法行为，处以20先令罚款，这在当时也是一大笔钱。[9]

休闲的含义

基督教不得在礼拜天和教会圣日工作的规定，引发了这段休息时间到底可以怎样运用的不同看法之争。教会人士教导说做礼拜是这种强制性不工作时期的主要活动，但在1215年第四次拉特兰会议（Fourth Lateran Council①）开过以后，他们越来越多地忙于阻止人们从事任何消遣活动。例如，跟其他地方一样，阿伯丁教区在十三世纪的教会章程也明确禁止将教堂以及更有争议的教堂墓园（直到那时根本就是公共场所）用于跳舞、摔跤比赛或其他"卑鄙或不诚实"的游戏。[10]从日常做法看，教区居民一般早上参加教区弥撒，下午用于他们自己的消遣活动。十四世纪早期的神迹故事有一则说的是马尔登（Marden）的小琼·勒·施里维（Joan le Schirreve）不小心溺水而死，幸有马上要被教会尊为圣徒的托马斯·坎提卢佩（Thomas Cantilupe②）代他祈祷求情而终得复生，全村因此在接下来那个礼拜天下午欢聚村里的小酒馆，载歌载舞，上了年纪的村民在一边聊天。多明我会修士约翰·布罗姆亚德（1352年去世）写过一篇文章讽刺这

---

① 由罗马教皇英诺森三世召集，因在罗马拉特兰宫（Lateran Palace）举行而得名。
② 又作坎提卢佩的圣托马斯（Saint Thomas de Cantelupe，约1218年—1282年），英格兰高级教士、教育家、改革家，1275年成为赫福德主教；1320年获教会尊为圣徒。

类活动：

> 哼着短小情歌的人占据了牧师的位置。教士的位置被沉迷这类小曲而到处传唱的人占据；经常参加教区教堂活动的居民的位置被那些或站或坐的人占据，他们观看和聆听小曲的心情比午餐前听弥撒或讲道还要更开心，花的时间也更长。【11】

让他担心的是，正如《君王全书》其中一个英语版本所说，那些人花时间唱歌、跳舞、赌博以及从事其他类似的"愚蠢游戏……就是在浪费时间"：说他们浪费时间是因为他们没能富有成效地把自己的休闲用于正事。【12】

仔细考察有关休闲的词汇（这里特别关注中古英语）可以带来新的洞见，关于这种文化怎样理解休闲概念。一方面，中世纪日耳曼语族（Germanic languages）多种语言使用的 *werc*、*weorc* 或更多的变体，还有罗曼语族（Romance languages①）多种语言源自拉丁语 *labor*② 的 *labor*、*labur* 或 *lavor* 等，在这一时期是使用非常普遍的名词，但在另一方面，表示休闲的 leisure 就不属于这种情况。古法语（Old French③）和中古英语名词 *leisir* 源自拉丁语 *licere*，意为获得允许或许可，最早见于十四世纪初的文章。现代用法围绕休息、休闲娱乐或随心安排个人时间的能力展开。中世纪的理解以从事活动的机会和许可为基础。从

---

① 与日耳曼语族同属印欧语系，主要有法语、意大利语、西班牙语、罗马尼亚语等。
② 包含多个义项，主要指工作及其艰难，在天文学上还指（日、月）蚀。
③ 约800年—1500年。

一开始这就是一个带有社会规范意味的概念，表示获得允许可以从事的活动。leisir 以及与此相关的词语承载积极的意味：它不是无所事事或懒惰，而是得到认可的非工作性质活动。这个单词的其他用法也有类似的积极关联。比如约翰·利德盖特（John Lydgate①）在他写的寓言《马、鹅与绵羊之辩》（Debate of the Horse, Goose and Sheep）中提出，要达成一种智识结果，休闲是必不可少的："只有充分的休闲／主人才能瞧见／了不起的灵光乍现。"【13】另一个用法跟放慢节奏有关，让人有机会以某种方式获得疗愈、做好准备或得到弥补。比如《约翰·马里安致圣母马利亚的字母歌》（John Marion's ABC to the Virgin）里的讲者提到值得留出时间用于休闲和休息。【14】

尽管 leisir 承载的休闲概念似乎迟至本卷讨论的中世纪下半叶才开始演化，rest 表达的休息作为维持身体正常运作不可或缺的一个组成部分，其历史就要古老得多。举例，像 rest、reste、rast、rost 这样一些单词在中世纪日耳曼语族多种语言都能看到。同样，古法语有 repos，古欧西唐语（Old Occitan）有 repaus，其他密切相关的单词也出现在后来的罗曼语族语言，均源自拉丁语动词 repausare②。这些休息词汇主要用于标志从职业活动退出。休息也可以用于泛指正渐渐停下的动作。经常可以看到这个单词作为移动或运动的反面而结对出现，比如"在移动中或在静止时（in moevinges or in restis）"。【15】此时这个单词不只代表从主动转为被动，更是强调停止一种活动。要达成它所指的那

---

① 英格兰诗人（1370年—1450年），以伦理和宗教诗歌而著称。
② 包含多个义项，主要指停下和休息。

种休息，之前必须处于运动状态。以"英格兰人"巴塞罗缪在十三世纪编写的百科全书《万物属性》为例，约翰·特雷维萨（John Trevisa[①]）在十四世纪后期翻译为中古英语，里面提到"休息是指停下事务与工作"。并且这是当务之急，"因为缺少休息时间的做法是不可持续的"；如果得不到休息，身体就不能继续工作。【16】活动过后，休息对身体有支撑和滋养的作用。它还带有和平、舒适和宁静的意味，参见类似"（维护）世间安宁（pees and reste in erthe）"的短语。【17】中古高地德语（Middle High German[②]）的情况大致相同，比如 *ruhe*，还有中世纪法语的 *coi*，均源于拉丁语的 *quietus*[③]。休息成为完成艰辛工作之后获得的回报，从而认可了工作的苦修赎罪性质。在"英格兰人"巴塞罗缪看来，休息比工作之举更有价值；它站到了毫无成效的无所事事的绝对反面。

尽管休闲和休息这两个单词带有许多积极内容，凸显两者对人生具有必不可少的有益贡献，但也有更消极的隐含意义。比如休息过多可能对身体和灵魂造成副作用。这会导致机能退化，而不是恢复元气。十五世纪早期的诗歌《智者如何教子》（*How the Wise Man Taught his Son*）提到智者警告他的儿子，必须维持"必要的忙碌"：

警惕休息和无所事事，

[①] 英格兰翻译家（约1342年—1402年），又称特雷维萨的约翰。《万物属性》原文为拉丁语。

[②] 约1100年—1500年。

[③] 包含休息、平静等意。

它们会滋长懒惰恶习，

必要的忙碌必须维持……【18】

英格兰诗人威廉·朗兰在他写于十四世纪后期的长诗《庄稼汉皮尔斯》中将暴食恶习拟人化，以"暴食者（Gluttony）"之名登场，还列出此人在啤酒屋里遇到的各色人等，从妓女到手艺工匠，再到农业工人以及仆人，社会各界应有尽有。"暴食者"更愿意终日待在啤酒屋消磨时光，而不是去教堂参加弥撒。不过，尽管他的举动显示他完全看不上宗教礼拜，他关于打发时间的想法却涉及宗教活动：他"在主祷文时间尿了一大壶"。接着，当他妻子把他哄上了床，他却因之前饮酒过度导致倦怠发作："他放纵自己暴饮无度，此刻突然变得了无生趣／一路睡过了周六和周日，直到太阳下山远去。"【19】"暴食者"浪费了这两天时间，无论在世俗还是宗教方面都是颗粒无收。

朗兰创作这位"暴食者"的灵感，大概可以追溯到古代"沙漠教父（desert fathers①）"时期有关七宗致命罪行的思考；但在朗兰动笔写作之际，大家已经开始担忧工人们会不会变得喜欢休闲多于喜欢劳动。乔叟的《坎特伯雷故事集》也是在十四世纪后期写成，其中《厨师的故事》也能看到这种情绪。在那儿我们遇到了著名人物帕金·里维勒（Perkyn Revelour），他在伦敦给一名厨师当学徒，经常开小差。他"喜欢小酒馆多于喜欢他工作的店铺"。他热衷跳舞："他在每一场结婚派

---

① 三世纪，受罗马帝国压迫政策影响，陆续有早期基督教神学家选择前往埃及沙漠隐修，由此奠定有组织的隐修实践的基础，后人称为"沙漠教父（Desert Fathers）"。

对欢歌热舞……热舞欢歌,不计其数。"他还沉迷掷骰子游戏:"城里再没有别的学徒／能在掷骰子这个项目／胜过帕金哪怕一局。"【20】显然,在这个故事里帕金是以正常学徒的一种拙劣而不靠谱的反面形象出现,一个年轻的花花公子,根本没有把学徒合同条款放在心上。可以说他生动贴合当时对年轻男性特质的看法,认为他们缺乏纪律管束,容易沾染诸如好色、酗酒和虚荣心等坏毛病。但在帕金这个人物身上同时折射出围绕工作和无所事事产生的各种焦虑,在瘟疫过后的社会表现尤为严重,为朗兰塑造他的"暴食者"做了铺垫。

| 黑死病过后的工作与休闲

那场席卷全欧、有"大瘟疫(great pestilence)"之称的人口灾难最终以"黑死病(1347年—1350年)"之名载入史册,对人们看待工作与停下工作去歇息这两件事的态度造成深刻影响。文学作品人物帕金热衷从事我们今天可能归类为休闲的项目,还有"暴食者"在啤酒屋流连忘返,实际上都是按道德说教方式进行刻画,但我们可以将这两人理解为那场传染病大流行过后经济发生改变的后果之一:劳动者拥有了更强的购买力,更有机会为休闲花钱。在第一次大流行和1361年至1362年严重程度稍低一点的第二次大流行过后,欧洲大部分地区的人口规模惨遭重创(只有基本上幸免于难的波希米亚和波兰,还有荷兰和其他几个地区不在这波趋势影响范围),造成劳动力短缺,随之而来就是打工者有条件要求提高工资，带动商品成本上涨。这一趋势激发了立法反应，尽管谈不上整齐划一，但通常都是相当果断。早在1348年9月，普罗旺斯已经颁布法令，设定物价和工资上限。

接下来那些年各地立法工作堪称前赴后继，表现最明显的地区包括：阿拉贡、卡斯蒂利亚、加泰罗尼亚、英格兰、葡萄牙、佛罗伦萨、米兰、威尼斯和意大利其他城市；德意志北部城镇、巴伐利亚和蒂罗尔；法王约翰二世也在1352年颁布《大法令》（Grand Ordinance），适用范围包括巴黎和法兰西岛（Île-de-France①）。回看当时的实践，各地立法模式各有特色。卡斯蒂利亚和阿拉贡在管控工资和工作条件方面拿出了特别严格的法律，法兰西的王室法令主要聚焦城里的雇工和物价，意大利的许多城市国家更在意管控农民的工作条件。英格兰用《1351年劳工法》取代了1349年发布的王室法令，其中特别引人注目的一点在于它的开篇声明或者说序言采用了关于罪恶的说法，跟当时的编年史家以及威廉·朗兰的观点遥相呼应。按照这篇序言的说法，这套法规的目的是压制"雇工的恶意，他们在瘟疫过后变得无所事事，不愿受雇就业，除非可以拿到高得离谱的工资"，为满足"他们自己的安逸以及匪夷所思的贪念而不愿为伟人和其他人工作，除非可以拿到相当于他们平时数量两三倍的工装和工资。"【21】这种看法也出现在1354年11月的法兰西王室法令，里面提到"贪婪的劳工"整天泡在小酒馆里，"每周只工作两天"。【22】

这套声讨罪恶的说辞让立法者站上了道德制高点，从而证明他们

---

① 巴黎是其首府。

干预劳工市场运作也是师出有名，毕竟到那时为止，劳工市场基本上交由雇主与雇工谈判达成的私人合同主导。这里特别令人感兴趣的是有关劳工们"无所事事"想要满足"他们自己的安逸"的断言，很明显就是放弃他们所在阶层的责任。实际上，这种不想工作的表现可以理解为合理反应，毕竟劳工们提供的服务此刻有了挣更多钱的能力以及更强的讨价还价实力。从一项行为主义方法研究可以看到，随着时间推移，实际工资提高可能会促使打工者缩短劳动时间，他们宁可拿少一点钱，换取对自己的人生和休闲满意度有更高的把握。[23]中世纪工作者很可能已经根据自己的消费需求设定了相关目标，一旦达标就会暂停劳作。[24]这就是说休闲作为一种商品在中世纪后期日益进入劳动者所在的社会第三阶层的消费能力范围。这种现象当然刺激编年史家在字里行间带出自己的观点，作家薄伽丘也在自己的作品里回应，由神定下的社会秩序在瘟疫过后渐渐遭到颠覆。

｜ 贵族休闲

依当时看法，体力劳动是第三阶层劳动者早已注定的命运，因此，免于这种艰苦体力劳动的待遇属于另外两个阶层，分别为教士和贵族阶层。但获得豁免不代表他们可以无所事事。对教士来说，尤其是对修会成员来说，随着原本由他们亲力亲为的体力劳动越来越多地改由雇工承担，节省下来的体力劳动时间转变为脑力劳动的好机会，这就是学习的时间。这是有目的、有内容的休闲（*otium negotiosum*），与无所事事的休闲（*otium otiosum*）截然不同，后者毫无目的。在《坎特伯雷故事集》的《卖赎罪券的人的故事》里，作者乔叟这样评论贵族可能用来消磨时间的活动："老爷们大可找到其他游戏／以值得尊敬的方式打发时日。"【25】这些较高阶层人士的休闲既不能轻浮，也不能粗俗，而是必须值得尊敬，带有符合他们社会地位的严肃与庄重。这种看法在《行猎高手》（Master of Game）也是随处可见，该书围绕"行猎之乐（myrthes of huntyng）"展开，明显出自十五世纪初年约克公爵爱德华（Edward①）手笔，但在很大程度上受到"福玻斯"加斯顿（Gaston Phébus②）在十四世纪后期写的《行猎之书》（Livre de chasse）影响，毕竟加斯顿这部著作最早就是由爱德华本人翻译为中古英语而引进英格兰。《行猎高手》的序言想尽办法要让读者相信打猎不能算作无所事事，而应视为一种富有成效的休闲追求，因为打猎能"使人有机会回避那七宗致命罪行"。这是通过在打猎之前、期间和之后持续调动猎手全身心投入实现的，从而确保猎手的心思没有机会流连在诸如暴食、色欲、暴怒或傲慢等罪行上。【26】

前面提到的《七章法典》还给出另一种视角，将打猎描述为适合一名国王从事的项目。但它给出的理由实际上适用于所有掌握实权与

---

① 又作诺里奇的爱德华（Edward of Norwich，约1373年—1415年），第二代约克公爵，《行猎高手》是英格兰第一部有关打猎的专著，以法语版《狩猎之书》为基础，外加五个章节介绍英格兰当地打猎与猎场管理情况。

② 又作加斯顿三世（Gaston III，1331年—1391年），法国西南部富瓦（Foix）伯爵，因外形俊美而有希腊神话里的光明神福玻斯·阿波罗（Phébus Apollo）美誉。

权威的人,大意如下:

> 它对缓解严肃的思虑和烦恼大有帮助……它能带来健康,因为参与其中必须投入精力,只要程度适中,就能让人吃得好、睡得好,这可是日常生活头等大事。此外,从这过程产生的愉悦也是欢乐的一大来源;就好比,举例而言,可以拥有鸟类和野兽,让它们变得驯服而侍奉主人,帮忙把其他动物带到他的手里。【27】

关于运动既是必要的、也是有益健康的观念乍看上去像是现代产物,其实跟一种非常中世纪的看法形成调和,按照那种看法,越是位高权重者越有机会陷入"严肃的思虑和烦恼",这些贵族老爷对其他人的全面控制权也能通过他们对森林田野的飞禽走兽的全面控制权得到强化。朗兰在他的长诗《庄稼汉皮尔斯》还给狩猎活动提出了另一个合理化理由。只见故事主人公皮尔斯对骑士说:

> ……坚韧不拔去打猎吧,打野兔和狐狸,
> 还有野猪和獾,它们拱了我的树篱;
> 去训练你的鹰吧,要学会抓野鸡;
> 它们跑到我的农场,吃掉我的麦子。【28】

只有世俗贵族,而且尤以男性为主,得到允许去打猎。贵族女性可能可以参加带鹰出猎和其他一些特定类型的狩猎活动,比如先在指

定位置站好，等别人把猎物赶过来再射猎，或是追猎鹿和野兔，但带上一群猎犬一起外出猎鹿一直是男性的自留地；女性若要参与，如果可以参与的话，只能居于从属位置。但这项贵族特权在实践中并没有禁止其他阶层成员参与。以农民为例，如果拿下猎物的主要目的是消费，不是运动或休闲，这就构成偷猎，可能面临惩处。但农民有机会作为向导跟去狩猎，这是合法的。至于教会教士，尽管反对狩猎，却也没有禁令阻止他们参与。早在802年加洛林王朝《巡回特使法令集》(General Capitulary for the Missi) 就可以看到责备主教、男修道院院长和其他一些资深教士的记录，因为他们参与了典型的贵族式狩猎活动，这说的是带上狗或猛禽一起去打猎。马姆斯伯里的威廉（William of Malmesbury①）在他写的英王编年史提到，法国鲁昂主教马尔杰（Bishop Malger of Rouen）干脆被他的侄子、诺曼底公爵威廉（Duke William of Normandy）剥夺主教教座②，"因为他过于惦记打猎以及带鹰打猎。"【29】之后，1179年，第三次拉特兰会议③提到有必要禁止主教在探视旅行期间携带猎犬或鸟类。这就暗示主教们希望借由参与这项原本属于习武形式之一的贵族体育项目以彰显自身社会地位的想法，已经强烈到干扰他们正常履行回避世俗享乐的职责。我们还发现，在主教探视教区期间先后有修士和男修道院院长遭到责备，理由分别

---

① 英格兰历史学家（约1090年—1143年），从小在英格兰西南部马姆斯伯里镇的同名修道院（Malmesbury Abbey）学习，后在院内图书馆工作，著述丰富，还组织制作了大批手抄本。

② 时为1055年左右。

③ 由罗马教皇亚历山大三世（Alexander III，1105年—1181年在任）召集。

是养有猎犬和热爱打猎。举例而言，1387年，威克姆的威廉（William of Wykeham[①]）来到默顿小修道院（Merton Priory）进行探视，结果"发现该院一些律修会修士和在俗教友喜欢打猎，还跟其他猎人交朋友，把遵守修会律则视为枷锁而予以藐视，他们还使用并养有猎犬，这对身心皆有危害，而且花费不菲"。[30]在本卷讨论的中世纪时期持续可以看到教士和修士因参与狩猎而受罚的记录，这表明劝告他们放弃这项不适合他们职业的休闲活动的做法普遍遭到挫败；对那些人来说，更重要的是维护自己的英雄气概和社会地位，而不是接受那些约束。

不管是不是贵族，打猎并非唯一消遣。事实上，特雷维萨对"英格兰人"巴塞罗缪所著《万物属性》的翻译表明，可以达成休息目的的活动跟职业种类一样丰富。[31]《七章法典》也有类似说法，仍以国王的需求作为焦点：

> 还有其他娱乐项目……其设计目的就是要让人在困顿愁苦之际得到一些安慰。比如聆听歌曲与乐器，下国际象棋、跳棋或其他类似的游戏。我们还会包括历史、传奇故事和其他书籍在内，这些书里就有让人感到欢乐和愉悦的内容。[32]

但这份法典警告，这类愉悦只能在适当时机适度享用。具有策略对弈性质的国际象棋和其他一些棋盘游戏结合了策略和运气成分，被

[①] 1367年成为温彻斯特主教。威科姆在约克郡。

视为模拟战争战略,因此特别适合贵族阶层学习(图 9.2)。将棋盘游戏视为有助于贵族出身的男孩参与社交、融入社会的想法堪称历史悠久,可以一路追溯到远在阿方索十世(Alfonso X[①])颁布《七章法典》之前。比如爱尔兰的早期法典正是出于这一原因,要求出身名门的男孩除了学习骑马或使用长矛,还要学习 *brandubh*(直译为乌鸦)和 *fidcheall*(直译为绿林智慧[②]),这两种游戏都要用到正方形棋盘,上面画有方格,玩法也跟打仗有关,需要用到一定程度的策略。

国际象棋在中世纪时期渐渐成为典型的贵族策略游戏。高品质的、海象牙制作的刘易斯国际象棋棋子(Lewis chessmen[③])就是一个例证,可能是 1200 年左右在特隆赫姆(Trondheim[④])制造,但正如阿尔布雷希·克拉森(Albrecht Classen)所说,国际象棋"最迟在十一世纪已经成为最上流社会的重要象征之一"。[33]比如卡斯蒂利亚国王阿方索十世不仅关注编纂法律,还编了一部《国际象棋、骰子与棋盘游戏全书》(*Book of Chess, Dice and Board Game*)。几乎同一时期,多明我会修士、切索莱的雅各布(Jacopo da Cessole[⑤])写了《论人类习俗与贵族职责,

---

① 卡斯蒂利亚与莱昂国王(1252 年—1284 年在位),有"明智者(the Wise)"或"学问者(the Learned)"外号,他组织宫廷学者以罗马法为基础编修法典和史书,还完善了当地一种方言。

② 传说是由当地神话里的光明神卢格斯(Lugus)发明,他是多才多艺的祭司与战士,凯撒认为他相当于罗马神话里的墨丘利。

③ 因在苏格兰刘易斯岛(Isle of Lewis)发现而得名,共 93 枚。1831 年在爱丁堡(Edinburgh)一个文物协会第一次展出。

④ 挪威中部港市。

⑤ 雅各布这部作品最早于 1473 年出版,很快被翻译为多种文字,包括威廉·凯克斯顿以此为基础在第二年发表英语版同类书籍。切索莱位于意大利北部阿斯蒂(Asti)省。

图 9.2 正在下棋的贵族夫妇。见于一面象牙镜背面,制作时间约为 1320 年—1330 年。地点在法国或德国。
来源:© Victoria and Albert Museum, London.

或国际象棋全书》(*Liber de moribus hominum et officiis nobilium super ludo scacchorum*），以国际象棋作为教具提供道德指引，大受欢迎，广为流传。像书里这样用家人（*familia*）或随从（*mesnie*）之类概念描述对弈用的棋子的分组，又或是用国王、王后或骑士等头衔来描述具体的棋子，马尔科姆·瓦尔（Malcolm Vale）认为这就是当时朝廷小世界的反映。【34】

工作与休闲意义上的地位和性别

青年男性的消遣活动，包括摔跤和球类项目，也出现在威廉·菲茨史蒂芬（William FitzStephen[①]）1183 年充满感情写下的伦敦风物记中，但这种积极语气在后来的文本看不到了。相反，年轻且地位较低者的消遣活动纷纷招来道德谴责，只不过这种谴责还不大容易落在精英阶层成年男性身上而已。举例而言，菲茨史蒂芬在他的文章里对球类项目赞赏有加，但最迟在1314 年伦敦已经发出禁止踢足球的公告，提到的理由包括造成噪音与混乱。至于国际象棋和其他的棋盘游戏，还有其他各种消遣活动，经常演变为赌博。这对有权有势者来说只不

[①] 约1191 年去世，英格兰大法官、坎特伯雷大主教托马斯·贝克特（Thomasà Becket，1118 年—1170 年）的书记员，著有贝克特传记，以细致入微的观察闻名，前面附有这篇伦敦风物记。

过是多了一种炫耀性消费的玩法。比如英王爱德华二世（Edward II①）就在1307年—1308年间两次赢得超过八十英镑的赌注。若是换了其他人，从事体育和赌博会被视为恶习，继续招来教士和治安官员的谴责。剑桥国王学院（King's College）的1443年创校章程提到他们的办学目的是为寒门学子提供教育机会，因此不但要禁止狩猎和养狗，还要禁止"一切有害、无序、非法和不诚实的掷骰子、碰运气或球类游戏，尤其要禁止一切有可能导致学院或大学范围任何一个地方的任何一位仆役遭受金钱、地产、物品或货物损失的游戏。"【35】1369年，英法百年战争刚过第一阶段，法王查理五世考虑到战事需求也制定过一项法令，一口气禁了"各种掷骰子、棋类、网球、九柱戏、球类、足球、草地滚木球戏以及所有类似游戏"，希望借此进一步推动大家回头专注操练弓和弩。【36】英格兰议会从十四世纪后期做了几乎一模一样的立法，到十五世纪苏格兰也照办了。【37】但在那以后几十年里这类立法反复出现的现象似乎暗示那些娱乐消遣项目根本停不下来。

  女性的休闲活动远没有那么引人注目。舞蹈似乎是对大多数女性开放的少数几种休闲娱乐活动之一，尽管参与者不一定只有女性。自治群居村举办公共舞会的做法可以追溯到中世纪早期，可能甚至纳入基督教早期的崇拜活动，因为到十三世纪已经看到多位主教先后下令不得在教堂和教堂墓园跳舞。女性还会一起跳卡勒尔舞（carole），这种大家一起跳的圆圈舞通常伴有歌曲，有时男性也会参与，从十二世纪开始就很受欢迎。除了舞蹈和歌咏活动，女性在公共场所进行

---

① 1307年—1327年在位。

的娱乐活动现场更多地是充当围观者而不是参与者。举例而言，冰岛社会似乎允许女性到现场观看一种往往变得相当暴力的球类项目，叫 *knattleikr*①，但比赛本身仅限男性参加。事实上，哪怕女性只是作为观众到场也有可能被视为不完全符合道德要求而招来反对意见。比如十四世纪中期英格兰出过一份行为规范文本，题为《贤妻谕女集》(*How the Goodwife Taught her Daughter*)，包括告诫年轻女性"不要去看摔跤或射杀公鸡"等项目，背后也是与性别有关的体统考虑，作者认为年轻男性在这些场合展示自己实力的一部分原因毫无疑问就是要吸引异性。[38] 多明我会修士约翰·布罗姆亚德也认定，女性若在宗教节日穿艳丽招展的服饰就是要引起别人注意。

在家宅里进行的游戏往往允许男女同场参与。棋盘游戏因为允许男女对弈，还为男女之间的浪漫邂逅创造了机会。国际象棋和其他桌面游戏都有机会用到带有色情意味的词汇，比如 *intrare*（意为进入）、*nudare*（意为剥光或剥夺）和 *ablatio*（意为诱拐）这样一些说法②。[39] 这种弦外之音也隐现于十四世纪上半叶制作的卢特雷尔《诗篇》，其中一幅页脚插画描绘了一位国王和一位贵妇正在下十五子棋。根据冰岛一则历史传奇故事，再早三个多世纪以前，有一位外号"巧舌"的冈劳格（Gunnlaugr Ormstuna③）爱上了他借宿的那户农家的女儿、美

---

① 玩法类似冰上版的长曲棍球，球棍一头带网，只能以网触球。
② 英语分别为 to enter, to denude, abduction。
③ 源出《"巧舌"冈劳格传奇》(英译 *The Saga of Gunnlaug Serpent-tongue*)，冈劳格是一位诗人，因出口成章而得到"巧舌"外号，为争夺海尔加的爱情而与另一位诗人陷入争斗。萨迦(Saga)是中世纪冰岛和挪威的历史传奇，主题多为世族纠葛。

丽的海尔加（Helga Þornsteinsdóttir），并且事情就发生在他俩下棋的时候。中世纪后期有一些寻宝故事游戏，比如较高阶层人士在自己家里玩的"运气骰子（Chance of Dice）"以及"莱格曼诗卷（Ragman Roll①）"，可能是通过男女混合组队参加的方式，又或是具体到莱格曼诗卷这一案例干脆限定只能由特定的女性团体参加，玩出某种情色意味。【40】从这些游戏可以看到贵族文化开始鼓励异性之间进行富有情趣的对话，但也可能镜照出社交领域其实存在更加多元化、历史也更悠久的求爱文化，实例包括法国东北部洛林（Lorraine）地区直到十九世纪仍在流行的各种猜谜游戏。

至于男性休闲活动比女性休闲活动留下更多实质性证据这一事实，可以理解为男性工作在文化价值和社会认可这两个项目一直比女性工作更受重视的必然结果。关于工作是由什么构成，历史上就这问题给出的看法往往是性别化的，看性别给答案。女性从事的工作有很大一部分并不会算在工作里面，而被视为女性这一性别本该承担的天然职责。因此，当休闲作为劳作的必要补偿环节出现，人们可能也会觉得男性比女性更需要休闲。

回顾当时，不仅生孩子以及惩罚夏娃和她的女儿们必须经受的漫长孕期被视为女性的天然经历，照顾初生婴儿的工作也是如此。比如《七章法典》就以法令形式强调了这是天然安排，声称"母亲应当承担养育责任，直至孩子年满三岁"。【41】这个要求显然是由母亲应当

---

① 又称 Rageman 或 Ragman，多人记忆游戏，每次由第一个玩家随机指定一卷诗句，再按头韵接龙，最终全文可能变得不知所云。

哺乳至孩子年满三岁的共同文化实践决定的。约克教会法庭有一个案例显示多位奶妈都是按三年期限聘请,尽管从邻近村庄沃拉姆·珀西(Wharram Percy)出土的骨骼证据分析表明当地儿童得到这类照顾的时间可能没那么长。也许这一区别主要出在骨骼证据只能提示幼儿从什么时候开始更加依赖固体食物,并不代表母亲最终停止哺乳的时间。约克出土的证据也让我们留意到当时一些女性推销自己提供母乳的能力,那是她们的谋生手段。千百年来,地中海沿岸城镇的贵族以及一些更富裕家庭似乎经常从乡村雇请保姆。很多年幼的小孩会被送去乡下住进奶妈家,奶妈们几乎总是穷苦人,但在贵族圈也有雇请保姆入住雇主家里工作好几年的案例,小朋友可以在自家获得照顾。法国蒂博(Thibaut①)家族一度是香槟伯爵封地领主,他们有一位继承人在婴儿期的遭遇证明这种照顾可能存在严重问题:1272年,住家保姆失手将他从他父母城堡的墙头摔了下去,导致他不幸夭亡。【42】

在一直将性视为男性能力一部分的文化框架下,妻子要为丈夫提供性服务成为普遍期待,但又认为女性此时应该是被动的。基督教教义渐渐支持婚姻债务概念:无论女性或男性,只要配偶提出请求,就应该和对方发生性行为。这在实践中变成妻子没有机会合法拒绝。并且,这种性服务虽然属于对女性的期待之一,却也难以获认定为工作,尽管当时确实有女性靠出售性服务挣钱,巴黎的神学院也开始裁定这些女性要求对方付款是合法的,因为她们是在工作。中世纪时期缺乏

---

① 蒂博一世(Thibaut I,英语 Theobald)在940年左右成为布鲁瓦(Blois)伯爵之后继续扩张地盘,包括加入香槟地区。文中提到的小朋友生于1270年。

有效的避孕方式，结果大多数女性婚后有很大一部分时间要么是在怀孕，要么是在育儿。抚育儿女很可能也被视为主要应由女性承担的职责，尽管除去前面提到的阿方索十世法典，关于这一点在一定程度上只能算是猜测，一是缺乏证据，假如男性参与抚育儿女的程度再高一些，我们大概会在更多的文学作品看到相关描写；二是基于王室和贵族习俗做推断，毕竟他们常常将儿子交给女性照顾，直到孩子们长到大约七岁为止。但在实践中，从十三世纪末到十四世纪初的英格兰验尸官报告也留下了证据，显示孩子们常被留在户外自己玩耍。此外，手工业家庭户由于自家屋舍就是开展家族业务的主要场所，父母都可以照看自己的小孩，就像约瑟、马利亚与婴儿基督在一起的画面表现得那样。

生小孩、母乳喂养以及带小孩这几件事很可能全被认为"天然"属于女性，难逃贫穷困境的女性唯有在出售自己的服务的时候才算工作。其他在家内环境由女性承担的任务包括做饭、缝补、纺纱和编织。在皈依基督教之前的盎格鲁-撒克逊和维京女性墓葬发现了织布用的锭盘、针、羊毛梳子以及编织用的板条，表明上述看法同样具有悠久的历史，但在基督教文化里也有《圣经·箴言》（第31:10—31节）描绘了一位模范贤妻，她靠自己的劳动让一家人有饭吃、有衣穿。纺纱这项活动作为女性身份一个如此重要的组成部分，在图像刻画上干脆变成某种性别符号，正如我们从夏娃自伊甸园"堕落"以后几乎一成不变的出场方式看到那样。像这样将纺纱活动"天然化"的做法很可能削弱纺纱其实同样属于真正的工作的印象，当时一则广为流传的拉丁谚语因为提到纺纱也是雪上加霜："欺骗、哭泣、纺纱，神把这些事派给了女人。①"

关于女性的经济活动，也就是我们今天普遍所说的工作，其证据几乎一面倒地出自纺纱、编织、针线活、食品零售和浆洗衣服这几样。举例而言，这就是1292年和1313年巴黎按每户炉灶数目征收人头税的记录提示的情形，也再次体现在1379年和1381年的英格兰人头税记录里。事实表明，从事缝补和编织业务的女性作坊在欧洲大陆一部分地区可能具有悠久历史。例如，海德海姆的圣沃尔伯吉斯（St. Walburgis of Heidelheim②）修女在895年前后的一则神迹叙事，克雷蒂安·德·特鲁瓦（Chrétien de Troyes③）在1170年代创作的《欧文骑士》(*Yvain*)，以及有关神圣罗马帝国皇帝腓特烈二世（Frederick II④）在1239年和1240年期间为他在西西里岛几处宫廷作坊提供膳食而作坊成员包括女奴的记录，都提示了这一点。【43】于是女性的工作在很大程度上成为家事的延伸，也因此变得适合女性从事。这也是女孩可能从小就在家里学习的工作，不必等到进入青春期以后再接受培训——那是男孩学习工作和技能的方式。基于这两个理由，女性的工作的经济估价也会偏低。

尽管当时的意识形态确实将女性与家内和家宅联系在一起，我们

---

① *fallere, flere, nere, statuit Deus in muliere.*

② 又作圣瓦尔普加（St. Walpurga，约710年—779年），本笃会修女，应她哥哥邀请自英格兰前往德意志地区一同开创当地第一所本笃会修院，起先分管其中的女修院，761年她哥哥去世后主管全院。

③ 法国诗人（鼎盛年约1165年—1180年），结合威尔士材料以中世纪传奇人物亚瑟王（King Arthur）和他的圆桌骑士团为主角著有五部浪漫主义小说，《欧文》是其中之一。

④ 1220年—1250年在位。

还是应该避免假设社会实践就是简单遵循意识形态。比如近期有学者就中世纪早期欧洲女性的工作写文章，她也感叹史料稀缺，却也认为当时"女性大多是在家里工作"，因为较晚近的中世纪证据支持这种"传统看法"，但文章提到的这批证据只不过是一位特定学者对意外死亡相关证据做的一种解读而已。【44】将女性与家宅结合起来的意识形态固然有其根深蒂固的历史渊源，但分析英格兰验尸官报告并以此为基础得出某种性别—空间分工，这充其量只能反映多种特别危险的工作活动共有这种特点。只要跟大量的其他田间工作证据放在一起就会看出问题，这些户外工作包括清理杂草、照料牲口和家禽、给牛羊挤奶、制作乳制品以及参加农作物收割等，在农民社区全是女性的工作。

从《卢特雷尔诗篇》（制作时间约1340年）和《贝里公爵最华美时祷书》（制作时间约1412年—1416年）的插图可以看到许多这类工作。必须指出，中世纪早期制作的泥金装饰插画日历，比如图9.3，确实更有可能描绘男性而非女性在田间地头工作，但圣徒传记也提示了女性在较早时期也会从事类似的事情。但男性自始至终垄断了扶犁耕地和用长柄大镰刀清理杂草这两个项目，前者由于带有阳刚的性意味，干脆就被"天然化"为男性专属活动。有一份盎格鲁-撒克逊时期制作的日历正是用这些男性活动反映不同月份的劳作。【45】传记作家克吕尼的奥多在十世纪初期记载，欧里亚克伯爵杰拉德有一次看见一名女士在犁地，大吃一惊，赶紧让人拿钱给她，好让她可以雇一个男人帮她犁地。【46】这实际上是一条罕有的线索，通过这名女士犁地之举再次表明社会实践可能并非时时刻刻严格符合当时的意识形态。

| 第九章　工作与休闲

图 9.3 劳动月令，八月的农作物收割画面。英格兰彩绘圆形小装饰，制作时间为十五世纪下半叶。

来源：© Victoria and Albert Museum, London.

尽管农民社区的男女分工可能没有随着时间推移或根据地区不同而发生或深刻、或快速的变化，但我们还是可以看出一些变化。举例而言，有学者认为磨坊会在中世纪盛期迅速普及，主要原因可能出在必须把女性从手工碾磨所有谷物这项任务解放出来。因为同一时期纺织品生产需求大增，可能大大增加女性在羊毛精梳和纺纱这两个传统岗位面对的工作量，迫切需要她们为后续生产环节准备足够的粗纺毛纱。【47】也是从这一时期开始，女农民也广泛参与用于酿酒的葡萄种植工作，在意大利还加入了养蚕团队。中世纪盛期，快速扩张的城镇创造了一系列新的就业机会，从乡村地区大量吸纳外来劳动力，但刺激增长的最明显动力主要来自纺织行业。在黑死病过后劳动力短缺的背景下，有那么几十年时间，女工似乎经常处于比以往更抢手的状态，尽管不是普遍如此。她们在农作物收割时节显然变得更重要。更大的区别出在不同社会阶层、不同文化区域女性的体验之间，特别是出在女农民和女城镇居民的体验之间。这些趋势的意义或者说其他方面一直是学术辩论的主题，但几乎没有迹象提示这些趋势曾经从根本上改变当时的性别观念。

结语

细究中世纪文化，休闲是工作不可或缺的必要反面。正如十三世纪一封典型信函所说，"缺乏日常休息是难以忍受的"。【48】但是，让这种休息真正带来助益的前提条件是适度的消遣、玩耍、休息或睡眠。正如特雷维萨翻译的"英格兰人"巴塞罗缪所著《万物属性》中古英语译本解释，休息太多可能导致身体发生瘟热和生病①，但休息不足同样

---

① also somtyme reste is to myche, and þanne it brediþ ... euel humoures, and bringiþ in corrupcioun.

有害，因为身体还没能恢复过来①。健康和良好状态一样建基于一种恰到好处的均衡。【49】休闲和工作一样可以富有成效。人们甚至可以通过从事休闲活动继续承担他们的社会职责。社会地位、性别和年龄都会影响休闲的本质，就像影响工作的本质一样。中世纪贵族由于出身优越而被认为具有更高的智力和自制力，加上贵族自带征战御敌的军事特质，不仅被要求，而且获允许从事一系列特定消遣活动，包括狩猎、棋盘游戏和赌博等，打工群体的大多数成员不一定也会玩，甚至根本拿不到许可。玩耍是年龄太小、还没有能力工作的孩子的特征。女性可能一边哼着歌儿，一边带娃、洗涮、纺纱或缝补，但贵族阶层以下的女性从有关休闲活动的史料记载当中相对隐形这一事实反映出当时存在一种普遍看法，认为女性这些工作对她们的性别而言属于天然本分，因此算不上真正的劳动。

---

① som reste is to lite and is vicious, for it refreisschiþ nouȝt kynde þat is weery, noþir releueth feblenes noþir restorith what þat is iwastid.

注记

导论

[1] Stephen A. Epstein, *Wage Labor and Guilds in Medieval Europe* (Chapel Hill: The University of North Carolina Press, 1991), 173-5. □

[2] William Chester Jordan, *The Great Famine: Northern Europe in the Early Fourteenth Century* (Princeton, NJ: Princeton University Press, 1996), 115-23. □

[3] Benedict of Nursia, *The Rule of St Benedict*, trans. Anthony C. Meisel and M. L. del Mastro (New York: Doubleday, 1975), chaps. 48, 86. □

[4] 分别参见: Janet Burton and Julie Kerr, *The Cistercians in the Middle Ages* (Woodbridge: Boydell Press, 2011), 104-24;

Barbara H. Rosenwein, *To be the Neighbor of St. Peter: The Social Meaning of Cluny's Property, 909-1049* (Ithaca, NY: Cornell University Press, 1989), 36-48, 203-5;

Felice Lifshitz, *Religious Women in Early Carolingian Francia: A Study of Manuscript Transmission and Monastic Culture* (New York: Fordham

University Press, 2014), 193-200.

[5] Anne E. Lester, "Cares Beyond the Walls: Cistercian Nuns and the Care of Lepers in Twelfth- and Thirteenth-Century Northern France," in *Religious and Laity in Western Europe 1000-1400: Interaction, Negotiation, and Power*, eds. Emilia Jamroziak and Janet Burton (Turnhout: Brepols, 2006), 197-224.

[6] Sara Ritchey, "The Wound's Presence and Bodily Absence: The Experience of God in a Fourteenth-Century Manuscript," in *Sense, Matter, and Medium: New Approaches to Medieval Material and Literary Culture*, eds. Fiona Griffiths and Kathryn Starkey (Berlin: De Gruyter, 2018), forthcoming.

[7] Norman Davis, Richard Beadle, and Colin Richmond, eds., *Paston Letters and Papers of the Fifteenth Century*, 3 vols. (Oxford: Oxford University Press, 2004-2005).

[8] Richard Britnell, "The Pastons and their Norfolk," *Agricultural History Review* 36 (1988): 132-44.

[9] Keith D. Lilley, *Urban Life in the Middle Ages, 1000-1450* (New York: Palgrave, 2002), 234-8.

[10] Clive Orton et al., "Medieval Novgorod: Epitome of Early Urban Life in Northern Europe," *Archaeology International* 2 (1998): 31-8; 综述讨论参见: Mark A. Brisbane et al., eds., *The Archaeology of Medieval Novgorod in Context: A Study of Centre/Periphery Relations* (Oxford: Oxbow Books, 2012).

[11] Carl-Ludwig Holtfrerich, *Frankfurt as a Financial Centre: From Medieval Trade Fair to European Banking Centre* (Munich: Verlag C. H. Beck, 1999), 31-69.

[12] Kathryn L. Reyerson, *Business, Banking and Finance in Medieval Montpellier* (Toronto: Pontifical Institute of Mediaeval Studies, 1985), ix-x, 127-34.

堪称经典的佛兰芒地区研究之一参见：Raymond De Roover, *Money, Banking and Credit in Mediaeval Bruges* (Cambridge, MA: The Mediaeval Academy of America), 1948. □

[13] Judith M. Bennett, *Ale, Brew, and Brewsters in England: Women's Work in a Changing World, 1300-1600* (Oxford: Oxford University Press, 1996). □

[14] Maryanne Kowaleski, "Women's Work in a Medieval Town: Exeter in the Late Fourteenth Century," *in Women and Work in Preindustrial Europe*, ed. Barbara A. Hanawalt (Bloomington: University of Indiana Press, 1986), 147-8. □

[15] *The Trotula: A Medieval Compendium of Women's Medicine*, ed. and trans. Monica H. Green (Philadelphia: University of Pennsylvania Press, 2001), xi, 17-52, quotation on 123-5. □

[16] Monica H. Green, "Women's Medical Practice and Health Care in Medieval Europe," *in Sisters and Workers in the Middle Ages*, eds. Judith M. Bennett et al. (Chicago, IL: University of Chicago Press, 1989), 44, 62, 73-7. □

[17] Barbara Hanawalt, *Growing Up in Medieval London: The Experience of Childhood in History* (Oxford: Oxford University Press, 1993), 129-42, 157-63, 173-89;

Nicholas Orme, *Medieval Children* (New Haven, CT: Yale University Press, 2001), 98-100, 306-17.

[18] David Nicholas, *The Growth of the Medieval City: From Late Antiquity to the Early Fourteenth Century* (London: Longman, 1997), 83-4, 90-1, 102-8. □

[19] Samuel K. Cohn, Jr., *Popular Protest in Late Medieval Towns* (Cambridge: Cambridge University Press, 2013), 16-17. □

[20] Richard Britnell, "Specialization of Work in England," *Economic*

History Review 54 (2001): 1-16 at 4-14. ☐

[21] Monika Obermeier, "Ancilla." *Beiträge zur Geschichte der unfreien Frauen im Frühmittelalter* (Pfaffenweiler: Centaurus Verlagsgesellschaft, 1996), 166-232;

Helena Graham, "'A Woman's Work…' : Labour and Gender in the Late Medieval Countryside," in *Woman is a Worthy Wight: Women in English Society, c.1200-1500*, ed. Peter Jeremy Piers Goldberg (Phoenix Mill: Alan Sutton, 1992), 129-44. ☐

[22] Epstein, *Wage Labor and Guilds*, 4. ☐

[23] Paul Freedman, "Peasant Anger in the Late Middle Ages," in *Anger's Past: The Social Uses of* ☐ *an Emotion in the Middle Ages*, ed. Barbara H. Rosenwein (Ithaca, NY: Cornell University ☐ Press, 1998), 171-88. ☐

[24] Epstein, *Wage Labor and Guilds*, 50-101. ☐

[25] Lilley, *Urban Life*, 222-3. ☐

[26] 此次瘟疫对一些区域和地区造成严重得多的影响，加上各地保存下来的十四世纪史料数量参差不齐，导致难以判断整体死亡率。参见: Colin Platt, *King Death: The Black Death and its Aftermath in Late Medieval England* (London: University College London Press, 1996), 1-31. ☐

[27] David Nicholas, *The Later Medieval City: 1300-1500* (London: Longman, 1997), 14. ☐

[28] Giovanni Boccaccio, *The Decameron*, trans. Guido Waldman (Oxford: Oxford University ☐ Press, 1993), 6-14. ☐

[29] Rosemary Horrox, trans. and ed., *The Black Death* (Manchester: Manchester University ☐ Press), 19. ☐

[30] Shona Kelly Wray, *Communities and Crisis: Bologna During the Black Death* (Leiden: Brill, ☐2009), 99-146, 203-21. ☐

[31] Philip Ziegler, *The Black Death* (New York: Harper, 1969), 243-7. ☐

[32] Lawrence R. Poos, *A Rural Society After the Black Death* (Cambridge: Cambridge University Press, 1991), 208-27.
[33] Nicholas, *The Later Medieval City*, 80-3.
[34] Mavis Mate, *Daughters, Wives and Widows After the Black Death: Women in Sussex, 1350-1535* (Woodbridge: Boydell Press, 1998), 193-8.

第一章 工作经济

[1] Michael North, *The Expansion of Europe, 1250-1500* (Manchester: Manchester University Press, 2007), 368.
[2] Christopher Dyer, *Making a Living in the Middle Ages: The People of Britain 850-1520* (New Haven, CT: Yale University Press, 2002), 13.
[3] Mark Bailey, *A Marginal Economy? East Anglian Breckland in the Later Middle Ages* (Cambridge: Cambridge University Press, 1989), 158-99.
[4] Adriaan Verhulst, *The Carolingian Economy* (Cambridge: Cambridge University Press, 2002), 72-5.
[5] Edward Miller and John Hatcher, *Medieval England: Rural Society and Economic Change, 1086-1348* (London: Longman, 1978), 128-33.
[6] Steven A. Epstein, *An Economic and Social History of Later Medieval Europe, 1000-1500* (Cambridge: Cambridge University Press, 2009), 46-7.
[7] *Secular Lyrics of the XIVth and XVth Centuries*, ed. Rossell H. Robbins (Oxford: Clarendon Press, 1952), 62.
[8] Barbara A. Hanawalt, *The Ties that Bound: Peasant Families in Medieval England* (Oxford: Oxford University Press, 1989), 124-6.
[9] Jacques Le Goff, *Time, Work, and Culture in the Middle Ages* (Chicago,

IL: University of Chicago Press, 1980), 46-7.

[10] Christopher Dyer, "Work Ethics in the Fourteenth Century," in *The Problem of Labour in Fourteenth-Century England*, eds. James Bothwell, Peter Jeremy Piers Goldberg, and W. Mark Ormrod (York: York Medieval Press, 2000), 21-41.

[11] Dyer, *Making a Living*, 281.

[12] Carlo M. Cipolla, *European Culture and Overseas Expansion* (Harmondsworth: Penguin, 1970), 114-28.

[13] Bruce M. S. Campbell, "The Land," in *A Social History of England 1200-1500*, eds. Rosemary Horrox and W. Mark Ormrod (Cambridge: Cambridge University Press, 2006), 221.

[14] Hanawalt, *The Ties that Bound*, 145-6.

[15] 原文 Whan Adam dalf and Eve span, Wo was thanne a gentilman? 参见: Thomas Walsingham, "Historia Anglicana," in *The Peasants' Revolt of 1381*, 2nd ed., ed. Richard Barrie Dobson (London: Macmillan, 1983), 374.

[16] George Kane and E. Talbot Donaldson, eds., *Piers Plowman: The B Version* (Berkeley: The University of California Press, 1975), Passus VI.

[17] 'Ballad of a Tyrannical Husband', in *The Trials and Joys of Marriage*, ed. Eve Salisbury (Kalamazoo, MI: Medieval Institute Publications, 2002), 85-93.

[18] Mavis Mate, *Daughters, Wives, and Widows after the Black Death: Women in Sussex, 1350-1535* (Woodbridge: Boydell Press, 1998), 194.

[19] Heather Swanson, *Medieval Artisans: An Urban Class in Late Medieval England* (Oxford: Basil Blackwell, 1989), 35, 42-3, 74;
Peter Jeremy Piers Goldberg, *Women, Work, and Life Cycle in a*

Medieval Economy: Women in York and Yorkshire, c.1300-1520 (Oxford: Clarendon Press, 1992), 118-37;

Arnaldo Rui Azevedo De Sousa Melo, "Women and Work in the Household Economy: The Social and Linguistic Evidence from Porto, c.1340-1450," in The Medieval Household in Christian Europe, c. 850 - c. 1550: Managing Power, Wealth and the Body, eds. Cordelia Beattie, Anna Maslakovic, and Sarah Rees Jones (Turnhout: Brepols, 2003), 249-69. □

[20] Peter Jeremy Piers Goldberg, ed., Women in England, c. 1275-1525 (Manchester: Manchester University Press, 1995), 205. □

[21] Hanawalt, The Ties that Bound. □

[22] Jacques Lefort, "The Rural Economy, Seventh–Twelfth Centuries," in The Economic History □ of Byzantium, 3 vols., eds. Angeliki E. Laiou and Charalampos Bouras (Washington, DC: □ Dumbarton Oak Studies, 2002), i, 241. □

[23] Goldberg, Women, 158-202;

Christiane Klapisch-Zuber, "State and Family in a Renaissance □ Society: The Florentine Catasto of 1427-30," in Women, Family, and Ritual in Renaissance □ Italy, ed. Christiane Klapisch-Zuber (Chicago, IL: University of Chicago Press, 1985), 1-22. □

[24] David Farmer, "The Famuli in the Later Middle Ages," in Progress and Problems in Medieval England, eds. Richard H. Britnell and John Hatcher (Cambridge: Cambridge University Press, 1996), 207-36;

Stephen H. Rigby, English Society in the Later Middle Ages: Class, □ Status and Gender (Basingstoke: Macmillan, 1995), 39. □

[25] Dyer, Making a Living, 133. □

[26] Simon A. C. Penn and Christopher Dyer, "Wages and Earnings in Late Medieval England: □ Evidence from the Enforcement of the Labour

Laws," *Economic History Review* 43 (1990): 356-76.

[27] Norman J. G. Pounds, *An Economic History of Medieval Europe* (New York: Longman, 1974), 482;

Édouard Perroy, "Wage Labour in France in the Later Middle Ages," *Economic History Review* 8 (1955-6): 232-9.

[28] 参见本卷第四章彼得·斯塔贝尔关于流动工作如何影响工作者身份的讨论。

[29] Chris Wickham, *Framing the Early Middle Ages: Europe and the Mediterranean, 400-800* (Oxford: Oxford University Press, 2005), 261-3;

Lefort, "The Rural Economy," 241-2.

[30] Paul H. Freedman, *Images of the Medieval Peasant* (Stanford, CA: Stanford University Press, 1999), 17.

[31] Epstein, *An Economic and Social History*, 16;

Lefort, "The Rural Economy," 241.

[32] *Breve XV de Villanova* (before 829), col. 84, in Verhulst, *The Carolingian Economy*, 38-9.

[33] Dyer, *Making a Living*, 38.

[34] Campbell, "The Land," 212.

[35] Epstein, *An Economic and Social History*, 50, 52-4.

[36] Ibid., 52.

[37] Angeliki E. Laiou, "The Agrarian Economy: Thirteenth–Fifteenth Centuries," in *Economic History of Byzantium*, eds. Laiou and Bouras, i, 334.

[38] David Stone, *Decision-Making in Medieval Agriculture* (Oxford: Oxford University Press, 2005), 231-76.

[39] Epstein, *An Economic and Social History*, 60;

Laiou, "The Agrarian Economy," 337-8;

North, *The Expansion of Europe*, 366-7.

[40] *Select Documents of the English Lands of the Abbey of Bec*, ed. Marjorie Chibnall (London: Royal Historical Society, 1951), 164-6.

[41] Dyer, *Making a Living*, 293-4.

[42] Steven A. Epstein, *Wage Labor and Guilds in Medieval Europe* (Chapel Hill: University of North Carolina Press, 1991), 137-8.

[43] David Herlihy, *Opera Muliebria: Women and Work in Medieval Europe* (New York: McGraw-Hill, 1990), 146.

[44] Edward Miller and John Hatcher, *Medieval England: Towns, Commerce and Crafts, 1086-1348* (London: Longman, 1995), 324-5.

[45] Karl Gunnar Persson, *An Economic History of Europe: Knowledge, Institutions and Growth, 600 to Present* (Cambridge: Cambridge University Press, 2010), 22-5.

[46] Dyer, *Making a Living*, 279.

[47] 参见本卷第八章罗伯特·布雷德对这类劳工立法的详细分析。

[48] Rosemary Horrox, *The Black Death* (Manchester: Manchester University Press, 1994), 319-20; John Aberth, ed., *The Black Death: The Great Mortality of 1348–1350* (Boston, MA: Bedford/St Martin's, 2005), 87-91.

[49] Penn and Dyer, "Wages and Earnings."

[50] Goldberg, *Women, Work*; Sandy Bardsley, "Women's Work Reconsidered: Gender and Wage Differentiation in Late Medieval England," *Past & Present* 165 (1999): 3-29.

[51] Herlihy, *Opera Muliebria*, 154-91.

[52] Pounds, *An Economic History*, 482-3.

[53] John Hatcher, "Unreal Wages: Long-Run Living Standards and the 'Golden Age' of the Fifteenth Century," in *Commercial Activity, Markets and Entrepreneurs in the Middle Ages: Essays in Honour of*

Richard Britnell, eds. Ben Dodds and Christian D. Liddy (Woodbridge: Boydell & Brewer, 2011), 1-24. □

【54】 Dyer, *Making a Living*, 287. □

第二章　图说工作

【1】 Bruce M. S. Campbell, "The Land," in *A Social History of England, 1200-1500*, eds. Rosemary Horrox and W. Mark Ormrod (Cambridge: Cambridge University Press, 2006), 179-237 at 179. □

【2】 此处提到的两份手抄本均藏于伦敦大英图书馆，编号分别为 **MS Cotton Julius A. vi** 与 **MS Cotton Tiberius B. v Pt. 1**。关于这些日历的历史背景及其艺术与宗教的重要意义，参见：Sianne Lauren Shepherd, "Anglo-Saxon Labours of the Months: Representing May —A Case Study" (M.Phil thesis, The University of Birmingham, 2010). □

【3】 David Hill, "Eleventh Century Labours of the Months in Prose and Pictures," *Landscape History* 20, no. 1 (1998): 29-39 at 38. □

【4】 这部手抄本另有一份副本是在萨尔茨堡附近制作，带有一模一样的细密画，藏于慕尼黑巴伐利亚州立图书馆（**Bayerische Staatsbibliothek**），编号 **MS Clm. 210**。一份誊录注记将其制作日期标记为 **818** 年。

【5】 London, British Library, Sloane MS 2435, fol. 44ᵛ. □

【6】 James B. Williams, "Working for Reform: *Acedia*, Benedict of Aniane and the Transformation □ of Working Culture in Carolingian Monasticism," in *Sin in Medieval and Early Modern Culture: The Tradition of the Seven Deadly Sins*, eds. Richard G. Newhauser and Susan J. Ridyard (York: York Medieval Press, 2012), 19-42 at 24. □

【7】 关于这封信件，此处收录的版本出自 *Exordium Magnum*（缩写 **EM**①，意为伟

---

① 约1190年—1210年间问世的西多会创建故事集。

大的开端). 参见:*The Great Beginning of Cîteaux: A Narrative of the Beginning of the Cistercian Order: The Exordium Magnum of Conrad of Eberbach*, trans. Benedicta Ward and Paul Savage, ed. E. Rozanne Elder (Trappist, KY: Cistercian Publications, 2012), 42.

信件原文包含几处不同, 详情参见: Bernard of Clairvaux, Ep. 1, *Sancti Bernardi Opera*. 8 vols., 7:1-11;

Bruno Scott James, trans., *The Letters of Bernard of Clarivaux*, Ep. 1, 1-10. □

[8] Jonathan J. G. Alexander and Leslie C. Jones, "The Annunciation to the Shepherdess," *Studies in Iconography* 24 (2003): 165-98. □

[9] Mary Dzon, "Joseph and the Amazing Christ-Child of Late-Medieval Legend," in *Childhood in the Middle Ages and the Renaissance: The Results of a Paradigm Shift in the History of Mentality*, ed. Albrecht Classen (Berlin: Walter de Gruyter, 2005), 135-57 at 142.

[10] 关于当时对约瑟的一些消极刻画, 参见: Pamela Sheingorn, "Joseph the Carpenter's Failure at Familial Discipline," in *Insights and Interpretations: Studies in Celebration of the Eighty-Fifth Anniversary of the Index of Christian Art*, ed. Colum Hourihane (Princeton, NJ: Princeton University Press, 2002), 156-67. □

[11] Rosemary Drage Hale, "Joseph as Mother: Adaptation and Appropriation in the Construction of Male Virtue," in *Medieval Mothering*, eds. John Carmi Parson and Bonnie Wheeler (New York: Garland, 1996), 101-16. □

[12] Orlanda S. H. Lie et al., *Christine de Pizan in Bruges: "Le livre de la cité des Dames" as "Het Bouc van de Stede der Vrauwen" (London, British Library, Add. 20698)* (Hilversum: Verloren, 2015), 7. □

[13] Dolly Jorgensen, "Illuminating Ephemeral Medieval Agricultural History through Manuscript Art," *Agricultural History* 89, no. 2 (2015):

186-99.

[14] David A. Sprunger, "Parodic Animal Physicians from the Margins of Medieval Manuscripts," in *Animals in the Middle Ages*, ed. Nora C. Flores (New York: Routledge, 2016), 67-81.

[15] Giles Constable, *Three Studies in Medieval Religious and Social Thought: The Interpretation of Mary and Martha, the Ideal of the Imitation of Christ, the Orders of Society* (Cambridge: Cambridge University Press, 1998), 289.

[16] Georges Duby, *The Three Orders: Feudal Society Imagined*, trans. Arthur Goldhammer (Chicago, IL: University of Chicago Press, 1982), 100.

[17] Ibid., 13.

[18] Anna Somfai, "The Eleventh-Century Shift in the Reception of Plato's *Timaeus* and □ Calciduis's *Commentary*," *Journal of the Warburg and Courtauld Institutes* 65 (2002): 1-21.

另见: *Plato's Timaeus as Cultural Icon*, ed. Gretchen J. Reydams-Schils (Notre Dame, IN: University of Notre Dame Press, 2003).

[19] Dominique Boutet, "Le prince au miroir de la littérature narrative (XIIe–XIIIe siècles)," in *Le Prince au miroir de la littérature politique de l'Antiquité aux Lumières*, eds. Frédérique Lachaud and Lydwine Scordia (Mont-Saint-Aignan: Publications des Universités de Rouen et du Havre, 2007), 143-59 at 149.

[20] Oliver H. Prior, ed., *Caxton's Mirrour of the World* (London: Early English Text Society, 1913).

[21] 原文出自: Robert Kilwardby, *De ortu scientiarum*, 128-29,
引文见于: Nicola Masciandaro, *The Voice of the Hammer: The Meaning of Work in Middle English Literature* (Notre Dame, IN: University of Notre Dame Press, 2007), 53.

[22] Jonathan J. G. Alexander, "Labeur and Paresse: Ideological Representations of Medieval Peasant Labor," *Art Bulletin* 72, no. 3 (1990): 436-52. ☐

[23] 出自下文引文: G. R. Owst, *Literature and Pulpit in Medieval England* (New York: Barnes and Noble, 1961), 554. ☐

[24] Siegfried Wenzel, *The Sin of Sloth: Acedia in Medieval Thought and Literature* (1960; repr. Chapel Hill: University of North Carolina Press, 1967), 105. ☐

[25] George Norman Garmonsway, ed., *Aelfric's Colloquy* (London: Methuen and Co., 1939) and Michael Swanton, ed., *Anglo-Saxon Prose* (London: J. M. Dent, 1993), 169-77. ☐

[26] Richard Marks, "Sir Geoffrey Luttrell and Some Companions: Images of Chivalry c. 1320-50," *Wiener Jahrbuch für Kunstgeschichte* 46/47 (1993/4): 343-55 at 353. ☐

[27] Michael Camille, *Mirror in Parchment: The Luttrell Psalter and the Making of Medieval England* (London: Reaktion Press, 1998), 82-121. ☐

[28] Constable, *Three Studies*, 340. ☐

[29] Bruce M. S. Campbell, "The Land," 223. ☐

[30] J. P. C. Roach, "The City of Cambridge: Medieval history," in *A History of the County of ☐ Cambridge and the Isle of Ely: Volume 3, The City and University of Cambridge*, ed. J. P. C Roach (London: Published for the University of London Institute of Historical Research by the Oxford University Press, 1959), 2-15. ☐

[31] Constable, *Three Studies*, 340. ☐

[32] 这一组合共四幅画藏于巴黎国立高等美术学院图书馆(Bibliothèque de l'École Nationale Superiéure des Beaux-Arts), 编号 Mn. mas 90-93。

[33] Timothy Husband and Gloria Gilmore-House, *The Wild Man: Medieval*

Myth and Symbolism (New York: Metropolitan Museum of Art, 1980), 129-30.

【34】 Husband and Gilmore-House, *The Wild Man*, 201-02.

【35】 Ibid., 201.

【36】 这段民谣目前仅见于一份手抄本残卷，配有一幅只用笔墨勾勒的速写，上面绘有一位木匠，制作时间与布尔迪雄的细密画差不多（约在**1500**年），藏于巴黎法国国立图书馆，编号 **MS fr. 2374, fol. 1^v**。

【37】 Masciandaro, *Voice of the Hammer*, 67.

【38】 Gen. 3:16-19, trans. Sharon Farmer, "Manual Labour, Begging, and Conflicting Gender Expectations in Thirteenth-Century Paris," in *Gender and Difference in the Middle Ages*, eds. Sharon A. Farmer and Carol Braun Pasternack (Minneapolis: University of Minnesota Press, 2003), 261-87 at 261.

【39】 关于夏娃纺纱情形，参见：Kristin B. Aavitsland, *Imaging the Human Condition in Medieval Rome: The Cistercian Fresco Cycle at Abbazia delle Tre Fontane* (Farnham: Ashgate, 2012), 81-9.

【40】 Nigel J. Morgan, *Early Gothic Manuscripts 1250-1285 (II). A Survey of Manuscripts Illuminated in the British Isles 4* (London: Harvey Miller, 1988), 88-90, no. 118 and fig. 102.

【41】 举例，《温彻斯特诗篇》(**Winchester Psalter**，藏于伦敦大英图书馆，编号 **Cotton MS Nero C IV, fol. 2^r**)，也是《圣经·诗篇》的手抄本，参见：Nigel J. Morgan, "Old Testament Illustration in Thirteenth-Century England," in *The Bible in the Middle Ages: Its Influence on Literature and Art*, Medieval and Renaissance Texts and Studies 89, ed. Bernard S. Levy (Binghampton: State University of New York at Binghampton, 1992), 149-98 at 167, n. 44.

【42】 Morgan, "Old Testament Illustration," 166-7.

【43】 关于夏娃以多任务方式工作情形，举例参见：New York, Morgan Library and

Museum, MS M 338, fol. 70ᵛ.

更多例子亦见下文讨论: Meredith Parsons Lillich, *The Gothic Stained Glass of Reims Cathedral* (University Park: Penn sylvania State University Press, 2011), 119-20.

[44] *St Odo of Cluny. Being the Life of St. Odo of Cluny by John of Salerno and the Life of St. Gerard of Aurillac by St. Odo*, trans. and ed. Dom Gerard Sitwell (London: Sheed and Ward, 1958), bk. 1, chaps. 21, 114-15.

[45] 大约 1310—1320 年间在列日或图尔奈制作的时祷书之一, 其中一页插图描绘一名长有胡子的男子身穿修士法衣在纺纱, 藏于伦敦大英图书馆, 编号 **Stowe MS 17, fol. 113ʳ**。但这属于极其反常的情形。就像传说里亚述(**Assyria**①)末代国王萨丹纳帕路斯(**Sardanapalus**②)的故事显示那样, 男子如果做起纺纱这事是要遭非议的。参见: Deirdre Jackson, *Medieval Women* (London: British Library, 2015), 174-5.

[46] Einhard, *Vita Karoli magni*, eds. Georg Heinrich Pertz and Georg Waltz, MGH SRG 25 (Hanover: Hahnsche Buchhandlung, 1911), chaps. 19, 23.

[47] Merry E. Wiesner, "Spinsters and Seamstresses: Women in Cloth and Clothing Production," in *Rewriting the Renaissance: The Discourses of Sexual Difference in Early Modern Europe*, eds. Margaret W. Ferguson, Maureen Quilligan, and Nancy J. Vickers (Chicago, IL: University of Chicago Press, 1986), 202.

[48] London, British Library, Add. MS 42130, fol. 166ᵛ.

[49] 女子赶走狐狸的画面举例, 参见《玛丽女王诗篇》(**Queen Mary Psalter**③), 属

---

① 亚洲西南部美索不达米亚地区古国名。
② 约公元前 668 年 — 公元前 627 年在位。
③ 英格兰玛丽女王(1553—1558 年在位)是这部作品的第二位主人, 由边境官员截获后送呈, 原主人未知。作品包含超过 1000 幅插图, 不仅画工高超, 而且看似出自同一画家手笔, 此人因此也被称为"玛丽女王大师(Queen Mary Master)"。

于豪华版带插图圣经诗篇手抄本,在英格兰制作,具体地点可能是伦敦,时间约为**1310**年—**1320**年,藏于伦敦大英图书馆,编号 **Royal MS 2 B. VII, fol. 158ʳ**。

[50] 描绘女子拿纺纱杆追打男子的画面在《卢特雷尔诗篇》也有一例,制作时间约为**1340**年,地点在英格兰林肯郡。藏于伦敦大英图书馆,编号 **Add. Manuscript 42130, fol. 60ʳ**。

[51] Philippa A. Henry, "Who Produced the Textiles? Changing Gender Roles in Late Saxon Textile Production," in *Northern Archaeological Textiles: NESAT VII: Textile Symposium in Edinburgh, 5th-7th May 1999*, eds. Frances Pritchard and John Peter Wild (Oxford: Oxbow Books, 2005), 57. □

[52] 原文出自: Christine de Pizan, Avision-Christine,
引文见于: Deborah McGrady, "What is a Patron? Benefactors and Authorship in Harley 4431, Christine de Pizan's Collected Works," in *Christine de Pizan and the Categories of Difference*, Medieval Cultures 14, ed. Marilynn Desmond (Minneapolis: University of Minnesota Press, **1998**), 文章见于第**195**—**214**页,引文见于第**199**页。□

[53] 在皮桑的 *La mutacion de Fortune*(《命运无常集》),她将自己在丈夫去世之后的经历比喻为从一名女子向一名男子的转变。参见: Christine De Pizan, *Le livre de la mutacion de Fortune*, ed. Suzanne Solente, 4 vols. (Paris: Picard, 1959-1966; repri. New York, Johnson Reprint, 1965);
trans. Renate Blumenfeld-Kosinski and Kevin Brownlee, *The Selected Writings of Christine de Pizan* (New York: Norton, 1997), 88-109.
关于本书保存下来的手抄本,参见: James Laidlaw, "Christine and the Manuscript Tradition," *Christine de Pizan: A Casebook*, eds. Barbara K. Altmann and Deborah L. McGrady (New York: Routledge, 2003), 231-49. □

[54] Kathleen L. Scott, "Representations of Scribal Activity in English

Manuscripts c. 1400-c. 1490: A Mirror of the Craft?," in *Pen in Hand: Medieval Scribal Portraits, Colophons and Tools*, ed. Michael Gullick (Walkern: The Red Gull Press, 2006), 115-49 at 120-1.

[55] Christopher De Hamel, *The Book: A History of the Bible* (London: Phaidon, 2001), 82.

[56] 原文见于: Orderic Vitalis, bk. IV, vol. ii, 360-1,
引文见于: Michael T. Clanchy, *From Memory to Written Record: England 1066-1307*, 2nd ed. (Oxford: Blackwell, 1993), 116.

[57] "Penna silens siste, laudes refero tibi Christe, Cesset onus triste, labor et liber explicit iste."

[58] 原文见于:*Cassiodori senatoris Institutiones*, 1.30.1,
英文翻译与引用见于: Bruce M. and Bart D. Ehrman, *The Text of the New Testament: Its Transmission, Corruption, and Restoration*, 4th ed. (Oxford: Oxford University Press, 2005), 29-30.

[59] Bénédictines du Bouveret, *Colophons de manuscrits occidentaux des originies au XVIe siècle*, 6 vols. (Fribourg, Switzerland: Éditions universitaires, 1965-82), VI, 153, 237.

[60] Melissa Moreton, "Pious Voices: Nun-scribes and the Language of Colophons in Late Medieval and Renaissance Italy," in *Essays in Medieval Studies* 29 (2014): 43-73 at 49.

[61] Ibid., 49.

[62] 引文参见: T. A. Heslop, "Eadwine and his Portrait," in *The Eadwine Psalter: Text, Image, and Monastic Culture in Twelfth-Century Canterbury*, eds. Margaret Gibson, T. A. Heslop, and Richard Pfaff (London: Modern Humanities Research Association, 1992), 180.

[63] 关于这一画面的进一步讨论, 亦见: Katherine S. Baker, "The Appended Images of the Eadwine Psalter: A New Appraisal of their Commemorative, Documentary, and Institutional Functions" (MA diss.,

【64】 Richard Gameson, "The Image of the Illuminator," in *Colour: The Art and Science of Illuminated Manuscripts,* ed. Stella Panayotova with the assistance of Deirdre Jackson and Paola Ricciardi (London: Brepols and Harvey Miller, 2016), 74-82. ☐

【65】 画家希尔德贝图斯的画像见于奥古斯丁《上帝之城》(*City of God*) 一份副本，制作时间约为 **1130** 年，藏于布拉格的布拉格大都会图书馆(**Library of the Prague Metropolitan Chapter**)，编号 **MS Kap. A.xxi, fol. 153**ʳ；画家贝宁的肖像藏于伦敦维多利亚与艾伯特博物馆(**V&A Museum**)，编号 **P.159-1910**。

第三章　工作与工作场所

【1】 Bas van Bavel, *Manors and Markets: Economy and Society in the Low Countries, 500-1600* (Oxford: Oxford University Press, 2010), 51-82, 76;

Adriaan Verhulst, *The Carolingian Economy* (Cambridge: Cambridge University Press, 2002), 31-7. ☐

【2】 University of Leicester, *Carolingian Polyptyques: Capitulare de Villis. Available online:* https://www.le.ac.uk/hi/polyptyques/capitulare/site.html (accessed 2015-2016), in Alfred Boretius, ed. *Monumenta Germaniae Historica* (MGH) Capit. 1 (Hanover: Hahnsche Buchhandlung, 1883), no. 32, 82-91, chaps. 5, 24, 34, and generally. ☐

【3】 Ibid. 英格兰的情形参见：Christopher Dyer, *Making a Living in the Middle Ages: The People of Britain, 850-1520* (New Haven, CT: Yale University Press, 2002), 39-42, 64, 58-80;

Henry Mayr-Harting, *The Coming of Christianity to Anglo-Saxon England* (University Park: The Pennsylvania State University Press,

1972, repr. 1994), 124-7.

关于欧洲各地交换礼物,亦见同期盎格鲁-撒克逊传教士波尼法(**Boniface**)书信。

[4] University of Leicester, *Carolingian Polyptyques: Wissembourg*. Available online:. Available online: www.le.ac.uk/hi/polyptyques/wissembourg/latin2english.html (accessed 2015-2016).

[5] University of Leicester, *Carolingian Polyptyques: Bobbio I*. Available online: www.le.ac.uk/hi/polyptyques/bobbio1/latin2english.html); University of Leicester, *Carolingian Polyptyques: Bobbio II*. Available online: https://www.le.ac.uk/hi/polyptyques/bobbio2/ latin2english. html (accessed 2015-2016).

[6] Verhulst, *Carolingian Economy*, 35.

[7] *Bobbio I and II*.

[8] *Bobbio I and II*.

[9] 引文见于: Gerald Hodgett, *A Social and Economic History of Medieval Europe* (London: Methuen & Co., 1972), 170.

[10] 参见: Dyer, *Making a Living*, 271-86, 330-62;
Hodgett, *Social and Economic History*, 199-217;
David Herlihy, *The Black Death and the Transformation of the West*, ed. Samuel K. Cohn (Cambridge, MA: Harvard University Press, 1997).

[11] Steven A. Epstein, *An Economic and Social History of Later Medieval Europe, 1000-1500* (Cambridge: Cambridge University Press, 2009), 45-7;
Hodgett, *Social and Economic History*, 21; Georges Duby, *The Early Growth of the European Economy: Warriors and Peasants from the Seventh to the Twelfth Century*, trans. Howard B. Clarke (Ithaca, NY: Cornell University Press, 1974), 17-24.

【12】 源于佛罗伦萨谷物商人多米尼科·兰齐(**Domenico Lenzi**[①]) 在**1320**年—**1330**年的日常记录，包括谷物价格和生活状况，参见: **Giuliano Pinto,** *Il Libro del biadaiolo: carestie e annona a Firenze dalla metà del '200 al 1348* **(Florence: Leo S. Olschki, 1978).**

【13】 **Emmanuel LeRoy Ladurie,** *Montaillou: Cathars and Catholics in a French Village, 1294-1324*, **trans. Barbara Bray (London, Scholar Press, 1978), 3-5.**

【14】 参见: **Epstein,** *Later Medieval Europe,* **45-7.**

【15】 **Dyer,** *Making a Living,* **24; Lynn White, Jr.,** *Medieval Technology and Social Change* **(London: Oxford University Press, 1962, repri. 1973), 39-78.**

【16】 **White,** *Medieval Technology,* **39-78; Epstein,** *Later Medieval Europe,* **45-7.**

【17】 参见举例.*Wissembourg.*

【18】 **Carlo Cipolla,** *Before the Industrial Revolution: European Society and Economy,* *1000-1700*, **3rd ed. (New York: W. W. Norton & Company, 1994), 140-3.**

【19】 **John Muendel, "The Internal Functions of a 14th-Century Florentine Flour Factory,"** *Technology and Culture* **32 (1991): 498-520.**

【20】 **Pamela Nightingale,** *A Medieval Mercantile Community: The Grocers' Company and the* *Politics and Trade of London, 1000-1485* **(New Haven, CT: Yale University Press, 1995), 6-22.**

【21】 **Peter Sawyer, "Markets and Fairs in Norway and Sweden Between the Eighth and Sixteenth Centuries," in** *Markets in Early Medieval Europe: Trading and "Productive" Sites, 650-850*, **eds. Tim Pestell and**

[①] 兰齐这份记录不仅包括从1320年到1335年几乎每一天的圣米迦勒广场谷物交易价格，还有城里赶上丰收或歉收年份的故事，另有一位托斯卡纳画家绘制多幅精美彩色插画。

Katharine Ulmschneider (Bollington: Windgather Press, 2003), 168-74.

【22】 Jessica Dijkman, *Shaping Medieval Markets: The Organisation of Commodity Markets in Holland, c. 1200-c. 1450* (Leiden: Brill, 2011), 1-4.

【23】 Marc Bloch, *Feudal Society*, vol. 1, trans. L. A. Manyon (Chicago, IL: University of Chicago Press, 1961), 16-7, 15-38.

【24】 参见贝约挂毯(Bayeux Tapestry)。

【25】 Charles D. Stanton, *Medieval Maritime Warfare* (Barnsley: Pen & Sword Maritime, 2015), 15, 111-35, 159-84;

Frederic Chapin Lane, *Venice: A Maritime Republic* (Baltimore: Johns Hopkins University Press, 1973), 14, 163-4.

【26】 White, *Medieval Technology and Social Change*, 1-38;

R. Allen Brown, *The Normans* (New York: St. Martin's Press, 1984), 33-9 and generally.

【27】 Brown, *Normans*, 39.

【28】 David S. Bachrach, "Crossbows for the King: The Crossbow during the Reigns of John and Henry III of England," *Technology and Culture* 45 (2004): 102-19 at 108.

【29】 Brown, *Normans*, 32-39.

关于装备,参见: Christopher Allmand, *The Hundred Years' War: England and France at War, c. 1300-c. 1450* (Cambridge: Cambridge University Press, 1988-2001), 61, 66.

【30】 David S. Bachrach, "The Military Administration of England: The Royal Artillery (1216-1272)," *The Journal of Military History* 68 (2004): 1083-104.

【31】 关于众多交易城市与交易货物,参见: Francesco Balducci Pegolotti, *La pratica della mercatura*, ed. Allan Evans (Cambridge, MA: The Medieval Academy of America, 1936).

【32】 关于中世纪后期的福利变化,尤以英格兰和法兰西为主,参见: Allmand,

The ☐ Hundred Years War, 37-53, 60-7, 73-6, 91-115, 123-50. ☐

[33] Adrian R. Bell, Chris Brooks, and Paul Dryburgh, "Advance Contracts for the Sale of Wool ☐ in Medieval England: An Undeveloped and Inefficient Market?" *ISMA Centre Discussion Papers in Finance DP2005–01*, February 2005. Available online: http://www.icmacentre.ac.uk/pdf/discussion/DP2005-01.pdf (accessed 2015-2016). ☐

[34] Richard W. Clement, "Medieval and Renaissance Book Production," Utah State University, *Library Faculty & Staff Publications*, Paper 10 (1997). Available online: http:// digitalcommons.usu.edu/lib_pubs/10 (accessed 2015-2016);

Raymond Clemens and Timothy Graham, *Introduction to Manuscript Studies* (Ithaca, NY and London: Cornell University Press, 2007), 3-17, 49-64. ☐

[35] Clement, "Book Production"; Clemens and Graham, *Manuscript Studies*, 18-48. ☐

[36] Timothy B. Husband, *The Art of Illumination: The Limbourg Brothers and the Belles Heures of Jean de France, Duc de Berry* (New York: The Metropolitan Museum of Art and New ☐ Haven, CT: Yale University Press, 2008), 59. ☐

[37] Robert S. Lopez, *The Commercial Revolution of the Middle Ages, 950-1350* (Englewood ☐ Cliffs, NJ: Prentice-Hall, 1971), 56-84, 85-147. ☐

[38] Dijkman, *Medieval Markets*, 4-5. ☐

[39] Cornelius Walford, "An Outline History of the Hanseatic League, More Particularly in Its Bearings upon English Commerce," *Transactions of the Royal Historical Society* 9 (1881): ☐82-136, at 91. ☐

[40] Dijkman, *Medieval Markets*, 110. ☐

[41] Walford, "Hanseatic League," 98. ☐

[42] Mike Burkhardt, "The German Hanse and Bergen — New Perspectives

on an Old Subject," *Scandinavian Economic History Review* 58 (2010): 60-79, at 63.

【43】 Stephen R. Epstein, "Regional Fairs, Institutional Innovation, and Economic Growth in Late Medieval Europe," *The Economic History Review* 47 (1994): 459-82, at 470.

【44】 Nightingale, *London Grocers*, 35.

【45】 Ellen Wedemeyer Moore, *The Fairs of Medieval England: An Introductory Study* (Toronto: Pontifical Institute of Mediaeval Studies, 1985), 10–23, chap. 5;

Dijkman, *Medieval Markets,* chap. 2.

【46】 Dijkman, *Medieval Markets,* 48.

【47】 Moore, *Fairs*, 22-3 and generally.

【48】 Ibid., Table 13, 47-59, 143-154 and generally.

【49】 Ibid., 150, 154-157.

【50】 Ibid., 47, 94, 156-166, chap. 4.

【51】 Nightingale, *London Grocers*, 66-8, 86-7, 166.

【52】 Moore, *Fairs*, 96-9.

【53】 Ibid., 34-35.

【54】 Nightingale, *London Grocers*, 64-5.

【55】 Moore, *Fairs*, 24-5.

【56】 Nightingale, *London Grocers*, 83-8, 136.

【57】 Moore, *Fairs,* 281-93 and R. D. Face, "Techniques of Business in the Trade between the Fairs of Champagne and the South of Europe in the Twelfth and Thirteenth Centuries," *The Economic History Review*, n.s., 10 (1958): 427-38.

【58】 Face, "Techniques of Business," 427, n. 2, 428.

【59】 Moore, *Fairs*, 159, 285, 288.

【60】 Face 讨论了陆地运输, Lopez 讨论了海上运输, 分别参见: Face, "Techniques

of Business," 434, and R. D. Face, "The *Vectuarii* in the Overland Commerce between Champagne and Southern Europe," *The Economic History Review*, n.s., 12 (1959): 239-46 at 239.

[61] Moore, *Fairs*, 284-8; Face, "Techniques of Business," 429, 438.
[62] Face, "Techniques of Business," 430–36; and Face, "*Vectuarii*."
[63] Face, "Techniques of Business," 437; Moore, *Fairs,* 288-9.
[64] Dijkman, *Medieval Markets*, 55-6, 137, 60.
[65] Epstein, "Regional Fairs," 463-4.
[66] 关于消费主义，参见: Susan Mosher Stuard, *Gilding the Market: Luxury and Fashion in Fourteenth-Century Italy* (Philadelphia: University of Pennsylvania Press, 2006), 1-55, 122-45 and generally.
[67] Richard Goldthwaite, *The Building of Renaissance Florence: An Economic and Social History* (Baltimore: Johns Hopkins University Press, 1980), 288-301 and generally.
[68] Ibid., 124, and generally.
[69] Ibid., 171-203.
[70] Ibid., 212-237, particularly 214-219, 227.
[71] Ibid., 231-236, 240.
[72] 关于意大利的市场空间与纪念碑式建筑，参见: Dennis Romano, *Markets and Marketplaces in Medieval Italy, c. 1100 to c. 1440* (New Haven, CT: Yale University Press, 2015), 13-70.
[73] 关于佛罗伦萨各市场的讨论，改编自: Marie Ito, "Orsanmichele - The Florentine Grain Market: Trade and Worship in the Later Middle Ages" (PhD diss., The Catholic University of America, 2014). Available online: http://aladinrc.wrlc.org/ handle/1961/15313;

Marie Ito, "A Public Presence: The Role of Women in Commerce in Fourteenth-Century Florence" (unpublished manuscript, The Catholic University of America, 2008).

[74] Antonio Pucci, "Proprietà di Mercato Vecchio," in *The Towns of Italy in the Later Middle □ Ages*, trans. Trevor Dean (Manchester: Manchester University Press, 2000), 121-4 at 122. □

[75] Ibid., 123. □

[76] Giovanni Villani, *Nuova cronica*, ed. Giovanni Porta (Parma: Ugo Guanda Editore, 1991), 12:94. Available online: http://www.classicitaliani.it/villani/cronica_12.htm (accessed 2015–2016), "Entravano del mese di luglio ... CCCC some di poponi per dì," versus Carlo Cipolla, *Before the Industrial Revolution: European Society and Economy, 1000-1700*, 3rd edn. (New York: W. W. Norton & Company, 1994), 196. □

[77] 源于十四世纪佛罗伦萨谷物商人多米尼科·兰齐的日常交易记录，参见：**Pinto, *Biadaiolo*.** □

[78] 参见：**Pinto, *Biadaiolo*, 75-8.** 本文作者将原文的**51500**大桶(***moggia***) 换算为零售用蒲式耳单位。

[79] John Muendel, "The Internal Functions of a 14th-Century Florentine Flour Factory," □ *Technology and Culture* 32 (1991): 498-520 at 501-2. □

[80] Romolo Caggese, ed., *Statuti della Republica fiorentina*, vol. 1: *Statuto del Capitano del* □ *Popolo del anni 1322-25*，作为新版加上了以下作者的导论与注记：Giuliano Pinto, Francesco Salvestrini, and Andrea Zorzi (Florence: Leo S. Olschki, 1999), bk. IV, chap. 31; bk. V, chap. 117 ("*Statuto 1322-1325*");

Francesca Morandini, ed., *Statuti delle arti degli oliandoli e pizzicagnoli e dei beccai di Firenze (1318-1346)* (Florence: Leo S. Olschki, 1961), 219, 1346 butchers' statutes, chap. 19. □

[81] Villani, *Cronica nuova*, 12:94;

Cipolla, *Before the Industrial Revolution,* 195–6. □

[82] James M. Murray, *Bruges: Cradle of Capitalism, 1280-1390* (Cambridge:

Cambridge University Press, 2005), 56, 59-61 and generally.
[83] Ibid., 63-68, 72-77, 180.
[84] Ibid., 111.
[85] Jan Dumolyn, "Economic Development, Social Space and Political Power in Bruges, c. 1127-1302," in *Contact and Exchange in Later Medieval Europe: Essays in Honour of Malcolm Vale*, eds. Hannah Skoda et al. (Woodbridge: Boydell Press, 2012), 45, citing Thomas Boogaart.
[86] Murray, *Bruges*, 77-80, 119-22, 182, 219, chap. 8;
Barbara A. Hanawalt, *The Wealth of Wives: Women, Wealth, and Law in Late Medieval London* (New York: Oxford University Press, 2007), chap. 9.
[87] Murray, Bruges, 109-10, 222-3, 304.
[88] Maureen Fennell Mazzaoui, *The Italian Cotton Industry in the Later Middle Ages, 1100 – 1600* (Cambridge: Cambridge University Press, 1981), 36, 7-45.
[89] Ibid., 29-33, 45, 102-103.
[90] Ibid., 74-79, 87-104.
[91] Dumolyn, "Economic Development," 46.
[92] Murray, *Bruges*, 308-26.
[93] 参见: Gene A. Brucker, *Renaissance Florence* (Berkeley: University of California Press, 1969, 1983), 61-2.
佛罗伦萨贸易商达提尼(**Datini**[①])记录了薪酬差异, 英语译本参见: **Dean,** *The Towns of Italy*, 116-19.

---

① 全名弗朗西斯科·达提尼(Francesco Datini, 约1335年—1410年), 佛罗伦萨附近普拉托(Prato)出生的国际贸易商、银行家, 他在普拉托留下的商业和私人文档成为中世纪经济史最重要史料之一。

[94] 参见: Romolo Caggese, ed., *Statuti della Republica fiorentina*, vol. 2: *Statuto dal Podestà □ dell' anno 1325*, new ed. with introduction and notes by Giuliano Pinto, Francesco Salvestrini, and Andrea Zorzi (Florence: Leo S. Olschki, 1999), bk. III, chap. 48 ("*Statuto 1325*").

围绕长椅发生的故事,参见: Yvonne Elet, "Seats of Power: Benches in Early Modern Florence," *Journal of the Society of Architectural Historians*, 61 (2002): 444-69. □

[95] Robert Davidsohn, *Forschungen zur Geschichte von Florenz*, vol. 3 (Berlin: Ernst Siegfried Mittler and Son, 1901), 221-9;

更普遍讨论参见: Steven A. Epstein, *Wage Labor and Guilds in Medieval Europe* (Chapel Hill: University of North Carolina Press, 1991). □

[96] 关于佛罗伦萨女性的讨论,改编自: Ito, "A Public Presence"; for Bruges, Murray, *Bruges*, 304-7, 300-26;

伦敦的情形参见: Hanawalt, *Wealth of Wives*, 3-13, 160-84, 208-16. □

[97] 参见: Morandini, *Statuti*, "Oliandoli," 7 (1318年文本), 87-8 (1345年文本,开篇条款); Guido Pampaloni, "Il più antico statuto dell' arte degli oliandoli di Firenze," in *Saggi di Linguistica e Filologia Italiana e Romanza (1946-1976)*, vol. 2, ed. Arrigo Castellani (Rome: Salerno editrice, 1980), 150; Epstein, *Wage Labor and Guilds*, 210-11. □

[98] Morandini, *Statuti,* 195-259,提到1346年的屠夫。□

[99] Richard Marshall, *The Local Merchants of Prato: Small Entrepreneurs in the Late Medieval □ Economy* (Baltimore: Johns Hopkins University Press, 1999), 40. □

[100] Merry E. Wiesner, *Working Women in Renaissance Germany* (New Brunswick: Rutgers □ University Press, 1986), 32-3, 38-9, 55. □

[101] David Herlihy, *Opera Mulierbria: Women and Work in Medieval Europe* (New York: □ McGraw-Hill, 1990), 144-5. □

[102] Wiesner, *Germany*, 27. □

[103] *Statuto 1322–1325*, bk. I, chap. 17; bk. I, chap. 19; bk. I, chap. 21; bk. I, chap. 22.

[104] Ibid., bk. I, chap. 39.

[105] Ibid., bk. I, chap. 33; bk. I, chap. 42; *Statuto 1325*, bk. III, chap. 47.

[106] Judith Bennett, *Ale, Beer and Brewsters in England: Women's Work in a Changing World, 1300-1600* (Oxford: Oxford University Press, 1996), 10-18, 31, 78-85.

[107] Wiesner, *Germany*, 3.

第四章 工作场所的文化

[1] Dominique Cardon, *La draperie au Moyen Âge* (Paris: CNRS Éditions, 1999);

Franco Franceschi, *Oltre il tumulto. I lavoratori dell' Arte della Lana fra Tre e Quattrocento* (Florence: Olschki Editore, 1993), 33-66.

[2] John H. Munro, "Medieval Woollens: Textiles, Textile Technology and Industrial Organisation," in *The Cambridge History of Western Textiles*, ed. David Jenkins (Cambridge: Cambridge University Press, 2003), 181-227;

Peter Stabel, "Les draperies urbaines en Flandre aux XIIIe–XVIe siècles," in *Wool: Products and Markets (13th-20th Century)*, ed. Giovanni Fontana (Padua: CLEUP, 2004), 355-80.

[3] Peter Stabel, "The Market-Place and Civic Identity in Late Medieval Flanders," in *Shaping Urban Identity in Late Medieval Europe*, eds. Marc Boone and Peter Stabel (Leuven: Garant, 2000), 43-64.

[4] Hugo Soly, "The Political Economy of Guild-Based Textile Industries: Power Relations and Economic Strategies of Merchants and Master Artisans in Medieval and Early Modern Europe," in *The Return of the*

Guilds, eds. Jan Lucassen et al. (Cambridge: Cambridge University Press, 2008), 45-71. □

[5] Georges Espinas, *Les origines du capitalisme, 1. Sire Jehan Boinebroke* (Lille: E. Raoust, 1933); Hans van Werveke, *De Koopman-ondernemer en de ondernemer in de Vlaamsche lakennijverheid van de Middeleeuwen* (Brussels: Royal Academy, 1946). □

[6] Peter Stabel, "Labour Time, Guild Time? Working Hours in the Cloth Industry of Medieval Flanders and Artois," *Low Countries Journal of Social and Economic History* 11 (2014): 27-53. □

[7] Catharina Lis and Hugo Soly, *Worthy efforts: Attitudes to Work and Workers in Pre-industrial Europe* (Leiden: Brill, 2012), 342-9. □

[8] Peter Stabel, "The Move to Quality Cloth: Luxury Textiles, Labour Markets and Middle Class Identity in a Medieval Textile City. Mechelen in the Late Thirteenth and Early Fourteenth Centuries," in *Europe's Rich Fabric: The Consumption, Commercialisation, and Production of Luxury Textiles*, eds. Bart Lambert and Katherine Wilson (Farnham: Routledge, 2016), 159-80. □

[9] Marc Boone and Jelle Haemers, "The Common Good: Governance, Discipline and Political Culture," in *City and Society in the Low Countries*, eds. Bruno Blondé et al. (Cambridge: Cambridge University Press, forthcoming). □

【10】 形成自治群居村的趋势也在乡村萌芽。参见: Peter Blickle, *Kommunalismus. Skizzen einer gesellschaftlichen Organisationsform* (Munich: Oldenbourg, 2000). □

[11] M. S. Kempshall, *The Common Good in Late Medieval Political Thought* (Oxford: Oxford University Press, 1999), 17. □

[12] Guido Alfani, "Economic Inequality in Northwestern Italy: A Long-Term View (Fourteenth to Eighteenth Centuries)," *Journal of Economic*

History 75 (2015): 1058-96; Wouter Ryckbosch, "Economic Inequality and Growth before the Industrial Revolution: the Case of the Low Countries (14th-19th Centuries)," *European Review of Economic History* 20 (2016): 1-22. □

[13]　Catharina Lis and Hugo Soly, "Subcontracting in Guild-Based Export Trades, 13th-18th Centuries," in *Guilds, Innovation, and the European Economy*, ed. Maarten Prak (Cambridge: Cambridge University Press, 2008), 81-113. □

[14]　Peter Stabel, "Social Mobility and Apprenticeship in Late Medieval Flanders," in *Learning on the Shop Floor: Historical Perspectives on Apprenticeship*, eds. Bert De Munck et al. (New York: Berghahn, 2007), 158-78. □

[15]　Peter Stabel, "Working Alone? Single Women and Economic Activity in the Cities of the County of Flanders (Early 13th-Early 15th century)," in *Singles in the Cities of North-West Europe*, eds. Julie De Groot et al. (London: Palgrave Macmillan, 2016), 27-49. □

[16]　关于乡村一带的工作情形，我们的知识主要受中世纪英格兰案例影响，这也是目前研究最透彻的案例，参见：John Hatcher and Mark Bailey, *Modelling the Middle Ages: The History and Theory of England's Economic Development* (Oxford: Oxford University Press, 2001). □

[17]　Erik Thoen and Tim Soens, "The Family or the Farm: A Sophie's Choice? The Late Medieval Crisis in the Former County of Flanders," *The Medieval Countryside* 13 (2005): 195-224. □

[18]　Robert Brenner, "Agrarian Class Structure and Economic Development in Pre-Industrial Europe," *Past and Present* 70 (1976): 30-74. □

[19]　Adriaan Verhulst, *The Carolingian Economy* (Cambridge: Cambridge University Press, 2002), 11-22;

Chris Wickham, *Framing the Early Middle Ages* (Oxford: Oxford

University Press, 2005), 442-518;

Jean-Pierre Devroey and Anne Nissen, "Early Middle Ages, 500-1000," in *Struggling with the Environment. Land Use and Productivity*, eds. Erik Thoen and Tim Soens (Turnhout: Brepols, 2015), 11-70. □

[20] Chris Wickham, *Medieval Europe* (New Haven, CT: Yale University Press, 2016), 104-10. □

[21] Guy Bois, *Crise du féodalisme. Economie rurale et démographie en Normandie orientale du* □ *début du XIV*[e] *siècle au milieu du XVI*[e] *siècle* (Paris: FNSP, 1976), 137-214. □

[22] Bruce Campbell et al., *A Medieval Capital and its Grain Supply: Agrarian Production and Distribution in the London Region, c. 1300* (London: Institute of British Geographers, □1993). □

[23] Richard H. Britnell, *The Commercialisation of English Society, 1000-1500* (Manchester: □ Manchester University Press, 1996), 79-81, 164-71. □

[24] Erik Thoen and Tim Soens, "Contextualizing 1500 Years of Agricultural Productivity and Land Use in the North Sea Area: Regionally Divergent Paths Towards the World Top," in *Struggling with the Environment*, eds. Erik Thoen and Tim Soen, 455–99. □

[25] Christopher Dyer, *Making a Living in the Middle Ages: The People of Britain 850-1520* (London: Penguin, 2002), 183-6, 346-62. □

[26] John Langdon, *Horses, Oxen and Technological Innovation: The Use of Draught Animals in English Farming from 1086 to 1500* (Cambridge: Cambridge University Press, 1986), 251.

[27] Richard Jones, "Understanding Medieval Manure," in *Manure Matters: Historical and Ethnographic Perspectives*, ed. Richard Jones (Farnham: Ashgate, 2012), 145-58. □

[28] Sheilagh C. Ogilvie and Markus Cerman, eds., *European Proto-Industrialization* (Cambridge: Cambridge University Press, 1996), 140,

156-7.

[29] Simon Penn and Christopher Dyer, "Wages and Earnings in Late Medieval England: Evidence from the Enforcement of the Labour Laws," *Economic History Review* 43 (1990): 356-76. See also Chapter Six in this volume.

[30] Various contributions in Mireille Mousnier, ed., *L' artisan au village dans l' Europe médiévale et moderne* (Toulouse: Presses universitaires du Mirail, 2000).

[31] Philipp Braunstein, *Travail et entreprise* (Brussels: De Boeck, 2003).

[32] Verhulst, *Carolingian Economy*, 75-6.

[33] Judith Bennett, *Ale, Beer, and Brewsters in England: Women' s Work in a Changing World, 1300 to 1600* (Oxford: Oxford University Press, 1996).

[34] Rudolf Holbach, *Frühformen von Verlag und Grossbetrieb in der gewerblichen Produktion (13.-16. Jahrhundert)* (Stuttgart: Steiner, 1994), 47-8.

[35] Bas van Bavel, *Manors and Markets: Economy and Society in the Low Countries 500–1600* (Oxford: Oxford University Press, 2010), 242-52.

[36] Roland Recht, ed., *Les bâtisseurs des cathédrales gothiques* (Strasbourg: Musées de la ville de Strasbourg, 1989), 61-177.

[37] 关于流动性与工作,更普遍情形参见: Marianne O' Doherty and Felicitas Schmieder, eds., *Travels and Mobilities in the Middle Ages from the Atlantic to the Black Sea* (Turnhout: Brepols, 2015).

[38] Jeroen Deploige and Peter Stabel, "Textile Entrepreneurs and Textile Workers," in *Golden Times: Wealth and Status in the Middle Ages*, eds. Véronique Lambert and Peter Stabel (Tielt: Lannoo, 2016), 240-81.

[39] Lis and Soly, *Worthy Efforts*, 313-23.

[40] David Herlihy, *Medieval Households* (Cambridge, MA: Harvard

University Press, 1985), 131-56;

Tine de Moor and Jan Luiten van Zanden, "Girl Power: The European Marriage Pattern and Labour Markets in the North Sea Region in the Late Medieval and Early Modern Period," *Economic History Review* 63 (2010): 1-33.

[41] Stabel, "Working Alone," 38-49.

[42] Gervase Rosser, "Crafts, Guilds, and the Negotiation of Work in the Medieval Town," *Past and Present* 154 (1997): 3-31.

[43] Bert De Munck, "Fiscalizing Solidarity from Below: Poor Relief in Antwerp Guilds," in *Serving the Urban Community*, ed. Manon van der Heijden (Amsterdam: Aksant, 2009), 168-93.

[44] Steven A. Epstein, *Wage Labor and Guilds in Medieval Europe* (Chapel Hill: University of North Carolina Press, 1991), 164-9.

[45] Stabel, "Move to Quality Cloth," 159-80.

[46] Patrick Lantschner, *The Logic of Political Conflict in Medieval Cities. Italy and the Southern Low Countries, 1370–1440* (Oxford: Oxford University Press, 2015), 44-5.

[47] Jan Dumolyn, "Guild Politics and Political Guilds in Fourteenth-Century Flanders," in *The Voices of the People in Late Medieval Europe: Communication and Popular Politics*, eds. Jan Dumolyn et al. (Turnhout: Brepols, 2014), 15-48.

[48] Stephan R. Epstein, "Craft Guilds, Apprenticeship and Technological Change in Preindustrial Europe," *Journal of Economic* History 58 (1998): 684-713.

[49] Katherine Lynch, *Individuals, Families and Communities in Europe, 1200-1800: the Urban Foundations of Western Society* (Cambridge: Cambridge University Press, 2003).

[50] Kim Overlaet, "Replacing the Family? Beguinages in Early Modern

Western European Cities: An Analysis of the Family Networks of Beguines Living in Mechelen (1532-1591)," *Continuity and Change* 29 (2014): 325-47.

[51] Lis and Soly, *Worthy Efforts*, 451-68.

[52] Peter Stabel, "Guilds in Late Medieval Flanders: Myths and Realities of Guild Life in an Export-Oriented Environment," *Journal of Medieval History* 30 (2004): 187–212.

[53] 参见本卷第五章。

[54] 相关著述可参见以下两部著作: James R. Farr, *Artisans in Europe 1300-1914* (Cambridge: Cambridge University Press 2000) and Lucassen, *Return of the Guilds*.

[55] James Davis and Peter Stabel, "Formal and Informal Trade in the Late Middle Ages. The Islamic World and Northwest Europe Compared," in *Il commercio al minuto. Domanda e offerta tra economia formale e informale*, ed. Giampiero Nigro (Florence: Florence University Press), 15-37.

[56] 关于行会悲观者和乐观者,参见: Stephan R. Epstein, "Craft Guilds in the Premodern Economy: a Comment," *Economic History Review* 61 (2008): 155-74;

Sheilagh Ogilvie, "Rehabilitating the Guilds: A Reply," *Economic History Review* 61 (2008): 175-82.

[57] Myriam Carlier and Peter Stabel, "Questions de moralité dans les villes de la Flandre au bas moyen âge: sexualité et activité urbaine (bans échevinaux et statuts de métiers)," in *Faire Banz, edictz et statuts: légiférer dans la ville médiévale*, ed. Jean-Marie Cauchies (Brussels: FUSL, 2002), 241-62.

[58] 下文多有参考: De Munck, *Learning on the Shop Floor*.

[59] Martha Howell, *Production and Patriarchy in Late Medieval Cities*

(Chicago, IL: Chicago □ University Press, 1986);
Claire Crowston, "Women, Gender and Guilds in Early Modern □ Europe: An Overview of Recent Research," in *Return of the Guilds*, ed. Lucassen, 19-44. □

[60] Sharon Farmer, *The Silk Industries of Medieval Paris: Artisanal Migration, Technological Innovation, and Gendered Experience* (Philadelphia: University of Pennsylvania Press, 2016), 106-36; Margaret Wensky, "Women's Guilds in Cologne in the Later Middle Ages,"□ *Journal of European Economic History* 11 (1982): 631-50. □

[61] Stabel, "Working Alone," 27-49. □

[62] Gervase Rosser, *The Art of Solidarity in the Middle Ages: Guilds in England 1250-1550* □ (Oxford: Oxford University Press, 2015). □

[63] Stabel, *Guilds*, 187-212. □

[64] Peter Arnade and Walter Prevenier, *Honor, Vengeance, and Social Trouble: Pardon* □ *Letters in the Burgundian Low Countries* (Ithaca, NY: Cornell University Press, 2015), 2, 49-52; Inneke Baatsen and Anke De Meyer, "Forging or Reflecting Multiple Identities? Analyzing Processes of Identification in a Sample of Fifteenth-Century Letters of Remission from Bruges and Mechelen," *Revue du Nord* 30 (2014): 23-39; Jan Dumolyn, "Let Each Man Carry on with His Trade and Remain Silent: Middle Class Ideology in the Urban Literature of the Late Medieval Low Countries," *Cultural and Social History* 10 (2013): 169-89. □

第五章 工作、技能与技术

[1] Lynn White, Jr., *Medieval Technology and Social Change* (Oxford: Oxford University Press, 1962). See also his *Medieval Religion and*

Technology: Collected Essays (Berkeley: University of California Press, 1978).

史学研究角度的较近期讨论参见: Shana Worthen, "The Influence of Lynn White, Jr.'s Medieval Technology and Social Change," History Compass 7, no. 4 (2009): 1201-17.

[2] Michael Toch, "Agricultural Progress and Technology in Medieval Germany: An Alternative Model," in Technology and Resource Use in Medieval Europe, eds. Elizabeth Bradford Smith and Michael Wolfe (Aldershot: Ashgate, 1997), 160.

[3] Pamela O. Long, "Invention, Secrecy, and Theft: Meaning and Context in the Study of Late Medieval Technical Transmission," History and Technology 16 (2000): 223–41 at 237.

[4] 下文多有参考: Bruce Campbell, Mavis Mate, and John Langdon in Medieval Farming and Technology: The Impact of Agricultural Change in Northwest Europe, ed. Grenville Astill and John Langdon (Leiden: Brill, 1997).

[5] Adam Robert Lucas, "Industrial Milling in the Ancient and Medieval Worlds: A Survey of the Evidence for an Industrial Revolution in Medieval Europe," Technology and Culture 46, no. 1 (2005): 1-30 at 18.

[6] Jan Klápště and Petr Sommer, eds., Arts and Crafts in Medieval Rural Environment, Ruralia 6 (Turnhout: Brepols, 2007).

[7] Janet Snyder, "On the Road Again: Limestone Sculpture in Twelfth-Century France," in Working with Limestone: The Science, Technology and Art of Medieval Limestone Monuments, ed. Vibeke Olson (Farnham: Ashgate, 2011), 167-88.

[8] Steven R. Epstein, "Craft Guilds, Apprenticeship, and Technological Change in Pre-Industrial Europe," The Journal of Economic History

58, no. 3 (1998): 684-713 at 684-5.

[9] Long, "Invention, Secrecy, and Theft," 224-5.

[10] Michael J. T. Lewis, "The Origins of the Wheelbarrow," *Technology and Culture* 35, no. 3 (1994): 453-75 at 453, 456, 465-70.

[11] Andrea L. Matthies, "The Medieval Wheelbarrow," *Technology and Culture* 32, no. 2, Part 1 (1991): 356-64.

[12] Eva Anderson, *Tools for Textile Production from Birka and Hedeby* (Stockholm: The Birka Project, 2003), 27-29, 150-1.

[13] Ruth Mazo Karras, "'This Skill in a Woman is By No Means to Be Despised': Weaving and the Gender Division of Labor in the Middle Ages," in *Medieval Fabrications: Dress, Textiles, Clothwork, and Other Cultural Imaginings*, ed. E. Jane Burns (New York: Palgrave, 2004), 94-7.

[14] Patrice Beck, Philippe Braunstein, and Michel Philippe, "Wood, Iron, and Water in the Othe Forest in the Late Middle Ages: New Findings and Perspectives," in *Technology and Resource Use*, eds. Smith and Wolfe, 173-7.

[15] Rudolf Palme, "Alpine Salt Mining in the Middle Ages," *Journal of European Economic History* 19, no. 1 (1990): 117-36 at 117, 121-6, 130, 133-4.

[16] Cedric E. Gregory, *A Concise History of Mining (Revised Edition)* (Lisse: A. A. Balkema Publishers, 2001), 108-10;
Richard C. Hoffmann, *An Environmental History of Medieval Europe* (Cambridge: Cambridge University Press, 2014), 216-9.

[17] Lucas, "Industrial Milling," 22.

[18] Gerhard Dohrn-van Rossum, *History of the Hour: Clocks and Temporal Orders*, trans. Thomas Dunlap (Chicago, IL: University of Chicago Press, 1996, c. 1992), 305-7.

[19] 最主要参见: White, *Medieval Technology and Social Change*, 39-41.

[20] 见图3.1.

[21] Georges Comet, "Technology and Agricultural Expansion in the Middle Ages: The Example of France North of the Loire," in *Medieval Farming and Technology*, eds. Astill and Langdon, 22-5;

Bjørn Poulsen, "Agricultural Technology in Medieval Denmark," in Ibid., 132-3;

and Janken Myrdal, "The Agricultural Transformation of Sweden, 1000-1300," in Ibid., 153-60;

Joachim Henning, "Revolution or Relapse? Technology, Agriculture and Early Medieval Archaeology in Germanic Central Europe," in *The Langobards Before the Frankish Conquest: An Ethnographic Perspective*, eds. Giorgio Ausenda et al. (Woodbridge: Boydell Press, 2009), 152-62.

[22] Poulsen, "Agricultural Technology," 134.

[23] John Langdon, *Horses, Oxen and Technological Innovation: The Use of Draught Animals in English Farming from 1066 to 1500* (Cambridge: Cambridge University Press, 1986), 9-14.

[24] Toch, "Agricultural Progress," 161;

Georges Raepsaet, "The Development of Farming Implements Between the Seine and the Rhine from the Second to the Twelfth Centuries," in *Medieval Farming and Technology*, eds. Astill and Langdon, 57–8.

[25] Poulsen, "Agricultural Technology," 133-4.

[26] Comet, "Technology and Agricultural Expansion," 29-30.

[27] Erik Thoen, "The Birth of 'the Flemish Husbandry'," in *Medieval Farming and Technology*, eds. Astill and Langdon, 74-85.

[28] Peter Hoppenbrouwers, "Agricultural Production and Technology in the Netherlands," in *Medieval Farming and Technology*, eds. Astill and Langdon, 96-101, 106, 109.

[29] George C. Maniatis, "The Byzantine Olive Oil Press Industry: Organization, Technology, Pricing Strategies," *Byzantion* 82 (2012): 259-77 at 259-69.

[30] Expiracíon García Sánchez, "Agriculture in Muslim Spain," in *The Legacy of Muslim Spain*, ed. Salma Khadra Jayyusi (Leiden: Brill, 1992), 987–99;

Comet, "Technology and Agricultural Expansion," 12-13.

[31] Lewis Mumford, *Technics and Civilization* (New York: Harcourt, Brace and Company, 1934), 113-18.

[32] Marc Bloch, "Avènement et conquêtes du moulin à eau," *Annales d' histoire économique et sociale* 7 (1935): 538-63, later translated to English as "The Advent and Triumph of the Watermill", in *Land and Work in Mediaeval Europe: Selected Papers by Marc Bloch*, trans. J. E. Anderson (Berkeley: University of California Press, 1967), 136-68.

[33] 关于古代和中世纪磨坊，进一步讨论可参见: Adam Lucas, *Wind, Water, Work: Ancient and Medieval Milling Technology* (Leiden: Brill, 2006).

[34] Paolo Squatriti, "Water Mills in Italy," in *Technology and Resource Use*, eds. Smith and Wolfe, 130-1.

[35] Ibid., 127-36.

[36] Colin Rynne, "Waterpower in Medieval Ireland," in *Working With Water in Medieval Europe*, ed. Paolo Squatriti (Leiden: Brill, 2000), 1-50.

[37] Philip Rahtz and Robert Meeson, *An Anglo-Saxon Watermill at Tamworth*, CBA Research Report 83 (London: Council for British Archaeology, 1992), 14.

[38] Richard Holt, "Mechanization and the Medieval English Economy," in *Technology and Resource Use*, eds. Smith and Wolfe, 139, 145-9.

[39] Sophia Germanidou, "Watermills in Byzantine Greece (Fifth to Twelfth Centuries): A Preliminary Approach to the Archaeology of Byzantine

Hydraulic Milling Technology," Byzantion 84 (2014): 185-201 at 187-8, 195-200.

【40】 Thomas F. Glick, "Hydraulic Technology in al-Andalus," in *The Legacy of Muslim Spain*, ed. Jayyusi, 974-86.

【41】 Thomas F. Glick and Helena Kirchner, "Hydraulic Systems and Technologies of Islamic Spain: History and Archaeology," in *Working with Water*, ed. Squatriti, 292-302, 313-15.

【42】 Paul Benoit and Joséphine Rouillard, "Medieval Hydraulics in France," in *Working with Water*, ed. Squatriti, 194-7;

Comet, "Technology and Agricultural Expansion," 31;

Lucas, "Industrial Milling," 14-15.

【43】 Lucas, "Industrial Milling," 15-16.

【44】 Eleanora Carus-Wilson, "An Industrial Revolution of the Thirteenth Century," *Economic History Review* 11 (1941): 39-60;

Holt, "Mechanization and the Medieval English Economy," 150-4;

Benoit and Rouillard, "Medieval Hydraulics in France," 193.

【45】 Dohrn-van Rossum, *History of the Hour*, 35-7, 64.

【46】 *Royal Frankish Annals*, in *Carolingian Chronicles*, trans. Bernhard Walter Scholz (Ann Arbor: University of Michigan Press, 1970), 87.

【47】 这一观点最具影响力的一位作者及其著述参见: Jacques Le Goff, *Time, Work, and Culture in the Middle Ages*, trans. Arthur Goldhammer (Chicago, IL: University of Chicago Press, 1980), 29-57.

【47】 Dohrn-van Rossum, *History of the Hour*, 94, 134-52.

【49】 Ingo Schwab, ed., *Das Prümer Urbar* (Düsseldorf: Droste Verlag, 1983), 166-255.

【50】 Dohrm-van Rossum, *History of the Hour*, 290-315.

【51】 Robert Mark, "Technological Innovation in High Gothic Architecture," in *Technology and Resource Use*, eds. Smith and Wolfe, 12-18, 23-5.

- [52] 以下作者在多篇文章仔细讨论过这个题目,举例参见: **Dieter Kimpel,** "Le développement □ de la taille en série dans l'architecture médiévale et son rôle dans l'histoire économique," *Bulletin monumental* 135, no. 3 (1977): 195-222, 以及较近期的 "Les méthodes de production des cathédrales," in *Les bâtisseurs des cathédrales gothiques*, ed. Roland Recht (Strasbourg: Editions des musées de la ville de Strasbourg, 1989), 91-100. □

- [53] Vibeke Olson, "The Whole is the Sum of its Parts: Standardizing Medieval Stone Production," in *Working with Limestone*, ed. Olson, 193-203. □

- [54] Lynn T. Courtenay, "Scale and Scantling: Technological Issues in Large-Scale Timberwork of the High Middle Ages," in *Technology and Resource Use*, eds. Smith and Wolfe, 42-75. □

- [55] Long, "Invention, Secrecy, and Theft," 224, 231-3. □

- [56] Epstein, "Craft Guilds," 687-8. □

- [57] Valerie L. Garver, *Women and Aristocratic Culture in the Carolingian World* (Ithaca, NY: □ Cornell University Press, 2009), 228-33. □

- [58] Nigel Hiscock, "Discipline and Freedom in the Shaping of Stone: The Interface of □ Architecture, Structure and Sculpture in the Late Middle Ages," in *Working with Limestone*, □ ed. Olson, 242-8. □

- [59] Derek Keene, "The Textile Industry," in *Object and Economy in Medieval Winchester*, vol. □1, ed. Derek Keene (Oxford: Clarendon Press, 1990), 203-8. □

- [60] C. Fortina, I. Memmi Turbanti, and F. Grassi, "Glazed Ceramic Manufacturing in Southern □ Tuscany (Italy): Evidence of Technological Continuity throughout the Medieval Period □ (10th–14th Centuries)," *Archaeometry* 50, no. 1 (2008): 30-47. □

- [61] W. Patrick McCray, "Creating Networks of Skill: Technology Transfer and the Glass □ Industry of Venice," *Journal of European Economic History* 28 (1999): 301-33 at 303-10, □ 313-14. □

【62】 Long, "Invention, Secrecy, and Theft," 228-9. □

【63】 Ibid., 228-9. □

【64】 McCray, "Creating Networks," 309, 313-17. □

【65】 Kelly DeVries and Robert Douglas Smith, *Medieval Military Technology*, 2nd ed. (Toronto: University of Toronto Press, 2012), 36-9. □

【66】 *History and Politics in Late Carolingian and Ottonian Europe: The Chronicle of Regino of Prüm and Adalbert of Magdeburg*, trans. Simon MacLean (Manchester: Manchester University Press, 2009), 185. □

【67】 关于这种战术的影响,下文作了重要的重新评估: Bernard S. Bachrach, "Charles Martel, Mounted Shock Combat, the Stirrup, and Feudalism," *Studies in Medieval and Renaissance History* 7 (1970): 49-75. □

【68】 DeVries and Smith, *Medieval Military Technology*, 38-41. □

【69】 Kelly DeVries, "Catapults are not Atomic Bombs: Towards a Redefinition of 'Effectiveness' □ in Premodern Military Technology," *War in History* 4 (1997): 454-70 at 464-9. □

【70】 Walter Berry, "Use and Non-Use of Limestone in Romanesque Burgundy: The Example of □ Autun," in *Working with Limestone*, ed. Olson, 155-6. □

第六章 工作与流动性

【1】 举例,澳大利亚与新西兰中世纪与现代早期研究学会(**Australian and New Zealand Association of Medieval and Early Modern Studies**)把2017年的主题定为"流动性与交流(**Mobility and Exchange**)"。 □

【2】 Geoffrey Chaucer, *The Riverside Chaucer*, ed. Larry Dean Benson (Oxford: Oxford University Press, 2008). □

[3] Florin Curta, ed., *Neglected Barbarians* (Turnhout: Brepols, 2010).

[4] Julia M. H. Smith, *Europe after Rome: A New Cultural History 500-1000* (Oxford: Oxford University Press, 2005), 152-3.

[5] Edward A. Wrigley and Roger S. Schofield, *The Population History of England, 1541-1871: A Reconstruction* (London: Edward Arnold, 1981), 15-16.

[6] John Hatcher and Mark Bailey, *Modelling the Middle Ages: The History and Theory of England's Economic Development* (Oxford: Oxford University Press, 2001), 7-10.

[7] 举例参见: Gregory Clark, "The Long March of History: Farm Wages, Population, and Economic Growth, England 1209-1869," *Economic History Review* 60, no. 1 (2007): 97-135;

以及同类工作的原型之一: Ernest H. Phelps-Brown and Sheila Hopkins, "Seven Centuries of the Prices of Consumables, Compared with Builders' Wage Rates," *Economica* 92 (1956): 296-314.

[8] Maryanne Kowaleski, *Local Markets and Regional Trade in Medieval Exeter* (Cambridge: Cambridge University Press, 1995), 371.

多份文档亦见: Margery M. Rowe, ed., *Tudor Exeter: Tax Assessments 1489-1595, Including the Military Survey 1522* (Exeter: Devon and Cornwall Record Society, 1977).

[9] Nicholas Orme, *The Churches of Medieval Exeter* (Exeter: Impress Books, 2014), 2-3.

[10] Mark Bailey, *The Decline of Serfdom in Late Medieval England: From Bondage to Freedom* (Woodbridge: Boydell & Brewer, 2014).

[11] tephen R. Epstein, *An Island for Itself: Economic Development and Social Change in Late Medieval Sicily* (Cambridge: Cambridge University Press, 1992), 329-31.

[12] Ferran Garcia-Oliver, *The Valley of the Six Mosques: Work and Life in*

Medieval Valldigna (Turnhout: Brepols, 2012), 196.

[13] Ibn Fadlān, *Ibn Fadlàn and the Land of Darkness, Arab Travellers in the Far North*, trans. and eds. Paul Lunde and Caroline Stone (London: Penguin, 2012), 40.

[14] Gerald of Wales, *The Journey Through Wales and The Description of Wales*, trans. Lewis Thorpe (London: Penguin, 1978), 24-45.

[15] Richard A. McKinley, *The Surnames of Norfolk and Suffolk in the Middle Ages* (London: Phillimore, 1975), 78-9.

[16] Marisa Bueno Sánchez, "Power and Rural Communities in the Banāū Salīm Area (Eighth– Eleventh Centuries): Peasant and Frontier Landscapes as Social Construction," in *Power and Rural Communities in Al-Andalus: Ideological and Material Representations*, eds. Adela Fábregas and Flocel Sabaté, TMC 15 (Turnhout: Brepols, 2015), 39-41.

[17] Christopher Dyer, *An Age of Transition? Economy and Society in England in the Later Middle Ages* (Oxford: Oxford University Press, 2005), 36;

Lawrence R. Poos, "Population Turnover in Medieval Essex," in *The World We Have Gained: Histories of Population and Social Structure*, eds. Lloyd Bonfield, Richard M. Smith, and Keith Wrightson (Oxford: Basil Blackwell, 1986), 1-22.

[18] Mark Bailey, *Medieval Suffolk: An Economic and Social History, 1200-1500* (Woodbridge: Boydell Press, 2007), 162.

[19] Christopher Dyer, *Making a Living in the Middle Ages: The People of Britain 850–1520* (New Haven, CT: Yale University Press, 2002), 62-3, 68.

[20] David Nicholas, *The Later Medieval City: 1300-1500* (London: Routledge, 1997), 53-8.

[21] Nicholas Dean Brodie, " 'The Names of All the Poore People' :

Corporate and Parish Relief in Exeter, 1560s-1570s," in *Experiences of Poverty in Late Medieval and Early Modern □ England and France*, ed. Anne M. Scott (Farnham: Ashgate, 2012), 107-31. □

[22] Corine Maitte, "The Cities of Glass: Privileges and Innovations in Early Modern Europe," in *Innovation and Creativity in Late Medieval and Early Modern European Cities*, eds. Karel Davids and Bert De Munk (London: Routledge, 2014), 35-54. □

[23] Anu Lahtinen, "'A Knight from Flanders': Noble Migration and Integration in the North □ in the Late Middle Ages," in *Immigration/Emigration in Historical Perspective*, ed. Ann □ Katherine Issacs (Pisa: Pisa University Press, 2007), 79-92. □

[24] Heinrich Härke, "Archaeologists and Migrations: A Problem of Attitude," in *From Roman □ Provinces to Medieval Kingdoms*, ed. Thomas F. X. Noble (New York: Routledge, 2006), □ 262-76. □

[25] Jean W. Sedlar, *East Central Europe in the Middle Ages, 1000-1500* (Seattle: University of □ Washington Press, 1994), 408. □

[26] Art Cosgrove, *A New History of Ireland, Volume II: Medieval Ireland 1169-1534* (Oxford: □ Oxford University Press, 1987), 447-8. □

[27] Nickiphoros I. Tsougarakis, *The Latin Religious Orders in Medieval Greece, 1204-1500* □ (Turnhout: Bretpols, 2012), xviii–xxii, 275-310. □

[28] Robin R. Mundill, *England's Jewish Solution: Experiment and Expulsion, 1262-1290* □ (Cambridge: Cambridge University Press, 1998), 1-15. □

[29] Brian A. Catlos, *Muslims of Medieval Latin Christendom, c. 1050-1614* (Cambridge: □ Cambridge University Press, 2014), 174. □

[30] Yaron Matras, *The Romani Gypsies* (Cambridge, MA: Belknap Press, 2015). □

[31] Nicholas Dean Brodie, "Beggary, Vagabondage, and Poor Relief: English Statutes in the Urban Context" (PhD diss., University of Tasmania, 2010).

[32] Sidney Webb and Beatrice Webb, *English Local Government: English Poor Law History, Part I, the Old Poor Law* (London: Longmans, 1927), v-xx.

[33] David R. Carr, ed., *The First General Entry Book of the City of Salisbury, 1387-1452*, Wiltshire Record Society 54 (Salisbury: Wiltshire Record Society, 2001), 243.

[34] Brodie, "Beggary, Vagabondage, and Poor Relief," 75-80.

[35] 举例参见: Nancy Edwards, *The Archaeology of Early Medieval Ireland* (New York: Routledge, 1999), 49-67;
Günter P. Fehring, *The Archaeology of Medieval Germany: An Introduction*, trans. Ross Samson (London, Routledge, 2015), 171-4.

[36] W. G. Hoskins, *The Making of the English Landscape*, Middlesex: Penguin, 1970, 45-136.

[37] Francis Prior, *Britain in the Middle Ages: An Archaeological History* (London: Harper Perennial, 2007), 108-43, 223-56.

[38] Erik Thoen, "The Birth of 'The Flemish Husbandry': Agricultural Technology in Medieval Flanders," in *Medieval Farming and Technology: The Impact of Agricultural Change in Northwest Europe*, eds. Grenville Astill and John Langdon (Leiden: Brill, 1997), 69-88.

[39] Nicholas Dean Brodie, "Reassessing 27 Henry VIII, c. 25 and Tudor Welfare: Changes and Continuities in Context," *Parergon* 31, no. 1 (2014): 111-36.

[40] Christopher Dyer, *Standards of Living in the Later Middle Ages: Social Change in England c. 1200-1520*, rev. ed. (Cambridge: Cambridge

University Press, 1998), 158-60: citing himself: Christopher Dyer, "Changes in Diet in the Late Middle Ages: the Case of Harvest Workers," *Agricultural History Review* 36 (1988), 21-37. □

[41] David Stone, *Decision-Making in Medieval Agriculture* (Oxford: Oxford University Press, 2005), 148. □

[42] Dyer, *Making a Living*, 125. □

[43] Paul B. Newman, *Growing up in the Middle Ages* (Jefferson: McFarland & Co., 2007), 172. □

[44] Ian Gordon Summers, *The Moorlands of England and Wales: An Environmental History* □ *8000 BC-AD 2000* (Edinburgh: Edinburgh University Press, 2003), 65. □

[45] Joseph F. O' Callaghan, *A History of Medieval Spain* (Ithaca, NY: Cornell University Press, □ 1975), 478. □

[46] Jenny Kermode, *Medieval Merchants: York, Beverley and Hull in the Later Middle Ages* □ (Cambridge: Cambridge University Press, 1998), 251; Marco Polo, *The Travels*, trans. and □ ed. Ronald Latham (London: Penguin, 1958). □

[47] Mark R. Cohen, *Under Crescent and Cross: The Jews in the Middle Ages* (Princeton, NJ: □ Princeton University Press, 1994), 79-82. □

[48] Margaret Labarge, *A Medieval Miscellany* (Ottawa: Carleton University Press, 1997), 204.

[49] H. S. Bennett, *The Pastons and their England* (Cambridge: Cambridge University Press, □ 2003), 120-4. □

[50] Colum Hourihane, *The Mason and His Mark: Mason' s Marks in the Medieval Irish* □ *Archbishoprics of Cashel and Dublin* (Oxford: John and Erica Hedges and Archaeopress, 2000). □

第七章　工作与社会

【1】　Peter Brown, *Through the Eye of a Needle: Wealth, the Fall of Rome, and the Making of Christianity in the West, 350-550 AD* (Princeton, NJ: Princeton University Press, 2012), 68-9.

【2】　Lester K. Little, *Religious Poverty and the Profit Economy in Medieval Europe* (1978; repr. Ithaca, NY: Cornell University Press, 1983). □

【3】　James William Brodman, *Charity and Welfare: Hospitals and the Poor in Medieval Catalonia* (Philadelphia: University of Pennsylvania Press, 1998), 136-8. □

【4】　Elma Brenner, "The Care of the Sick and Needy in Twelfth- and Thirteenth-Century Rouen," in *Society and Culture in Medieval Rouen, 911-1300*, eds. Leonie V. Hicks and Elma Brenner (Turnhout: Brepols, 2013), 342. □

【5】　Bronislaw Geremek, *Poverty: A History*, trans. Agnieszka Kolokowska (1989; trans. Oxford: Blackwell Publishers, 1994), 16-17. □

【6】　引文出自从拉丁语武加大版《圣经》翻译的兰斯-杜埃英语版。□

【7】　Geremek, *Poverty*, 16–20; Miri Rubin, *Charity and Community in Medieval Cambridge* □ (Cambridge: Cambridge University Press, 1987), 4-15;

Michel Mollat, *The Poor in the Middle Ages: An Essay in Social History*, trans. Arthur Goldhammer (1978; trans. New □ Haven, CT: Yale University Press, 1986).

关于加洛林时期的看法，参见：Rachel Stone, *Morality and Masculinity in the Carolingian Empire* (Cambridge: Cambridge University Press, 2012), 215 and 235.

【8】　Rubin, *Charity and Community*, 15.

关于短缺与富足的循环起伏，参见：Sharon Farmer, *Surviving Poverty in*

Medieval Paris: Gender, Ideology, and the Daily Lives of the Poor (Ithaca, NY: Cornell University Press, 2002), 63.

[9] Andrew Brown, *Civic Ceremony and Religion in Medieval Bruges c. 1300-1520* (Cambridge: Cambridge University Press, 2011), 208.

[10] Mollat, *The Poor in the Middle Ages*, 32.

[11] Ibid., 105.

[12] Geremek, *Poverty*, 54-5.

[13] Ibid., 18.

[14] Mollat, *The Poor in the Middle Ages*, 70-1.

[15] Brian Tierney, *Medieval Poor Law: A Sketch of Canonical Theory and Its Application in England* (Berkeley: University of California Press, 1959), 55;

Geremek, *Poverty*, 26.

[16] Rubin, *Charity and Community*, 70-1.

[17] Tierney, *Medieval Poor Law*, 53-60 and Brian Tierney, "The Decretists and the 'Deserving Poor'," *Comparative Studies in Society and History* 1, no. 4 (1959): 360-73.

[18] Geremek, *Poverty*, 70-1.

[19] Mollat, *The Poor in the Middle Ages*, 106.

[20] 关于男性假扮乞丐的事例,参见: Mollat, *The Poor in the Middle Ages*, 109-10; and Farmer, *Surviving Poverty in Medieval Paris*, 62-7.

[21] Marjorie Keniston McIntosh, *Poor Relief in England, 1350–1600* (Cambridge: Cambridge University Press, 2012), 4-10.

[22] James William Brodman, *Charity and Religion in Medieval Europe* (Washington, DC: The Catholic University of America Press, 2009; eBook, 2011);

James G. Clark, *The Benedictines in the Middle Ages* (Woodbridge: Boydell Press, 2011), 167-9.

[23] Brodman, *Charity and Welfare*, 3.

[24] 本文用大写开头的 **Hospitaller** 特指耶路撒冷圣约翰医院骑士团，不带大写开头的 **hospitaller** 指在医院成立，且工作和生活在社区的多种形式宗教团体；典型情况，他们都遵循《圣奥古斯丁律则》(**Rule of Saint Augustine**)，参见：Brodman, *Charity and Religion*, 9, 93-4.

[25] Ibid., 223-6.

[26] Mollat, *The Poor in the Middle Ages*, 87, 135–44；
Clark, *The Benedictines in the Middle Ages*, 182–3.
关于战俘与救赎性质的教会，参见：Jarbel Rodriguez, *Captives and their Saviors in the Medieval Crown of Aragon* (Washington, DC: The Catholic University of America Press, 2007).

[27] Mollat, *The Poor in the Middle Ages*, 147. 留意原文英译为十字军成员 (**Crusaders**)，不是克罗泽会成员 (**Croziers**)，后者对应的法语版用词 (**Croisiers**) 是医护团其中一个分支。

[28] Clark, *The Benedictines in the Middle Ages*, 184.

[29] Anne E. Lester, "Cares Beyond the Walls: Cistercian Nuns and the Care of Lepers in Twelfth- and Thirteenth-Century Northern France," in *Religious and Laity in Western Europe, 1000-1400: Interaction, Negotiation, and Power*, eds. J. Burton and E. Jamroziak (Turnhout: Brepols, 2006), 197-224；
Burton and Kerr, *The Cistercians in the Middle Ages*, 194.

[30] Clark, *The Benedictines in the Middle Ages*, 186.

[31] Brown, *Through the Eye of a Needle*.

[32] Brodman, *Charity and Religion*, 50；
Mollat, *The Poor in the Middle Ages*, 38.

[33] Stone, *Morality and Masculinity*, 241.

[34] Brodman, *Charity and Religion*, 50-1.

[35] Nicholas Orme and Margaret Webster, *The English Hospital, 1070-1570* (New Haven, CT: Yale University Press, 1995), specifically 1 and 58, and *passim*.

[36] Mollat, *The Poor in the Middle Ages*, 147.

[37] Rubin, *Charity and Community*, 100-1.

[38] Ibid., 111-13, 119.

[39] Ibid., 104.

[40] Brodman, *Charity and Welfare*, 73.

[41] Rubin, *Charity and Community*, 150-1.

[42] Brodman, *Charity and Welfare*, 31-2.

[43] Ibid., 111.

[44] Mollat, *The Poor in the Middle Ages*, 141; Brodman, *Charity and Welfare*, 18-19.

[45] Brodman, *Charity and Welfare*, 26-7.

[46] Stone, *Morality and Masculinity*, 239-40.

[47] Adam J. Davis, "The Social and Religious Meanings of Charity in Medieval Europe," *History Compass* 12, no. 12 (2014): 935-50, at 937.

[48] Mollat, *The Poor in the Middle Ages*, 99 and 142-3; Brodman, *Charity and Religion*, 191. 关于行会在中世纪社会的普遍情况，参见 Steven A. Epstein, *Wage Labor and Guilds in Medieval Europe* (Chapel Hill: University of North Carolina Press, 1991).

[49] Epstein, *Wage Labor and Guilds*, 167-8.

[50] 关于佛罗伦萨的慈善活动，参见 John Henderson, *Piety and Charity in Late Medieval Florence* (Chicago, IL: University of Chicago Press, 1994); Brodman, *Charity and Religion*, 199-201;

James R. Banker, *The Culture of San Sepolchro during the Youth of Piero della Francesca* (Ann Arbor: University of Michigan Press, 2003), 38.

[51] Augustine Thompson, *Cities of God: The Religion of the Italian Communes, 1125-1325* (University Park: Pennsylvania State University Press, 2005), 86-8, 94-5.

[52] Thompson, *Cities of God*, 193-6;
André Vauchez, *The Laity in the Middle Ages: Religious Beliefs and Devotional Practices*, trans. Margery J. Schneider (1987; trans. 1993; repr. Notre Dame, IN: University of Notre Dame Press, 2002), 53-60.

[53] Brodman, *Charity and Religion*, 184-5; Mollat, *The Poor in the Middle Ages*, 143.

[54] Frances Andrews, *The Early Humiliati* (Cambridge: Cambridge University Press, 2007).

[55] Walter Simons, *Cities of Ladies: Beguine Communities in the Medieval Low Countries, 1200-1265* (Philadelphia: University of Pennsylvania Press, 2001), esp. 54-5.

关于从十三世纪中期到十六世纪上半叶最大的贝居安修会,引文参见:"Surrounded by walls and sometimes even by moats, these courts often constituted a city within the city - a 'city of beguines' (*civitas beghinarum*)."

[56] Brodman, *Charity and Religion*, 185-6; Simons, *Cities of Ladies*, 36, 77-8.

[57] Simons, *Cities of Ladies*, 80-1, 97.

[58] 关于巴黎的贝居安修女,参见: Tanya Stabler Miller, *The Beguines of Medieval Paris: Gender, Patronage, and Spiritual Authority* (Philadelphia: University of Pennsylvania Press, 2014).

[59] Brodman, *Charity and Welfare*, 136-8.

[60] Brown, *Civic Ceremony and Religion*, 220-1. ☐
[61] Brodman, *Charity and Welfare*, 55, 68-9. ☐
[62] Ibid., 103, 111. ☐
[63] Ibid., 117. ☐
[64] Philip Gavitt, *Gender, Honor, and Charity in Late Renaissance Florence* (Cambridge: Cambridge University Press, 2011), 9. ☐
[65] Brodman, *Charity and Welfare*, 123. ☐☐

第八章　工作的政治文化

[1] Robert C. Palmer, *English Law in the Age of the Black Death 1348-1381: A Transformation of Governance and Law* (Chapel Hill: University of North Carolina Press, 1993), 1-6;
Bertha Haven Putnam, *The Enforcement of the Statutes of Labourers During the First Decade after the Black Death 1349-1359* (New York: Columbia University Press, 1908;
Lawrence R. Poos, "The Social Context of Statute of Labourers Enforcement," *Law and History Review* 1 (1983): 27-52;
Nora Kenyon (Ritchie), "Labour Conditions in Essex in the Reign of Richard II," *Economic History Review*, 2nd ser., 4 (1934): 429-451;
Elaine Clark, "Medieval Labor Law and the English Local Courts," *American Journal of Legal History* 27 (1983): 330-53;
Judith Bennett, "Compulsory Service in Late Medieval England," *Past and Present* 209 (2010): 7-51. ☐

[2] Robert Braid, "'*Et non ultra*': Politiques royales du travail en Europe occidentale au XIVᵉ siècle," *La Bibliothèque de l' École des chartes* 161 (2003): 437-91;
Samuel K. Cohn, "After the Black Death: Labour Legislation and

Attitudes Towards Labour in Late-Medieval Western Europe," *Economic History Review*, 2nd ser., 60 (2007): 457-85. □

[3] Gen. 3:17, 19; Job 5:7; Ps. 127:2. Jacques Le Goff, "Pour une étude du travail dans les idéologies et les mentalités du Moyen Âge," in *Lavorare nel medioevo. Rappresentazioni ed esempi dall′ Italie dei secc. X-XVI* (Todi: L′ Accademia Tudertina, 1983), 9-33;

"Travail, techniques et artisans dans les systèmes de valeurs du haut Moyen Âge (Vème-Xème siècle)," in *Un autre Moyen Âge* (Paris: Gallimard, 1999), 105-26. □

[4] Ambrose of Milan, *De officiis ministrorum*, III.6, *Patrologiae Latinae* 16, ed. J. P. Migne, cols. 156-8. □

[5] Siegfried Wenzel, *The Sin of Sloth: Acedia in Medieval Thought and Literature* (Chapel Hill: University of North Carolina Press, 1960), 29, 175, 179. □

[6] *The Irish Penitentials*, ed. Ludwig Bieler, *Scriptores Latini Hiberniae* 5 (Dublin: Dublin Institute for Advanced Studies, 1963), 121. □

[7] Francis of Assisi, *Opuscula Sancti Patris Francisci Assisiensis, Bibliotheca Franciscana ascetica mediiaevi*, XII, Quaracchi (Rome: Editiones Collegii S. Bonaventurae ad Claras Aquas, 1978), 311. □

[8] Lev. 19:3, 19:30. □

[9] *Ancient Laws and Institutes of England*, ed. Benjamin Thorpe (London: Commissioners of □ the Public Records of the Kingdom, 1840), chaps. 43, 20-44.

在十三世纪以前，英格兰已经有过十几份王室法令，目的是监管工作日。

[10] *Cortes de los antiguos reinos de León y Castilla*, 5 vols. (Madrid: Real 0Academia de la □ Historia, 1861-1903), I, 23, art. 6. □

[11] *Cortes*, I, 24, art. 11. □

[12] *Decretum magistri Gratiani*, ed. Aemilius Friedberg, *Corpus iuris*

canonici, I (Leipzig: B. Tauchnitz, 1879), "Tempora ferandi," III, 3, c. I.

[13] Lev. 19:13, Deut. 24:14-15, Jer. 22:13.

[14] Mal. 3:5.

[15] Ws. 10:17. 拉丁语 *merce* 可以指工资或其他形式的报酬，但跟工作（拉丁语 *laboure*）连在一起使用就相当明确地表示跟一份劳动合同有关。

[16] Mt. 10:10; Lk. 10:7.

[17] 1 Cor. 3:8. 另见: Steven A. Epstein, "The Theory and Practice of the Just Wage," *Journal of Medieval History* 17, no. 1 (1991): 53-69.

[18] Mt. 20.1-16.

[19] John W. Baldwin, *Medieval Theories of the Just Price: Romanists, Canonists and Theologians in the Twelfth and Thirteenth Centuries*, Transactions of the American Philosophical Society, new series, vol. 49, part 4 (Philadelphia, PA: American Philosophical Society, 1959), 18, 21, 29-31, 54-7, 67-8;

Odd Langholm, "The Medieval Schoolmen (1200-1400)," in *Ancient and Medieval Economic Ideas and Concepts of Social Justice*, eds. S. Todd Lowry and Barry Gordon (New York: Brill, 1998), 439-501, 464-5.

[20] *Institutes*, in *Corpus iuris civilis*, I, ed. Paul Krueger (Berlin: Weidmann, 1886), Lib. III, Tit. 25 ("*De location et conduction*"), *Digeste*, in *Corps de droit civil romain*, I-VI, eds. Henri Hulot, Jean-François Berthelot et al., 17 vols. (Metz-Paris: Chez Rondonneau, 1803-1810), Livre XIX, Tit. II, para. 38, ("*De operis non praetitis*") and para. 51, art. 1 ("*Locavi opus faciendum*"), *Codex*, in *Corpus iuriscivilis*, II, ed. Paul Krueger (Berlin: Weidmann, 1877), Lib. IV, Tit. LXV ("*De locato et conducto*").

[21] Epstein, "The Theory and Practice of the Just Wage," 53-69.

[22] *Capitularia regum francorum*, in *Monumenta Germaniae Historica Leges, Capit*. 1, ed. Alfred Boretius (Hanover: Hahnsche

Buchhandlung, 1883), 73-8, chaps. 4 and 5. □

[23] *Cortes*, I, 1-11, in particular 8, art. 29. □

[24] *Cortes*, I, 109-10. □

[25] *Cortes*, I, 54-63, 64-85. □

[26] Maestro Jacobo De La Leys, "De criadoset de los servientes, (c. 1250-1255)," in *Memorial* □ *Histórico Español. Colección de documentos, opúsculos y antigüedades*, II (Madrid, 1851), □ Tit. VII, 198-9. □

[27] *Ordonnances des roys de France de la troisième race*, ed. Eusèbe de Laurière, 21 vols. (Paris: □ Imprimerie royale, 1723-1849), I, 427–8, 431. □

[28] *Sources d' histoire médiévale: IXème-milieu du XIVème siècle*, eds. Ghislain Brunel and Elisabeth □ Lalou (Paris: Larousse, 1992), 489-91. □

[29] *Ordonnances des roys de France*, II, 43-5, 49-50. □

[30] Archives nationales de France, JJ, 66, fol. 364^v, no. 888, *Ordonnances des roys de France*, □ XII, 521-2. □

[31] *Ordonnances des roys de France*, II, 270-8. □

[32] James Davis, "Baking for the Common Good: A Reassessment of the Assize of Bread in □ Medieval England," *Economic History Review*, 2nd ser., 57 (2004): 465-502;

Judith Bennett, *Ale, Beer, and Brewsters in England: Women' s Work in a Changing World, 1300-1600* (Oxford: Oxford University Press, 1996), 99. □

[33] *Calendar of the Fine Rolls preserved in the Public Record Office*, eds. H. C. Maxwell Lyte, et. al., 20 vols. (London, 1911-49), t. III, 128 (May 10, 1322);

Rotuli Parliamentorum ut et petitiones et placita in parliamento, ed. John Strachey, 6 vols. (London, 1767-77), I, 295. □

[34] *Court Rolls of Ramsey, Bury and Hepmangrove, 1268–1600*, ed. and

[62] Braid, "Behind the Ordinance," 23-5. ☐
[63] *Calendar of the Patent Rolls* (London, 1891-1982), (1348-50), 458, 526; (1350-4), 26-8; ☐ Putnam, *Enforcement*, Appendix, 27. ☐
[64] Archives communales de Brignoles, AA 504. ☐
[65] Archives communales de Marseille, BB 20 fols. 36^r, 39^v, 61^r, 63^v, 153^r. ☐
[66] Archives communales de Brignoles, AA 504. ☐
[67] Archives communales de Sisteron, BB 10, BB 81, Livre Vert, fols. 47. ☐
[68] *Ordonnances des roys de France*, II, 350-5, 489-90. ☐
[69] *Ordonnances des roys de France*, II, 438, 563-6, III, 32. ☐
[70] *Ordonnances des roys de France*, V., 193-4, VIII, 493-4. ☐
[71] "Ordenamientos de menestrales y posturas (1351)," *Cortes de los antiguos reinos de León* ☐ *y de Castilla*, Real Academia de la Historia, 5 vols. (Madrid: Est. tip. de los sucesores de ☐ Rivadeneyra, 1861-1903), II, 75-123. ☐
[72] "Ordenamientos de las Cortes de Toro (1369)," *Cortes de los antiguosreinos de León y de* ☐ *Castilla*, II, 164-84. ☐
[73] Amada Lopez de Menese, "Documentos acerca de la Peste Negra en los dominios de la ☐ Corona de Aragon," in *Estudios de Edad Media de la Corona de Aragon*, t. VI (Saragosa, ☐ 1956), 357-63, no. 78 and 79. ☐
[74] Gunnar Tilander, "Fueros aragoneses desconocidos, promulgados a consecuencia de la gran ☐ peste de 1348," *Revista de filologia española* 22 (1935): 1-33 and 113-52. ☐
[75] Pascual Savall y Dronda and Santiago Penén y Debesa, *Fueros, observancias y actos de Corte del Reino de Aragón* (Saragosa: Consejo Superior de Investigaciones Científicas, Escuela de ☐ Estudios Medievales, 1866), II, 177. ☐
[76] Lis and Soly, "Labour Laws," 307, 310. ☐
[77] Elisabeth Carpentier, *Une ville devant la peste, Orvieto et la peste*

[78] Cohn, "After the Black Death," 466, 468.

[79] Carpentier, *Une ville devant la peste*, 149–52; William M. Bowsky, "The Impact of the Black Death Upon Sienese Government and Society," *Speculum* 39, no. 1 (1964): 1-34, at 26; Cohn, "After the Black Death," 472, 472.

[80] Lis and Soly, "Labour Laws."

[81] John Gower, *Mirour de l'omne*, ed. G. C. Macaulay, in *The Complete Works of John Gower*, I (Oxford: Clarendon Press, 1889), I, 293; William Langland, *The Vision of William Concerning Piers the Plowman*, ed. Walter W. Skeat, 2 vols. (Oxford: Clarendon Press, 1866), version C, passus IX, I, 223, lines 327-35.

[82] Odd Langholm, *The Legacy of Scholasticism in Economic Thought: Antecedents of Choice and Power* (Cambridge: Cambridge University Press, 1998), 132-4.

[83] George O'Brien, *An Essay on Medieval Economic Teaching* (New York: B. Franklin, 1920), 106-7; Raymond de Roover, *La pensée économique des scolastiques. Doctrines et méthodes* (Paris: Institut d'études médiévales, 1971), 62-3.

[84] Edmund B. Fryde, "Peasant Rebellions and Peasant Discontents," in *The Agrarian History of England and Wales*, ed. Joan Thirsk, vol. 3: 1348-1500, ed. Edward Miller (Cambridge: Cambridge University Press, 1991), 760, 780.

[85] 引文参见：Nigel Saul, *Richard II* (New Haven, CT: Yale University Press, 1997), 74.

第九章 工作与休闲

[1] Gen. 3:16-19.

上面的noire de 1348 (Paris: École Pratique des Hautes Études, 1962), 242.

[2] R. H. Hilton, *English and French Towns in Feudal Society: A Comparative Study* (Cambridge: University of Cambridge Press, 1992), 109.

[3] Gen. 2:2-3.

[4] Dorothy Whitelock, ed., *English Historical Documents, 500-1097*, 2nd ed. (London: Eyre and Spottiswood, 1979), no. 31.

[5] *Lex Frisionum*, ed. Karl Von Richthofen (Leeuwarden: G. T. N. Suringar, 1866), 18.

[6] *Las Siete Partidas*, ed. Robert I. Burns, trans. Samuel Parsons Scott, 5 vols. (Philadelphia: University of Pennsylvania Press, 2000-2001), I, 257 (Pt. I, Tit. XXIII, Law II).

[7] Piotr Górecki, *Economy, Society, and Lordship in Medieval Poland, 1100-1250* (New York: Holmes and Meier, 1992), 109.

[8] Whitelock, ed., *English Historical Documents, 500-1097*, no. 33.

[9] 4 Henry, IV, 1402, c. 14, *Statutes of the Realm*, vol. 2 (London, 1816), 137.

[10] *Concilia Scotiae*, Bannantyne Club, 116, 2 vols. (Edinburgh: T. Constable, 1866), vol. 2, 38, 40.

[11] G. R. Owst, *Literature and Pulpit in Medieval England: A Neglected Chapter in the History of English Letters and of the English People* (Oxford: Oxford University Press, 1961), 394.

[12] Richard Morris, ed., *Dan Michel's Ayenbite of Inwyt*, Early English Text Society, Original Series 23 (London: N Trübner and Co., 1866), 207, 213-14.

[13] Frederick James Furnivall, ed., *Political, Religious, and Love Poems. Some by Lydgate, Sir Richard Ros, Henry Baradoun, Wm. Huchen, etc.*, Early English Text Society, Original Series, 15 (New York: K. Paul, Trench, Trübner and Co., 1903), 38, lines 540-1.

【14】 H. N. MacCracken, "Lydgatiana," *Archiv für das Studium der neueren Sprachen und Literaturen* 131 (1913): 54, lines 36-8.

【15】 M. A. Manzalaoui, ed., Secretum Secretorum: *Nine English Versions*, vol. 1, Early English Text Society, Original Series 276 (Oxford: Oxford University Press, 1977), 223.

【16】 原文 Therefore al þat is ordeyned to reste by kynde is acountid more nobil and more worthi whanne it is fynalliche in reste þan it is whanne it is in meuynge, as þe ende is more worthi þan þinges þat beeþ oredeyned for þe ende. 参见: M. C. Seymour et al., eds., *On the Properties of Things: John Trevisa's Translation of Bartholomaeus Anglicus De Proprietatibus Rerum*, 2 vols. (Oxford: Oxford University Press, 1975), I, 340.

【17】 Geoffrey Chaucer, "Parsons Tale," in *The Riverside Chaucer*, ed. Larry Dean Benson, 3rd ed. (Oxford: Oxford University Press, 1987), 773.

【18】 "How the Wise Man Taught his Son," in Frederick J. Furnivall, ed., *The Babees Book*, Early English Text Society, Original Series 32 (London: N. Trübner and Co., 1868), 49.

【19】 William Langland, *Piers Plowman: The B Version*, eds. George Kane and E. Talbot Donaldson (London: Athlone Press, 1975), 327, line 341; 329, lines 359-60.

【20】 Chaucer, "The Cook's Tale," in *The Riverside Chaucer*, ed. Benson, 85, lines 4376, 4385-7.

【21】 Rosemary Horrox, ed. and trans., *The Black Death* (Manchester: Manchester University Press, 1994), 312-13.

【22】 *Ordonnances des roys de France de la troisième race*, vol. 2 (Paris: L' Imprimerie Royale, 1729), 564.

【23】 G. Persson, "Consumption, Labour and Leisure in the Late Middle Ages," in *Manger et boire au Moyen Âge: Actes du colloque de Nice*

(October, 15-17 1982) (Nice: Les Belles Lettres, ☐ 1984), 211-23. ☐

[24] Christopher Dyer, *Standards of Living in the Later Middle Ages: Social Change in England* ☐ *c. 1200-1520* (Cambridge: Cambridge University Press, 1998), 224;
Richard C. Allen and Jacob Weisdorf, "Was There an Industrious Revolution Before the Industrial Revolution? An Empirical Exercise for England, c. 1300-1830," *Economic History Review*, 2nd ser. 64, no. 3 (2011): 715-29, at 722. ☐

[25] Chaucer, "The Pardoner's Tale," in *The Riverside Chaucer*, ed. Benson, 198, lines 627–8.

[26] W. A. Baillie-Grohman and F. Baillie-Grohman, eds., *The Master of Game by Edward, Second Duke of York: The Oldest English Book on Hunting* (London: Chatto and Windus, 1909), 4-8. ☐

[27] Scott, trans., *Las Siete Partidas*, II, 296 (Pt. II, Tit. VI, Law XX). ☐

[28] Langland, *Piers Plowman: The B Version*, 349-50, lines 29-32. ☐

[29] J. A. Giles, ed. and trans., *William of Malmesbury's Chronicle of the Kings of England* ☐ (London: Henry G. Bohn, 1847), 300. ☐

[30] Alfred Heales, *The Records of Merton Priory* (London: H. Frowde, 1898), 268-9. ☐

[31] Seymour et al., eds., *On the Properties of Things*, 340. ☐

[32] Scott, trans., *Las Siete Partidas*, II, 297 (Pt. II, Tit. VI, Law XXI). ☐

[33] Albrecht Classen, "Chess in Medieval German Literature: a Mirror of Social-Historical and Cultural, Religious, Ethical and Moral Conditions," in *Chess in the Middle Ages and the Early Modern Age: A Fundamental Thought Paradigm of the Premodern World*, ed. Daniel E. Sullivan (Berlin: De Gruyter, 2012), 20. ☐

[34] Malcolm Vale, *The Princely Court: Medieval Courts and Culture in North-West Europe, 1270-1380* (Oxford: Oxford University Press,

2001), 172-8.

[35] Edith Rickert, trans., *Chaucer's World*, eds. Clair C. Olson and Martin M. Crow (New York: Columbia University Press, 1948), 130.

[36] 原文 Tous geux de Dez, de Tables, de Palmes, de Quilles, de Palet, de Soules, de Billes, et tous autres telz geux: *Ordonnances des roys de France de la troisième race*, vol. 5 (Paris: L'Imprimerie Royale, 1736), 172.

[37] 英格兰相关立法可以追溯到1365年。苏格兰在1424年和1457年的法令也禁了高尔夫球和足球。

[38] Edith Rickert, trans., *The Babees Book: Medieval Manners for the Young* (London: Chatto and Windus, 1908), 35.

[39] Vale, *The Princely Court*, 177-8.

[40] Nicola McDondald, "Games Medieval Women Play," in *The Legend of Good Women: Context and Reception*, ed. Carolyn P. Collette (Cambridge: D. S. Brewer, 2006), 176-98.

[41] Scott, trans., *Las Siete Partidas*, IV, 973 (Pt. IV, Tit. XIX, Law III).

[42] Theodore Evergates, "Aristocratic Women in the County of Champaign," in *Aristocratic Women in Medieval France*, ed., Theodore Evergates. (Philadelphia: University of Pennsylvania Press, 2010), 87.

[43] David Herlihy, *Opera Muliebria*: *Women and Work in Medieval Europe* (New York: McGraw-Hill, 1990), 80-1, 85.

[44] Lisa M. Bitel, *Women in Early Medieval Europe, 400-1100* (Cambridge: Cambridge University Press, 2002), 204, 212.

[45] See London, British Library, Cotton MS Julius A. vi dating from the eleventh century.

[46] Bitel, *Women in Early Medieval Europe, 400-1100*, 208.

[47] Constance Hoffman Berman, "Women's Work in Family, Village, and

Town after 1000 CE: Contributions to Economic Growth?," *Journal of Women's History* 19, no. 3 (2007): 10-32.

[48] Martha Carlin and David Crouch, trans. and eds., *Lost Letters of Medieval Life: English Society, 1200-1250* (Philadelphia: University of Pennsylvania Press, 2013), 275.

[49] Seymour et al., eds., *On the Properties of Things*, 341.

延伸阅读

1. Alexander, Jonathan J. G. "*Labeur* and *Paresse*: Ideological Representations of Medieval Peasant Labor." *Art Bulletin* 72, no. 3 (1990): 436-52.
2. Astill, Grenville, and John Langdon, eds. *Medieval Farming and Technology: The Impact of Agricultural Change in Northwest Europe*. Leiden: Brill, 1997.
3. Bailey, Mark. *The Decline of Serfdom in Late Medieval England: From Bondage to Freedom*. Woodbridge: Boydell & Brewer, 2014.
4. Bennett, Judith. *Ale, Beer and Brewsters in England: Women's Work in a Changing World, 1300-1600*. Oxford: Oxford University Press, 1996.
5. Bennett, Judith, et al., eds. *Sisters and Workers in the Middle Ages*. Chicago, IL: University of Chicago Press, 1989.
6. Braid, Robert. "'*Et non ultra*': Politiques royales du travail en Europe occidentale au XIVe siècle." *La Bibliothèque de l'École des chartes* 161 (2003): 437-91.
7. Brenner, Elma. "The Care of the Sick and Needy in Twelfth- and Thirteenth-Century Rouen." In *Society and Culture in Medieval Rouen, 911-1300*, edited by Leonie V. Hicks and Elma Brenner. Turnhout: Brepols, 2013.
8. Brodman, James William. *Charity and Welfare: Hospitals and the Poor in Medieval*

职业 26

- 巴伦西亚（Valencia，又译瓦伦西亚）120, 123, 142, 147

- 巴塞罗那（Barcelona）71, 73, 141-2, 147-8

- 拜占庭帝国（Byzantine Empire）22, 25, 69, 71, 106-8

- 贝居因修女（beguines）94, 132, 145-6

- 西蒙·贝宁（Bening, Simon）34, 43, 63

- 本笃会修士（Benedictines）34, 131, 133, 137-9, 146；另见<u>修士</u>、<u>修女</u>

- 《本笃律则》（*Rule of St Benedict*）2, 34, 137

- 乔万尼·薄伽丘（Boccaccio, Giovanni）11, 53, 55, 171

- 波兰（Poland）139, 171

- 布鲁日（Bruges）71, 73-4, 76, 78-80, 145
    手抄本 37, 40-1

- 财富 2, 13, 48, 131-3, 135-6, 140

- 查理曼（Charlemagne）57, 108, 153

- 城市 8, 14, 73-7, 102, 120-1, 132-3

| 索引

453

- 船只与船运 69-70, 72, 90, 128

- 慈善实践 10, 79, 133-8

    城市 146-7

    行会 9, 93, 143

    乡村 125

- 打猎 14, 66, 165, 172-3, 175；另见<u>渔业与渔民</u>、<u>消遣活动</u>

- 道德

    工作伦理 10, 29, 46-8, 159

    行会 23, 97-8

    休闲 168-71, 174

- 德意志帝国（German Empire）

    建筑业 113

    金融 4

    矿山开采 101

    劳工法例 162, 171

    马（役畜）104

    贸易 69

    磨坊 102

    女性 81

    手抄本 54, 156

    受薪雇工 29

    五金业 14

    兄弟会式在俗教友联谊会 143-4

医院 141

- 低地国家（Low Countries）
  - 城市发展 8, 14, 76
  - 黑死病 171☐
  - 纺织品生产 14, 74, 79, 85–6, 92, 94
  - 工作文化 85–6, 92–3, 97–8☐
  - 开垦土地 69, 104☐
  - 劳工法例 158, 162
  - 贸易 73–5
  - 农业 25, 88, 104, 125
  - 医院 141

- 地中海（Mediterranean Sea）115
  - 磨坊 106☐
  - 奴隶制 10
  - 葡萄种植（酿酒）14☐
  - 文化区 16, 68–9, 100, 105
  - 移民 122☐

- 丹麦（Denmark）82, 102, 104☐

- 盗窃 100, 109, 112☐

- 俄罗斯（Russia）3–4, 120

- 恶行 46–7, 152, 170；另见<u>无所事事</u>

- 恩舍姆的阿尔弗里克（Ælfric of Eynsham，约955年—1010年）24，46，118，166

- 儿童：另见教育

    工作中 6-8，22，28，36，69，76，78，127

    孤儿与弃儿 142-3，147-8

    贫穷现象 135，137□

    日常照顾 148，176

    玩耍 174-6，179□

    养育 3，18，36，40，57，176-7

- 法兰西（France）

    孤儿院 147

    建筑业 113，130

    技术 100

    劳工法例 4，28，155，160，171

    炼铁 101

    磨坊 102，106

    奴役性质劳动者 25

    农业 68-9□□

    手抄本 37，38，44-5，47，50，52，160

    受薪雇工 23，29

    休闲 175

    医院 147□

- 法兰西亚/法兰克帝国（Francia/Frankish Empire）8，24；另见加洛林帝国

- 纺纱：另见纺织品生产、羊毛：生产

    纺轮 41，79，107□

副业 18−21, 127☐

女性 6, 52, 55−8, 80, 90, 101, 166−7, 176−8☐

- 纺织品生产：另见纺纱、织布、羊毛：生产

  考古遗迹 3, 5, 176−7☐

  磨坊 107☐

  女性 5−6, 14, 19−21, 67, 90, 97, 108, 111, 176−8

  在城里 8, 26, 58, 79−128

  职业 1☐

- 封地：见田庄

- 佛兰德（Flanders）：见低地国家（Low Countries）

- 佛罗伦萨（Florence）76−82

  黑死病 11☐

  劳工法例 160−1, 171

  人口 8

  税收评定（catasto）22

  兄弟会式在俗教友联谊会 143−4

  医院 141, 143, 147

- 副业 4, 9, 14, 17

- 橄榄油生产 105−7☐

- 共同利益 10, 46, 86, 133, 139−45, 162

| 索引

457

- 工作时段：见时钟、时间估算。

- 贵族

    休闲 165, 170-2, 179☐

    与工人的关系 9, 15, 48-9, 132☐

- 国际象棋 173-5；另见游戏、消遣活动

- 汉萨同盟（Hanse；Hanseatic League）73, 85☐

- 行会：另见学徒、师父/匠师

    技术 100☐

    监管 10, 86, 96-7, 108, 112, 168

    解决纠纷 156

    女性 21, 97

    排斥犹太人（Jews）4☐

    移民 112, 121

    组织 9, 92-8, 168-9☐

- 黑死病（Black Death）11-12

    对劳工市场的影响 6, 13, 23, 27-8, 68, 121, 171

    对劳工法例的影响 4, 151, 158-62

    对流动性的影响 115, 119, 124, 160-2☐

    对休闲的影响 165, 170-1☐

    对政治文化的影响 163

- 烘焙食品 6, 8-9, 80, 155☐

- 集体行动 9, 90, 92, 96, 159

- 加洛林帝国 (Carolingian Empire)
    - 慈善实践 140, 143
    - 打猎 172
    - 遁世隐修 35-6
    - 纺织品生产 14, 90
    - 货币 154
    - 磨坊 106
    - 农业 15, 102
    - 田庄 66-7, 69, 87-8
    - 战事 112

- 加泰罗尼亚 (Catalonia) 24, 28, 134, 141-2, 160, 171
    - 奴役性质劳动者 88

- 家畜
    - 繁育 8, 11, 66, 127
    - 放牧羊群 37, 45, 127
    - 牛 (菜牛或奶牛) 27, 89, 177
    - 牛 (阉牛) 15, 104, 128
    - 羊 (绵羊) 13-14, 27, 55, 56, 67, 89, 177
    - 羊 (山羊) 14, 67
    - 猪 16, 18, 67

- 家禽 5, 18, 21-2, 58, 177

- 家庭: 见<u>家庭户</u>

- 家庭户 5-8, 17-23, 29, 53, 87-90, 143

- 《健康全书》(*Tacuinum sanitatis*) 38, 78, 80, 82

- 建筑业 23, 76, 90, 109-10, 129-30, 156-7；另见<u>石制部件</u>、<u>木结构</u>

- 《教令集》(*Decretum*)，作者格拉提安(Gratian) 136, 153, 167

- 教士 34-5, 132, 135, 139-42, 171-3

- 教育 43, 46, 58, 109, 139, 177

- 节假日（圣日） 17, 77, 142, 152-3, 163, 167-8；另见<u>宗教圣日</u>

- 金融

    货币 69, 132-3, 154-5, 163

    信贷 14, 75, 142

    银行业 4, 74-5, 77, 79, 166

- 救济品发放 79, 132, 135-40, 142-6, 159

- 卡斯蒂利亚(Castile)

    慈善机构 142, 148

    劳工条例 4, 28, 152, 154-5, 160-1, 168, 171, 176

    牲口 14

    休闲 172-3

- 《坎特伯雷故事集》(*Canterbury Tales*)，作者杰弗里·乔叟 (Geoffrey Chaucer) 116, 170, 172

- 科隆 (Cologne) 74, 97, 140, 143

- 克吕尼会修士 (Cluniacs) 2, 36, 138-9；另见<u>修士</u>

- 矿山开采 14, 90, 101-2

- 莱昂 (León)：见<u>卡斯蒂利亚</u>

  劳动分工
    按性别划分 5-9, 11, 20-2, 56-9, 87, 90, 97, 100-1, 106, 165-6, 176-8
    三个阶层 4, 42-5, 118-19, 129, 132, 166

- 劳动力专业化 8, 26, 88

- 犁地
    技术改变 2, 69, 102, 104
    男性的工作 20-1, 56, 87, 168, 177
    图说 32, 66
    职业 15, 46-8, 127

- 流民 115, 123-4

- 鲁昂 (Rouen) 73, 133, 140, 173

- 《卢特雷尔诗篇》(Luttrell Psalter；藏于伦敦大英图书馆，编号 Add. MS 42130) 48,

职业 5－7, 77, 81－3
　　作家 38－41

- 挪威 (Norway) 69, 73, 102, 157, 161, 173

- 耙　32, 103－4, 127

- 皮革鞣制：见皮革业

- 皮革业 26, 107, 127－8

- 克里斯汀·德·皮桑 (de Pizan, Christine) 37－41, 58, 60

- 贫穷 2, 10, 23－6, 117－18, 131－7

- 普罗旺斯 (Provence) 11, 138, 143, 157－61, 163, 171

- 仆人 8, 21－3, 48, 129, 148

- 葡萄种植（用于酿酒）13－14, 89, 178

- "谦卑者"苦修会 (Humiliati) 132, 145

- 迁移 14, 115, 117－18, 120, 122－3；另见外来移民

- 人口 14, 27, 102, 116－18, 120

- 人力劳动 100, 106, 109, 112

- 日历 15，31－4，41，177－8
- 乳制品制作 5，18，21，177
- 瑞典（Sweden）69，100，102，105
- 瑞士联邦（Swiss Confederation）81，143
- 商人 10，26，71，74－5，121，128－9
- 社会福利 131－3，142，148
- 神父：见教士
- 神圣罗马帝国（Holy Roman Empire）：见德意志帝国
- 神学 152，158，162
- 《圣经》（Bible）
  慈善理念 133，138
  关于工作的看法 50－6，146，152－3，165－6，177
  手抄本 59，166
- 《圣经·诗篇》（Psalters）48－9，53，59－61，166－7
- 时祷书 32，34，37－40，43，56

- 时间估算 17, 85, 108-9, 157

- 时钟 17, 96, 102, 108, 113；另见时间估算

- 市场 6, 71-3, 77-8, 104

- 食品制备　1, 17, 46, 137, 177

- 石制结构：另见建筑业
    建筑物 109, 113-14
    技术 100
    职业 1, 76, 90, 111

- 十字军（Crusades）71-2, 107, 115

- 手抄本 2, 31, 59-63, 71-2

- 手艺人 4, 9-10, 26, 67, 107, 166

- 受薪雇工　23-6, 89, 157

- 田庄
    封地 15, 24-5, 65, 117, 119-20
    工人 23-26, 88
    教堂田庄 24
    王室田庄 66-7
    修道院田庄 24, 67-8, 108
    直辖领地 13, 22, 87

- 田庄财产清册（polyptychs）24，67-8，108□

- 铁匠 14，18，90，101□

- 屠夫
    - 女性 6
    - 牲口屠宰场所 3
    - 图说 33-4，38
    - 在城里 8，26□
    - 在田庄 16

- 推车 68，77，104，128；另见运货马车

- 托钵修会 135-6；另见修士、修女
    - 多明我会修士（Dominicans）46-7，133，169，175
    - 方济各会修士（Franciscans）133，136，144，152

- 外来移民 79，120-1；另见移民

- 《万物属性》（*On the Properties of Things*），作者"英格兰人"巴塞罗缪（Bartholomaeus Anglicus）34-5，169-70，173，179

- 威尼斯（Venice）8，69，79，111-12，121，166，171

- 维京人（Vikings）69，100-1，112，115□

- 五金业 1，3，8，26，103，107

劳工法例 160–1, 171

磨坊 102, 106–7

农民 25

手抄本 36, 59

兄弟会式在俗教友联谊会 143–4

银行业 4

展会 75

- 艺人 1, 10, 91

- 医护团【Hospitallers；包括医护团与耶路撒冷圣约翰医院救护骑士团（Knights of the Hospital of St. John in Jerusalem）】132, 138–9

- 医学 6, 34–5, 138

- 医院 2, 81, 135, 138–41, 144–5

- 英格兰（England）

　城市 8

　慈善活动 139, 144

　儿童 7

　黑死病 11, 13, 27

　技术改变 100, 112–13

　教育 46

　矿山开采 14

　劳工法例 4, 28, 151–2, 155, 157, 159, 166, 168, 171

　流动性 120, 159

　流民 124

马（役畜）104

贸易 69, 71, 73-5

磨坊 102, 106-7□

牧羊 127

酿造啤酒 6, 155

农业 8-9, 14, 31, 66, 88, 99

奴役性质劳动者 25, 119, 168

手抄本 48-9, 53, 61

受薪雇工 23, 29

休闲 165-6, 168-76

医院 140-1

犹太人（Jews）122□

战事 70

职业 26

- 犹太人（Jews）4, 122, 128-9, 138, 157□

- 游戏 165, 168, 170, 173, 175；另见<u>国际象棋</u>、<u>消遣活动</u>

- 渔业与渔民 17-18, 22, 69, 90, 128

- 展会 4, 17, 71-5, 79, 101□

- 战事 70-1, 112-13, 129

- 织布：另见<u>纺织</u>、<u>羊毛：生产</u>

    考古证据 26

    副业 18□

织布机 85,100-1,111

女性 6,58,87,176-7

- 知识与技能传播 90,94,96,100,111-12；另见学徒、教育

- 制陶业 5,18,26,111,120□

- 主教：见教士

- 《庄稼汉皮尔斯》(*Piers Plowman*)，作者威廉·朗兰（William Langland） 21,29,162,170,172

- 在俗教士：见教士

- 宗教圣日 17,25,69,73,137-9,145；另见节假日

- 租金 14,18,24-5,88□

- 罪过 2,135,158,171□